궁극의 리스트

궁극의 리스트

옮긴이 **오숙은**은 1965년 제주에서 태어나 서울대학교
노어노문학과를 졸업하고, 브리태니커 편집실에서 일했다.
현재 전문 번역가로 활동하고 있으며, 옮긴 책으로는
움베르토 에코의 『추의 역사』, 니코스 카잔차키스의 『러시아 기행』,
『토다 라바』, 조르지 아마두의 『도나 플로르와 그녀의 두 남편』,
헬레나 레킷과 페기 펠런의 『미술과 페미니즘』,
앤드루 파커의 『눈의 탄생』, 시배스천 폭스의 『바보의 알파벳』,
콘웨이 로이드 모건의 『스탁』, 마틴 켐프의
『보이는 것과 보이지 않는 것』, 앤 기번스의 『최초의 인류』,
이언 피어스의 『티치아노 미스터리』 등이 있다.

지은이 움베르토 에코 **옮긴이** 오숙은
발행인 홍지웅 **발행처** 주식회사 열린책들
주소 경기도 파주시 교하읍 문발리 499-3 파주출판도시
전화 031-955-4000 **팩스** 031-955-4004
홈페이지 www.openbooks.co.kr
Copyright (C) 주식회사 열린책들, 2010, *Printed in China*.
ISBN 978-89-329-1052-9 03600
발행일 2010년 10월 30일 초판 1쇄 2015년 6월 10일 초판 3쇄

VERTIGINE DELLA LISTA
by UMBERTO ECO

Copyright (C) 2009 RCS Libri S.p.A.-Bompiani, Milano
Korean translation copyright (C) 2010 The Open Books Co.
All rights reserved.

UMBERTO ECO

문학과 예술 속의 목록사: 호메로스에서 앤디 워홀까지

움베르토 에코 | 오숙은 옮김

차례

	서문	7
1.	헤파이스토스의 방패	8
2.	목록과 카탈로그	14
3.	그림에 담긴 목록	36
4.	말로 다 할 수 없는 것들	48
5.	사물의 목록	66
6.	장소의 목록	80
7.	목록이 있고 목록이 있으니	112
8.	목록과 형태의 교환	130
9.	열거의 수사학	132
10.	신기한 것들의 목록	152
11.	수집물과 보물들	164
12.	호기심의 창고	200
13.	속성에 따른 정의 대 본질에 따른 정의	216
14.	아리스토텔레스의 망원경	230
15.	과잉, 라블레 이후	244
16.	일관된 과잉	278
17.	혼돈스러운 열거	320
18.	매스 미디어 목록	352
19.	현기증 나는 목록	362
20.	실용적 목록과 시적 목록의 교환	370
21.	정상적이지 않은 목록	394
	부록	399

서문

루브르 박물관에서 하나의 주제를 선택하고 그에 관한 일련의 회의, 전시회, 공공 낭독회, 콘서트, 영화 상영 등을 조직해 달라며 초대했을 때, 나는 주저 없이 목록(카탈로그와 일람표를 함께)이라는 주제를 제안했다. 이 아이디어가 어디서 나왔을까?

내 소설을 읽는 독자는 소설 속에 목록이 많다는 사실을 알게 될 것이다. 내가 이렇게 목록을 좋아하게 된 데는 두 가지 기원이 있는데, 모두가 청년 시절 나의 연구에서 비롯된 것이다. 그 기원은 바로 중세 텍스트와 제임스 조이스(젊은 조이스는 부정할 수 없을 만큼 중세 교회 의식과 텍스트의 영향을 받았다)의 작품들이다. 그러나 중세 호칭 기도들과 『율리시스』끝에서 두 번째 장에 나오는 레오폴드 블룸의 부엌 서랍 속 사물의 목록 사이에는 수백 년이라는 세월이 존재한다. 중세에 만들어진 목록들과 단연 탁월한 본보기가 되는 목록, 즉 호메로스의 『일리아스』에 나오는 선박 카탈로그 사이에도 그만큼의 많은 세월이 존재한다. 이 책은 바로 『일리아스』에서 단서를 얻은 것이다. 한편 호메로스의 바로 그 책에서 우리는 또 하나의 서술적인 모델을 발견한다. 조화로운 완성과 종결이라는 기준에서 영감을 얻어 주문한 아킬레스의 방패라는 모델이 그것이다. 결국 호메로스의 작품은 이미 〈포함된 모든 것〉의 시학과 〈기타 등등〉의 시학 사이를 활발하게 오가고 있다.

그런 사실들은 전부터 뚜렷하게 의식하고 있었지만, 나는 문학의 역사(호메로스부터 조이스를 거쳐 오늘날까지)에서 목록의 예를 제시하는 그 무한한 사례들을 꼼꼼히 기록한다는 과제를 정한 적은 없었다(그렇지만 지금 이 순간만 해도 페렉, 프레베르, 휘트먼, 보르헤스 같은 이름들이 떠오른다). 이 사냥의 결과는 너무도 어마어마해서 독자들을 어지럽게 하기에 충분했고, 수많은 독자들로부터 왜 이 책에서 이 작가나 저 작가를 언급하지 않았냐고 묻는 편지가 올 것임을 잘 알고 있다. 사실 난 목록이 등장하는 그 많은 텍스트들을 다 알지도 못한다. 그러나 설사 내가 그 많은 목록들을 전부 이 책에 넣으려 했다 해도 원고를 준비하는 과정에서 나는 이 책의 분량이 적어도 천 페이지, 어쩌면 그보다 더 많아질 것임을 서서히 깨닫게 되었다.

그리고 무엇을 회화적 목록으로 볼 것인가를 결정하는 문제도 있었다. 몇몇 책이 목록의 시학을 다루고는 있지만 그 범위를 언어적 목록으로만 제한하고 있다. 하나의 그림이 어떻게 사물들을 제시하고, 나아가 〈기타 등등〉을 암시할 수 있는지 설명하는 것은 어렵기 때문이다. 마치 그림이 나머지 수많은 것들에 관해서는 아무것도 말하지 못하게 만드는 프레임의 한계를 인정하기라도 하는 것 같다. 더욱이 내 연구 또한 루브르에서의 작업과, 『미의 역사』와 『추의 역사』의 전례를 따른 이 책처럼, 책이라는 형식을 빌려 사물들을 보여 줄 수밖에 없었다. 그러므로 이번 작업은 미나 추를 다루었던 작업만큼 명백하지는 않다. 시각적인 〈기타 등등〉을 조사하는 이 작업은 힘들었지만, 안나 마리아 로루소와 마리오 안드레오세의 크나큰 도움을 받았다.

결론적으로 목록을 조사하는 것은 어떻게든 우리가 이 책에 포함할 것을 추려 내는 작업이었다기보다는 제외해야 할 모든 것을 추리는 매우 흥미로운 작업이었다. 그러니까 내 말은 이 책은 〈기타 등등〉이라는 말로 끝날 수밖에 없다는 것이다.

본문 속의 고딕체 이름이나 단어는 각 장 뒷부분에
고딕체로 된 발췌문이 실려 있음을 가리킨다.

「미소리움」(아킬레우스의 방패)
서기 4~5세기,
파리, 프랑스 국립 도서관

1. 헤파이스토스의 방패

아킬레우스가 토라져서 자신의 막사에 틀어박혀 있을 때, 그 고집스러운 분노의 희생양이 된 파트로클로스는 무기를 들고 헥토르와 싸우다가 죽고, 아킬레우스의 무기들은 승자의 손에 들어간다.

이윽고 아킬레우스가 전장으로 돌아가기로 결심하자, 그의 어머니 테티스 여신은 헤파이스토스에게 아들을 위해 새로운 무기를 만들어 달라고 부탁한다. 헤파이스토스는 작업을 시작하고, 호메로스는 그가 만드는 방패를 묘사하기 위해 『일리아스』 제18권의 일부를 할애한다.

불카누스라고도 불리는 헤파이스토스는 이 거대한 방패를 다섯 구역으로 나누어, 여기에 대지와 바다와 하늘, 태양과 달, 별, 플레이아데스와 오리온, 큰곰자리를 만들어 넣었다. 그는 또 방패에 인간들이 사는 두 도시를 넣었다. 첫째 도시에는 결혼식 잔치를 묘사하여 횃불 아래 행진하는 신랑과 신부의 모습을 집어넣었고 피리와 키타라를 연주하는 젊은이들도 넣었다. 또한 이 도시에는 많은 사람이 모인 광장이 포함되었는데, 그곳에서는 고소인, 증인, 대변인과 멍하니 바라보는 구경꾼들이 모인 가운데 재판이 열리고 있다. 둥그렇게 앉아 있던 원로들은 어느 시점이 되자 홀을 들고 일어서서 판결을 내린다. 두 번째 도시 풍경은 포위된 성을 보여 준다. 성벽 위에서는 트로이에서처럼, 아내들과 처녀들, 노인들이 전투를 지켜보고 있다. 미네르바가 이끄는 적군이 진격하고, 사람들이 가축한테 물을 먹이러 오는 강가에서 매복을 준비한다. 이 사실을 까맣게 모르는 두 명의 양치기가 피리를 불며 다가오는 순간, 이들은 곧장 양치기들을 공격해 죽여 버리고 양 떼를 약탈한다. 포위된 성안에서 전차를 탄 전사들이 날쌔게 돌격해 나와 적군을 쫓고, 강둑에서 전투가 시작된다. 싸우는 전사들 틈에서 투쟁과 혼란, 죽음의 여신이 보인다. 피를 뒤집어 쓴 그 여신들은 전사들이 죽은 동료의 시신을 거두려고 애쓰는 것처럼 산 사람이나 죽은 사람 가리지 않고 움켜잡는다.

이어서 헤파이스토스는 잘 갈아 놓은 기름진 곡식밭의 이쪽에서 저쪽까지 쟁기질하는 농부들과 소들을 새겨 넣는다. 고랑의 한쪽 끝에 다다르면 농부들은

다시 뒤로 돌기 전에 포도주 한 잔을 든다. 또 다른 곳에는 벌써 여문 곡식이 가득한 밭이 있어 낫을 든 이들이 곡식을 베고 나머지는 단을 묶는다. 그들 가운데에 왕이 앉아 있고, 시종들은 참나무 아래서 제물로 갓 잡은 황소가 포함된 식사를 준비하고, 여인들은 밀가루를 반죽해 빵을 만든다.

방패에는 포도밭도 있다. 탐스러운 포도송이가 주렁주렁 매달리고, 황금색 어린싹과 포도 덩굴은 은장대로 받쳐 있으며, 포도밭 주변에는 주석 울타리가 쳐 있다. 처녀 총각들이 포도를 나르는 동안 한 사람이 키타라를 연주한다. 그다음 헤파이스토스는 갈대밭 사이를 흐르는 강의 둑을 따라 초원으로 달려가는 소 떼를 금과 주석으로 만들어 넣었다. 온통 금으로 만들어진 소몰이꾼 네 명은 소 떼를 따라가고 그 뒤를 몸집이 큰 흰 개 네 마리가 따른다. 그런데 갑자기 사자 두 마리가 나타나 어린 암소들과 황소한테 덤벼들어 상처를 입히고 애처롭게 우는 황소를 질질 끌고 간다. 소몰이꾼들이 개들을 데리고 도착할 때쯤 맹수들은 내장이 쏟아진 황소를 허겁지겁 먹고 있고 개들은 무기력하게 맹수를 향해 짖기만 한다.

헤파이스토스의 방패 마지막 구역에는 목가적인 골짜기를 배경으로 양 떼가 묘사되어 있다. 군데군데 오두막과 양 우리가 있고, 춤추는 처녀 총각들의 모습도 보인다. 화관을 쓴 처녀들은 속이 비치는 옷을 입고, 총각들은 잘록한 윗도리를 입고 옆구리에 황금 단검을 찬 채 도공의 물레처럼 빙글빙글 돈다. 많은 사람들이 이 춤을 구경한다. 춤이 끝나자 세 명의 곡예사가 재주넘기를 하면서 노래를 부른다.

위대한 오케아노스 강이 이 모든 장면을 에워싼 채, 이 방패를 우주의 나머지 부분과 구분하고 있다.

이 방패에는 너무나 많은 장면이 담겨 있기 때문에 극도로 미세한 금세공 기술을 고려하지 않고서는 이 풍부한 세부 모습을 모두 담고 있는 방패를 상상한다는 건 쉽지 않다. 더욱이 이 묘사는 공간하고만 관련이 있는 것이 아니다. 이 방패는 마치 영화 스크린이나 기다란 만화처럼, 다양한 사건들이 차례로 일어난다는 점에서 시간과도 관련이 있다. 실제로 과거의 예술 작품에서는 연속적인 장면들을 차례로 묘사하는 것이 가능했다. 4컷 만화의 연속 장면과 비슷하게, 같은 인물들을 다른 시간과 다른 장소에 여러 번 등장시키는 기술을 사용한 것이다(예를 들어 아래초에 있는 피에로 델라 프란체스카의 「성 십자가의 전설」이 그렇다). 바로 그렇기 때문에 이 방패는 실질적으로 담을 수 있는 내용보다 훨씬 많은 장면들을 담을 수 있었을

「테티스와 헤파이스토스」
폼페이의 프레스코, 서기 1세기,
나폴리, 국립 고고학 미술관

것이다. 사실 그동안 여러 미술가들이 헤파이스토스의 이 작품을 시각적으로 재연하려고 시도해 왔지만, 그들이 만들어 낸 것은 모두 변변치 않은 근사치에 지나지 않았다.

비록 이 방패는 물리적으로 재현 가능한 구조를 지니고 있지만, 그 완벽한 원의 성격은 그 경계를 넘어서면 아무것도 없음을 암시한다. 다시 말해 그것은 〈유한한〉 형태이다. 헤파이스토스가 말하고 싶었던 모든 것은 이 방패 안에 들어 있다. 바깥은 존재하지 않는다. 그것은 닫힌 세계인 것이다.

그러므로 아킬레우스의 방패는 형태에 대한 에피파니 *epiphany*이자, 예술 하는 방법에 대한 통찰이다. 그 방법을 통해서 예술은 하나의 질서, 위계, 묘사된 대상들의 형상과 배경의 관계를 설정하는 조화로운 재현 작품을 구성해 나간다.

지금 우리가 이야기하는 것이 〈미학적〉 관점에 관한 것이 아니라는 사실을 주목하자. 미학은 하나의 형태에 대한 해석이 무한할 수 있으며, 볼 때마다 새로운 측면들과 새로운 관계들을 발견할 수 있다고 우리에게 이야기하기 때문이다. 시스티나 예배당의 프레스코들, 이브 클랭 Yves Klein이나 마크 로스코 Mark Rothko의 단색조 회화에서는 그런 관점이 들어맞는다. 그렇다고는 해도 구상적인 미술 작품(시나 소설은 말할 것도 없다)은 하나의 〈참조〉 기능을 한다. 즉 현실 세계나 상상의 세계에 관한 단어들, 이미지들 속에서 전달되는 하나의 서사를 갖고 있다는 얘기이다. 바로 이것이 아킬레우스의 방패가 지닌 서사적 기능이다.

참조적인 기능을 하는 미장포름 *mise-en-forme*(형태화)은 재현된 장면 바깥에서 어떤 것을 찾아보라고 우리를 부추기지 않는다. 아킬레우스의 방패는 우리에게 이 장면에 관해 말하는 것이지 또 다른 장면에 관해서는 말하지 않는다. 그것은 원을 이루는 오케아노스 강 너머에 있을지 모르는 것에 관해서는 아무 이야기도 하지 않는다. 물론 이 말은 우리가 특정 장면을 한 도시와 그 주변 시골의 보편적인 모델로 해석할 수는 없다거나 또는 그 이미지들을 좋은 정부, 전쟁과 평화, 자연 상태에 대한 하나의 비유로 이해할 수 없다는 뜻이 아니다. 그러나 여기 재현된 우주는 그 형태에 제한되어 있다.

이것은 모든 예술 작품에서도 유효하다. 모나리자의 모습 뒤에는 액자 너머로 계속 이어지는 것 같은 풍경이 있기는 하지만, 그 그림을 보는 사람은 액자 바깥에 무엇이 있는지 궁금해하지 않는다. 화가가 그 그림에 붙여 놓은 형태의 봉인으로 인해, 마치 그 그림이 아킬레우스의 방패처럼 둥글고 그 그림의 조형적인 핵이 그 중심에 있다는 것처럼, 그림에 초점이 맞춰지기 때문이다. 문학의 예를 들어 보자. 스탕달의 『적과 흑』에서, 쥘리앵 소렐이 베리에르 교회의 미사에서 마담 드 레날을

1. 헤파이스토스의 방패

총으로 쏘지만 첫 발이 빗나가는 장면을 읽으면서 우리는 그 첫 탄환이 어디로 갔을지 (일부 사람들이 그랬듯이) 생각해 볼 수는 있지만, 사실상 그것은 내용과는 무관한 질문이다. 스탕달의 서사 전략에서 보면 그 세부는 사소하다. 그 첫 번째 탄환의 행방을 궁금해하는 사람들은 시간을 낭비하는 것이며 그 소설을 이해하고 즐기기를 포기하는 것이나 마찬가지다.

카트르메르 드 캥시
「아킬레우스의 방패」, 『올림포스의 주피터: 고대 조각 예술』
파리, 드 뷔르 프레르 출판사, 1815,
프랑스 국립 도서관

2.   목록과 카탈로그

호메로스가 닫힌 형태를 구성(또는 상상)할 수 있었던 것은 자기 시대의 농경 및 전사 문화를 확실하게 알았기 때문이다. 그는 자신이 사는 세계를 알았고, 그 세계의 법과 인과 관계를 잘 알고 있었다. 그렇기 때문에 그는 하나의 형태를 부여할 수 있었다.

그러나 예술적 재현에는 또 다른 방식이 있다. 우리가 묘사하고자 하는 것의 경계를 알지 못하는 경우, 우리가 말하고 있는 것들이 얼마나 많은지 알지 못하는 경우, 그리고 그 수가 무한하지는 않더라도, 적어도 천문학적으로 많다고 추정하는 경우를 재현하는 방식이 그것이다. 또는 우리가 본질적으로 그것을 정의할 수 없기 때문에, 그것에 관해 말하기 위해서, 그것을 이해할 수 있게끔 또는 어떻게든 인지할 수 있게끔 하기 위해서 우리는 그것의 속성들을 목록으로 만든다. 그리고 우리가 앞으로 살펴보겠지만 고대 그리스부터 현대에 이르기까지, 어떤 것의 부수적인 속성들은 무한하다고 생각하곤 한다.

그렇다고 형태가 무한을 암시할 수 없다는 뜻은 아니다(미학의 전체 역사는 이 사실을 반복해서 말하고 있다). 그러나 미학에서 말하는 무한이란 우리보다 큰 어떤 것에 대한 〈주관적인〉 느낌이다. 그것은 감정적인 상태, 〈잠재적인〉 무한이다. 반면에 지금 우리가 이야기하는 무한은 〈실제의〉 무한이다. 그것은 아마도 우리가 하나씩 셀 수는 있겠지만, 그 셈(그리고 열거)이 절대 끝나지 않을까 두려워하기 때문에 세지 못한다. 칸트가 별이 반짝이는 하늘을 바라보면서 숭고의 감정을 느꼈을 때, 그는 자신이 보고 있는 대상이 감관 능력을 넘어선 것이라는 (주관적인) 느낌을 받았다. 그래서 그는 우리의 감각으로 포착할 수 없을 뿐 아니라 우리의 상상력으로도 포괄할 수 없는 것, 무한을 가정했다. 그것은 우리 주관성의 거대함을 느끼게 하며, 우리가 가질 수 없는 어떤 것을 감히 소망하는 불안한 쾌감이다.

에티엔 레오폴 트루블로
「겨울에 보이는 은하수의 일부」, 1874~1875,
파리, 파리 천문대

칸트가 경험했던 감정적인 무한성은 감정으로 매우 충만해 있다. 그리고 그것은 별 〈하나〉를 그리거나 시적으로 묘사하는 것만으로도 미학적으로 표현할 수 있다. 반면에 별들의 무수함은 우리가 객관적이라고 말해야 하는 무한이다. 설사 우리가 존재하지 않는다 해도 별들은 수백억 수천억 개가 있을 것이다. 화가가 우주 속 모든 별 가운데 일부만이라도 담은 목록을 만들려고 시도한다면, 어떤 면에서 그는 우리에게 이 객관적인 무한을 생각하도록 바라는 것과 같다.

미학에서 무한이란 우리가 찬양하는 유한하고 완벽한 완전성에 따라오는 하나의 느낌인 반면, 지금 말하는 재현 형태는 거의 〈물리적으로〉 무한을 암시한다. 왜냐하면 실제로 〈그것은 끝이 없으며〉, 형태로 종결되지도 않기 때문이다.

우리는 이런 재현 방식을 〈목록〉, 또는 〈카탈로그〉라고 부를 것이다.

다시 『일리아스』로 돌아가자. 어느 시점에 이르면 (이 시의 제2권에서) **호메로스**는 그리스 군대가 어마어마하게 많다는 느낌, 겁에 질린 트로이아인들이 보는 그대로, 해안을 따라 넓게 진을 치고 있는 병사들의 거대한 무리에 대한 느낌을 묘사하고 싶어 한다. 호메로스는 우선 비교를 시도한다. 햇빛을 번쩍번쩍 반사하는 무기를 지닌 병사 무리는 사납게 숲을 집어삼키는 거센 불길과 같다. 그것은 벼락 치는 소리를 내며 하늘을 가로지르는 거위나 학의 무리와 같다. 그러나 어떤 은유도 별로 도움이 되지 않자, 호메로스는 무사 여신(뮤즈)들에게 도움을 청한다. 「말씀해 주소서, 올림포스의 궁전에 사시는 무사 여신들이여, 그대들은 어디에나 친히 임하시므로 만사를 아시나 …… 다나오스인들의 지휘자들과 지배자들은 누구누구였습니까? 하나 군사들에 관하여 일일이 이름을 들어 이야기한다는 것은 …… 설사 내게 열 개의 입과 열 개의 혀가 있고 지칠 줄 모르는 목소리와 청동의 심장이 있다 하더라도 나로서는 도저히 감당할 수 없는 일입니다.」 그래서 그는 함선의 지휘자들과 함선의 이름만 말하기로 한다.

이것은 간단한 방법인 것 같지만 이 쉬운 지름길은 이 시에서 350행을 차지한다. 확실히 그 목록은 유한하다(그 밖에 다른 지휘자와 다른 함선이 있지는 않았을 것이다). 그러나 호메로스는 지휘관마다 얼마나 많은 병사들을 거느리고 있었는지 말할 수 없기 때문에, 그가 암시하는 수는 여전히 확실하지 않다.

얼핏 보아 우리는 형태란 성숙한 문화의 특색이라고 생각할 수도 있다. 성숙한 문화는 자신을 둘러싼 세계를 알고, 그 세계의 질서를 인정하고 규정한다. 이와는

알브레히트 알트도르퍼
「이수스 전투(알렉산드로스 전투)」, 1529,
뮌헨, 알테 피나코테크

반대로, 목록은 원시적인 문화에 전형적으로 나타난다고 생각되기도 할 것이다. 원시적 문화는 아직 우주에 대해서 막연한 이미지를 갖고 있어서, 이름을 붙일 수 있는 한에서 우주의 성격을 많이 열거하지만 그것들 사이의 서열 관계를 정하지는 못한다. 예를 들어 **헤시오도스**의 『신통기』를 이런 의미에서 해석할 수도 있을 것이다. 그것은 끝없이 나열된 신들의 목록으로, 문헌학적으로 끈기 있는 독서를 통해서 재구성이 가능한 계보를 분명히 언급하고 있다고 말이다. 그러나 독자는 (심지어 고대 그리스의 독자들조차) 절대 그런 관점에서 텍스트를 읽거나 듣지는 않는다. 그것은 오히려 괴물 같고 거대한 존재들이 감당할 수 없을 만큼 우글거리는 하나의 군집, 우리 눈에 보이지는 않지만 우리가 살면서 경험하는 개인들과 크게 다르지 않은 존재들, 그 뿌리가 세월의 뒤안길에서 묻혀 간 개체들이 정말 많이 살고 있는 하나의 우주로서 스스로를 제시한다.

    그러나 목록은 그 후로도 중세(이 시기에 등장한 위대한 신학대전들과 백과사전들은 물질적이고 영적인 우주에 대해 명확한 형태를 제시하고 있노라고 주장했다)에, 르네상스 시대에, 그리고 바로크 시대(이 시기에 세계의 형태는 새로운 천문학이 제시한 것이었다)에, 그리고 특히 근대와 포스트모던 세계에 계속해서 다시 등장한다. 결국 이것이야말로 우리가 여러 다양한 이유로 목록의 무한성에 얽매여 있다는 징후이다.

헤시오도스 (기원전 8~7세기)
『신통기』 126~452행

가이아는 맨 먼저 자신과 대등한 별 많은 우라노스를 낳아
자신의 주위를 완전히 감싸도록 함으로써
그가 축복받은 신들에게 영원토록 안전한 거처가 되게 했다.
가이아는 또 여신들의, 산골짜기들에 사는 요정들의
    즐거운 처소인 긴 산(山)을 낳았다.
가이아는 또 거칠게 파도치는 추수할 수 없는 폰토스를
    낳았다.
사랑으로 교합하지도 않고. 그러나 그뒤 그녀는
    우라노스와 누워
깊이 소용돌이치는 오케아노스와 코이오스와
크레이오스와 히페리온과 테이아와
이아페토스와 레아와 테미스와 므네모시네와
황금 머리띠의 포이베와 사랑스런 테티스를 낳았다.
그들 다음에 음모를 꾸미는 크로노스가 막내로 태어났으니,
가장 무서운 이 아이는 건장한 아버지를 싫어했다.
그녀는 또 마음이 거만한 키클롭스들을,
브론테스와 스테로페스와 마음이 드센 아르게스를 낳으니,
그들이 제우스에게 천둥을 주고 번개를 만들어 주었다.
그들은 다른 점들에 있어서는 신들과 같았으나
그들의 이마 한복판에는 눈이 하나밖에 없었다.
그들은 이마에 있는 하나뿐인 둥근 눈 때문에
키클롭스라는 별명을 갖게 되었던 것이다.
하나 그들의 작업에는 힘과 기운과 기술이 들어 있었다.
그리고 또 가이아와 우라노스에서 태어난 강력하고
    드세고
사람들이 그 이름을 말하기를 꺼리는 세 아들이 더 있었으니,
코토스와 브리아레오스와 기게스가 곧 그들이다.
그들은 실로 대단한 아이들이었으니, 그들의 어깨에는
백 개의 팔이 보기 흉하게 앞으로 뻗어 있었고,
각자의 어깨로부터는 쉰 개의 머리가 튼튼한 사지 위로
    자라나 있었다.
그리고 그들의 거대한 형체에는 무한하고 강력한 힘이
    깃들어 있었다.
왜냐하면 가이아와 우라노스에게서 태어난 자들은 모두
가장 무서운 아이들이었기 때문이다. 그래서 그들의
    아버지는
처음부터 그들을 싫어했다. 그들이 태어나는 족족
    우라노스는 모조리
가이아의 깊은 곳에다 감추고는 그들이 햇빛 속으로
나오지 못하게 했다. 자신의 악행(惡行)을 즐기면서.
그러자 거대한 가이아가 괴로워 속으로
신음하다가 사악한 음모를 꾸몄으니,
가이아는 지체 없이 잿빛 아다마스의 종족을 만들어 내어
그것으로 큰 낫을 하나 만들어 자기 자식들에게 보여 주며
그들에게 용기를 북돋워 주려고 비통한 마음으로 말했던
    것이다.
「나와 사악한 아버지의 자식들이여, 너희들이 내가 시키는
    대로 하겠다면 우리는 너희 아버지의 사악하고
    수치스런 짓을
복수할 수 있을 것이다. 그가 먼저 못된 짓을 꾀했으니까.」
이렇게 그녀는 말했다. 하지만 그들은 모두 두려움에
    사로잡혀
아무도 말문을 열지 못했다. 그러나 음모를 꾸미는 위대한
    크로노스는
용기를 내어 자신의 소중한 어머니에게 이런 말로 대답했다.
「어머니, 이 일은 내가 맡아 완수하겠습니다.
나는 말로 형언할 수 없는 우리 아버지가 두렵지 않습니다.
그가 먼저 못된 짓을 꾀했으니까요.」
이렇게 그가 말하자, 거대한 가이아는 마음속으로 크게
    기뻐했다.
그녀는 그를 은밀히 매복시키고 이빨이 날카로운 낫을
그의 손에 쥐어 주며 그에게 음모를 빠짐없이 일러 주었다.
거대한 우라노스가 밤을 끌어올리며 다가와서 사랑을
    바라고
사방으로 뻗으며 가이아 위에 자신을 펼치자,
그의 아들이 매복처에서 왼손을 내밀며
오른손에 쥐고 있던 길고 이빨이 날카로운 거대한 낫으로
친아버지의 남근(男根)을 재빨리 잘라
아무 데나 날아가라고 그것을 등 뒤로 던져 버렸다.
허나 그것은 무익하게 그의 손을 떠난 것은 아니었다.
왜냐하면 거기서 떨어지는 핏방울들을
가이아가 모두 받아 해가 다 차자,
강력한 복수의 여신들과, 무구(武具)들을 번쩍이며
손에 긴 창(槍)을 든 거대한 기가스들과
끝없는 대지 위에서 멜리아들이라고 불리는 요정들을
    낳았기 때문이다.
한편 남근은 처음에 그가 아다마스의 낫으로 잘라
그것을 육지에서 파도치는 바닷속으로 던지자
오랫동안 그렇게 파도 위를 떠다녔다.

헨드리크 데 클레르크
「펠레우스와 테티스의 결혼식(신들의 잔치)」,
1606~1609년경, 파리 루브르 박물관

그러다가 그 주위로 불사(不死)의 살에서 흰 거품이 일더니
그 안에서 한 소녀가 자라났다. 그녀는 처음에 신성한
    키테라로
다가갔다가, 그뒤 그곳으로부터 바닷물로 둘러싸인
    키프로스로 갔다.
그리하여 존경스럽고 아리따운 한 여신이 밖으로
    걸어나오니,
그녀의 날씬한 발밑에서는 사방으로 풀이 자라기 시작했다.
그녀를 신들과 인간들이 아프로디테[거품에서 생겨난
    여인이자 고운 화관의 키테레이아]라고 부르는 것은
    그녀가 키테라에 다가갔기 때문이며, 키프로스
    출신이라고 부르는 것은
그녀가 파도에 둘러싸인 키프로스에서 태어났기 때문이며,
남근을 좋아한다고 부르는 것은 그녀가 남근에서
    출현했기 때문이다.
에로스와 아름다운 애욕(愛慾)이 그녀가 태어날 때 배석했고,
그녀가 신들의 종족에게 갈 때 배행(陪行)했다.
그리고 이것이 인간들과 불사신들 사이에서 처음부터
    그녀의 몫으로 정해진 명예였으니,
소녀들의 밀어(密語)와 미소와 속임수와
달콤한 쾌락과 애정과 상냥함이 곧 그것이다.
하나 아버지는, 위대한 우라노스는 자신이 낳은 자식들을
나무라며 그들에게 티탄족이란 별명을 지어 주었고,
그들이 손을 뻗어 엄청난 짓을 저질렀으니
후일 그 벌을 받게 될 것이라고 말했다.
한편 밤은 가증스런 운명(運命)과 검은 죽음의 여신과
죽음을 낳았다. 그녀는 또 잠을 낳고 꿈의 부족을 낳았다.
그 다음 어두운 밤은 신들 가운데 어느 누구와도 눕지 않고
비난(非難)과 고초(苦楚)를 낳고 또 헤스페리데스들을
    낳으니,
이들이 바로 저 유명한 오케아노스 저편에서
아름다운 황금 사과들과 그런 열매들을 맺는 나무들을
    돌본다.
밤은 또 운명의 여신들과 무자비하게 응징하는 죽음의
    여신들을
[인간들이 태어날 때 그들에게 행운과 불행을 정해 주는
클로토와 라케시스와 아트로포스를] 낳으니,
이들 여신들은 인간들과 신들의 범법(犯法)을 추적하되
죄지은 자들을 응징하기 전에는
결코 무서운 노여움을 풀지 않는다.
파멸을 가져다주는 밤은 또 죽게 마련인 인간들에게
    고통이 되도록
응보(應報)를 낳고, 그 다음에 기만과 정(情)과
저주스런 노령(老齡)을 낳고, 또 마음이 모진 불화(不和)를
    낳았다.
한편 가증스런 불화는 고통스런 노고(勞苦)와
망각과 기아와 눈물을 자아내는 고통과
전투와 전쟁과 살인과
남자들의 도륙(屠戮)과 언쟁과 거짓말과
핑계와 반론과 무질서와 미망(迷妄)과
─이들은 서로 이웃 간이다─맹세를 낳으니, 누군가가
    알고도
거짓 맹세를 하게 되면 이것은 지상의 인간들에게 가장 큰
    해악을 끼친다.
폰토스는 거짓을 모르는 진실한 네레우스를
자식들 가운데 맏이로 낳았다. 그러나 그를
    노인(老人)이라고
부르는 것은 그가 악의가 없고 상냥하고
법도를 소홀히 하지 않고 마음씨가 올곧고 상냥하기
    때문이다.
폰토스는 또 가이아와 교합하여 위대한 타우마스와
고귀한 포르키스와 볼이 예쁜 케토와 가슴 속에
아다마스 같은 마음이 들어 있는 에우리비에를 낳았다.
네레우스에게는, 그리고 나무랄 데 없는 강(江)인
오케아노스의 딸로 머릿결이 도리스에게서는
추수할 수 없는 바닷속에서 수많은 여신들이 태어났으니,
프로토, 에우크란테, 사오, 암피트리테,
에우도레, 테티스, 갈레네, 글라우케,
키모토에, 스페이오, 토에, 사랑스런 할리에,
파시테에, 에라토, 장밋빛 팔의 에우니케,
우아한 멜리테, 에울리메네, 아가우에,
도토, 프로토, 페루사, 디나메네,
네사이에, 악타이에, 프로토메데이아,
도리스, 파노페, 아리따운 갈라테이아,
사랑스런 힙포토에, 장밋빛 팔의 힙포노에,
키모도케 ─ 그녀는 안갯빛 바다에서 파도와
세찬 바람들의 입김을 키마톨레게 및 복사뼈가 예쁜
암피트리테와 힘을 모아 쉽게 진정시킨다 ─
키모, 에이오네, 예쁜 머리띠의 할리메데,
미소 짓기를 좋아하는 글라우코노메, 폰토포레이아,
레이아고레, 에우아고레, 라오메데이아,
풀뤼노에, 아우토노에, 리시아나사,

몸매가 예쁘고 용모가 나무랄 데 없는 에우아르네,
우아한 맵시의 프사마테, 신적(神的)인 메니페,
네소, 에우폼페, 테미스토, 프로노에,
그리고 자신의 불사의 아버지의 마음씨를 지닌
    네메르테스가 곧 그들이다.
나무랄 데 없는 네레우스에서 태어난 이들
쉰 명의 딸들은 일솜씨도 나무랄 데 없다.
타우마스는 깊게 흐르는 오케아노스의 딸 엘렉트라와
결혼했다. 그녀가 날랜 이리스와 머릿결이 고운
하르피이아이들과 아엘로와 오키페테를 낳으니,
이들은 날랜 날개들로 바람의 입김이나 새들과도 경주한다.
이들은 허공 속을 질주하기 때문이다.
포르키스에게 케토는 볼이 예쁜, 그러나 날 때부터
    백발(白髮)인
노파들을 낳아 주었다. 불사신들과 지상을 거니는 인간들은
그들을 실제로 노파들이라고 부르고 있으니,
고운 겉옷의 펨프레도와 사프란색 겉옷의 에니오가 곧
    그들이다.
그녀는 또 고르고 자매들을 낳아 주었다. 그들은 이름난
    오케아노스 저편
밤 바로 옆, 세상의 가장자리에, 거기 맑은 목소리의
    헤스페리데스들이
있는 곳에 살고 있었으니, 스텐노와 에우리알레와
끔찍한 일을 당한 메두사가 곧 그들이다. 그녀는 죽음을
    면할 수 없으나
다른 두 명은 죽지도 않고 나이도 모른다. 그러나 오직
    그녀와만
머리털이 검푸른 신은 봄꽃이 만발한 가운데 부드러운
    풀밭에 누웠다.
그리하여 페르세우스가 그녀의 목에서 머리를 베어 냈을 때
위대한 크리사오르와 페가소스 말(馬)이 튀어나왔다.
페가소스가 그런 이름을 갖게 된 것은 그가 오케아노스의
샘Pege 가에서 태어났기 때문이다. 한편 크리사오르는 손에
황금 칼을 들고 태어났다. 페가소스는 양 떼의 어머니인
    대지를 떠나
위로 날아올라 불사신들에게 갔다. 그리고 그는 제우스의
    궁전에 살며
지략이 풍부하신 제우스께 천둥과 번개를 날라 준다.
크리사오르는 이름난 오케아노스의 딸인 칼리로에와
교합하여 머리가 셋인 게리오네우스를 낳았다.
하나 헤라클레스의 힘이 오케아노스를 건너
이름난 오케아노스 저편 안개 낀 목장에서
오르토스와 목자(牧者) 에우리티온을 죽인 뒤
이마가 넓은 소 떼를 신성한 티린스로 몰고 가던 날,
바다로 둘러싸인 에리테이아에서
발을 끌며 걷는 소 떼 옆에서 그를 죽였다.
하나 케토는 죽게 마련인 인간들도 불사신들도 닮지 않은
또 다른 대항할 수 없는 괴물을 속이 빈 동굴 안에다 낳으니,
이 마음이 드센 신적인 에키드나로 말하자면,
반쪽은 속눈썹을 깜짝이는 볼이 예쁜 소녀고
다른 반쪽은 신성한 대지의 깊숙한 곳에서 반짝이며
게걸스레 먹어 치우는 무섭고 거대한 뱀이다.
거기 불사신들과 죽게 마련인 인간들에게서 멀리 떨어진
속이 빈 암벽 밑에 그녀의 동굴이 있으니,
그곳의 이름난 집에서 신들은 그녀가 살 수 있도록
    해주었던 것이다.
언제까지나 죽음도 나이도 모르는 소녀인 파멸을
    가져다주는
에키드나는 아리모이의 지하에 갇혀 있었다.
사람들이 말하기를, 그곳에서 무섭고 포악한 무법자(無法者)
티폰이 속눈썹을 깜짝이는 소녀와 사랑으로 교합했다고
    한다.
그리하여 그녀는 수태하여 마음이 드센 자식들을 낳았다.
첫째, 그녀는 게리오네우스에게 오르토스 개를 낳아 주었다.
둘째, 그녀는 대항할 수 없고 말로 형언할 수 없고
    게걸스레 먹어 치우는
케르베로스를 낳으니, 청동 목소리에 쉰 개의 머리가 달린
이 하데스의 개는 어느 누구 앞에서도 수줍어하지 않고
    강력했다.
셋째, 그녀는 파멸을 꾀하는, 레르나의 히드라를 낳으니,
흰 팔의 여신 헤라가 헤라클레스의 힘에
물릴 줄 모르는 원한을 품고 그것을 길렀다.
하나 제우스의 아들로 암피트리온의 아들이라고 불리는
헤라클레스가 아레스에게 사랑받는 이올라오스와 힘을 모아
군대를 이끄는 아테네 여신의 조언에 따라 그것을
    무자비한 청동으로 죽였다.
에키드나는 또 제압할 수 없는 불을 내뿜고 무섭고 크고
발이 빠르고 강력한 키마이라를 낳으니,
그것은 머리가 셋으로, 하나는 눈을 부라리는 사자의 머리고
하나는 암염소의 머리고 하나는 강력한 용의 머리였다.
[그것은 앞은 사자고 뒤는 용이고 가운데는 암염소였으며
타오르는 불의 강력한 힘을 내뿜었다.]

하나 그것을 페가소스와 고귀한 벨레로폰테스가 죽였다.
에키드나는 또 오르토스에게 눌려 카드모스의 백성들에게
재앙이 되도록 파멸을 가져다주는 스핑크스를 낳고
네메아의 사자도 낳으니, 이것을 제우스의 영광스런
  아내인 헤라가
길러 인간들에게 고통이 되도록 네메아의 언덕들 위에
  살게 했다.
그곳에 살며 그것은 인간들의 부족들을 습격했고,
네메아에 있는 트레토스 산과 아페사스 산을 지배했다.
그러나 강력한 헤라클레스의 힘이 그것을 제압했다.
케토는 포르키스와 사랑으로 교합하여 막내 자식으로
무서운 뱀을 낳으니, 그것은 검은 대지의 은밀한 곳에서,
그것의 광대한 경계(境界)에서 황금 사과들을 지키고 있다.
이것이 케토와 포르키스의 자손들이다.
테티스는 오케아노스에게 소용돌이치는 강(江)들을 낳아
  주었으니,
네일로스, 알페이오스, 깊이 소용돌이치는 에리다노스,
스트리몬, 마이안드로스, 아름답게 흘러가는 이스트로스,
파시스, 레소스, 은빛 소용돌이의 아켈로오스,
네소스, 로디오스, 할리아크몬, 헵타포로스,
그라니코스, 아이세포스, 신 같은 시모에이스,
페네이오스, 헤르모스, 아름답게 흘러가는 카이코스,
크나큰 상가리오스, 라돈, 파르테니오스, 에우에노스,
아르데스코스, 신 같은 스카만드로스가 곧 그들이다.
그녀는 또 요정들의 신성한 종족을 낳았다.
요정들은 주인인 아폴론 및 강들과 더불어 지상에서
  소년들을
남자들로 기르니, 이런 권능(權能)을 제우스에게서
  부여받았던 것이다.
페이토, 아드메테, 이안테, 엘렉트라,
도리스, 프림노, 신 같은 우라니아,
히포, 클리메네, 로데이아, 칼리로에,
제욱소, 클리티에, 이디이아, 페이시토에,
플렉사우레, 갈락사우레, 사랑스런 디오네,
멜로보시스, 토에, 아리따운 폴리도레,
사랑스런 몸매의 케르케이스, 황소 눈의 플루토,
페르세이스, 이아네이라, 아카스테, 크산테,
사랑스런 페트라이에, 메네스토, 에우로페,
메니스, 에우리노메, 사프란색 겉옷의 텔레스토,
크리세이스, 아시아, 욕망을 불러일으키는 칼립소,
에우도레, 티케, 암피로, 오키로에,

그중에서도 가장 빼어난 스틱스가 곧 그들이다.
이들이 오케아노스와 테티스에게서 태어난 맏딸들이고,
그밖에도 다른 딸들이 많이 있다.
왜냐하면 복사뼈가 날씬한, 오케아노스의 딸들은 삼천
  명이나 되기 때문이다.
빛나는 여신들인 이들 딸들은 사방에 흩어져
대지든 바다의 심연이든 가리지 않고 도처에 나타난다.
그리고 또 그만큼 낳은 강들이, 존경스런 테티스가 낳은
오케아노스의 아들들이 요란스레 흘러간다.
그들의 이름을 다 말하는 것은 죽게 마련인 인간으로서는
  어려운 일이나,
그들 곁에 살고 있는 사람들은 누구나 다 알고 있다.
테이아는 히페리온에게 사랑으로 눌려
위대한 헬리오스와 빛나는 셀레네와
지상에 사는 모든 것들과 넓은 하늘에 사는
불사신들을 비춰 주는 에오스를 낳았다.
여신들 중에서도 고귀한 에우리비에는 크레이오스와
사랑으로 교합하여 위대한 아스트라이오스와 팔라스와
그들 모두 가운데서 지혜가 가장 출중한 페르세스를 낳았다.
아스트라이오스에게 에오스가 드센 마음의 바람들을,
구름을 쫓아 버리는 서풍(西風)과 급히 내닫는 북풍(北風)과
동풍(東風)을 낳아 주었다. 여신이 신과 사랑으로 동침하여,
일찍 태어난 여신은 그들 다음에 샛별과
하늘의 화관(花冠)인 별들을 낳았다.
오케아노스의 딸 스틱스는 팔라스와 교합하여
궁전에서 열망(熱望)과 복사뼈가 예쁜 승리와
힘과 완력을 걸출한 자식들로 낳아.
이들은 제우스에게서 멀지 않은 곳에 살며,
그 신께서 앞장서시는 곳이 아니면 앉지도 가지도 않고
늘 크게 천둥 치시는 제우스 옆에 자리잡곤 했다.
왜냐하면 오케아노스의 불멸의 딸 스틱스가 그렇게
  하도록 결정했기 때문이다.
번개를 치시는 올림포스의 주인께서 모든 불사신들을
높은 올림포스에 불러 놓으시고는 신들 가운데 누구든
당신과 함께 티탄족에 대항하여 싸우는 자에게서는 그의
  특권들을
결코 박탈하지 않을 것인즉 각자는 전에 다른 불사신들
  사이에서

24~25면: 마티아스 게룽
「파리스의 심판과 트로이아 전쟁」, 1540,
파리, 루브르 박물관

누리던 명예를 그대로 유지하게 될 것이라고 말씀하시던
그날.
그분께서는 또 크로노스에게서 명예와 특권을 받지 못한
자는
적절히 명예와 특권을 받게 될 것이라고 말씀하셨다.
그러자 불멸의 스틱스는 사랑하는 아버지의 조언에 따라
자식들을 데리고 맨 먼저 올림포스로 갔다.
그러자 제우스께서 그녀의 명예를 높여 주시며 각별한
선물을 주셨으니,
그분께서 그녀 자신은 신들의 위대한 맹세가 되게 하시고,
그녀의 자식들은 언제까지나 당신과 함께 살게 하셨다.
꼭 그처럼 그분께서는 다른 이들에게도 모두 당신이
약속하신 것을
철저히 이행하셨다. 그러나 그분 자신은 권세와 왕권을
장악하고 계신다.
포이베는 코이오스의 애정 어린 잠자리로 갔다.
그리하여 여신은 신과 사랑으로 교합하여,
언제나 상냥하고 인간들과 불사신들에게 호의적이며
처음부터 상냥하고 올림포스에서 가장 부드러운
검은 겉옷의 레토를 낳았다.
그녀는 또 행운을 가져다주는 이름의 아스테리에도 낳았다.
그러자 후일 페르세스가 아스테리에를 자신의 사랑하는
아내라고
불리도록 자신의 큰 집으로 데려갔다. 그곳에서
아스테리에가
헤카테를 뱄다가 낳자, 크로노스의 아드님께서 누구보다도
그녀의 명예를 높여 주셨다. 그분께서는 그녀에게 빼어난
선물들을
주셨으니, 그녀가 대지에도 추수할 수 없는 바다에도 제
몫을 갖게 하셨던 것이다.
헤카테는 또 별 많은 하늘로부터 제 몫의 명예를 받았으며
불사신들에게 존경을 가장 많이 받았다. 지금도 지상의
인간들 중에 누군가가
훌륭한 제물을 바쳐 관습에 따라 신들을 달래려고 할 때에는
헤카테를 부르기 때문이다. 그리하여 여신이 기꺼이
기도를 받아들인 경우
그에게는 힘들이지 않고도 많은 명예가 따르고, 여신은
그에게
복을 준다. 여신에게는 그럴 능력이 있기 때문이다.
왜냐하면 여신은 가이아와 우라노스에게서 태어나 명예를
부여받은
모든 이들의 명예에 제 몫을 가지고 있기 때문이다.
크로노스의 아드님께서는 그녀에게 결코 폭력을 행사하지
않으셨고,
또 그녀가 옛날의 신들인 티탄족 사이에서 받은 것을
빼앗지 않으셨다.
천만에, 그녀는 맨 처음에 분배받은 그대로 간직하고 있다.
여신은 외동딸인지라 대지와 하늘과 바다에서
특권을 덜 받기는커녕 훨씬 많이 받았으니,
제우스께서 그녀의 명예를 높여 주시기 때문이다.
그녀는 누구든 자신이 원하는 자에게 다가가 큰 도움을 준다.
그녀가 원하는 자는 회합(會合) 때 군중들 사이에서 돋보인다.
그리고 전사들이 남자를 죽이는 전쟁을 위하여
무장할 때, 여신은 자신이 원하는 자들을 편들어
자신의 호의로써 승리를 주고 명성을 베푼다.
그리고 재판할 때 여신은 존경스런 왕들 옆에 앉아 있다.
남자들이 다투어 경기할 때에도 여신은 도움을 준다.
그럴 때에도 여신은 그들을 편들어 도움을 준다.
힘과 체력으로 이긴 자는 힘들이지 않고 기분 좋게
훌륭한 상(賞)을 타서 부모님께 영광을 드린다.
여신은 또 자신이 원하는 기수(騎手)들에게 도움을 준다.
그리고 험한 잿빛 바다를 경작하는 자들에게도,
헤카테와 굉음을 울리며 대지를 흔드는 이에게 기도하는
자들에게도
영광스런 여신은 힘들이지 않고 큰 포획을 허락하는가 하면,
눈에 보이는 포획도 힘들이지 않고 빼앗아버린다,
마음속으로
그러기를 원하기만 하면. 여신은 또 축사에서 헤르메스와
더불어
가축을 늘리는 데에도 도움을 준다. 소 떼들과 넓게 흩어지는
염소 떼들과 털북숭이 양 떼들을 여신은 마음속으로
그러기를
원하기만 하면 적은 것을 늘리기도 하고 많은 것을
줄이기도 한다.
이처럼 그녀는 비록 그녀 어머니의 외동딸이지만
불사신들 사이에서 온갖 특권으로 존중되었던 것이다.
그리고 크로노스의 아드님께서는 그녀를 젊은이들의
양육자로 삼으셨다.
그녀가 태어난 이후 많은 것을 보는 새벽을 두 눈으로 보아
온 젊은이들을 위하여.
이렇게 그녀는 처음부터 젊은이들의 양육자였고, 이런
것들이 그녀의 특권이었다.

호메로스 (기원전 9세기)
『일리아스』, 2권 455~637행

[……] 마치 파괴적인 불길이 산꼭대기에 있는 광활한 숲을
태우면 그 화광(火光)이 멀리서도 보이듯이,
꼭 그처럼 그들이 앞으로 나아갈 때 수많은 청동으로부터
눈부신 광채가 맑은 대기를 뚫고 하늘에 닿았다.
마치 거위나 학이 목이 긴 백조 따위의
깃털 달린 날짐승들의 큰 무리가 날개를 뽐내며
카이스트로스 강변에 있는 아시오스의 초원 위를
이리저리 날아다니다가 요란하게 소리지르며
잇달아 내려앉으면 온 초원이 울리듯이,
꼭 그처럼 전사들의 수많은 무리가 함선들과 막사들에서
스카만드로스의 들판으로 쏟아져 나오자
사람의 발과 말발굽 밑에서 대지가 무섭게 울렸다.
그리하여 그들이 꽃피는 스카만드로스의 초원 위에 서니,
그 수가 제철을 만난 나뭇잎과 꽃봉오리만큼 많았다.
마치 봄철에 우유가 통(桶)들을 적실 때면
수많은 파리 떼가 새까맣게 무리지어 목자(牧者)의
외양간 주위로 쉴 새 없이 날아다니듯이, 꼭 그만큼 많은
장발의 아카이아 인들이 트로이아 인들을 향하여 들판에
버티고 섰다, 그들을 갈기갈기 찢어 죽이기를 열망하며.
마치 잘 흩어지는 염소 떼가 목장에서 서로 뒤섞여도
염소치기들이 이들을 쉽사리 가려내듯이,
꼭 그처럼 지휘자들은 전투에 들어가기 위하여 그들을
   여기저기서
따로 나누어 정렬시켰다. 그 한복판에는 통치자 아가멤논이
서 있었는데 눈과 머리는 천둥을 좋아하는 제우스와 같았고,
허리는 아레스와 같았으며, 가슴은 포세이돈과 같았다.
마치 소 떼 중에서 출중한 황소 한 마리가
가축 떼 가운데서 유난히 돋보이듯이, 꼭 그처럼
이날 제우스는 아트레우스의 아들을 무리들 사이에서
출중하고 영웅들 사이에서 돋보이게 했다.
이제 말씀해 주소서, 올림포스의 궁전에 사시는 무사
   여신들이여!
— 그대들은 여신들이라 어디나 친히 임하시므로 만사를
   아시지만
우리는 뜬소문만 들을 뿐 아무것도 아는 것이 없기
   때문입니다 —
다나오스 백성들의 지휘자들과 지배자들은
   누구누구였습니까?
하나 군사들에 관하여 일일이 이름을 들어 이야기한다는
   것은,
아이기스를 가지신 제우스의 따님들인 올림포스의 무사
   여신들께서
일리오스에 간 모든 이들에 관하여 일일이 일러 주시지
   않는다면,
설사 내게 열 개의 입과 열 개의 혀가 있고 지칠 줄 모르는
   목소리와
청동의 심장이 있다 하더라도 나로서는 도저히 감당할 수
   없는 일입니다.
그러니 나는 함선들의 지휘자들과 함선들에 관하여
   빠짐없이 말하겠나이다.
보이오티아인들은 페넬레오스, 레이토스, 아르케실라오스
프로토에노르, 그리고 클로니오스가 지휘했다.
이들은 히리아, 바위투성이의 아울리스, 스코이노스,
그리고 스콜로스, 언덕이 많은 에테오노스, 테스피아이,
그리고 그라이아와 넓은 무도장이 있는 미칼레소스에
   사는 자들이거나,
하르마, 에일레시온, 그리고 에리트라이 부근에 사는
   자들이거나,
엘레온, 힐레, 페테온, 오칼레아, 그리고
메데온의 튼튼한 성채, 코파이, 에우트레시스,
그리고 비둘기의 고장 티스바이를 차지한 자들이거나,
코로네이아와 풀이 많은 할리아르토스를 차지한
   자들이거나,
플라타이아를 차지한 자들과 글리사스에 사는 자들이거나,
히포테바이의 튼튼한 성채와 포세이돈의 빼어난
   원림(園林)이 있는
신성한 옹케스토스를 차지한 자들이거나,
포도의 고장 아르네를 차지한 자들이거나, 미데아, 신성한
   니사,
그리고 머나먼 변경에 있는 안테돈을 차지한 자들이었다.
이들은 쉰 척의 함선들을 타고 왔는데, 배마다
보이오티아의 젊은이들이 백스무 명씩 타고 있었다.
아스플레돈과 미니아이족의 오르코메노스에 사는 자들은
아스칼라포스와 이알메노스가 지휘했다. 이들은 둘 다
   아레스의 아들로,
아스티오케가 아제우스의 아들 악토르의 궁전에 있을 때,
정숙한 처녀의 몸으로 다락방에 올라갔다가 강력한
   아레스에게서
이들을 잉태했던 것이다. 아레스가 몰래 그녀와 동침했기

베네토의 이름 없는 화가
「1659년 4월 후퇴하는 투르크 함대를 쫓는 프란체스코 모로시니」,
1659~1730년경,
베네치아, 코레르 미술관

때문이다.
이들과 함께 속이 빈 함선 서른 척이 왔다.
포키스인들은 나우볼로스의 아들인 기상이 늠름한 이피토스의
두 아들 스케디오스와 에피스트로포스가 지휘했다.
이들은 키파리소스, 바위투성이의 피토, 신성한 크리사,
그리고 다울리스와 파노페우스를 차지한 자들이거나,
아네모레이아와 휘암폴리스 부근에 사는 자들이거나,
고귀한 케피소스 강변에 사는 자들이거나, 케피소스의 원천(源泉)
가까이 있는 릴라이아를 차지하고 있는 자들이었다.
이들과 함께 검은 함선 마흔 척이 따라왔다.
두 사람은 열심히 뛰어다니며 포기스인들의 대열을 정돈시킨 다음
그들을 보이오티아인들의 바로 왼쪽에다 세웠다.
로크리스인들은 오일레우스의 날랜 아들 작은 아이아스가 지휘했다.
그는 텔라몬의 아들 아이아스만큼 크지 않고 그보다 훨씬 작았다.
그는 아마(亞麻) 가슴받이를 대고 있었는데, 키는 비록 작았지만
창술에 있어서는 전(全) 헬라스인들과 아카이아인들을 능가했다.
그들은 키노스, 오푸스, 칼리아로스, 벳사
그리고 스카르페, 아름다운 아우게이아이, 타르페,
그리고 보아그리스 강변에 있는 트로니온에 사는 자들이었다.
아이아스와 함께, 신성한 에우보이아의 맞은편에 사는
로크리스인들의 검은 함선 마흔 척이 따라왔다.
노여움을 몰아쉬는 아반테스족(族)은 에우보이아, 칼키스,
에레트리아, 포도의 고장 헤스티아이아, 바닷가에 있는 케린토스,
그리고 디오스의 가파른 성채를 차지하고 있는 자들이거나,
카리스토스를 차지하고 있는 자들이거나, 스티라에 사는 자들로,
이들은 칼코돈의 아들로 기상이 늠름한 아반테스족의
지휘자이며 아레스의 후예인 엘레페노르가 지휘했다.
그를 따라온 날랜 아반테스족은 뒤통수 쪽 머리만
길게 기른 창병들로, 물푸레나무를 내밀어
적의 가슴 위에서 가슴받이를 찢기를 열망하고 있었다.
그와 함께 검은 함선 마흔 척이 따라왔다.

아테나이의 튼튼한 성채를 차지하고 있는 자들은
―그곳은 고매한 에렉테우스의 영지이니, 곡식을 가져다주는
대지의 여신이 일찍이 그를 낳았을 때, 제우스의 딸 아테네가
그를 길러 아테나이에 있는 자신의 풍요한 신전 앞에 갖다 앉혔기 때문이다.
그래서 그곳에서 아테나이의 젊은이들은 해가 바뀔 때마다
황소들과 숫양들을 바쳐 그의 환심을 사고 있는 것이다―
이들은 페테오스의 아들 메네스테우스가 지휘했다.
말들과 방패를 든 전사들을 정렬하는 데 있어서는
지상에 사는 인간으로서는 아무도 그를 당할 자가 없었다.
오직 연배인 네스토르만이 그와 겨룰 수 있었다.
그와 함께 검은 함선 쉰 척이 따라왔다.
아이아스는 살라미스에서 열 두 척의 함선들을 이끌고 와서
아테나이인들의 대열이 서 있는 곳에다 세웠다.
아르고스와 성벽으로 둘러싸인 티린스, 그리고
깊숙한 만(灣)을 안고 있는 헤르미오네, 아시네, 트로이젠
그리고 에이오네스와 포도의 고장 에피다우로스를 차지한 자들과
아이기나와 마세스를 차지한 아카이아족의 젊은이들,
이들은 또 목청 좋은 디오메데스와 유명한 카파네우스의
사랑하는 아들 스테넬로스가 지휘했다.
이들과 함께 세 번째로 신과 같은 전사 에우리알로스가 왔는데,
그는 탈라오스의 아들인 메키스테우스 왕의 아들이었다.
그러나 이들 모두를 지휘하는 것은 목청 좋은 디오메데스였다.
미케네의 튼튼한 성채와 풍요한 코린토스와
잘 지은 클레오나이를 차지한 자들과,
오르네아이와 아름다운 아라이티레아와 그 옛날
아드라스토스가 다스리던 시키온에 사는 자들과,
히페레시에와 험준한 고노엣사와 펠레네를
차지한 자들과, 아이기온 부근과
아이기알로스 전역과 넓은 헬리케 부근에 사는 자들,
이들의 함선 일백 척은 아트레우스의 아들 통치자 아가멤논이 지휘했다.
그를 따라온 백성들은 수도 가장 많고 또 가장 용감했다.
그들 한가운데에 그 자신이 번쩍이는 청동을 입고 호기롭게
나아가니 모든 영웅들 중에서도 유난히 돋보였다.
아가멤논은 가장 훌륭한 데다 가장 많은 백성들을

지휘했기 때문이다.
준령(峻嶺)에 둘러싸여 협곡이 많은 라케다이몬과
파리스, 스파르테 그리고 비둘기의 고장 메세를 차지하고
　있는 자들과,
브리세아이와 아름다운 아우게이아이에 사는 자들과,
아미클라이와 헬로스의 해안 성채를 차지한 자들과,
라아스를 차지한 자들과, 오이틸로스 부근에 사는 자들,
이들의 함선 예순 척은 아가멤논의 아우인 목청 좋은
　메넬라오스가
지휘했는데, 형제는 저마다 따로 무장했던 것이다.
메넬라오스는 자신의 열성을 믿고 그들 사이를 돌아다니며
그들을 싸움터로 내몰았다. 그는 마음속으로 헬레네로 인한
노고와 탄식을 앙갚음하기를 누구보다도 열망하고 있었다.
필로스와 아름다운 아레네와 알페이오스 강을
걸어서 건널 수 있는 곳인 트리온과 잘 지은
아이피에 사는 자들과, 키파릿세에이스와 암피게네이아와
프텔레오스와 헬로스와 도리온에 사는 자들은―
도리온은 무사 여신들이 오이칼리아 왕 에우리토스의
　곁을 떠나오던
트라케 사람 타미리스를 만나 그의 노래를 그치게 한 곳이니,

아이기스를 가진 제우스의 딸들인 무사 여신들이 몸소
노래하더라도 그가 이길 자신이 있노라고 호언장담했기
　때문이다.
여신들은 화가 나서 그를 눈멀게 하고, 신과 같은 노래를
빼앗고 키타리스 연주하는 재주를 잊게 만들었던 것이다―
이들은 전차를 타고 싸우는 게레니아의 네스토르가
　지휘했는데,
그와 함께 속이 빈 함선 아흔 척이 왔다.
험준한 킬레네 산 밑 아이피토스의 무덤 옆에 자리 잡고는,
접전에 능한 전사들이 살고 있는 아르카디아를 차지한
　자들과,
페네오스와 양 떼가 많은 오르코메노스와 리페와
스트라티아와 바람 부는 에니스페에 사는 자들과,
테게아와 사랑스런 만티네이아를 차지한 자들과,
스팀팔로스를 차지한 자들과, 파르라시아에 사는 자들,
이들의 함선 예순 척은 앙카이오스의 아들인 통치자
　아가페노르가

「포르토나치오 석관」
서기 180~190년,
로마, 국립 로마 미술관, 마시모 궁전

지휘했는데, 배마다 전투에 능한 아르카디아 전사들이
많이 타고 있었다. 아트레우스의 아들인 인간들의 왕
아가멤논이 그들에게 훌륭한 갑판으로 덮인 함선들을 주어
포도줏빛 바다를 건너게 했던 것이니,
그들은 원래 항해에 관한 일에는 별로 관심이 없었기
   때문이다.
부프라시온과 신성한 엘리스에 사는 자들,
즉 히르미네와 머나먼 변경에 있는 미르시노스와
올레니에 바위와 알레시온을 경계로 하여 그 안에 사는
   자들,
이들의 지휘자는 네 명이었는데, 그 각자에게 날랜 함선들이
열 척씩 따랐고, 그 안에는 많은 에페이오이족이 타고 있었다.

그중 일부는 암피마코스와 탈피오스가 지휘했는데,
   이들은 둘 다
악토르의 후예로 한 명은 크테아토스의 아들이었고 한
   명은 에우리토스의
아들이었다. 다른 일부는 아마링케우스의 아들 강력한
   디오레스가 지휘했다.
그리고 네 번째 부대는 신과 같은 폴릭세노스가 지휘했는데,
그는 아우게이아스의 아들인 아가스테네스 왕의
   아들이었다.
둘리키온과 바다 건너 엘리스의 맞은편에 있는
신성한 에키나이 군도(群島)에서 온 자들은 필레우스의
   아들로

아레스 못지않은 메네스가 지휘했다. 그의 아버지
　필레우스는
제우스의 사랑을 받던, 전차를 타고 싸우는 전사였는데
일찍이 아버지에게 화를 내고 둘리키온으로 옮겨가
　살았던 것이다.
그와 함께 검은 함선 마흔 척이 따라왔다.
오디세우스는 기상이 늠름한 케팔렌인들을 지휘했다.
이들은 이타케와 잎이 바람에 흔들리는 네리톤을 차지한
자들이거나, 크로킬레이아와 울퉁불퉁한 아이길립스에
　사는 자들이거나,
자킨토스를 차지한 자들과 사모스 부근에 사는 자들이거나,
본토(本土)를 차지한 자들과 섬 건너편 해안에 사는

　자들이었다.
이들은 지혜가 제우스 못지않은 오디세우스가 지휘했는데,
그와 함께 이물에 주홍색을 칠한 함선 열두 척이 따라왔다.
[……]

「유니콘 무리와 싸우는 알렉산드로스」, 「알렉산드로스의 정복과 업적에 관한 책」
fol. 260r, 15세기,
파리, 프티팔레 미술관

안드레아 빈첸티노(안드레아 미키엘리)
「레판토 해전」, 1595〜1605,
베네치아, 두칼레 궁전

3. 그림에 담긴 목록

호메로스가 형태에 관해 이야기하기 위해 아킬레우스의 방패라는 시각적인 미술 작품의 예를 선택했다고 해도 (물론 현재법이라는 수사학적 기법을 써서 말로 열거하기는 했지만), 실제로는 그가 목록에 의지하면서 결국에는 단어를 가지고 똑같은 작업을 했다는 것, 그러면서도 그 스스로는 시각적 목록을 말로 설명한다고 생각하지 않았다는 것은 우연이 아니다.

이것은 결코 사소한 문제가 아니다. 특히 이 책에서 우리가 그렇듯이, 사실상 〈말을 통해〉 목록을 이야기하면서도 〈이미지〉를 통해 목록을 설명하고 있다고 생각할 때는 더욱 그렇다. 사실 조각 작품 안의 한 이미지는 공간 속에 한정되어 있다. 하나의 조각상이 〈기타 등등〉까지 나타내는 일은, 다시 말해 그 자신의 물리적 한계를 넘어 계속 뻗어 나간다는 암시를 나타내는 일은 거의 없다. 반면에, 회화

작품 속의 이미지는 프레임의 제약을 받는다.

앞에서도 말했듯, 심지어 「모나리자」도 프레임 너머로 틀림없이 계속 뻗어 있을 풍경을 배경으로 그려졌지만, 그녀 뒤에 있는 숲이 얼마나 멀리까지 뻗어 있을지 궁금해하는 사람은 아무도 없으며, 레오나르도가 그 숲이 끝없이 뻗어 있음을 암시하려 했다고 생각하는 사람도 없다. 그렇지만 그와는 다른 회화 작품들이 존재한다. 그런 회화들은 우리가 프레임 안에서 보는 것이 전부는 아니며, 프레임 안에 있는 것은 수를 헤아리기 힘든 전체, 적어도 호메로스가 말한 병사들만큼 많은 전체 가운데 한 예에 지나지 않는다고 생각하게 만든다.

36면: 히에로니무스 보스
「쾌락의 동산」,
오른쪽 패널 세부, 1500년경,
마드리드, 프라도 미술관

37면: 히에로니무스 보스
「쾌락의 동산」,
가운데 패널 세부, 1500년경,
마드리드, 프라도 미술관

레오나르도 다빈치
「모나리자」(라 조콘다),
1503~1506,
파리, 루브르 박물관

39면: 조반니 파올로 판니니
「고대 로마 풍경 화랑」, 1759,
파리, 루브르 박물관

    조반니 파올로 판니니의 「화랑」 작품들을 예로 들어 보자. 이 그림들은 우리에게 보이는 것들만 보여 주기 위해 그린 것이 아니다. 그려진 것들은 단지 하나의 예일 뿐이며 얼마나 많은지 알 수 없는 나머지 컬렉션들까지도 말해 주려는 의도가 이 그림들에 담겨 있다. 보스Bosch의 「쾌락의 동산」은 어떤가. 이 그림은 그것이 암시하는 놀라운 일들이 그림의 경계를 넘어서도 계속되리라는 것을 말해 준다. 카르파초의 「아라라트 산에서의 순교자 만 명의 십자가형과 영광」이나 폰토르모의 「만 천 명의 순교자들」도 다를 게 없다. 확실히 그림 속에서 십자가에 박힌 사람들의 수는 만 명이 아니며 고문당하는 사람들은 그림에 보이는 것보다 훨씬 많을 것이다. 그러나 이 그림들이 캔버스 경계 너머에서도 계속해서 죽어가는 수많은 사람들을 이야기하려는 의도가 있음은 분명하다. 어찌 보면 이 그림들은 그 모든 사람의 이름을 하나하나 대지 못하는 (다시 말해서 그들 하나하나를 보여 주지 못하는) 그림 자신의 무능함을 나타내기 위한 의도로도 느껴진다.

    호메로스식의 모델을 따라서 대열을 갖춘 군대와 전투를 재현한 회화들이나, 셀 수 없이 많은 무리들을 심란하게 인용하는 회화들 역시 마찬가지다.

39

궁극의 리스트

비토레 카르파초
「아라라트 산에서의 순교자 만 명의 십자가형과 영광」, 1515,
베네치아, 아카데미아 미술관

알브레히트 뒤러
「만 명의 그리스도인의 순교」, 1508,
빈, 미술사 박물관 회화관

팔마 일 조바네(자코포 네그레티)
「콘스탄티노플 함락」, 1587년경,
베네치아, 두칼레 궁전

3. 그림에 담긴 목록

빈첸초 캄피
「과일이 있는 정물」, 1590년경,
밀라노, 브레라 미술관

프란스 스니데르스(화파)
「어물전」, 1616~1621,
파리, 루브르 박물관

궁극의 리스트

    과일이나 고기, 생선을 묘사한 네덜란드 정물화들은 겉보기에는 그 자체가 하나의 형태로서 구성되어 있는 것처럼 보인다. 정물들이 하나의 프레임에 의해 경계가 정해져 있기 때문이며, 또한 보통은 정물들이 가운데에 쌓여 있기 때문이기도 하다. 그러나 이런 그림에는 제시된 정물들이 주는 풍부함의 효과, 말로는 다 할 수 없는 다양성의 효과를 노리는 의도가 너무도 뚜렷하기 때문에, 우리는 이 정물화들을 시각적 목록의 예로 포함시킬 수 있다. 그리고 〈바니타스Vanitas〉라고 알려진 네덜란드 정물화, 다시 말해 겉으로는 아무런 상호 관계가 없는 듯한 사물들을 뒤섞어 놓고서, 그 모든 것이 썩기 쉬움을 나타내면서 우리에게 세속적인 사물의 덧없음을 생각하게 만드는 그림들에도 목록에 대한 암시가 담겨 있다.

    캔버스나 프레스코의 경계를 넘어서 수많은 인물들이 우글거리고 있음을 나타내는 그 밖의 예로는 시스티나 성당의 「최후의 심판」이나 쿠쟁의 「최후의 심판」을 들 수 있을 것이다.

피터르 아에르천,
「바니타스(정물)」, 1552,
빈, 미술사 박물관 회화관

핀컨트 라우런츠 판 데 피너
「왕관과 1649년 참수당한 영국 왕 찰스 1세의 초상이 있는 바니타스」, 1649 이후,
파리, 루브르 박물관

3. 그림에 담긴 목록

　원칙적으로 보면 목록은 다른 형태의 예술에서도 찾을 수 있다. 강박적인 리듬이 반복되는 프랑스 작곡가 라벨의 「볼레로」는 그 곡이 무한히 계속될 수 있음을 암시한다. 립친스키Rybcznski 같은 예술가가 그 곡에서 영화의 영감을 끌어낸 것도 우연이 아니다. 립친스키의 영화 「오케스트라」에서 특정 등장인물들(러시아 혁명 지도자들 가운데서 감독이 선택한 인물들이지만, 이들은 일곱 번째 하늘로 올라가고 있는 천사들이기 때문에 형식적인 관점에서 보면 아무것도 변하지 않을 것이다)은 어쩌면 끝이 없을 것 같은 계단을 올라간다.

소(小) 장 쿠쟁
「최후의 심판」, 1585년경,
파리, 루브르 박물관

즈비그 립친스키
「오케스트라」, 1990

4. 말로 다 할 수 없는 것들

호메로스는 함선들의 카탈로그를 제시하면서, 단지 우리에게 웅장한 목록(그것은 방패의 형태와 대비되면서 더욱 효과적으로 다가온다)의 예만 보여 주는 것은 아니다. 그는 〈형언불가¹의 토포스 *topos of ineffability*〉라 불리는 것까지 함께 제시한다. 엄청나게 크거나 알려지지 않은 어떤 것, 지금도 제대로 알지 못하고 앞으로도 결코 알 수 없을 어떤 것에 마주하게 된 호메로스는 하나의 표본, 예, 또는 지시로서 목록을 제시하면서 나머지는 독자들의 상상에 맡겨 버린다.

형언불가의 토포스, 곧 말로 다 할 수 없다는 수사법은 호메로스의 작품 속에서 여러 번 나온다. 예를 들어『오디세이아』제4권 240행(〈물론 나는 참을성이 많은 오디세우스가 겪은 전투들을 모두 다 말하거나 일일이 열거할 수는 없어요……〉)이 그렇고『오디세이아』11권에 나오는, 오디세우스가 하데스에서 만난 죽은 사람들의 목록은 말할 것도 없다. **베르길리우스**는 이 부분을 모델로 삼아 아이네이아스의 지하 세계 여행을 묘사했다(『아이네이스』6권, 264행).

우리는 고대 문학사에서 헤시오도스부터 핀다로스까지, 이어서 라틴 문학과 베르길리우스까지, 말로 다 할 수 없다는 수사법이 나타난 예를 거의 무한하게 계속 인용할 수 있을 것이다. 베르길리우스는『농경시 *Georgica*』(2장 157행)에서 온갖 포도와 덩굴을 일일이 열거하기는 불가능하다면서 이렇게 말한다. 〈그러나 보라! 그 종류는 얼마나 많고 그 이름들은 또 무엇인가/말할 수도 없거니와 말한들 무슨 소용이 있으랴/그것을 알기 위해 열거하는 자는 또한 그것을 배우기 위해서 열거해야 하리/리비아 평원에서/제피르에 굴러가는 모래알은 얼마나 많은가(……)/이오니아 해에서 뭍으로 굴러 오는/파도들은 또 얼마나 많은가.〉 고대 문학사에서 이 대열은 묵시록의 성 요한에 와서야 겨우 끝난다. 〈그 뒤에 나는 아무도 그 수효를 셀 수 없을 만큼 많은 사람이 모인 군중을 보았습니다. 그들은 모든 나라와 민족과 백성과 언어에서 나온 자들로서 흰 두루마기를 입고 손에 종려나무 가지를 들고서

코레조(안토니오 알레그리)
「성모의 승천」(세부), 1526~1530,
파르마, 두오모 대성당 쿠폴라

옥좌와 어린 양 앞에 서 있었습니다.〉(『요한의 묵시록』 7장 9절)

오비디우스는 『사랑의 기술 Ars Amandi』(1권 435행)에서 여성들의 무엄한 기교와 관련해 경고한다. 〈나는 입이 열 개에 혀가 열 개라도 그 무엄하고 저속한 기교들을 모두 이야기할 수는 없을 것이다.〉 그리고 제2권 149~152행에서는 여성들의 그 모든 의상들을 열거하는 것은 떡갈나무에 달린 도토리나 알프스 산맥에 사는 맹수들의 수를 세는 것과 같을 것이라고 말한다. 한편 『변신 이야기 Metamorphosis』 (15권 419~421행)에서 그는 그 모든 변신에 관해 이야기하기란 불가능하다고 불평한다. 그러나 그가 무려 14권 1만 2천 행에 걸쳐 한 일이 246가지의 변신을 열거한 것이 아니라면 대체 무엇이란 말인가?

호메로스가 아르고스의 모든 병사 이름을 일일이 이야기할 수 없었듯이, 같은 이유로 (아니 사실은 그보다 더한 이유로) **단테**는 천국의 천사들의 이름을 일일이 이야기하지 못했다. 그는 천사들의 이름은 말할 것도 없고 그 수도 몰랐기 때문이다. 그래서 우리는 「천국」 제29곡에서 천사들의 수는 인간의 머리로는 미칠 수 없기 때문에 말로는 다 할 수 없다는 진부한 표현의 또 다른 예를 보게 된다.[2]

그러나 단테는 말로 다 할 수 없는 것과 마주쳤을 때 그 환희를 표현하려고 애쓸 때만큼은 목록에 의지하지 않는다. 여전히 천사들의 수라는 주제를 떠나지 않은 채, 기하급수적으로 늘어나는 눈부신 불꽃들을 이야기하면서 그는 체스에 얽힌 전설을 넌지시 이야기한다. 전설에 따르면 체스를 발명한 사람이 페르시아 왕에게 보상을 요구했는데, 체스 판의 첫째 칸에 밀 한 알, 둘째 칸에 두 알, 셋째 칸에 네 알, 그런 식으로 칸 마다 두 배씩 요구했다. 64번째 칸에 이르자 밀알의 수는 천문학적으로 불어났다. 〈각 불꽃에는 둥근 화염이 뒤따랐는데 / 불꽃들의 숫자는 체스의 갑절이 / 무수히 늘어나는 것보다 더 많았다〉(「천국」 제28곡 91~93).

그렇지만 어떤 것을 말할 수 있을 만큼 혀와 입이 충분하지 않다고 불평하는 것(그리고 나서도 그것을 말하지 않은 채, 말로 다 할 수 없다는 표현을 다양하게 하려고 애쓰는 것)과, 호메로스나 베르길리우스처럼, 또는 「모젤 강 La Mosella」에서 물고기들을 열거했던 **아우소니우스**처럼, 불완전하게나마 표본을 사용해 어떤 식으로든 열거하려고 시도하는 것은 다르다.

일부 학자들은 혀와 입이 부족하다는 표현은 구송시(口誦詩)에 전형적으로 나타나는 특징이라고 지적한다. 그래서 호메로스 시풍의 시인들은 헤시오도스 작품 속의 온갖 신화적 등장인물들의 이름을 떠올릴 수 있는 훌륭한 기억력과 함께, 함선의 목록을 안정된 리듬으로 낭송하기 위한 상당히 긴 호흡이 필요했다는 것이다. 그러나 이런 표현법은 텍스트가 문서 형태로 유포되던 시기에도

발견되는데, 체코 안졸리에리Cecco Angiolieri의 소네트 103 「내 입에 만약 천 개의 혀가 달렸다면」이 그 예이다. 그리고 어떤 시기에 이르러서는 이 표현이 너무 진부하게 느껴져서 보이아르도의 경우에는 반어적으로 이용할 정도였다. 이후 아리오스토 역시 「광란의 오를란도」에서 〈종종 입 속에 하나 이상의 혀를 갖곤 했다〉는 사실에서 큰 쾌락을 얻는 연인들을 이야기한다.

1 이 주제에 관해서는 주세페 레다Giuseppe Ledda와 아직 출간되지 않은 그의 에세이 "Elenchi impossibili: cataloghi e topos dell'indicibilità" 참조. 저자는 *La Guerra della lingua. Ineffabilità, retorica e narrativa nella Commedia di Dante*(Ravenna: Longo, 2002, 특히 pp. 42~45; 195~200; 297~298) 같은 저작과 *Letture Classensi*, 37(2007) pp.119~142에 실린 논문 "Dante e la tradizione delle visioni medievali" 등에서 이미 이 논쟁을 다룬 적 있다.

2 이 책에 나오는 착한 천사나 악한 천사들의 이름 목록은 성서, 외경, 히브리 신비 철학 전통, 이슬람 전통, 에녹서, 하란의 사비교, 트리테미우스Trithemius의 *Steganographia*(1621)에서 추린 것이다. 악마들의 이름은 *Legemeton Clavicula Salomonis*(1641), 요한 바이어Johann Weyer(1515~1588)의 *Pseudomonarchia daemonum*에서 추렸다. 후자의 글은 그의 *De Praestigiis daemonum*(1563)의 여러 판본에 부록으로 실려 있다. 그 밖에도 콜랭 드 플랑시Collin de Plancy의 *Dictionnaire infernal*(1812) 등 악마 연구를 다룬 많은 텍스트 가운데서 악마 이름을 추렸다.

베르길리우스 (기원전 70~19)
『아이네이스』, 제6권 264~316행

[……] 영혼들의 세계를 지배하는 신들이시여, 침묵하는
   그림자들이여,
카오스와 플레게톤과 소리 없는 밤의 광야여,
내가 들은 것을 말하도록 허락해 주소서! 지하의 어둠 속
   깊숙이
감추어져 있는 것을 그대들의 동의 아래 밝히도록 허락해
   주소서.
그들은 어둠 속에서 외로운 밤에 그림자와
디스의 빈 궁전들과 황량한 왕국을 지나가고 있었다.
그것은 마치 유피테르가 하늘을 그늘 속에 묻어 버리고
밤이 사물들에게서 색채를 빼앗아 버릴 때,
불확실하고 희미한 달빛 아래 숲 속을 걸어가는 것 같았다.
입구 바로 앞 저승의 아가리 안에는
슬픔과 후회가 침상을 가져다 놓고 있었다.
그곳에는 창백한 병과 슬픈 노년과 공포와
죄를 짓도록 유혹하는 기아와 누추한 가난과
— 이들은 보기 끔찍한 형상들이다 — 죽음과 고통이 살고
   있다.
다음에는 죽음과 동기간인 잠과 나쁜 쾌락들이 있고,
그들 맞은편 문턱에는 죽음을 가져다주는 전쟁이 있다.
그곳에는 또 자비로운 여신들의 무쇠 방들과 피 묻은
   머리띠로
뱀 머리털을 묶고 있는 정신 나간 불화의 여신도 있다.
중앙에는 그늘을 드리운 거대한 느릅나무가 태고의
   가지들을
팔처럼 벌리고 있는데 잎들마다 그 밑에는 거짓 꿈들이
매달려 도처에 둥지를 틀고 있다고 한다. 그 밖에도
   문간에는
여러 가지 야수들의 수많은 거친 형상들이 머물고 있는데,
켄타우루스들과, 반은 여자고 반은 개인 스킬라들과,
일백의 팔을 가진 브리아레우스와, 무시무시하게
쉿 소리를 내는 레르나의 괴수와, 화염으로 무장한
   키마이라와,
고르고들과, 하르피이아들과, 몸통이 셋인 게리온의 망령이
그것이다. 깜짝 놀란 아이네아스는 칼을 빼들고
다가오는 그들에게 칼끝을 들이댔다. 현명한 동행자가
그들은 육신 없이 날아다니는 가벼운 생명들로
실체 없는 허상에 지나지 않는다고 일러 주지 않았더라면,
그는 덤벼들어 칼로 그림자들을 헛되이 내리쳤을 것이다.
그곳에서 타르타루스의 아케론의 지류가 시작된다.
그곳에서는 소용돌이치며 끓어오르는 거대한 심연이
진흙과 모래를 모두 코키토스 강으로 토한다.
무섭고 누추한 사공인 카론이 지키고 서 있는데,
그의 턱에는 손질하지 않은 백발이 텁수룩하고,
눈은 불을 켜고 노려보고 있다. 그의 어깨에서는
때 묻은 외투가 매듭으로 묶인 채 아래로 처져 있다.
그는 손수 상앗대로 배를 밀고 돛들을 손질하며
거무스름한 나룻배로 사자(死者)들을 건네준다.
그는 이미 늙었지만 신의 노년은 건장하고 푸른 법이다.
그곳의 강가로 모든 무리들이 몰려가고 있었다.
어머니들과, 남자들과, 지상에서의 삶이 끝난
고매한 영웅들과, 소년들과, 결혼하지 않은 소녀들과,
부모가 보는 앞에서 장작더미 위에 올려진 젊은이들이었다.
그들은 숲 속에서 첫가을 추위에 우수수 떨어지는
나뭇잎만큼 많았고, 한 해의 추운 계절이 바다 위로
내몰아 양지바른 나라들로 보낼 때 깊은 심연으로부터
육지로 떼 지어 몰려드는 새 떼만큼이나 많았다.
그들은 먼저 건너가게 해달라고 간청하며 서서
저편 강가에 대한 그리움에 손을 내밀었다.
그러나 무뚝뚝한 뱃사공은 때로는 이들을, 때로는 저들을
   받고,
다른 자들은 강가에 접근하지 못하도록 밀쳤다.
[……]

51면: 필리포 리피
「성모의 대관식」(부분), 1441~1447,
피렌체, 우피치 미술관

52~53면: 대(大) 얀 브뤼헐
「지하 세계의 아이네아스와 시빌라」, 1600,
빈, 미술사 박물관 회화관

단테 알리기에리 (1265~1321)
『신곡』
「천국」, 제29곡, 127~145행

그런데 우리는 길을 많이 벗어났으므로
이제 그대는 똑바른 길로 눈을 돌려
시간과 길을 단축하도록 하세요.
이 자연은 단계마다 숫자가
많아서, 인간의 언어나 개념이
거기에 미칠 수 없을 정도이며,
다니엘을 통해 드러나는 것을
살펴본다면, 그의 숫자 지적에는
확정된 숫자가 없음을 알 것이오.
그 모두를 비추시는 최초의 빛은
당신과 합치는 광채들의 숫자만큼
많은 방법으로 그들 안에 수용되지요.
또한 애정은 지각하는 행위에 뒤따르기
때문에 사랑의 달콤함도 그들에게
서로 다르게 끓어오르거나 미지근하지요.
그대 이제 영원하신 힘의 탁월함과
너그러움을 보세요. 수많은 거울들을
만드시어 그 안에 부서진 다음에도
전과 다름없이 스스로 하나이십니다.

데시무스 마그누스 아우소니우스 (310~395)
「모젤 강」 VV. 75~151

저희끼리 어울려 노는 미끌미끌한 물고기 떼가 끊임없이 서로 뒤얽히니 지켜보는 눈이 피곤해진다. 그러나 저기 비스듬하게 헤엄치는 물고기들이 얼마나 많은지, 그리고 저 물살을 거슬러 오르는 물고기 군단들이 누구인지, 그들의 이름과 그 거대한 집단의 새끼들의 수를 나는 다 말로 할 수가 없다. 두 번째 운명을 책임지고 바다의 삼지창을 수호하시는 그분께서 그것을 허락하지 않기 때문이다.
오, 강가에 사시는 요정 나이아드여, 저 비늘 종족의 무리를 설명해 주시고, 푸른 강물 속 맑은 바다에서 헤엄치는 이 물고기 떼에 관해 이야기해 주소서. 비늘 달린 머리 큰 물고기가 물풀 덮인 모래 속에서 반짝인다. 그 살은 아주 연하고 가시가 촘촘히 박혔으니, 식탁에 오르기까지 여섯 시간 넘게 보관해서는 안 된다네. 그리고 등에 박힌 자주색 반점들이 별처럼 빛나는 연어와, 해로운 뾰족한 가시가 하나도 없는 미꾸라지와, 날쌘 몸놀림으로 보는 눈을 당황하게 만드는 경쾌한 사루기가 있구나. 그리고 너, 누치여, 구부러진 사바루스(자르 강)의 좁은 하구, 여섯 지류가 합쳐져 다리 밑 바위 더미에 부딪히는 곳에서 뛰어오른 뒤에, 더욱 유명한 강으로 미끄러져 들어왔으니 전보다 더욱 자유롭고 훨씬 넓은 물속을 마음껏 돌아다닐 수 있겠지. 네가 가장 힘든 시절에 너는 더욱 맛이 좋구나, 숨을 쉬는 모든 생물 가운데 나이 들어 찬양받는 것이 바로 너로구나. 그리고 절대 빠뜨려서는 안 될 너, 주홍빛 살을 빛내는 연어여. 네 넓은 꼬리를 갑작스레 후려치면 개울 밑바닥에서 수면까지 잔물결을 일으키고, 너의 숨겨진 몸놀림들은 고요한 물에서는 그대로 드러난다. 네 가슴은 비늘 갑옷으로 무장되어 있고, 네 머리는 매끄러우니, 너야말로 무엇을 먹어야 할지 선택하기 힘든 연회 요리에 어울린다. 너는 상하지도 않고 오랜 기다림을 견디고 상했을 때에도 네 머리의 반점들로 알려 주는구나. 살찐 옆구리의 무게로 인해 네 거대한 배가 떨리고 흔들린다. 그리고 너, 일리리아에서, 두 개의 이름을 가진 히스터(도나우) 강의 물속에서, 네가 남긴 거품의 흔적 때문에 붙잡히는 모캐여, 우리 강을 찾아오너라. 넓은 모젤 강은 그렇게 유명한 손님을 속여 갈취하는 일은 없을 것이다. 자연은 너를 어떤

색들로 채색하여 주었더냐! 네 등 위쪽은 검은 반점으로 덮여 있고, 반점마다 노란 반원에 에워싸여 있구나. 네 미끄러운 몸뚱이는 짙푸른 색으로 염색되어 있도다. 몸 가운데까지는 통통하고, 거기서부터 꼬리 끝까지는 가죽이 건조하고 거칠다네. 또한 너, 농어에 관해서도 나는 침묵해서는 안 되겠지. 식탁의 기쁨, 바닷물고기만큼 가치 있는 민물고기여, 오직 너만이 노랑촉수와 비교할 만하구나. 그 맛에 뒤떨어지지 않는 너의 풍미 때문이지. 네 단단한 몸뚱이의 부분들은 저마다 가시로 구분되어 하나로 합쳐져 있네. 이 물고기에게는 또 루키우스(창)라는 재미있는 라틴어 이름이 있고 연못에 사는 자, 애처로운 개구리들의 사나운 적이라는 별명이 있으니, 물풀로 컴컴한 웅덩이 속을 어슬렁거리기 때문이지. 가정의 식탁용으로 선택되는 일은 결코 없으나, 악취 나는 개울 냄새를 풍기며 자욱한 연기를 피우는 식당에서 이 물고기를 끓인다네. 그리고 평민들의 강장 음식 녹색잉어, 아이들 낚싯바늘에 희생되는 잉어, 사람들이 좋아하는 요리, 활활 타는 불 위에서 쉿쉿 소리를 내는 청어를 모르는 자 누가 있으리오? 그리고 아직 연어는 아니고 더 이상 송어는 아닌, 그러면서 그 둘 사이에 자리를 차지하고 있는, 그 두 종 다이면서 그 두 종 다 아닌 너, 바다 송어야, 너는 어중간한 나이에 붙잡혀서 그런 것이더냐? 모젤 강의 군단 가운데 이야기해야 할 것이 또 있으니 너, 참붕어야, 엄지손가락이 없는 손 두 짝보다 더 크지는 않지만 매우 통통하고 둥글더니, 알을 배었을 때에는 그보다 더 크구나. 오, 참붕어야, 너는 누치에 매달린 수염을 흉내 낸 가짜 수염을 달고 있구나. 이제 바다 동물 커다란 메기를 기려야 할 차례이다. 네 몸은 아티카 기름을 바른 것 같구나. 내 생각에 너는 강의 돌고래라 할 것이니, 강물 속에서는 참으로 당당하게 미끄러지듯 헤엄치나, 얕은 강물이나 강가 잡초 사이에서는 힘들게 움직이니 기다란 몸뚱이의 곡선이 지쳐 보이네. 그러나 물살 속에서 조용히 길을 나아가면, 녹색 강둑, 푸른 물고기 떼, 맑은 물은 너에게 경탄하네. 강바닥에서는 들끓는 물결이 부풀어 오르고, 강의 끝에서는 마지막 파도들이 찰랑거리네. 그리하여 그 바람을 타고 가끔 대서양 한가운데에서 고래가 밀려오기도 하고 바닷가를 향해서 스스로 헤엄쳐 오기도 하네. 바다가 옆으로 떠밀리고, 커다란 파도들이 일어서니, 옆에 있는 언덕들은 파도보다 작아 보일까 두려워한다네. 그러나 우리 모젤 강의 이 다정한 고래는 피해를 불러오기는커녕 강에 더 큰 영광을 보태어 준다네.
허나 지금까지 우리는 모젤 강의 수로들과 유유히 미끄러지는 물고기 떼는 실컷 구경했네. 이제 그 많은 무리들을 충분히 길게 이야기한 것 같네.

「바다 동물」
폼페이에서 발굴된 모자이크, 서기 40~62년경,
나폴리, 국립 고고학 박물관

룰란드 사베리
「낙원」, 1626,
베를린, 베를린 국립 박물관 회화관

천사들

가루비엘, 가리엘, 가브리엘, 갈갈리엘, 감시엘, 게니엘, 게레미엘, 게르티엘, 게리엘, 겔리엘, 고디엘, 구디엘, 그라파타스, 나니엘, 나르자엘, 나스트로스, 나우타, 나키르, 나키엘, 나타니엘, 날라엘, 네드리엘, 네마미아, 네키엘, 네포노스, 네프리아스, 넬카엘, 니타엘, 니타이아, 다나엘, 다니엘, 다르보리, 다미비아, 다브리노스, 데카니엘, 도라엘, 도리엘, 두비엘, 두빌론, 두트, 드로미엘, 드루비엘, 드루시엘, 드루카스, 디라키엘, 디우이엘, 라구엘, 라드로츠, 라디엘, 라르몰, 라르포스, 라리데리스, 라마스, 라미엘, 라메르시, 라무엘, 라수일, 라아미엘, 라아지엘, 라우비아, 라이오우오트, 라일라헬, 라자바, 라티엘, 라포르, 라헬, 랍시엘, 레미엘, 레미헬, 레우엘, 레이엘, 레카벨, 레키엘, 레하엘, 레하키아, 렐라헬, 로모르, 로우이엘, 로켈, 루지엘, 루티엘, 루피아엘, 리드완, 리아트로지엘, 리조엘, 리켈, 마나켈, 마네디엘, 마니엘, 마도르, 마라스, 마라에, 마루트, 마리아누, 마리오크, 마타리엘, 마파이르, 마하시아, 말리크, 말키아델, 메나델, 메나도르, 메다르, 메라크, 메로시엘, 메르메오트, 메바헬, 메바히아, 메케엘, 메타트론, 멜라니스, 멜라헬, 멜리오트, 모나엘, 모니엘, 모라엘, 모리아스, 몰라엘, 무가엘, 무라헤, 무리엘, 무미아, 무시리엘, 문카르, 미레신, 미츠라엘, 미카엘, 바드로스, 바드리엘, 바라디엘, 바라칼, 바라쿠엘, 바르비엘, 바르키엘, 바르포스, 바리나엘, 바사리아, 바시엘, 바옥사스, 바울리아, 바트라얄, 베노함, 베다리스, 베레베일, 베르키엘, 베울리아, 베트니엘, 베프란지, 베후엘, 베후이아, 벨사이, 부디림, 부르파, 부리시엘, 부시엘, 부피엘, 불리스, 비나엘, 비타엘, 사디엘, 사라구엘, 사라크, 사루이엘, 사르디엘, 사르타엘, 사리엘, 사마엘, 사비엘, 사키엘, 사타나엘, 사티피엘, 사하이아, 산달폰, 살기엘, 삼사웨엘, 삼스, 삼지엘, 세메야자, 세메일, 세바크, 세할리아, 세훌리엘, 소리엘, 소비엘, 소우이엘, 수라쿠얄, 수리엘, 스칼티엘, 시타엘, 실리아엘, 아나니, 아나우엘, 아니엘, 아단, 아도나엘, 아드나키엘, 아드리엘, 아라엘, 아라일, 아라제얄, 아라포스, 아레파크, 아르니비엘, 아르데피엘, 아르마니, 아르마로스, 아르메르스, 아르세알레요르, 아르팅크, 아리디엘, 아리시엘, 아리엘, 아리오크, 아메자라크, 아무티엘, 아믹시엘, 아브디주엘, 아브리엘, 아사엘, 아살리아, 아소리엘, 아수리엘, 아스라델, 아스모델, 아스비비엘, 아스포르, 아우멜, 아이헬, 아자리엘, 아자젤, 아제루엘, 아즈라일, 아지멜, 아지엘, 아카이아, 아키베엘, 아하야, 안소엘, 알라디아, 알레아시, 알리엘, 알마디엘, 알메시엘, 알모엘, 알수엘, 알토르, 알헤니엘, 암브리엘, 야바미아, 야제리엘, 에기비엘, 에네디엘, 에르게디엘, 에르비헬, 에무엘, 에야엘, 에제키엘, 에티엘, 에피엘, 엘라미즈, 엘레미야, 엘리텔, 에라텔, 예아이엘, 예이알렐, 예카벨, 예후디엘, 예후이아, 옐라히아, 옐리엘, 오노마타흐트, 오로우엘, 오림, 오마엘, 오시디엘, 오에니엘, 오에르타, 오티엘, 오파니엘, 오피시엘, 요미아엘, 요피엘, 우라키바라멜, 우르시엘, 우리엘, 우마벨, 이르마노츠, 이마미아, 이브릴, 이스라필, 이스발, 이아니엘, 이아스트리온, 이아오트, 이아코로스, 이아헬, 이악스, 이에이아젤, 이에잘렐, 잉게텔, 자드키엘, 자미엘, 자아메엘, 자아피엘, 자와엘, 자케베, 자프키엘, 제라엘, 제루엘, 제타키엘, 조에니엘, 주리엘, 주티엘, 지멜로즈, 지퀴엘, 차프키엘, 카라시바, 카라엘, 카루트, 카르놀, 카르니엘, 카르만, 카르바, 카르시엘, 카르타엘, 카리엘, 카마엘, 카멜, 카모르, 카모리, 카바림, 카바쿠이아, 카브론, 카소르, 카스브리엘, 카시엘, 카이룸, 카줄, 카프리엘, 카헤텔, 칼리엘, 칼카투라, 케르쿠타, 케사엘, 코리엘, 코미엘, 코바벨, 코크비엘, 쿠기엘, 쿠리발, 쿠리엘, 쿠리파스, 쿠메리엘, 쿠보르, 쿠파르, 쿠프리엘, 쿨마르, 크사노리즈, 크산티르, 클리산, 키리엘, 키브다, 타그리엘, 타로스, 타리엘, 타미엘, 타키엘, 탈보스, 테마즈, 테멜, 투렐, 투르칼, 파누엘, 파니엘, 파다헬, 파라스, 파롤, 파리엘, 파리우스, 파티르, 파피엘, 판도르, 판디엘, 페니엘, 페몰, 포엘, 포우네비엘, 푸비엘, 푸티엘, 하나엘, 하라엘, 하라키엘, 하루트, 하르디엘, 하리엘, 하미리츠, 하마비엘, 하미엘, 하부히아, 하아미아, 하유이아, 하이아엘, 하지엘, 하하시아, 하헤우이아, 헤라키엘, 헤세디엘, 헤카미아, 헤하헬, 호브라짐.

귀스타브 도레
「수성(水星)의 천사들: 단테와 함께 수성으로 올라간 베아트리체」, 1868년경,
단테 알리기에리의 「신곡」, 「천국」편, 파리, 1868

궁극의 리스트

악마들

가미긴, 가아프, 게모리, 구소인, 나베리우스, 니바, 니클리아르, 단탈리온, 데카라비아, 라볼라스, 라움, 라호우아르트, 레라예, 레오나르도, 로노베, 론웨, 루시페르, 마르바스, 마르코시아, 마르코시아스, 말라파르, 말레하스, 말파, 말파스, 멜콤, 모락스, 몰록, 무르무르, 미칼레스, 바르바토, 바사고, 바알제폰, 바엘, 바엘발란, 바팀, 바풀라, 발라크, 발람, 베레트, 베리트, 베파르, 벨레트, 벨리알, 벨제부, 벨파고르, 보티스, 볼라크, 부네, 부알, 부에르, 비네, 비에모트, 비트루, 비프론스, 빌레트, 사브나크, 사타나스, 살레오스, 샤크스, 세에레, 세파르, 스브각스, 스콕스, 스톨라, 시트리,

아가레스, 아구아레, 아드라멜렉, 아리오크, 아몬, 아미, 아브라카체, 아비고르, 아스모다이, 아스타로트, 아아라젤, 아아몬, 아우브라스, 아이비온, 아자젤, 안드라스, 안드로말리우스, 안들레알푸스, 알라스토르, 알로체스, 암두스키아스, 에이레브르, 오로바스, 오리아스, 오세, 오티스, 왈, 우코바크, 이페스, 이포스, 자감, 잘레오스, 제보스, 제파르, 카라비아, 카아시몰라르, 카아크리놀라이아스, 카임, 카쿠스, 칼리, 케르베로스, 크사판, 클라시야, 키메리에스, 타프, 파이몬, 포라이, 포르네우스, 포르카스, 포에닉스, 포칼로르, 푸르손, 푸르푸르, 푸리노미우스, 프로켈, 프루플라, 플라우로스, 피콜루스, 하보림, 하아겐티, 할파스.

「마귀들」,
J. 콜랭 드 플랑시,
『지옥 사전』 중에서,
파리, 플롱 출판사, 1863

귀스타브 도레
「반란 천사들의 추락」,
존 밀턴의 『실락원』 중에서,
파리, 1867

틴토레토(자코포 로부스티)
「성모 승천」(낙원), 1580년경,
파리, 루브르 박물관

5. 사물의 목록

모든 것을 다 말할 수 없다는 두려움, 그것은 우리가 이름들의 무한함을 마주했을 때뿐 아니라 사물의 무한함을 마주했을 때에도 우리를 덮친다. 문학의 역사에는 강박적으로 사물을 모아 놓은 예들이 가득하다. 때로 그것들은 환상적이다. **아리오스토**가 말한 대로, 오를란도의 두뇌를 되찾기 위해 달에 갔던 아스톨포가 달에서 발견한 사물들이 그런 예이다. 또한 **셰익스피어**의 『맥베스』에서 마녀들이 사용하는 불길한 재료들의 목록처럼, 때로 그것들은 우리 마음을 불안하게 한다. **마리노**가 『아도니스』에서 묘사하는 수많은 꽃처럼, 때로 그것들은 황홀한 향기를 풍긴다. 또한 로빈슨 크루소가 홀로 섬에서 살아갈 수 있도록 도와준 표류해온 화물들의 무더기나, **마크 트웨인**의 톰 소여가 모은 보잘것없고 시시한 보물들처럼, 때로 그것들은 빈약하면서도 중요하다. 조이스의 『율리시스』에서 레오폴드 블룸이 부엌 찬장 서랍 속에 모아 놓은 수많은 잡동사니처럼, 때로 그것들은 현기증이 날 정도로 평범하다(그 잡동사니 모음의 다양한 이유에 관해서는 이 책의 17장 혼돈스러운 열거에 관한 장에서 언급할 것이다). **토마스 만**의 『파우스트 박사』에 묘사된 악기 컬렉션처럼, 때로 그것들은 박제된 듯, 장례식처럼 거의 움직임이 없는 상태임에도 불구하고 날카롭고 매섭다.

또한 **파트리크 쥐스킨트**가 묘사한 도시에서처럼, 때로 그것들은 그저 냄새를 풍기거나 코를 찌르는 악취를 발산한다.

툴리오 페리콜리
「로빈슨과 도구들」(세부), 1984

궁극의 리스트

루도비코 아리오스토
「광란의 오를란도」
34편 72~86연 (1532)

이곳의 강과 호수, 풍요로운 벌판은
아래 이야기하는 그곳의 것과 다르니,
그곳의 다른 강, 다른 언덕과 벌판에는
자급자족하는 마을과 도시들이 있었고
그가 그 전에도 그 후로도 보지 못했던
어마어마한 크기의 저택들이 있었다.
그곳에 있는 널찍한 공터와 외로운 숲에는
요정들이 헐떡이는 사냥감을 영원히 쫓았다.

다른 시야를 가진 그는 저쪽으로 날아오르더니
이 모든 경이들을 살피려 멈추지도 않고
우리 주의 사도에게 이끌려서
어느 널찍한 골짜기를 향해 쫓아갔다.
지상의 우리가 잃어버린 온갖 물건들이
그 골짜기 안에 경이롭게 보관되어 있었다.
세월 속에, 우연히, 또는 우리 어리석음으로 잃어버린
그 모든 것들이 빠짐없이 수집되어 있었다.

쉬지 않는 바퀴는 이 땅과 풍부한 재능 위에서만
영원히 돌아가는 것은 아니다.
나의 말인즉, 주고 빼앗아가는 일은
행운의 힘 안에 있지 않음을 말하는 것이다.
우리 행성에서 먹이를 좀먹는 나방처럼
세월과 시간이 들러붙어 갉아먹는 수많은 명성들,
죄 많은 우리 인간이 높으신 하느님께 올린
수많은 맹세와 헤아릴 수 없는 기도들이 여기 있다.

연인의 눈물과 한숨들, 우리가 이승에서 즐기고
놀면서 헛되게 보내는 시간들,
무지한 인간들의 영원한 빈둥거림,
그들의 목적을 영원히 이루지 못하는 헛된 계획들.
어느 모로 보나 도를 넘는 공허한 욕망들,
그것들이 그 골짜기의 상당 부분에 뻗어 있으니.
지상에서 잃어버린 그 어떤 것이라도
누구인들 그곳에 가게 되면 찾게 되리라.

그는 양쪽에 수북이 쌓인 그 무더기들을 지나면서

이 무더기 저 무더기의 의미를 생각해 보았다.
부푼 방광들로 만들어진 산 하나가 있었는데
거기서 울음과 소란한 소리가 들리는 것 같았다.
그리고 아시리아와 리디아 ― 그 전사의 생각에는 ―
그리스와 페르시아 등 고대에 명성을 날렸던
땅들의 낡은 왕관들이 있었는데
아아! 지금은 그 이름도 거의 남아 있지 않았다.

높이 쌓인 무더기 속에서 용케 눈길을 끄는
금과 은들은 탐욕스런 대공과 후원자에게
― 미래의 대가를 살 수 있을까 기대하면서 ―
아첨꾼들이 바친 선물들이다. 화려한 화관들 속에는
많은 함정이 숨어 있어서 그 전사는 조심했다.
이것들은 아첨의 징표라는 말을 들었던 것이다.
그리고 허파가 터져 버린 매미들 속에서
부패한 시인이 노래했던 역겨운 담시들을 보았다.

그는 금띠나 보석 박힌 띠로 표현된
불행한 사랑의 형상들을 보았다.
이어서 위대한 군주들이 자기 사절에게 부여한
권위였던 독수리의 갈고리 발톱들을 보았다.
구석구석을 채운 울부짖음과 울분과 사례금은
왕들이 총아들에게 축복해 주었던 것들,
한창 때를 누리다가 봄날의 꽃이 시들자
버려졌던 그 가니메데스들에게 주어진 것들이다.

이쪽에는 뒤집어진 채 버려진 마을과 성이
모든 부를 간직한 채 있다. (안내자가 말한다)
「이것은 사람들이 제대로 감추지도 못했던
음모들과 조약들의 상징입니다.」
여자 얼굴을 한 뱀들은 위폐 제조와
강도 같은 중죄라고 그가 설명했다.
그 옆에 있는 깨어진 온갖 병들은
딱한 궁정의 각종 노역들이었다.

죽이 쏟아진 거대한 웅덩이를 그가 가리키며
그것은 무엇을 상징하는지 묻자 대답이 돌아온다.
아픈 사람들이 자기가 죽은 다음에
나누어 주라고 유언했던 자선 물자들이다.
옛날에는 달콤한 향기를 내뿜었으나 지금은
불쾌한 냄새를 풍기는 꽃 무더기를 그는 지나갔다.

5. 사물의 목록

그것은 콘스탄티누스 대제가 교황 실베스테르에게
보냈던 (법적으로 말하자면) 선물이었다.

그 옆에는 잔가지와 석회가 커다랗게 쌓여 있었다.
—너희가 부린 요술이다, 오, 여자들이여!—그가 소리쳤다.
그가 목격한 것들은 너무도 장황하여
시로도 말할 수 없고, 너무도 많아 기록할 수가 없었으니
나머지를 대강 요약하려 해도 시간을 내야 할 것이다.
여기에는 모든 결점들이 보관되어 있었으나
다만 광기만은 없어 여기에선 전혀 보이지 않았으니.
그것은 저 아래, 이 지상의 머리통을 떠나지 않았더라.

사도는 몇몇 나날과 행위들을 향해 그를 돌려 세우고

막스 에른스트
「침묵의 눈」, 1943~1944,
세인트루이스 밀드레드 레인 켐퍼 미술관, 워싱턴 대학교

다시 살펴보면서 옛날에 잃어버린 것들을 찾게 했다.
그러나 설명하는 사도의 교훈을 명심해야 하니,
예전과는 너무 다른 모습을 못 알아볼 거란 것이었다.
그가 다음에 본 것은 인간에게 거의 필요 없는 것,
—겉보기에는—아무도 더 달라고 기도하지 않는 것이었다.
제 정신으로 말하건대, 그것으로 이루어진 높은 산은
내가 말한 나머지 모든 것을 압도하고 있었다.

그것은 그야말로 부드럽고 묽은 용액이었고
병에서 흘러나오지 않게 코르크 마개로 잘 보관되어
정해진 쓰임새대로 크건 작건 다양한
유리병 안에 간직되어 차곡차곡 쌓여 있었다.
가장 큰 것이 그 전사의 것이었으니,
앙글란트 경의 강력한 이성이 담긴 것이었다.
그것은 다른 것과 한눈에 구분되었는데, 그 병에는
〈오를란도의 지혜〉라고 써 있었기 때문이다.

병 안에 담긴 지혜들의 주인 이름이 있었으므로
그는 나머지 모든 병들도 살펴보았다.
자기 것도 양이 많았지만, 더욱 놀라웠던 것은
그가 알아본 많은 사람들의 분별력이
한 방울도 쓰이지 않은 듯하다는 것이었다.
그러나 여기서, 서서히 분명히 납득하게 된 것은
사람들이 가져다 쓴 지혜가 매우 빈약하기 때문에
여기서 그가 본 지혜가 그토록 많다는 것이었다.

더러는 사랑에 낭비하고, 더러는 명예를 추구하다
더러는 장사를 위해 바다를 헤매다 지혜를 잃고
더러는 부유한 군주들이 희망을 걸다 잃고
더러는 어리석은 마법에 속아 지혜를 잃는다.
누구는 그림 때문에, 누구는 보석 때문에
가장 소중히 여기는 모든 것으로 인해 지혜를 잃는다.
천문학자와 소피스트들의 지혜도 이 가운데 있고
많은 시인들의 지혜도 있음을 아스톨포는 본다.

모호한 묵시록을 썼던 그 사도가
승낙의 뜻을 나타내자 그는 자신의 것을
챙겼고, 코를 갖다 대자마자
그것은 (겉보기에는) 제자리를 찾아 들어갔다.
그리하여 튀르팽 경이 증언하는 것처럼
오토 왕의 아들은 오랫동안 슬기롭게 살았다.
(그가 말했던 대로) 다른 과오들이 다시금
그 상냥한 귀족의 두뇌를 앗아갈 때까지는.

윌리엄 셰익스피어
『**멕베스**』, 4막 1장 (1606)

세 마녀 등장.

마녀 1: 얼룩무늬 고양이는 세 번 울고.
마녀 2: 세 번이야. 고슴도치는 한 번 울고.
마녀 3: 하르피이아가 울었어. 〈때가 왔다, 때가 와.〉

마녀 1: 가마솥 주위를 돌아라.
독 오른 창자를 던져라.
차가운 바윗돌 밑에서

밤과 낮 서른 하고도 하루를
몸에서 독기를 뿜어 온
잠자다 잡혀 온 두껍아.
네 놈이 맨 먼저 끓어라.
마법의 약단지 속에서.

모두: 두 배로, 두 배로, 고역과 고통을.
불은 타고 가마솥은 끓어라.

마녀 2: 늪지대 뱀의 살점아.
가마솥 안에서 익어라.
도롱뇽 눈, 개구리 발
박쥐 털과 개 혓바닥
독사 혀, 눈먼 뱀 독침에
도마뱀 다리와 올빼미 날개야,
크나큰 고통의 마약을 만들게
지옥 죽 끓듯이 끓어라.

모두: 두 배로, 두 배로, 고역과 고통을.
불은 타고 가마솥은 끓어라.

마녀 3: 용 비늘, 늑대의 이빨과
마녀들 미라와 포식한
상어의 밥통과 아가리,
밤중에 캐어 낸 독근초,
저주하는 유대인 간덩이,
양 쓸개, 월식 때 절취한
주목의 실가지, 터키인 코,
타타르 사람들 입술과
창녀가 개천에 내지른
목 졸린 아기의 손가락이
탁하고 진한 죽을 만든다.
호랑이 내장을 더해라.
우리들 가마솥 약재로.

모두: 두 배로, 두 배로, 고역과 고통을.
불은 타고 가마솥은 끓어라.

알베르토 사비니오
「약속의 도시」, 1928,
파리, 다니엘 말랭그 화랑

잠바티스타 마리노
『아도니스』, 6편, 「쾌락의 정원」,
121~129연, 131~135연, 145~150연 (1623)

꽃이 늘어선 오솔길은 기다랗게 뻗어
그 아래 산책로를 굽어보고
산책로의 곧은 가장자리는
활짝 핀 장미들로 그야말로 루비 광산.
이어지는 풍경은 점점이 놓인 꽃들로
제각기 다른 형태와 다양한 색으로
우아하고 기발하게 채색되었으니
천 가지 향기로 감각을 현혹시키네.
고리버들 울타리, 격자 울타리, 미늘살
울타리가 언덕 비탈에 놓여
오솔길과 잔디밭을 가르니
고르고 정연하게 짜인 선들은
이 땅의 여신이 그 선한 땅지기에게 내린
훌륭하고 능숙한 지시와 잘 어울리고
그 흙 위를 걷는 그녀의 발자국은
반짝이는 돌들의 모자이크 작품이어라.
가장 진귀한 경이를 지닌 사랑은
그가 아끼는 것을 여기 간직했고
여신은 매혹당한 이 식물들을 절대적이고
티 없는 완벽함으로 물들이게 했어라,
더 두꺼운 잎들과 더 향기로운 꽃잎들로.
장미가 흰색이든 자주색이든 물결무늬든
그 아름다운 수태의 베일을 벗을 때
비로소 가시 아닌 꽃이 태어난다네.
아름다운 사비교도의 부드러움의 정수,
인도인의 다산과 아랍인의 행복의 정수,
히블라 언덕에서, 케발리아 해변에서
아티카의 작은 언덕에서 온 재물들,
온화하고 다정한 하나의 별 아래서
판케아의 정원과
히메토스 산의 풀밭과 코리쿠스 산 벌판에서
성장을 촉진하는 그 모든 것들,
키프리냐께서 그 모든 것을 이 정원에 모아 놓으셨네.
거기서 아비시니아 고양이는 땅을 파고, 틀어박히고
자기 냄새의 흔적을 산들바람에 띄워 보내니
사방 모든 것이 향수 제조공이 만든
스페인 반죽의 혼합 향기와 여러 들딸기 냄새라.

계수나무, 마저럼, 카르다몸, 딜, 나선형 생강,
시트로넬라, 백리향은 침울한 마음을 치료하고
하브로탐누스, 야생 백리향, 밀짚꽃,
금작화 덤불, 물냉이, 수레국화도 그렇다네.
너른 비탈을 덮은 빨간 산딸기들은
두 다리를 갈팡질팡하게 만들고
우뚝 선 아카시아와 감송나무들은
더 많은 꽃송이 달린 가지를 늘어뜨리고
에티오피아 바가나는 여기서 싹을 틔우고
시리아 콜라 열매도 이 땅에서 번성하네.
그 옆에선 계피나무가 무럭무럭 자라고
개암나무도 바닥에 열매를 떨어뜨리지.
파나케이아는 가장 값진 새싹들 속에 있으니
그 건강한 잎들을 섞어 마셔도 되고
테레빈유는 박하와 잘 어울리니
그것을 증류하면 약이 만들어진다네.
나바테아인들이 사용하는 리비아 골풀과
인도의 흰 창포도 모두 여기서 자라네.
여기에 그 누가 우리와 우리 땅이 모르는
낯선 야만인들의 많은 식물을 포함시킬 수 있으리오?
여기 한 순례자의 유쾌한 입김 속에서
연기 나는 신성한 향이 분출되어
달콤한 물의 개울과 그 소중하고 고결한 땀 속에
그 나른한 향유를 녹이면서
부드러운 고무와 살아 있는 식물들 속에
찐득한 용액과 확고한 익살과 함께 떨어지니
그 몰약은 그를 가까이 끌어당기는
잘 생긴 아도니스의 어머니, 그녀의 눈물을 배가시키네.
[……]
꽃들 속에 — 꽃의 한가운데에 — 거기에 사랑이 있다네,
사람들은 좋은 쥐똥나무와 아마란스를,
수선화와 히아신스, 크로커스와 아이아스를,
아름다운 군자란과 넓은 아칸서스를 사랑하지.
장미는 주홍빛 열정으로 불타오르니
그 향기는 한숨, 그 이슬방울은 울부짖음의 눈물이네.
미나리아재비는 웃고, 병약하고 창백하여
생기 잃은 제비꽃은 사랑으로 선명한 색조를 띠누나.
오, 잘 생긴 아도니스, 그대마저 아직 꺼지지 않은 듯
아직 새로운 꽃으로 변하지 않은 듯하구나.
아아, 누가 그 얘기를 해주리오, 얼마 후면
그대가 흘린 피로 잔디가 흠뻑 젖어 붉게 채색될 거라고?

그러나 예언이 있었지, 비록 혼란스러워 아무도 몰랐지만
운명의 여신이 네 운명에 큰 영광을 써놓았지,
그리하여 네 모든 친구들이 너를 기리고 네 발치에서
고개 숙여 경의를 표할 거라는.
거기에 우아한 튤립이 있었고, 자연은 그 꽃으로
거의 예술과 경쟁하려는 것 같았네.
자연은 화려한 금박 물결로 그 잎을 둘렀으니
그것은 페르시아가 자랑하는 직조 무늬 같았고,
자연은 짙은 자주색으로 그 봉오리를 물들였으니,
아라비아의 별 반짝이는 하늘이 무색할 만큼 강렬했지.
바늘 끝으로 반짝이를 박고 북을 돌리니
이에 비할 수 있는 천은 어디에도 없다네.
그러나 백합은 모든 꽃 중에 가장 야심이 크니
당당하게 솟아나는 숭고한 왕처럼
백색과 주홍 꽃들 모두 부끄럽게 만들면서
다른 모든 꽃들 위로 줄기를 밀어 올리네.
[……]
이 모든 것이 아도니스가 도착하자 웃는 듯했고
아름다운 정원은 소박하고 겸손하게
새로운 색깔들을 뒤집어썼네. 사방의
나무들은 가지를 숙여 절했고, 꽃들은 일어섰고
산들바람은 매혹을 뿜고 바람은 아부하고 있었고
둘 다 알랑거리는 속삭임으로 그를 칭찬했었지.
모두가 준비되어 간절한 마음으로 그를 맞았고
새들은 노래하고 봄의 샘물은 종알거리고 있었네.
마음 깊은 곳을 활짝 열어
거친 새싹들도 모두 예의를 차리면서
가장 소중하고 가장 상냥한 것들에서
애정 어린 제물을 그에게 바쳤네.
그가 가는 곳마다, 그가 발 딛는 곳마다
4월이 거기 있어 그에게 구애했었지.
오렌지 나무와 삼나무와 은매화와 재스민
모두가 고결한 저희들만의 향기를 발산했다네.
여기 고귀한 공작새의 당당한 모습이
빽빽하고 넓은 회양목 숲에서 오락가락
그 자랑스럽고 예쁜 빙빙 도는 꼬리 속엔
동글동글 눈알 무늬에서 온갖 꽃들이 활짝 피었지.
유향수 관목은 진짜 살아 있는

얀 판 하위섬
「벽감에 놓인 화병」, 1720~1740년경,
파리, 루브르 박물관

무시무시한 용의 형상이 되었고
은매화를 울리는 산들바람은
휘파람이 되어 그의 영혼을 고무했다네.
거기에 가지 뻗은 담쟁이덩굴은
자연스런 잔 모양을 내도록 인공적으로 꾸며
거기서 떨어지는 이슬방울의 술이
성스러운 넥타를 암시하도록 했네.
이쪽의 녹색 장막들과 돛들로, 저쪽의 녹색 재단사들로
배의 키와 갤리선을 만들었으니
고물 위에선 아름다운 새들이 노래 부르며
탐험가의 일을 연출했다네.
달콤한 기쁨과 넘치는 즐거움이여 —
앞의 것이 반겨 주고 뒤의 것이 환영하네.
근면함은 잔디 위로 꽃들을 눈에 띄게 세우고,

노력은 그 무릎에 가장 우아한 것들을 어르네.
향기로움이 약효 있는 약초들을 증류하고
친절함은 모든 잎들을 넓게 펴주지.
맹목적 숭배는 흔들향로를 제 손에 드니
거기서 자존심은 헛된 연기를 내뿜고 있네.
이어서 나른하고 호색적인 다정함이 왔고,
섬세하고 다듬어진 단정함,
모든 악취를 조심스레 피하는 고결함,
너무 많은 향기를 풍기는 허영심,
상냥하고 기분 좋은 고귀함,
유쾌하고 장난스러운 아름다움,
바람에 부푼 돛처럼 부푼 야망,
감미로운 사치, 조잡한 장식이 왔네.
이 모든 허깨비들이 재물 가득한 손으로

5. 사물의 목록

마크 트웨인
『톰 소여의 모험』, 2장 (1876)

[벤의 말] 「걱정 마, 조심해서 하면 되잖아, 자, 한 번만 해볼게. 이 사과 속을 줄게 응?」

[톰의 말] 「글쎄, 정 그렇다면……. 안 돼, 벤, 역시 안 돼. 혹시나…….」

「그럼 이걸 다 줄게.」

톰은 겉으로는 싫어하는 표정을 지으면서도 속으로는 옳다구나 하면서 솔을 넘겨주었다. 이렇게 해서 조금 전까지 〈대 미주리호〉였던 증기선이 따가운 햇볕에 땀을 뻘뻘 흘리면서 일을 하고 있는 동안, 은퇴한 화가는 근처 나무 그늘에 놓인 통 위에 앉아 다리를 달랑거리며 사과를 씹어 먹었다. 다음 희생자가 걸려들기를 기대하면서……. 희생자의 수는 결코 부족하지 않았다. 소년들은 그 옆을 지나가며 모두들 한마디씩 놀려대다가 결국에는 전부 다 손에 솔을 드는 신세가 되고 말았다. 벤이 기운이 빠져 손을 들었을 때 톰은 이미 빌리 피셔에게 연을 받고 일을 넘겨준 뒤였다. 그 다음에 빌리가 두 손을 들었을 때는 자니 밀러가 죽은 쥐 한 마리와 그걸 돌릴 끈을 주고 일을 떠맡았다. 이런 식으로 차례차례 사람이 바뀌어 가며 몇 시간이 흘렀다. 오후 반나절이 지났을 때에는 오전 중의 초라하고 꾀죄죄한 톰이 말 그대로 보물 속에 파묻혀 뒹구는 신세가 된 것이다. 톰은 방금 전에 말한 물건들 이외에도 공깃돌 열두 개, 입으로 부는 하프 하나, 망원경 대용의 파란 유리병 조각, 대포처럼 생긴 실패, 아무 데도 맞지 않는 열쇠 하나, 분필 한 도막, 유리병 마개, 양철로 만든 병정, 올챙이 두 마리, 딱총 여섯 개, 외눈박이 새끼 고양이, 놋쇠 손잡이, 개 목걸이 — 그러나 개는 없었다 — 칼자루, 오렌지 껍질 네 조각, 그리고 헌 창틀 하나 등을 얻었다.

그동안 톰은 친구들과 노닥거리며 즐거운 시간을 실컷 보낼 수 있었고, 그 사이에 울타리는 세 겹씩이나 덧칠을 해서 완벽하게 마무리되었다. 만일 하얀색 페인트가 떨어지지만 않았다면, 아마도 이 마을 소년들은 모조리 파산하고 말았을지도 모른다.

아도니스의 잘 생긴 용모에
화려한 향기의 용액을 퍼붓고 그의 혈관에
활기찬 생혈과 미묘한 불꽃을 부어 넣었네.
그러자 끈질기면서 부드러운 사슬들로,
수천수만 송이의 꽃들을 만들어 냈던 바로 그 사슬들로,
그 청년과 성스러운 여신은 기품 있는 한가함의
무릎에서 평화롭게 사랑이 잠든 그곳에서 서로 연결되었네.

존 하벌
「독신남의 서랍」, 1890~1894,
뉴욕, 메트로폴리탄 미술관

토마스 만
『파우스트 박사』
7장 (1947)

중이층에 자리 잡은 악기 전시실에서는 옥타브를 넘나들며 악기를 시험하는 소리가 여러 가지 음색으로 울려 나왔는데, 그곳의 광경은 청각적인 상상이 어떤 내면의 울림임을 불러일으켜 가히 문화의 마술이라 할 만큼 멋지고 매혹적이었다. 그곳에서는 피아노를 제외한 온갖 악기가 치고 두드리고 켜고 뜯고 부는 대로 고유의 소리를 냈다. 피아노는 전문 공장에서 제작했으므로 아드리안의 삼촌은 취급하지 않았다. 건반 악기 가운데는 앙증맞은 글로켄슈필 모양의 첼레스타도 빠지지 않았다. 수많은 바이올린이 유리장 속에 걸려 있거나 미라를 넣는 관처럼 내용물에 맞춘 케이스에 누워 있었는데, 바이올린 케이스는 황색이나 갈색 니스 칠이 되어 있었고, 손잡이를 은실로 감싼 날씬한 활이 케이스 덮개에 보관되어 있었으며, 전문가라면 보기만 해도 크레모나산 명기임을 알 수 있는 이탈리아제뿐만 아니라 티롤, 네덜란드, 작센, 미텐발트에서 제작한 것과 더불어 레버퀸의 작업실에서 탄생한 제품도 있었다. 안토니오 스트라디바리에 의해 그 형태가 완성된, 음색이 풍부한 첼로도 줄지어 서 있었고, 그 전신(前身)인, 고전 작품에서 첼로와 더불어 사랑받은 6현의 비올라다감바도 있었으며, 비올라와 역시 비올족 악기인 비올라알타, 그리고 내 것과 같은 비올라다모레도 있었다. 나는 7현의 악기인 비올라다모레를 일생을 통해 편하게 연주했는데, 내 것도 파로키알슈트라세에서 탄생한 것이었으며 부모님이 주신 견진 성사 선물이었다. 비올론이나 옮기기 힘든 더블베이스 등 여러 가지 유형의 거대 비올족 악기들은 기대 서 있었는데, 더블베이스는 장중한 레치타티보(序奏)가 가능하고, 피치카토로 연주할 때 나는 소리는 조율이 잘 된 팀파니 소리보다 진동이 더 좋으며, 그 속에 숨은 마술 같은 플래절렛은 자칫 진짜 플루트 소리로 착각하기 쉬웠다. 이에 상응하는 악기는 목관 악기 가운데도 있었다. 크기가 바순의 두 배인 콘트라바순은 더블베이스와 마찬가지로 악보에 표기되는 음표보다 여덟 음 아래의 음까지도, 그러니까 덧줄을 아래로 열여섯 개나 그어야 표기할 수 있는 음까지도 낼 수 있어 베이스를 든든하게 받쳐 주는 반면, 그 익살스러운 동생 바순은 — 이렇게 표현하는 이유는 바순이 베이스 악기면서도 베이스다운 힘이 없고 소리가 원체 약하기 때문이다 — 염소의 울음소리를 내어 캐리커처 같은 인상이었다. 그러나 구부러진 마우스 파이프를 달고 키와 소리 구멍 장식으로 빛나던 그 악기는 너무도 아름다웠다! 오랜 기간 발전하여 그 기술 수준이 최고조에 달한 샬마이 부대의 모습 또한 얼마나 멋진 광경인가! 목가적인 오보에, 애잔한 느낌의 잉글리시 호른, 낮은 샬뤼모 음역에서는 음산하고 슬픈 음을 내지만 고음에서는 아름다운 은빛 선율이 피어나는, 키가 많은 클라리넷 그리고 바셋 호른과 베이스 클라리넷이 각자의 모습으로 대가의 손길을 기다리고 있었다.

그 모든 것이 니콜라우스 삼촌의 전시실에서 우단 케이스에 편안히 놓여 있었으며, 그 밖에도 두부(頭部)가 상아로 된 것, 전체가 은으로 된 것 등 여러 가지 방식과 여러 가지 모양의 플루트와 플루트의 친척이라 할 수 있는 고음의 악기, 즉 오케스트라의 온갖 악기 소리를 뚫고 자신의 고음을 유지하고 도깨비불 윤무에서 또는 마술의 불과 더불어 춤을 추는 피콜로도 있었다. 그리고 경쾌한 신호, 씩씩한 노래, 녹아드는 멜로디가 연상되는 부드러운 트럼펫, 낭만파들의 사랑을 받는, 복잡하게 돌돌 말린 프렌치 호른, 날씬하고 힘찬 트롬본과 코넷, 그리고 묵직한 저음의 거대한 베이스 튜바까지 온갖 금관악기들이 은은한 빛을 발하고 있었다. 이곳의 악기 전시실에는 박물관에나 있을 법한 희귀한 악기도 거의 다 있었는데, 이를테면 예쁘게 굽은 한 쌍의 황동 루르가 황소의 뿔처럼 왼쪽, 오른쪽으로 돌려져 있었다. 그러나 지금 추억 속에 다시 돌이켜 보건대 전시된 악기 가운데 어린 소년의 눈에 가장 재미있고 멋진 것은 드럼이었다. 크리스마스트리 아래 놓인 장난감으로 처음 알게 되었고 어린 시절 누구나 한 번쯤 갖고 싶어 했던 물건이 품격 있는 훌륭한 모습으로, 어른용으로 눈앞에 놓여 있었으니! 작은 북은 우리가 여섯 살 때 처음 만져 본, 알록달록한 나무와 양피와 끈으로 되어 있고 쉽게 닳아 버리던 것과는 너무도 달라 보였다. 그것은 끈으로 목에 걸도록 되어 있지 않았다. 아래 북면에 동물의 창자로 만든 줄이 팽팽하게 연결되어 있었고, 오케스트라에서 연주하기 편하도록 북을 기울여 금속 삼발이에 나사로 고정시켜 놓았다. 옆에 붙은 고리에는 손길을 유혹하는 나무 북채가 꽂혀 있었다. 북채도 우리들 것보다 더 우아했다. 우리는 어린이용 클로켄슈필로 〈새가 날아들면〉을 연습하곤 했었는데, 이곳의 글로켄슈필은 울림을 좋게 하기 위해 금속판을 횡목 위에 얹었으며 금속판의 조율도 정밀했다. 두 줄로 나란히 놓인 금속판은 덮개가 달린 우아한 케이스 안에 놓여 있었으며, 멜로디를 만들어 주는, 조그마한 쇠망치 모양의 채가 천을 댄 덮개 안쪽 면에 보관되어 있었다. 실로폰 소리는 한밤 호젓한 시간에 공동묘지에서 춤추는 해골들을 연상시키는데, 여기 있는 실로폰은 반음계법에 맞춘 것이라 음판이 많았다. 큰 북의 거대한 몸통에는 쇠장식이 붙어 있었고, 북면을 두드려 소리가 울려 퍼지게 하는 북채는 펠트로 감싼 것이었다. 구리로 만든 팀파니도 있었는데, 베를리오즈가 오케스트라에 열여섯 개의 팀파니를 배치했을 당시에는 아직 니콜라스 레버퀸이 취급하는 것과 같은 나사식 팀파니가 없었다. 나사식 팀파니는 나사를 손으로 돌려 쉽게 음높이를 조절할 수 있었다.

대(大) 얀 브뤼헐과 페테르 파울 루벤스
「청각의 알레고리」(세부), 1617,
마드리드, 프라도 미술관

궁극의 리스트

파트리크 쥐스킨트
『향수』, 제1장 (1985)

이 책에서 이야기되고 있는 시대에는 우리 현대인들로서는 거의 상상도 할 수 없을 정도의 악취가 도시를 짓누르고 있었다. 길에서는 똥 냄새가, 뒷마당에서는 지린내가, 계단에서는 나무 썩는 냄새와 쥐똥 냄새가 코를 찔렀다. 부엌에서는 상한 양배추와 양고기 냄새가 퍼져 나왔고, 환기가 안 된 거실에서는 곰팡내가 났다. 침실에는 땀에 절은 시트와 눅눅해진 이불 냄새와 함께 요강에서 나는 코를 얼얼하게 할 정도의 오줌 냄새가 배어 있었다. 거리에는 굴뚝에서 퍼져 나온 유황 냄새와 무두질 작업장의 부식용 양잿물 냄새, 그리고 도살장에서 흘러나온 피 냄새가 진동하고 있었다. 사람들한테서는 땀 냄새와 함께 빨지 않은 옷에서 악취가 풍겨 왔다. 게다가 충치로 인해 구취가 심했고, 트림을 할 때는 위에서 썩은 양파즙 냄새가 올라왔다. 어느 정도 나이가 든 사람들한테서는 오래된 치즈와 상한 우유, 그리고 상처 곪은 냄새가 났다. 강, 광장, 교회 등 어디고 할 것 없이 악취에 싸여 있었다. 다리 밑은 물론이고 궁전이라고 다를 바가 없었다. 농부와 성직자, 견습공과 장인(匠人)의 부인도 냄새에 있어서는 매한가지였다. 귀족들도 전부 악취에 젖어 있었다. 심지어 왕한테서도 맹수 냄새가 났고, 왕비한테서는 늙은 염소 냄새를 맡을 수 있었다. 여름이나 겨울이나 차이가 없었다. 18세기에는 아직 박테리아의 분해 활동에 제약을 가할 방법을 알지 못했을 뿐만 아니라, 건설하고 파괴하는 인간의 활동, 싹이 터서 썩기까지의 생명의 과정치고 냄새 없이 이루어지는 것은 하나도 없었기 때문이다.

레나토 구투소
「부치리아 시장」을 위한 습작, 1970~1974년경,
밀라노, 개인 소장

6. 장소의 목록

사람이나 사물들을 일일이 말로 다 열거할 수 없는 것처럼, 장소도 말로 다 할 수 없다. 장소에 대해서도 작가들은 역시 목록을 사용하면서 〈기타 등등〉에 의존한다. **에제키엘**은 고대 도시 티레의 찬란함을 묘사하기 위해 재물들의 목록을 이야기하고, **시도니우스 아폴리나리스**는 나르본(로마 시대 이름은 나르보 마르티우스. 갈리아 트란살피나에 처음 세워진 로마 식민지였다 — 옮긴이)의 아름다움을 설명하기 위해 건물들과 광장들을 열거하고, **디킨스**는 도시를 뒤덮은 매연에 가려 눈에 보이지 않는 런던의 많은 장소를 수고롭게 보여 주고 있으며, **포**는 자신이 간단하게 〈군중〉이라고 일컫는 일군의 서로 다른 개인들을 향해 그 몽상적인 시선을 하나씩 겨누어 나가고, **마르셀 프루스트**는 어린 시절의 도시를 회상하고, **이탈로 칼비노**는 위대한 칸이 꿈꾸던 도시들을 회상하며, **블레즈 상드라르**는 서로 다른 장소들에 대한 기억을 훑다가 시베리아 스텝 지대를 헐떡거리며 달리는 기차를 묘사하고, **월트 휘트먼**(그는 현기증 나는 목록들을 가장 탁월하게, 그리고 가장 과도하게 구사한 시인으로 찬사를 받기도 한다)[1]은 자기가 태어난 섬부터 시작해서, 한 장소 위에 다시 다른 장소를 차곡차곡 쌓아 나갔다.

장소의 축적과 관련해서 **빅토르 위고**의 소설 『93년』에는 방데 지역의 지명들을 열거한 목록이 나온다. 랑트나크 후작은 뱃사람 알말로에게 그 모든 곳을 일일이 지나면서 봉기를 일으키라는 명령을 전달하라고 지시한다. 가련한 알말로가 그 엄청난 목록을 기억할 수 없다는 것은 분명하다. 위고 또한 독자들이 그 많은 지명들을 모두 기억하리라 기대하지는 않았을 것이다. 다시 말해서 그 방대한 공간 목록은 단순히 민중 봉기의 어마어마한 규모를 암시하려는 의도일 뿐이다.

제임스 조이스는 『피네건의 경야』 중 「아나 리비아 플루라벨」이라는 장에서

조르조 데 키리코, 「메피스토펠레스와 우주」,
아리고 보이토의 오페라 「메피스토펠레스」를 위해 제작한 무대 디자인,
라스칼라 극장, 1952,
밀라노, 라스칼라 극장 박물관

현기증을 일으킬 만큼 많은 장소들의 목록을 또 하나 불러온다. 여기서 조이스는 리피 강이 흘러가는 느낌을 주기 위해 모든 고장의 수많은 강 이름을 말장난의 형태로, 또는 복합적인 단어 형태로 삽입한다. 케브Chebb, 펏Futt, 반Bann, 덕Duck, 사브레인Sabrainn, 틸Till, 와그Waag, 보무Bomu, 보야나Boyana, 추Chu, 바타Batha, 스콜리스Skoliis, 샤리Shari, 수이Sui, 톰Tom, 셰프Chef, 시르다리아Syr Darya, 래더번Ladder Burn 등등의 사실상 잘 알려지지 않은 강 이름들을 독자들이 알아보기는 쉽지 않다. 번역은 대체로 꽤 자유롭기 때문에 이 부분에 나타난 강에 대한 언급이 원문의 장소와는 다르게 나타나는 경우가 종종 있다(한글판 번역에서는 이들 강 이름 가운데 찾을 수 있는 것이 많지 않은데 cheb, reppe, black water처럼 많은 이름이 본문 중에 녹아들어 도저히 살릴 수 없었던 것으로 보인다 — 옮긴이). 그 예로 조이스 자신이 공동으로 참여했던 첫 이탈리아 번역판 출간 작업[2]에서는 영문판 텍스트에서는 없던 이탈리아의 강 이름들, 즉 세리오, 포, 세르키오, 피아베, 콘카, 아니에네, 옴브로네, 람브로, 타로, 토체, 벨보, 실라로, 탈리아멘토, 라모네, 브렘보, 트레비오, 민초, 티도네, 파나로 등을 대신 언급하고 있다. 역사적인 첫 프랑스어 번역판[3]에서도 같은 일이 반복되었다.

이 책에 인용된 짧은 단락만 보더라도, 주의 깊은 독자라면 센 강이나 카테가트 같은 두 강 유역뿐 아니라 텔, 헤프, 레프케, 블랙워터, 스티핑, 하트, 세일, 더티데빌, 드네프르, 몰다우, 갠지스, 센다이, 킹, 일리소, 톰, 엘데, 라트, 데리, 콰펠, 템스, 매리맥 강 등 나머지 여러 강들을 언급하고 있음을 발견하게 될 것이다.

이 목록이 잠재적으로 무한하다고 할 수 있는 것은 그 모든 강을 찾아내기 위해 독자들이 쏟을 노력을 기대하기 때문만은 아니다. 그것은 어쩌면 조이스가 의도적으로 집어넣은 것보다 더 많은 강 이름을 비평가들이 찾아낸 것은 아닐까 하는, 또는 영어 알파벳 문자들이 제시하는 수많은 조합 가능성으로 인해 비평가들이나 조이스가 생각한 것보다 훨씬 더 많은 강 이름이 있는 것은 아닐까 하는 이중의 의혹 때문이다.

이런 종류의 목록을 분류하기란 힘든 일이다. 이런 목록은 지칠 줄 모르는 욕심에서, 형언할 수 없음(이 세상에 얼마나 많은 강이 있는지 말하기는 불가능하다)이라는 표현에서, 그리고 목록에 대한 순수한 사랑에서 만들어진다. 조이스는 여러 해 동안 많은 사람들과 같이 작업하면서 그 모든 강의 이름을 찾아보느라 고생한 것으로 보이지만, 그의 목표가 지리학적인 것이 아니었음은 분명하다. 어쩌면 조이스는 그저, 그 목록이 끝나지 않기를 바랐던 것 같다.

마지막으로 장소들이 들어선 장소인 전체 우주가 있다. **보르헤스**(『알렙』에서)는

얀 반 케셀
「아시아」, 「4대륙」 연작 중의 패널, 1664~1666,
뮌헨, 알테 피나코테크

84~85면: 한스 멤링
「그리스도의 수난」, 1470~1471,
토리노, 사바우다 미술관

하나의 공동(空洞)을 통해서만 그것을 볼 수 있었는데, 그는 그 우주를 하나의 목록으로, 다시 말해 장소와 사람, 심상치 않은 에피파니들에 대한 불완전할 수밖에 없는 목록으로 파악한다.

1 특히 The List(New Haven: Yale University Press, 2004)에서 Robert E. Belknap이 그에게 바친 장 참조.
2 Anna Livia Plurabelle, James Joyce와 Nino Frank 번역, 1938. 현재 Joyce, Scritti italiani(Milano: Mondadori, 1979)에 수록됨.
3 Samul Beckett, Alfred Perron, Philippe Soupault, Paul-L. Léon, Eugène, Jolas, Ivan Goll, Adrienne Monnier가 조이스와 공동 번역.

궁극의 리스트

에제키엘
「에제키엘」 27장 3~27절

[3] [……] 주 야훼가 말한다. 너 띠로[티레]는 자랑을 했었다. 나는 세상에 더없이 아름다운 배라고.

[4] 너의 경계는 바다 깊숙이 뻗어 나갔고 조선공들은 과연 너를 아름답게 꾸몄다.

[5] 몸통은 스닐 산의 전나무로 만들고 돛대는 레바논의 송백으로 만들었다.

[6] 바산에서도 가장 큰 참나무로 노를 만들고 키프로스 회양목에 상아를 박아 갑판을 깔았다.

[7] 이집트산 아마포에다 각색 무늬를 놓아, 돛을 만들고 깃발을 달았다. 엘리사아 섬에서 들여온 자주와 진홍색 비단으로 차일을 만들었다.

[8] 시돈과 아르왓 사람들이 노를 저었고 띠로의 현자들이 키를 잡았으며

[9] 그발의 장로들과 기술자들이 배의 틈을 메웠고 항해하는 모든 선원이 너에게 무역차 왔다.

[10] 페르시아인과 리디아인과 리비아인들이 너의 군인으로 입대하였고, 그들이 걸어둔 방패와 투구로 너의 영화는 한층 빛났다.

[11] 너의 아르왓 출신 군인들이 성벽 주위를 지키고, 감맛 사람들은 여러 망대에 배치되었다. 그들이 성벽에 두루 걸어놓은 방패로 너는 더없이 화려하게 되었다.

[12] 다르싯은 너에게 있는 온갖 많은 물자를 다 사 갔다. 은과 쇠와 흑연과 납을 주고 네 상품들을 가져갔다.

[13] 야완, 두발, 메섹도 너와 무역을 했다. 노예와 놋제품을 주고 네 상품들을 사 갔다.

[14] 도가르마 족속은 말과 군마와 노새를 주고 네 상품들을 사 갔다.

[15] 드단 백성도 너와 무역을 했다. 해안 지방에 사는 많은 사람들도 너와 거래를 하며 상아와 박달나무로 값을 치렀다.

[16] 에돔도 너의 산물을 많이 사 갔다. 홍옥, 자주색 비단, 수놓은 옷감, 모시, 산호, 벽옥을 주고 너의 상품들을 사 갔다.

「출항하는 함대」
아크로티리 프레스코 세부, 테라(산토리니), 기원전 1650~1500년경, 아테네, 국립 고고학 박물관

[17] 유다와 이스라엘도 너와 무역을 했다. 민닛에서 난 밀곡식과 돌무화과, 꿀, 기름, 유향을 주고 너의 상품들을 사 갔다.
[18] 다마스쿠스도 헬본의 술과 사할의 양모를 가지고 와서 너에게 있는 산물과 많은 보화를 바꾸어 갔다.
[19] 단과 야완은 우잘에서 무쇠와 들계피와 육계를 가져다주고 너의 상품들을 사 갔다.
[20] 드단은 말 안장에 까는 천을 가지고 와서 너와 무역을 했다.
[21] 아랍인인 케달의 모든 수령도 너와 거래를 했다. 새끼 양과 숫양과 숫염소를 가지고 와서 무역을 하였다.
[22] 세바와 라마도 너와 무역을 했다. 각종 고급 향료와 온갖 보석과 금을 주고 네 상품들을 사 갔다.
[23] 하란과 간네와 에덴, 그리고 세바의 상인들, 아시리아와 길맛도 너와 무역을 했다.
[24] 그들은 고급 옷감, 자주색 천에 수놓은 겉옷, 여러 색깔로 짠 주단과 단단히 꼰 밧줄을 가지고 와서 너와 무역을 했다.
[25] 너의 상품은 다르싯의 상선들이 날라다 주었다. 너는 너무 무겁게 가득 싣고 바다로 나갔다.
[26] 사공들이 바다 깊은 곳으로 저어 나가자 거센 동풍이 바다 가운데서 너를 부수었다.
[27] 너의 보화와 수입품과 수출품과 노 젓는 사공과 키를 잡은 선원과 틈 메우는 수선공, 무역업자와 군인, 너를 타고 있던 이 모든 사람들은 네가 침몰되는 날, 바다 한가운데 빠지리라.

궁극의 리스트

시도니우스 아폴리나리스
『시와 편지들』
시 23, 「콘센티우스에게」

만세, 나르보여, 너의 건강함은 빼어나고,
너의 도시와 시골 모두 보는 이의 눈을 기쁘게 하도다.
너의 성벽과 시민들, 우회로, 가게들, 대문들,
주랑 현관들, 포룸, 극장, 사당들, 주피터 신전,
조폐소, 목욕탕들, 아치들, 곡물 창고들, 시장들,
목초지들, 분수들, 섬들, 소금 광산들, 연못들,
강, 물품들, 다리와 소금물로 보는 이의 눈을 기쁘게 하도다.
너의 신들 바쿠스, 케레스, 팔레스, 미네르바가
너의 옥수수, 너의 포도나무, 너의 목초지,
그리고 너의 올리브 압착기들 덕을 누리니
너는 신을 경배할 최고의 자격을 갖추었구나!
너는 오직 너의 사람들만을 믿고서
자연에서는 어떤 도움도 구하지 않고서
산맥들을 뒤로 멀리 남기고 높이 솟아오른다.
크게 갈라진 도랑 하나, 억센 말뚝 방벽이 쳐진
언덕 하나 널 에워싸고 있지 않지만, 네 성벽에
대리석 장인의 작품 하나, 금박이나 유리 하나,
반짝이는 인도 거북 등껍질 하나, 마르마라 코끼리
입에서 떨어진 상아 막대 하나 벽에 박힌 것도 아니고,
모자이크 있는 금문으로 장식된 것도 전혀 아니지만
반쯤 허물어진 요새 사이로 자랑스럽게 너는
옛 전쟁에서 얻었던 영광을 과시하고 있구나.
비록 네 커다란 돌들은 무너져 내렸지만
그 영광스러운 폐허로 인해 너는 더욱 높이 평가받는다.
다른 도시들은 그 터를 가지고 위협하게 놔두어라 —
천박한 권력에 의해 높이 지어진 도시들은
한 번도 무너진 적 없다고 자랑하는
가파른 능선에 그 성벽들을 세우게 놔두어라.
너야말로 산산이 부서진 그 모습 그대로
호감을 사니니, 그 갑작스런 공격의 자자한 명성이
너의 굳은 충성심을 유명하게 만들었기 때문이라.

찰스 디킨스
『황폐한 집』, 1장
「챈서리 법정에서」(1852~1853)

런던. 미카엘마스 개정기가 얼마 전에 끝났고, 대법관은 링컨스 인 홀에 앉아 있다. 인정사정없는 11월의 날씨이다. 거리는 이제야 막 지표면에서 물이 빠진 것처럼 진흙탕투성이었고, 거대한 도마뱀처럼 뒤뚱거리며 40피트 정도 되는 메갈로사우루스 공룡이 홀본 힐을 올라가는 것을 본다고 해도 이상할 것 같지 않았다. 굴뚝 꼭대기에서 연기가 내려오면서 검고 부드러운 가랑비를 만들고 있었고, 그것은 얇은 그을음 조각과 합쳐져 곧 눈송이만큼 커져, 흡사 태양의 죽음을 애도 하는 듯했다. 개들은 진창과 구분이 되지 않았다. 말들이라고 더 나을 것도 없었고, 흙탕물은 그들의 눈가리개에까지 튀고 있었다. 다들 성급함에 감염된 듯 서로의 우산을 밀치며 걷는 사람들은 거리 모퉁이에 이르면 비틀거리는데, 길모퉁이에는 날이 밝은 이래로 (오늘이 밝은 적이 있었다면) 수많은 다른 행인들이 발을 헛딛고 미끄러져, 포장도로 위에 끈끈하게 들러붙은 진흙 위에 다시 새로운 퇴적물이 더해지면서, 복리 이자를 쌓는다.
안개는 어디에나 있었다. 강 상류에서 안개는 강을 덮고서 녹색의 작은 섬과 풀밭 사이를 흐른다. 강 하류에서 안개는 정박용 타이어와 거대한 (그리고 더러운) 도시의 오염된 강변 사이의 오물들 위를 굴렀다. 에식스 습지에도 안개가, 캔티시 언덕에도 안개가 덮혔다. 안개는 석탄 운반선의 주방 안으로 기어들었다. 안개는 바지선과 나룻배의 뱃전 위에도 늘어져 있었다. 수용실 벽난로 앞에서 기침으로 씨근거리는 늙은 그리니치 연금 생활자의 눈과 목구멍에도 안개가 스며들었다. 비좁은 선실에 앉아 화를 내며 오후의 파이프를 꺼내는 선장의 대통에도 안개가 내려왔다. 갑판에서 몸을 떠는 어린 도제 소년의 발가락과 손가락을 안개는 잔인하게 꼬집었다. 다리 위 사람들이 흉벽 위로 안개 낀 하늘 아래를 엿보기라도 할라치면 사방이 안개로 싸여 있어서 마치 풍선을 타고 자욱한 구름 속에 떠 있는 것 같았다.
가스등은 거리 곳곳에서 안개를 통해 흐릿하게 비치는 것이, 마치 축축한 들판을 가는 농부와 소년의 눈에 해가 비칠 때와 같았다. 대부분의 가게는 평소보다 두 시간 전에 불을 켰다. 가스등도 그것을 알았는지, 초췌하고 내키지 않는 표정을 짓고 있다.

으스스한 오후가 어느 곳보다 으스스하고, 짙은 안개가 어느 곳보다 짙은 곳이 납빛 머리의 낡은 시의회에 들어가는 문턱에 어울리는 적절한 장식, 납빛 머리의 낡은 방해물인 템플 바였다. 그리고 템플 바 바로 옆 링컨스 인 홀 안, 안개의 한가운데에 대법관이 챈서리 대법정에 앉아 있다.

에드거 앨런 포
『이야기와 단편들』
「군중 속의 남자」(1841)

이 거리는 런던의 중심가 중 하나로, 하루 종일 붐비는 곳이었다. 그런데 땅거미가 질 무렵부터 인파가 더욱 늘어나더니 가로등이 켜질 때쯤 되자 끊임없이 이어지는 군중들의 두 줄기 흐름이 가게 앞을 분주히 흐르고 있었다. [……]
[나는] 지나가는 사람들을 집단으로만 바라보고 오직 집단적인 관계로만 생각하고 있었다. 하지만 곧 세부에까지 이르러, 자세, 복장, 풍채, 몸짓, 용모, 표정의 수많은 다양성까지를 세세하게 관찰하기에 이르렀다. 지나가는 사람들의 대부분은 만족스러운 실무가와 같은 태도를 보였으며, 머릿속에는 그저 인파 속을 뚫고 지나가는 일 외에는 아무것도 없는 사람들처럼 보였다. 모두 눈썹을 곤추세우고 시선을 재빨리 움직이고 있었다. 다른 통행인에게 떠밀렸을 때도 조금도 화를 내지 않고 잠깐 옷깃을 바로잡을 뿐, 바로 거리를 지나갔다. [……] 거기서 한 층 더 낮은 계급으로 내려가 보면 좀 더 우울하고 심각한 고찰의 대상을 만날 수 있다. 완전히 위축된 비굴한 표정 속에 눈빛만이 날카롭게 빛나는 유대인 행상인, 그리고 거지라는 탄탄해 보이는 직업을 본직으로 삼고 있는 사람이, 절망에 빠진 나머지 구걸하러 밤의 어둠을 틈타 나온 조금은 나은 동업자를 노려보는 모습과, 완전히 쇠약해져서 언제 죽을지도 모르는 환자가 인파 속을 비틀거리며 걸어가다 마주치는 사람들마다의 얼굴을 바라보며 때로는 우연한 위로를, 또 때로는 잃어버린 희망을 찾아내려 하고 있는 듯한 모습과, 길었던 하루의 근무를 마치고 어두운 가정으로 돌아가는 소심한 소녀들이 거지들의 시선에 분노 때문이 아니라 나약함 때문에 몸을 웅크리며 그들이 똑바로 다가올 때까지도 피하지 못하는 모습이 눈에 띄었다. 그리고 모든 종류의 다양한 연령층의 여자들, 한창 물이 올라 언뜻 보기에는 상당한 미인이지만 루키아노스의 작품에 나오는, 표면은 파로스 섬에서 나는 대리석으로 싸여 있지만 속은 분뇨로 가득 차 있었다는 조각상을 떠올리게 하는 사람들과, 보기에도 끔찍한 나병에 걸려 누더기로 몸을 감싸고 있는 사람과, 보석으로 꾸미고 분을 두껍게 발라 젊어 보이려고 몸부림을 친 주름살투성이의 노파와, 자신도 모르게 배운 무시무시한 길거리의 교태를 부리며 악덕에 있어서만은 연장자들에게

90~91면: 윌리엄 헨리 크롬
「멀리 세인트폴 대성당이 보이는 런던 풍경」, 1826~1873년경, 개인 소장

지지 않겠다는 야심을 불태우고 있는 아직 성인이라고는 할 수 없는 어린아이 같은 여자까지 있었다. 어떻게 표현해야 좋을지 모를 수많은 주정뱅이들, 누더기 옷에 안면의 상처, 흐릿한 눈빛을 한 채 중얼중얼 혼잣말을 해대며 비틀거리는 사람, 더러워지기는 했지만 일단은 제대로 된 옷을 입은, 두툼하고 육감적인 입술에 건강해 보이는 붉은 얼굴로 아주 조금 비틀거리는 사람에서부터 원래부터 고급 옷감으로 지금도 정성스럽게 솔질을 한 듯한 옷을 입고 있는 사람, 발걸음은 조금 부자연스러울 정도로 힘차게, 스프링처럼 경쾌하면서도 얼굴은 죽은 사람처럼 창백하고 눈은 거칠게 충혈된 채 군중 속을 빠져나가면서 손이 닿는 곳에 있는 것은 하나도 놓치지 않고 떨리는 손가락으로 잡으려 드는 사람도 있었다. 그 외에도 파이 장수, 짐꾼, 석탄 운반부, 굴뚝 청소부, 길거리 악사, 원숭이 재주를 보여 주는 사람, 길거리 가수 중에는 노래 책을 파는 사람도 있었으며, 낡은 옷을 입은 장인, 기력이 완전히 빠져 버린 노동자에도 여러 종류가 있었는데 이들 모두가 매우 소란스러운 활력에 넘쳐 있어서 귀에 거슬리는 소음을 피워 올렸으며, 눈에는 찌르는 듯한 아픔을 가져다주었다.

마르셀 프루스트
『스완네 집 쪽으로』, 「고장의 이름: 이름」(1913)

내 신체가 튼튼해지고 그리고 발베크에 가서 체류하지 않더라도 적어도 한 번 노르망디나 브르타뉴의 건축과 풍경을 알아보기 위해 그처럼 상상으로 여러 차례 올라탄 그 1시 22분발의 기차를 타는 것을 양친이 허락해 준다면, 나는 특히 가장 아름다운 시가에 내려 보고 싶었는데, 막상 그 시가들을 비교하는 마당에서는 비교가 안 되었으니 다른 시가의 것과는 바꿀 수 없는 개성적인 것들 사이에서, 어떻게 더 아름다운 시가를 고르겠는가. 예컨대 불그스름하고 우아한 레이스를 걸치고 그처럼 높다랗게, 그 꼭대기가 마지막 철자의 옛 황금에 의해 번쩍거리는 바이외Bayeux의 시가, 양음 부호(´)가 검은 나무의 틀로, 예스런 유리창을 마름모꼴로 나누고 있는 비트레Vitré의 시가, 달걀 껍질의 노란색에서 담회색에 이르기까지 희끄무레하고 부드러운 랑발Lamballe의 거리. 쿠탕스Coutances의 시가, 그 기름지고도 노르스름한 끝의 이중모음이 버터의 탑을 높이 세우는 노르망디의 대성당. 한적한 마을의 고요 속에 파리가 따르는 역마차의 잡음을 내는 라니용Lannion. 흰 깃털과 노란 부리가 시적이며 하천이 많은 길가에 흩어져 있는 익살스럽고도 소박한 케스탕베르Questambert와 퐁토르송Pontorson의 시가. 내(川)가 마름 한가운데로 말려들어 가고 싶은 듯이 보이는데 간신히 냇가에 매여 있는 이름인 브노데Benodet의 시가. 운하의 초록빛 물에 파르르 떨면서 비치다가 희게 장밋빛으로 훨훨 날아가 버리는 경쾌한 부인 모자의 날개 그림자인 퐁타방Pont-Aven의 시가. 캥페를레Quimperlé의 시가로 말하면, 중세기 이래 시내에다가 그의 뿌리를 깊숙하게 내리고서 끊임없이 시내와 재잘거리면서, 희뿌연 은빛의 무딘 끝으로 변하기라도 한 것 같은 햇살이 그림 유리창에 붙어 있는 거미줄을 통해서 그려 내는 것과 똑같은 그리자유grisaille를 그려 낸다.

94~95면
페트루스 헨리쿠스 테오도루스 테타르 반 엘벤
「이탈리아의 주요 기념물들을 상상한 풍경」, 1858,
제노바, 현대 미술관

이탈로 칼비노
『보이지 않는 도시들』(1972)

칸은 전 지구가 그려져 있고 대륙, 먼 왕국의 경계, 항로, 해안선, 유명한 대도시와 풍요로운 항구들의 지도들이 그려진 지도책을 가지고 있었다. 황제는 마르코 폴로의 지식을 시험하기 위해 그의 앞에서 그것을 한 장씩 넘겼다. 여행자는 긴 해협, 좁은 만, 내해(內海)의 세 해변이 에워싸고 있는 도시를 보고 그게 콘스탄티노플이라는 것을 알아냈다. 예루살렘이, 비슷한 높이로 서로 마주 보고 있는 두 개의 언덕 위에 자리 잡고 있다는 것을 떠올렸다. 그는 주저 없이 사마르칸트와 그 정원들을 가리켰다.

라울 뒤퓌
「생타드레스 만」, 1904,
파리, 국립 현대 미술관,
조르주 퐁피두 센터

다른 도시들은 입에서 입으로 전해져 내려오는 설명에 의지하거나 몇 가지 안 되는 힌트들을 통해 알아맞혔다. 칼리프의 진주로 빛나는 그라나다, 깨끗한 북쪽의 항구 뤼베크, 흑단나무 때문에 시커멓고 상아 때문에 하얀 팀북투, 수백만의 사람들이 매일 바게트 빵을 들고 귀가하는 파리를 그렇게 알아맞혔다.
축소된 총천연색 지도에는 보기 드문 형태의 주거지들이 그려져 있었다. 사막의 모래 언덕 사이 우묵하게 들어간 곳에 숨겨져 있어, 야자수 끄트머리만 간신히 보이는 오아시스는 분명 네프타였다. 유사(流砂)와 밀물 때문에 소금기가 감도는 풀밭에서 풀을 뜯는 젖소들 사이에 서 있는 성은 몽생미셸을 떠올리게 했다. 도시의 성벽 안에 서 있는 것이 아니라 자신의 성벽 안에 한 도시를 품고 있는 왕궁은 우르비노일 수밖에 없다.
지도에는 마르코도, 지리학자들도, 실제로 존재하는지, 그리고 어느 곳에 존재하는지 모르지만, 존재 가능한

도시의 형태에서 빼놓을 수 없는 도시들이 그려져 있었다. 여러 부분이 방사상으로 나뉜 모형 같은 쿠스코, 완벽한 교환의 질서를 반영하며 몬테수마 왕궁이 내려다보이는 호숫가에 자리 잡은 푸릇푸릇한 신록의 멕시코, 구근 같은 돔의 도시 노브고로트, 구름 덮인 세계의 지붕 위로 높이 솟은 하얀 지붕들의 도시 라사, 마르코는 이런 도시들의 이름도 말했다. 그 이름이 어떤 것인지는 중요하지 않았다. 그리고 그는 그런 곳에 가기 위한 방법을 암시했다.
도시들의 이름은 외국어의 수만큼이나 수없이 변했다. 모든 도시는 여러 곳에서 서로 다른 길들과 거리를 통해 말을 타고 마차를 타고 배를 타고 비행기를 타고 도착할 수 있었다.
[……]
칸은 모든 도시의 지도들이 모여 있는 지도책을 가지고 있다. 튼튼한 토대 위에 성벽을 세워 놓은 도시들, 폐허로 변해 모래에 뒤덮여 버린 도시들, 언젠가는 존재하게 될 테지만 아직은 그 자리에 토끼 굴밖에 없는 도시들. 마르코 폴로는 지도책의 책장을 넘겼고 예리코, 우르, 카르타고를 알아보았으며 스카만드로스 강 하구의 정박지를 가리켰다. 그 정박지는 오디세우스가 못을 박은 목마가 권양기에 실려 트로이 성문 안으로 끌려 갈 때까지 십 년 동안 트로이를 포위했던 병사들이 다시 배를 탈 날을 기다렸던 곳이다. 그러나 트로이에 대해 말하면서 마르코 폴로는 트로이를 콘스탄티노플처럼 이야기했고 마호메트가 여러 달 동안 그 도시를 포위공격하게 되리라는 예상을 했다. 마호메트가 오디세우스같이 영리한 사람이라면 한밤의 어둠을 이용해 보스포루스 해협에서 골든 혼에 이르는 급류를 타고 페라와 갈라타를 돌아 노를 젓게 할 거라고 했다.
그와 같이 뒤섞여 버린 두 도시에서 제3의 도시가 탄생했는데 이 도시는 샌프란시스코라고 불릴 것이었으며, 금문 해협과 만 위에 길고 가벼운 다리가 놓일 수도 있고 가파른 길마다 전차가 올라갈 수 있으며, 태평양의 중심 도시로 꽃필 수도 있었다. 천 년 뒤, 황인종과 흑인종과 북아메리카 원주민과 살아남은 백인종의 자식들이 칸의 제국보다 더 광대한 제국에서 융화될 수 있는 시간이, 삼백 년간의 긴 집중 공략 시기가 끝난 후에 말이다.

지도는 이런 특징들을 가지고 있었다. 그것은 아직 형태도 이름도 없는 도시의 형상을 드러냈다. 반원 형태에다 북쪽으로 향해 있고 영주의 운하, 황제, 귀족의 운하 등 동심의 운하들이 있는 암스테르담 모양의 도시가 있다. 고원의 황무지 사이에 자리 잡고 있으며 탑이 높이 솟은 성벽으로 에워싸인 요크 같은 도시가 있다. 두 강 사이, 가로로 길게 놓인 섬 위에 유리와 철강 탑이 빼곡하고, 브로드웨이를 제외하고는 모두 직선의 깊은 운하 같은 길들이 나 있는, 뉴욕이라고도 불리는 뉴암스테르담같이 생긴 도시가 있다.

도시의 형태는 그 목록이 무한하다. 모든 형태가 자신의 도시를 찾고 새로운 도시들이 계속 탄생하게 될 때까지. 모든 형태의 변화가 끝나고 나면 도시의 종말이 시작된다. 지도책의 마지막 페이지에는 로스앤젤레스, 교토, 오사카 같은 도시와 형태 없는 도시들의 시작도 끝도 없는 그물망들이 넘쳐난다.

조반니 레아르도
「세계 지도」, 15세기,
빈첸차, 베르톨로 공공 도서관

블레즈 상드라르
「시베리아 횡단 열차 그리고 프랑스의 어린 잔느의 산문시」(1913)

잔느 자네트 니네트 니니 니농 가슴
미미 뽀뽀 내 암탉 나의 페루
자자 뚱뚱한 여인
당근 내 여자
사랑하는 심장
암탉
내 사랑, 작은 염소
내 귀엽고 작은 죄
창녀
올빼미
그녀가 잔다.

그녀가 잔다
그리고 이 세상 모든 시간에 그녀는 하나의 시간만을 믿지 않는다
역에서 희미하게 보이는 얼굴들
모든 시계들
파리의 시간 베를린의 시간 상트페테르부르크의 시간
　　그리고 모든 역의 시간
그리고 우파Ufa에는 포병의 피 흘리는 얼굴
그리고 그로드노Grodno의 멍청히 빛나는 다이얼
그리고 열차의 영원한 앞섬
매일 아침 우리는 시간을 맞춘다
기차는 앞서고 태양은 뒤처진다
아무것도 하지 않은 채, 나는 울리는 시계 소리를 듣는다
노트르담의 큰 종소리
성 바르톨로메오의 날에 울리는 루브르의 날카로운 종소리
죽은 듯한 도시 브뤼주의 녹슨 편종
뉴욕 도서관의 전기 벨소리
베니스의 종탑
그리고 모스크바의 종소리, 내가 서재에 있을 때 시간을
　　셈해 주는 붉은 광장의 벽시계
그리고 나의 기억들
기차 경적 소리가 회전 탁자 위로 울린다
기차가 굴러 간다
축음기 집시의 행진을 노래한다
그리고 세계는, 프라하 유대인 구역의 벽시계처럼 미친
　　듯이 거꾸로 돈다

월트 휘트먼
『풀잎』 제2권, 「포마녹을 출발해」 (1881)

1

내가 태어난 곳, 물고기처럼 생긴 포마녹,
아버지 낳으시고 완벽한 어머니가 키워 주신 그곳을
    출발해
많은 땅을 유랑한 후에 — 사람 많은 포장도로를
    좋아하다가,
나의 도시 맨해튼의 거주자가, 또는 남부 초원의 거주자가
    되었다가,
또는 숙영지의 병사가, 또는 배낭과 총을 멘 병사가, 또는
    캘리포니아의 광부가 되었다가,
또는 다코타 숲속 집에서 사냥해 먹고 샘물 떠 마시며
    투박하게 살다가,
또는 어느 깊은 후미진 곳에 칩거해 명상하다가,
군중의 소란에서 멀리 떨어져, 이따금 기쁨과 행복을 느낀다,
늘 아낌없이 주는 미주리 강을 알고, 나이아가라의 힘을
    깨닫고,
평원에서 풀을 뜯는 물소 떼, 털 많고 가슴 튼튼한 황소를
    깨닫고,
흙과 바위, 오월의 꽃들을 깨닫고, 별과 비, 눈, 나의
    놀라움을 경험한다.
흉내지빠귀의 소리와 흰꼬리수리의 소리를 주의 깊게 들은 뒤,
새벽에 견줄 자 없는 이와, 늪 삼나무의 은둔자
    개똥지빠귀의 소리를 듣고서,
나 홀로 서부에서 노래하며, 새로운 세계를 찾아 떠난다.

[……]

6

죽은 시인들, 철학자들, 사제들이여,
순교자들, 예술가들, 발명가들, 오래 묵은 정부들이여,
다른 해안의 언어 형성자들이여,
한때 강력했다가 지금은 축소되고, 물러난, 또는 쓸쓸한
    민족들이여,
그대들이 이쪽으로 띄워 보낸 것을 정중히 믿게 될 때까지
    나는 감히 나아가지 않는다,
나는 그것을 정독했고 훌륭하다고 인정했고, (그 사이에
    잠시 감동하면서)
그 무엇도 더 위대할 수 없다, 그 무엇도 그것보다 더 가치
    있을 수 없다 생각했고,
오랫동안 오직 그것만을 존중하다가, 그런 뒤에 그것을
    버리고서,
여기 나는 나 자신의 시대와 함께 나의 자리에 섰다.

여기 남성스럽고 여성스러운 땅들,
여기 세계를 물려받을 남녀 상속인들이 있다 — 여기
    물질의 불꽃이 있다,
여기 영성(靈性)이, 여자 통역사가, 널리 인정받은 이들이
    있고,
항상 배려해 주는 사람들이, 볼 수 있는 형태의 대단원이
    있다.
주어진 오랜 기다림 끝에 이제 전진하는 만족한 사람들,
그렇다, 여기에 나의 여인, 영혼이 온다.

7

영혼,
영원하고 또 영원한 — 갈색의 단단한 흙보다 더 오래고 —
    물이 들고나는 것보다 더 무궁한 것.

나는 물질의 시를 지으리라, 그것이 가장 정신적인 시일
    것이라 생각하므로,
나는 내 육체의 시와 도덕성의 시를 지으리라,
그래야 나 자신에게 내 영혼의 시와 불멸의 시를 줄 거라고
    생각하므로.

나는 이 나라, 그 어떤 주도 다른 주에 종속되는 환경에
    놓이지 않을 이 나라를 위한 노래를 지으리라,
그리고 모든 주들 사이에, 그리고 그중 어느 두 개 주
    사이에, 밤낮으로 예의가 될 노래를 지으리라,
그리고 대통령의 귀에 들려줄, 끝이 무시무시한 무기들로
    가득하고,
그 무기들 뒤로 수많은 불만의 얼굴이 감춰진 노래를
    지으리라,
그리고 모든 것으로 빚어진 〈하나〉의 노래를 지으리라,
엄니가 달리고 눈부신 〈하나〉, 그 머리는 모든 것의 위에
    있고,
모든 것을 포괄하고 굽어보는, 단호하고 호전적인
    〈하나〉의 노래를,
(다른 어떤 것의 머리가 아무리 높다 해도, 하나의 머리는
    모든 것보다 위에 있다).

나는 동시대의 땅들을 인정하리라,
나는 지구의 모든 지형을 밟을 것이며, 크고 작은 모든
    도시에, 정중히 인사하리라!
그리고 일하는 사람들이여! 당신들 덕에 영웅적이 되는 내
    시를 땅과 바다 위에 놓으리라,
그리고 미국인의 관점에서 모든 영웅적 행위들을
    보고하리라.

나는 동지애의 노래를 부르리라,
나는 그 하나만으로 마침내 이 나라를 채워 줄 것을 보여
    주리라,
나는 이 나라가 인간적인 사랑이라는 자기만의 이상을
    발견하고, 그것이 내 안에 있음을 가리키리라 믿는다.
하여 나를 태우려 위협하던 불꽃이 내게서 활활 타오르게
    내버려 두리라,
오래도록 연기만 피우도록 그 불을 억압하던 것을 걷어
    내리라,
나는 그 불에 완전한 포기를 내어 주리라,
나는 동지들의 복음시, 사랑의 복음시를 쓰리라,
(왜냐면 나 말고 누가, 그 모든 슬픔과 기쁨을 지닌 사랑을
    이해할 것인가?
그리고 나 말고 누가 동지들의 시인이 될 것인가?)

[······]

12
앨라배마에서 나는 아침 산책길을 걷다가,
흉내지빠귀 암컷이 찔레 숲 자기 둥지에서 새끼들을 품고
    있는 걸 보았다.

나는 흉내지빠귀 수컷도 보았다,
나는 걸음을 멈추고, 그 수컷이 목구멍을 부풀리고서
기쁘게 노래하는 소리를 가까이서 들었다.

가만히 있자니 그런 생각이 들었다, 그 새가 노래하던
    이유는
단지 거기 있지 않다고,
제 짝을 위한 것도 자신만을 위한 것도 아니고, 메아리로
    울리는 소리를 위해서도 아니었다,
그것은 미묘하고, 은밀하고, 아득히 멀리서,
전해져 온 하나의 책임, 신비스러운 재능이요, 태어나는
존재들을 위한 것이었다.

13
민주주의여!
네 근처에서 이제 한 목구멍이 절로 부풀어 기쁘게
    노래하노라.

내 여인이여!
우리 이전의 아이들과 우리 아이들을 위해,
이곳에 속한 아이들과 앞으로 올 아이들을 위해,
나, 그들을 위해 준비되어 기쁜 나는 지금껏 지상에 들렸던
    그 어떤 송가보다 더 강력하고 도도한 송가를, 이제
    떨리는 소리로 노래하리라.

그들에게 길을 열어 줄 열정의 노래를 지으리라,
추방된 무법자들, 그대들의 노래도 지으리라—나는
    동족의 눈으로 그대들을 보고, 다른 이들과 똑같이
    마음에 품고 있기 때문이다.

나는 풍요의 진정한 시를 지으리라,
무엇에든 충실하고 앞으로 나아가, 죽음에 쓰러지지 않는
    육체와 정신을 얻기 위해서,

나는 자기중심주의를 확산시켜 그것이 모든 것의 기본임을
    보여 주리라—개성의 음유 시인이 되리라,

그리고 남성과 여성이 서로 동등하다는 것을 보여 주리라,
그리고 성기와 성행위도 보여 주리라! 부디 나에게
    집중하여라—나 용감하고 또렷한 목소리로 그대들에게
    말하기로, 그대들이 걸출함을 증명하기로 했으니까,
그리고 현재에 불완전한 것은 하나도 없으며, 미래에도
    있을 수 없음을 보여 주리라,
그리고 누군가에게 무슨 일이 생기든, 결국엔 아름다운
    결과가 된다는 것을 보여 주리라—그리고 죽음보다
    아름다운 것은 있을 수 없다는 것을 보여 주리라,
그리고 시간과 사건들이 빽빽한 나의 시들에 한 가닥 실을
    꿰리라,
나의 시에서는 우주의 모든 사물이 완벽한 기적이요,
    저마다 다른 것과 똑같이 심원하다.

부분들만 언급하는 시는 짓지 않으리라,

요한 멜히오르 로스
「카를 백작의 동물원」, 1728,
카셀, 헤센 지역 미술관,
거장 회화관

전체를 이야기하는 시를, 노래를, 생각을 만들리라,
그리고 하루를 이야기하지 않고 모든 나날을 이야기하는
 노래를 지으리라,
영혼과 관계없는 시는 물론이고, 시의 한 구절도 만들지
 않으리라,
(우주의 사물들을 바라보았기에 나는, 영혼과 관계없는
 사람은, 아니 사람의 일부라도 절대 없음을 알기
 때문이다.

[……]

15
그대가 누구든, 그대에게 끝없이 공표하나니!

이 땅의 딸이여, 그대의 시인을 기다렸는가?
유창한 입과 가리켜 줄 손을 가진 이를 기다렸는가?

미국의 남성을 향해, 미국의 여성을 향해,
살아 있는 말을 전한다 — 이 땅에게 말을 전한다.

오 이 땅이여! 서로 연결되어 양식을 주는 땅이여!
석탄과 철의 땅! 금의 땅! 면화, 설탕, 쌀의 땅!
밀, 쇠고기, 돼지고기의 땅! 양모와 삼의 땅! 사과와 포도의
 땅!
목가적인 평원, 세계적인 초원의 땅이여! 공기 달콤한
 끝없는 고원의 땅!
가축들, 정원들, 건강한 어도비 벽돌집들의 땅!
컬럼비아 북서풍이 불고 콜로라도 남서풍이 부는 땅!
동부 체서피크 땅! 델라웨어 땅!
온타리오 호, 이리 호, 휴런 호, 미시간 호의 땅!
옛 십삼 주의 땅! 매사추세츠 땅! 버몬트와 코네티컷 땅!
대서양 해안의 땅! 산맥과 봉우리의 땅!
뱃사공들과 선원들의 땅! 어부들의 땅!
빠져나갈 수 없는 땅들! 함께 붙잡혀 있는 땅들! 열정적인
 땅들!
나란히 놓인 땅들! 손위 손아래 형제들! 뼈대 굵은 땅들!
위대한 여인들의 땅! 여성스러운 땅들! 노련한 언니와
 미숙한 동생들!
멀리까지 호흡하는 땅! 북극이 떠받치는 땅! 멕시코
 산들바람이 부는 땅! 다양한 땅! 조밀한 땅!
펜실베이니아인들이여! 버지니아인들이여! 두
 캐롤라이나인들이여!
오 저마다 모두 내가 사랑하는 것이니! 내 용감한
 부족들이여! 오 어떻게든 나는 그대들 모두를 완벽한
 사랑으로 껴안노라!
나는 그대들을 떠날 수 없다! 누구에게서도, 먼저랄 것 없이!
오 죽음이여! 오 그럼에도 나는 보이지 않는 너의 것이니,
 이 시간, 억누를 수 없는 사랑으로,
뉴잉글랜드를 걸었다, 친구가 되어, 나그네가 되어,
포마녹의 모래밭 여름 개울가에서 내 맨발로 철벅거리고,
대초원을 지나 — 다시 시카고에서 살다가 — 모든
 도시에서 살다가,
구경거리들, 탄생들, 향상된 것들, 구조물들, 예술을
 지켜보고,
공회당에서 남녀 웅변가들의 연설에 귀를 기울였다,
평생 미국 전역의, 미국의 남녀들의 이야기를 — 모든
 남녀가 저마다 내 이웃이다.
루이지애나인들, 조지아인들, 나한테 소중한 만큼 나도 그
 남녀들에게 소중하다.
아직 나를 기억하는 미시시피인들과 아칸소인들, 나도
 아직 그들을 기억한다.
다시 굽이치는 강 서쪽 평원 위에서, 다시 나의 어도비
 벽돌집에서,
다시 동쪽으로 돌아서 — 다시 바닷가 주, 또는 메릴랜드에서,
다시 캐나다의 쾌활하고 용감한 겨울을 맞는다, 눈과
 얼음이 나를 반긴다,
다시 메인 주나 화강암 주, 또는 내려갯싯 만 주, 또는
 엠파이어 주의 진정한 아들이 되고,
다시 새로운 해안들로 항해하여 똑같은 것들을 얻는다 —
 다시 모든 새 형제들을 맞는다,
그리하여 이 땅을 가꾸는 건 새로운 사람들에게 남겨지고,
 그 시간부터 그들은 옛 사람들과 하나가 된다.
나는 새로운 사람들과 어울리고, 그들의 동지가 되고
 똑같아졌다 — 이제 그대들에게 개인적으로 다가가,
나와 더불어 행동들, 특성들, 장관들을 만들어 가라고
 명령하노라.

16
나와 함께, 굳게 부여잡고, 그러나 서둘러, 서둘러 계속
 가라.

그대들의 생명을 위해 나를 신봉하라!

지상의 모든 인간 중에서, 오직 나만이 그대들을
　　해방시키고 강하게 만들 수 있다.
진정 나 자신을 그대들에게 내주기까지는 여러 번 나를
　　설득해야 하겠지만 — 그게 대수인가?
대자연은 여러 번 설득당하면 안 되는가?

나는 우아한 돌체 아페투오소가 아니라,
수염 나고, 볕에 그을리고, 회색 목을 하고, 험상궂은
　　모습으로 도착했다,
나 죽을 때 우주의 견고한 포상을 놓고, 싸움 상대가 되기
　　위해
그렇게 해서 그것을 얻을 수 있는 자격이 되는 누구에게든
　　주려 한다.

17

나의 길에서 한순간 잠시 멈춘다,
여기 그대들을 위한 선물이다! 미국을 위한 선물이다!
그리고 나는 현재를 높이 일으킨다 — 다시 미국의 미래를
　　일으킨다, 기쁘고 숭고한 선구자인 나는,
그리고 과거를 위해서, 나는 공중에 담긴 붉은 원주민들의
　　것을 말하노라.

붉은 원주민들!
그들은 자연의 숨결, 비와 바람의 소리, 숲속 새들과
　　동물들과 같은 소리를 떠내면서, 우리에게 그 이름들을
　　들려주었으니,
오코니, 쿠사, 오타와, 머농거힐러, 소크, 나체즈,
　　채터후치, 카퀘타, 오로노코, 워배시, 마이애미, 새기노,
　　치페와, 오시코시, 왈라왈라 족들이다,
그런 것들을 미국에 남기고, 물과 땅을 이름들로 가득
　　채우면서, 그들은 사라지고, 그들은 떠난다.

18

오 빨리도 뻗어 가는구나! 오 앞으로도 계속,
자연력들, 품종들, 순응들, 휘몰아치고, 빠르고,
　　대담무쌍하다,
근본적인 세계가 다시 오리라 — 쉼 없이 가지를 뻗어 가는
　　영광의 전망이,
새로운 인종이 이전의 인종들을 지배하고, 새로운 경쟁을
　　치르며 더욱 웅장해지니,
새로운 정책, 새로운 문학과 종교, 새로운 발명품과
　　예술품들이 나오리라,

이것들이다! 목청 높여 선언하니 — 나는 더는 자지 않고,
　　일어서리라,
내 안에서 고요했던 대양이여! 너 깊이를 알 수 없이
　　요동하면서, 전에 없던 파도와 폭풍을 준비하고 있음을
　　생생히 느끼노라.

19

보라, 내 시를 통해 김을 뿜는 증기선들을,
보라, 내 시에서 계속 도착해 상륙하는 이민자들을,
보라, 저 뒤의 인디언 천막, 오솔길, 사냥꾼의 오두막,
　　평저선, 옥수수 잎, 청구지, 조잡한 울타리, 후진적인
　　마을을,
보라, 한쪽은 서쪽 바다에서, 또 한쪽은 동쪽 바다에서,
　　그들이 자신들의 해안에서 그러듯이 내 시에서
　　전진하고 후퇴하는 것을,
보라, 내 시 안의 초원과 숲들을 — 보라, 야생 동물들과
　　길들여진 동물들을,
보라, 캔자스 너머에서 구불거리는 키 작은 풀을 뜯고 있는
　　수많은 물소 떼를,
보라, 내 시 안의 견고하고 광대한 내륙 도시들을,
　　포장도로가 놓이고, 철과 돌로 지은 건물들이 있고,
　　탈것이 끊임없이 오가고 교역이 이루어지는 곳들을,
보라, 여러 개의 실린더를 갖춘 증기 인쇄기를 — 보라,
　　대륙을 가로질러 뻗어 간 전신선을,
보라, 아틀란티카의 해저를 통해 미국의 맥동이 유럽에
　　닿고, 유럽의 맥동이 제 시간에 도착하는 것을,
보라, 헐떡이며 수증기의 휘파람을 불며 출발할 때의
　　힘세고 빠른 기관차를,
보라, 밭을 갈고 있는 농부들을 — 보라, 광산을 파고 있는
　　광부들을 — 보라, 수없이 많은 공장들을,
보라, 자기 작업대에서 도구를 들고 분주한 기계공들을 —
　　보라 그들 가운데서 우수한 판사, 철학자, 대통령들이
　　작업복 차림으로 떠오르는 것을,
보라, 미국의 가게들과 들판을 한가로이 거닐면서,
　　사랑받고, 밤낮으로 아낌받는 나를,
크게 울려 퍼지는 내 노래를 들어라! 마침내 떠오르는
　　암시를 읽어라.

[……]

궁극의 리스트

빅토르 위고
『93년』
제1부, 3권, 2장 (1874)

「알말로, 우리 그만 헤어지세. 두 사람이 있으면 아무 짝에도 쓸모없으니까. 천 명이면 모를까, 한 사람에게는 혼자 있는 게 나아.」
그는 걸음을 멈추고 모자의 휘장 비슷한 녹색 실크 매듭을 꺼냈다. 가운데 금실로 백합 문장이 수놓여 있었다.
「글 읽을 줄 아나?」 그가 물었다.
「아뇨.」
「잘됐군. 글을 아는 사람은 귀찮거든. 기억력은 좋은가?」
「네.」
「아주 좋아. 알말로, 내 말대로 하게. 자네는 오른쪽 길을 가고 나는 왼쪽 길을 가는 거야. 그럼 자네는 바주주 방향으로 접어들 거고, 나는 푸제르 쪽으로 가게 될 걸세. 농사꾼처럼 보이게 배낭을 가져가게. 무기는 감추도록 해. 생울타리 나무를 베어 지팡이를 만들게. 높이 자란 호밀밭 사이로 몰래 다니고, 생울타리 뒤로 슬그머니 다니도록. 담장은 넘고 밭은 지나가. 그러면 길이나 다리는 물론이고 행인도 피해 다닐 수 있을 걸세. 퐁토르송 시내에는 들어가지 말게. 아! 쿠에농 강을 건너야 할 거야. 어떻게 건널 셈인가?」
「헤엄쳐 건너지요.」
「좋아. 강을 건너면 여울이 나올 거야. 거기가 어딘지 아나?」
「낭시와 비외비엘 사이입니다.」
「맞았어. 자네는 그 지방을 잘 아는 모양이군.」
「그런데 날이 어두워지는데 어디서 주무시겠습니까?」
「내 일은 내가 알아서 할 걸세. 자네는 어디서 잘 건가?」
「고목나무 구멍들이 많습니다. 선원이 되기 전에 농사꾼이어서 잘 압니다.」
「그 선원 모자는 던져 버리게. 들키기 쉬우니까. 소모사로 된 모자 같은 걸 구할 수 있겠지.」
「아, 모자야 쉽게 구하죠. 처음 만나게 되는 어부한테 사면 될 겁니다.」
「좋아. 그럼 잘 듣게. 자네는 숲을 잘 아는가?」
「속속들이 알죠.」
「이 근처 숲은 전부?」
「누아르무티에부터 라발까지요.」
「숲 이름들도 아는가?」

「숲과 그 이름은요. 숲에 대해선 모르는 게 없습니다.」
「아무것도 잊어버리지는 않겠지?」
「네.」
「좋아. 그럼 자네는 하루에 얼마나 걸을 수 있나?」
「30, 40, 50, 필요하다면 60마일도 걸을 수 있습니다.」
「그 정도는 걸어야 할 거야. 지금부터 내가 자네한테 하는 말을 한 마디도 놓쳐서는 안 돼. 우선 생토뱅 숲으로 가거라.」
「랑발 근처 말씀이시죠?」
「그래. 생리욀과 플레델리아크 사이에 있는 골짜기에 가면 커다란 밤나무가 있을 거야. 거기서 멈춰. 사람은 아무도 보이지 않을 거야.」
「그래도 한 사람이 있을 거란 말씀이시죠.」
「거기서 신호를 하게. 방법은 아는가?」
알말로는 뺨을 부풀리고 바다를 향하고는 〈투윗투후〉하는 올빼미 소리를 냈다. 그 소리가 올빼미 소리와 너무 흡사하고 불길해서 깊은 숲에서 들린 소리라고 생각할 정도였다.
「좋았어! 잘하는군.」 노인이 말했다. 그러고는 알말로에게 녹색 실크 매듭을 건넸다.
「이건 내 사령관 휘장이다. 가져라. 지금은 내 이름을 말할 수 없지만 이 매듭이면 다 알아볼 거다. 이 백합 문장은 마담 루아얄께서 탕블 감옥에 계실 때 친히 수놓으신 것이다.」
알말로는 무릎을 꿇었다. 그는 백합 문장이 수놓인 매듭을 경외심으로 손을 떨며 받고는 입술로 가져가다가 겁이 났는지 멈추었다.
「키스해도 됩니까?」 그가 물었다.
「그래, 자네는 십자가에 키스하잖나.」
알말로는 백합 문장에 키스했다.
「일어서라.」 노인이 말했다.
알말로는 일어서서 그 매듭을 자기 품에 넣었다.
「내가 하는 말을 잘 들어라. 이렇게 명령해라. 〈봉기하라! 사정없이 공격하라.〉 생토뱅 숲 끝에 도착하면 신호를 세 번 해라. 세 번째 신호가 끝나면 땅에서 한 남자가 나타날 것이다.」
「네, 나무 밑 구멍에서 말이죠.」
「그 남자가 플랑슈노다. 〈국왕의 심장〉이라고도 불리지.」

테오도르 루소
「퐁텐블로의 숲」, 19세기,
함부르크, 함부르크 미술관

궁극의 리스트

그에게 이 매듭을 보여 주어라. 그럼 무슨 뜻인지 알 것이다. 그런 다음 길을 찾아서 아스티에 숲으로 가거라. 거기 가면 무스크통이라는 절름발이가 있을 것이다. 사람에게 자비심을 베풀지 않는 녀석이지. 그에게 내가 그를 사랑한다고, 그리고 그 교구 사람들을 선동해야 한다고 전하거라. 그런 다음에는 쿠에봉 숲으로 가라. 플로에르멜에서 1마일 떨어진 곳에 있는 숲 말이다. 거기서 올빼미 울음으로 신호하면 구멍에서 한 남자가 나올 것이다. 플로에르멜의 재판관 튀오 씨인데, 전에 제헌의회 의원을 지냈지만 그래도 왕의 편이다. 그에게 망명한 게르 후작의 소유인 쿠에봉 성의 무장을 강화하라고 하게. 거기는 골짜기와 적당한 숲이 있고, 땅이 울퉁불퉁해서 전투하기 좋은 곳이지. 튀오 씨는 유능하고 올곧은 사람이다. 거기서 다시 생귀앙레투아로 가서 장 슈앙에게 명령을 전달하거라. 내가 참다운 지도자로 존경하는 사람이지. 그다음 빌앙글로즈 숲으로 가서 생마르탱이라고 하는 기테르를 만나거라. 그에게 아르장탕의 늙은 자코뱅 당원의 사위인 투르메닐이라는 사람을 감시하라고 말하고. 이 모든 걸 잊지 말아라. 이런 내용을 글로 남겨서는 안 되기 때문에 난 아무것도 쓰지 않는다. 라 루아리는 명부를 만들었다가, 그 때문에 모든 걸 망쳤지. 그다음에는 루주푀 숲으로 가거라. 거기 미엘레트가 살고 있는데, 기다란 장대만 있으면 협곡쯤은 건너뛰는 사람이야.」

「그걸 멀리뛰기 장대라고 하죠.」

「그걸 사용할 줄 아는가?」

「제가 브르통 농사꾼 아닙니까? 우리야 멀리뛰기 장대를 끼고 살죠. 덕분에 우리 팔이 굵어지고 다리도 길어졌습니다.」

「계속하지. 투르게 성을 아는가?」

「알다마다요! 제가 거기 출신인 걸요.」

「하던 얘기 마저 할 테니 잘 듣게. 루주푀에서 다시 몽슈브리에 숲으로 가게. 거기 가면 12인회 지도자인 베네디시테가 있을 거야. 그도 좋은 사람이지. 사람들을 총살할 때는 내내 송가를 부르지. 하지만 전쟁에 감상이 끼어들 여지는 없어. 몽슈브리에에서 다시 —」

그가 말을 멈추었다.

「돈 이야기를 깜빡 잊었군.」

그는 주머니에서 지갑과 주머니를 꺼내더니 알말로의 손에 쥐어 주었다.

「이 지갑에는 지폐 3만 프랑이 들어 있네. 3리브르 10수에 맞먹는 돈이네. 그 혁명 지폐는 위폐이지만 진짜라고 해도 그보다 가치 있다곤 할 수 없지. 그리고 이 주머니에는 금화 100개가 들어 있네. 여기서 나한테는 전혀 필요 없는 돈이니까 자네한테 다 주겠네. 나는 돈 한 푼 없는 것이 더 나을 거야. 이제 다시 얘기를 계속하지. 자네는 몽슈브리에에서 앙드랭으로 가서 프로테 씨를 만나게. 앙트랭에서 쥐펠리에르로 가서 로슈코트 씨를 만나고, 쥐펠리에르에서 다시 누아리외로 가서 보두앵 수도원장을 찾아. 전부 기억할 수 있겠나?」

「주기도문만큼 잘 기억합니다.」

「생브리스앙코글에 가서 뒤부아 씨를 만나고 요새화된 마을인 모랑에 가서는 튀르팽 씨를, 샤토공티에 가서는 탈몽 공작을 찾아뵈거라.」

「공작 같은 분께서 절 만나 주실까요?」

「나도 자네한테 말하고 있지 않은가?」

알말로는 모자를 벗었다.

「왕비 전하의 백합 문장을 보여 주기만 하면 틀림없이 널 맞아줄 거다. 명심해라, 네가 가야 하는 곳들은 산악당과 공화파 농민군이 득시글거리는 곳들이다. 그러니 변장을 해야 해. 공화파 녀석들은 그야말로 어리석은 놈들이니까 푸른색 외투와 삼각 모자, 삼색휘장만 있으면 어디든 무사통과할 수 있을 거다. 연대와 제복의 시대는 지나갔어. 지금 연대는 번호도 없고, 다들 제멋대로 누더기나 걸치고 있지. 그다음에는 생메르베에 가서 그랑 피에르라고 불리는 골리에를 만나라. 다음 파르네 야영지에 가게. 거기 가면 얼굴이 가무잡잡한 사람들이 있을 거야. 그들은 소총에 자갈을 넣고 화약을 두 배로 장전해서 발사할 때 요란한 소리를 내지. 참 잘해. 잊지 말고 그들에게 공화파를 죽이라고, 죄다 죽이라고 전달하게. 그리고 샤르니 숲 한가운데 언덕에 있는 바슈누아르 야영지에 들르고, 거기서 다시 라부안 야영지로 갔다가 베르 야영지로 간 다음, 푸르미 야영지로 가게. 그다음엔 그랑보르다주로 가게. 거기를 오뒤프레라고도 하는데, 딸을 영국인 트르통에게 시집보낸 과부가 살고 있지. 그곳은 켈렌 교구에 있어. 거기서 에피뇌 르 슈브뢰유, 실레 르 기욤, 파란을 만나고, 숲에 숨어 있는 사람들을 모두 만나게. 그들한테 잘 이야기해서 멘 주 위쪽 아래쪽 경계선까지 보내도록 하게. 베주 교구에 가서 장 트르통을, 비뇽 교구에서 생 그르게를, 봉샹 교구에서 샹보르를, 메종셀에서는 쿠브랭 형제를, 생장쉬르에브르에서는 프티 상 푀르를 찾게.

부르두아조라는 사람이 바로 프티 상 쾨르지. 그 모든 곳에서 그 사람들을 찾거든 이 명령을 전해라. 〈봉기하라!〉 〈무자비하게 죽여라!〉 그리고 나서는 아무 왕당파와 가톨릭 군대에 들어가라. 그러면 엘베나, 레스퀴르, 라 로슐자클랭 같은 아직 살아 있을 지휘관들을 만나게 될 거다. 그들에게 내 사령관 매듭을 보여 주어라. 그러면 무슨 뜻인지 알 것이다. 절대 어떤 것도 잊어서는 안 된다.」
「마음 놓으셔도 됩니다.」

샤를 테브냉
「바스티유 습격」, 18세기,
파리, 카르나발레 박물관

제임스 조이스
『피네건의 경야』(1939)

오
내게 말해 줘요 모든 것을
아나 리비아에 관해! 난 모든 것을 듣고 싶어요
아나 리비아에 관해! 글쎄, 당신 아나 리비아 알지? 그럼, 물론, 우린
모두 아나 리비아를 알고 있어요. 모든 것을 나에게 말해
줘요. 내게 당장 말해 줘요. 아마 들으면 당신 죽고 말거야.
글쎄, 당신 알지, 그 늙은 사내가 정신이 돌아 가지고
당신도 아는 짓을 했을 때 말이야. 그래요, 난 알아, 계속해
봐요. 빨래랑 그만두고 물을 튀지 말아요. 소매를
걷어붙이고 이야기의 실마리를 풀어 봐요. 그리고 말참견
말아요 — 걷어붙여요! — 당신 허리를 굽힐 때. 그것이
무엇이든 그가 악마원(惡魔園)에서 하려던 짓을 그들 셋이
알아내려고 몹시 애를 썼지 뭐요. 그자는 지독한 늙은
무뢰한이란 말이야. 그의 셔츠 좀 봐요! 이 때 좀 보란
말이요! 물을 온통 시커멓게 만들어 버렸잖아. 그리고 지난
주 이맘때쯤 이래 지금까지 줄곧 담그고 짜고 했는데도,
도대체 내가 몇 번이나 물로 빨아 댔는지 알아? 그가
매염(媒染)하고 싶은 곳을 난 마음으로 알고 있다니까,
가불결마(叚不潔魔)! 그의 개인 린넨 속옷을 바람에 쐬게
하려고 내 손을 태우거나, 공복장(空腹腸)을 굶주리며.
봉투(棒鬪)로 그걸 잘 두들겨서 깨끗이 해요. 곰팡이 때를
문지르느라 내 팔목이 비틀 곰팡이라네. 그리고 그 속죄의
젖은 그리고 부패한 아랫도리라! 그가 야수제일
(野獸祭日)에 무슨 짓 했담? 그리고 도대체 그가 얼마나
오랫동안 자물쇠 밑에 갇혀 있었지? 그가 한 짓이 뉴스에
나와 있었다니, 순회 재판 및 심문자, 험프리
흉포한(凶暴漢)의 강제령(强制令), 밀주(密酒), 온갖
죄상(罪狀) 등등 하지만 시(時)가 경언(耕言)할 테지. 난
그를 잘 알아요. 무제(無制)의 시(時)는 아무도 쉿 하지 않을
거야. 당신이 춘종(春種)하면 소조확(小潮穫)하기 마련. 오,
난폭한 노무뢰한(老無禮漢)! 잡혼(雜婚)하며
잡애(雜愛)하며. 구치 판관(判官)은 우당(右當)하고
드럭헤드 판관은 좌악(左惡)이었나니! 그리고 그의
뻔뻔스러움이라! 그리고 그의 점잔 빼는 꼬락서니라니!
그는 마치 말구능(馬丘陵)처럼 머리를 얼마나 늘 높이
추켜세웠던가, 마치 유명한 외국의 노공작(老公爵)인 양,
걸어가는 족제비처럼 등에 장대한 혹을 달고. 그리고 그의
더리풍(風)의 느린 말투하며 그의 코크 종(種)의 헛소리
그리고 그의 더블린풍의 혀짤배기 그리고 그의 골웨이풍의
허세라. 형리(刑吏) 해케트 혹은 독사(讀師) 리드 혹은 순경
그로울리 혹은 곤봉 든 그 사내한테 물어 봐요. 그 밖에 그
사나이는 도처(到處) 뭐라 불리고 있지? 성명(姓名)?
거대(巨大) 휴지즈(H) 두(頭) 케이펏(C) 조불결자
(早不潔者) 얼리포울러(E). 혹은 그가 어디서 태어났으며
또는 어디서 발견되었던고? 어고슬랜드, 캐티갯의
트비스타운? 뉴 한(漢)샤, 메리메이크의 콩코드? 누가
그녀의 안유(安柔)의 모루에 당금질을 하거나 아니면
그녀의 물통에 도규(跳叫)하단 말인가? 그녀의 혼인
예고는 아담 앤드 이브즈 성당에서 결코 방행(方行)되지
않았거나 아니면 남녀가 오직 선장(船長)
결연(結緣)되었던가? 게다가 집오리로서 나는 그대를
수오리 삼나니. 그리고 거친 시선(야거위)에 의하여 나는
그대를 흘끗 보도다. 시간의 언저리 위의 화산(花山)이
행복한 협곡(峽谷)을 소망하며 두려워하도다. 그녀는
자신의 모든 선미(線味)를 들어 낼 수 있나니, 사랑과
유희의 허가장으로. 그리고 만일 그들이 재혼하지 않으면
어떤 수단을 써서라도!

미칼로유스 K. 치우를리오니스
「소나타 No. 6 알레그로」, 1908, 카우나스
미칼로유스 콘스탄티나스 치우를리오니스 국립 미술관

궁극의 리스트

호르헤 루이스 보르헤스
『보르헤스 전집』, 「알렙」

이제 나는 말로 형용할 길 없는 내 이야기의 중심부에 이르러 있다. 바로 여기서 작가로서의 나의 절망이 시작된다. 모든 언어는 상징들의 알파벳이다. 그것의 사용은 말을 하는 사람들이 함께 공유하고 있는 하나의 과거를 전제하지 않고는 불가능하다. 그렇다면 어떻게 다른 사람들에게 두려움에 뒤덮인 나의 기억이 간신히 감싸안고 있는 그 무한한 〈알렙〉을 전달해 줄 수 있단 말인가? 이와 비슷한 경우에 신비주의자들은 상징들을 남발한다. 신성(神性)을 의미하기 위해 한 페르시아인은 일견 모든 새들이기도 한 한 마리의 새에 대해 얘기한다. 알라누스 데 인술리스는 중심이 모든 곳에 있고, 원주는 그 어떤 곳에도 없는 어떤 구체에 대해 말한다. 구약의 「에제키엘서」는 동쪽과 서쪽, 북쪽과 남쪽을 동시에 바라보고 있는 한 천사에 대해 말한다. (내가 괜히 이러한 엉뚱한 유사성들을 환기시키고 있는 것은 아니다. 이것들은 〈알렙〉과 어떤 연관 관계를 가지고 있다.) 아마 신들은 내가 그것들과 동등한 이미지를 가진 어떤 것을 발견했다는 점을 부인하지는 않을 것이다. 그러나 그것에 대한 나의 이러한 전달 방식은 문학과 허위로 오염되지 않을 수가 없을 것이다. 적어도, 무한한 총체성을 단지 부분에 불과할지라도 열거할 수 있느냐 하는 핵심적인 문제만큼은 해결이 무망하다. 나는 그 장려한 찰나 속에서 황홀하거나, 또는 셀 수 없이 많을 정도로 수많은 경이로운 광경들을 보았다. 가장 놀라웠던 것은 서로 겹치거나 투명해져 버리는 법 없이 모든 것들이 같은 지점 속에 위치해 있다는 사실이었다. 내 눈이 보았던 것은 동시적인 것이었다. 그러나 내가 글로 옮기는 것은 연속적이다. 왜냐하면 언어의 성질이 그러하기 때문이다. 그럼에도 불구하고 어떻게든 무엇인가 적어보도록 하겠다. 층계의 아래쪽 오른편에선 나는 거의 눈에 담기 어려운 광채를 빛내고 있는 형형색색의 작은 구체 하나를 보았다. 처음에 나는 그것이 회전을 하고 있다고 생각했다. 그러나 나는 잠시 후 그 움직임이 그 구체 속에 들어 있는 어지러운 광경들 때문에 생겨난 착각이라는 것을 깨달았다. 〈알렙〉의 직경은 2 또는 3 센티미터에 달할 듯싶었다. 그럼에도 불구하고 전혀 크기의 축소 없이 우주의 공간이 그 안에 들어 있었다. 하나의 사물(예를 들어, 거울에 비친 달)은 무한히 많은 사물들이었다. 왜냐하면 나는 아주 또렷하게 우주의 모든 지점들로부터 그것을 볼 수 있었기 때문이었다. 나는 으르렁거리는 바다를 보았고, 나는 새벽과 저녁을 보았고, 나는 아메리카 대륙의 군중들을 보았고, 나는 검은색 피라미드의 중앙에 있는 은빛 거미줄을 보았고, 나는 부서진 미로(다름 아닌 런던 시)를 보았고, 나는 마치 거울을 보듯 나를 유심히 바라보고 있는 주위의 셀 수 없이 많은 눈들을 보았고, 나는 그중 어떤 것도 나를 비추고 있지 않은 세계의 모든 거울들을 보았고, 나는 솔레르 거리의 한 후원에서 30년 전 프라이 벤토스의 한 집의 현관에서 보았던 것과 똑같은 보도블록들을 보았고, 나는 꽃송이들과 눈(雪)과 담배와 금속의 줄무늬와 수증기들을 보았고, 나는 봉곳하게 솟아오른 적도의 사막과 모래 벌판의 모래들 하나하나를 보았고, 나는 결코 잊지 못할 한 여자를 인베르네스에서 보았고, 나는 그녀의 거칠게 풀어헤쳐진 머리칼과 거만한 자태를 보았고, 나는 유방암을 보았고, 나는 전에는 나무 한 그루가 있었던 한 오솔길에서 원 모양을 이루고 있는 마른 땅을 보았고, 나는 아드로게의 별장과 필레몬 홀랜드가 번역한 플리니우스의 『자연사』 37권 중의 하나를 보았고, 나는 각 페이지 안에 들어 있는 각 글자들을 동시에 보았고(어린 시절 나는 늘 덮어 놓은 책 속의 글자들이 밤이 경과하는 동안 서로 뒤섞여 사라지지 않는 것에 놀라곤 했다), 나는 밤과 낮을 한꺼번에 보았고, 나는 벵갈의 장밋빛 색깔을 반사하고 있는 것처럼 보이는 케레타로의 석양을 보았고, 나는 아무도 없는 텅 빈 나의 침실을 보았고, 나는 알크마르의 한 거실에서 끝없이 자신을 증식시키고 있는 두 개의 거울 사이에 놓여 있는 지구본을 보았고, 나는 새벽 기운에 물들어 있는 카스피 해의 한 해변에서 갈기를 흩날리고 있는 말들을 보았고, 나는 어떤 손의 섬세한 뼈마디들을 보았고, 나는 어떤 전쟁에서 살아남아 우편엽서를 보내고 있는 사람들을 보았고, 나는 미르사푸르의 한 진열장에 있는 한 벌의 스페인제 트럼프를 보았고, 나는 한 온실의 바닥에 드리워져 있는 몇 그루 양치류 식물들의 비스듬히 기울어진 그림자들을 보았고, 나는 호랑이들과 피스톤들과 들소들과 거대한 파도들과 군대들을 보았고, 나는 지구상에 있는 모든 개미들을 보았고, 나는 페르시아의 고대 천체 관측기를 보았고, 나는 책상의 한 서랍에서 베아트리스가 카를로스 아르헨티노에게 보낸 저속하고 믿기지 않는 또박또박 쓴 편지들(그 글씨는 나를 떨게 만들었다)을 보았고, 나는 차카리타에 있는 한 기념비를 보았고, 나는 한때는 달콤하게스리 베아트리스

비테르보가 소유했었던 잔혹한 그녀의 유품들을 보았고, 나는 더러운 나의 피의 순환을 보았고, 나는 사랑니의 톱니바퀴와 죽음의 변화 과정을 보았고, 나는 모든 지점들로부터 〈알렙〉을 보았고, 나는 〈알렙〉 속에 들어 있는 지구를, 다시 지구 속에 들어 있는 〈알렙〉과 〈알렙〉 속에 들어 있는 지구를 보았고, 나는 나의 얼굴과 내장들을 보았고, 나는 너의 얼굴을 보았고, 나는 현기증을 느꼈고, 그리고 나는 눈물을 흘렸다. 왜냐하면 사람들이 제멋대로 남용해 쓰고 있지만 그 누구도 본 적이 없는 그 비밀스럽고 단지 상상적인 대상, 〈불가해한 우주〉를 보았기 때문이었다.

「엡스토르프 세계 지도」
헤리퍼드셔 헤리퍼드 대성당에 있던 1239년의
원본 양피지를 콘래드 밀러가 복제한 것

7.   목록이 있고 목록이 있으니

그러나 이와 관련해서 우리는 중요한 차이를 구분해야 한다. 그것은 바로 〈실질적인〉 또는 〈실용적인〉 목록과 〈시적〉 목록의 차이이다. 여기서 시적 목록이라 함은 어떤 예술 형태를 빌려서 그것을 표현했든지 간에 그 목록을 제시한 예술적 의도를 가리킨다.[1]

실용적인 목록의 예로는 쇼핑 목록, 파티에 초대할 손님 명단, 도서관 카탈로그, 어떤 장소(사무실, 문서 보관소, 박물관 같은)에 있는 물품 목록, 유언장의 재산 목록, 지불을 요구하는 상품들에 대한 청구서, 식당 메뉴, 관광 안내 책자에 실린 꼭 가봐야 할 명소 목록, 심지어는 특정 언어의 어휘 속 모든 낱말들을 기록해 놓은 사전까지 포함할 수 있을 것이다.

실용적인 목록에는 세 가지 특징이 있다. 첫째, 순수하게 지시적인 기능을 갖는다. 다시 말해 이런 목록은 바깥 세계에 있는 사물들을 가리키고 있으며, 그것들의 이름을 말하고 나열하는 순수하게 실용적인 목적을 갖는다(만약 그런 사물이 존재하지 않는다면 그 목록은 아무런 의미가 없거나, 혹은 앞으로 설명하게 될 시적 목록의 영역 안에 이미 들어와 있다는 말일 것이다). 둘째, 이런 목록들은 실제로 존재하고 알려져 있는 사물을 기록하는 까닭에 유한하다. 그 목록은 그것이 언급하는 사물들을 모두 나열하려는 의도로 만들어진 것이지, 그 밖의 어떤 의도도 포함하지 않기 때문이다. 그리고 그런 사물들이 만약 물리적으로 어딘가에 있다면 분명히 그 수는 유한할 것이다. 셋째, 이런 목록은 바뀌지 않을 것이다. 박물관이 소장하고 있지 않은 그림 한 점을 그 카탈로그에 끼워 넣는다는 것은 무의미할 뿐 아니라 비윤리적인 일이 되기 때문이다.

실용적 목록들은 그것 나름으로 하나의 형태를 띠고 있다. 각각의 사물이 아무리 서로 다르다고 해도, 그 목록은 〈상황적 압박〉을 따르는 일군의 사물에 통일성을

이름의 방
예루살렘, 야드바셈 박물관
이스라엘 공립 유대인 홀로코스트 희생자 기념관

크리스티앙 볼탕스키
「C.B. 기록 보관소 1965~1988」, 1989,
파리, 국립 현대 미술관,
조르주 퐁피두 센터

부여하기 때문이다. 다시 말해 그 사물들이 모두 같은 장소에 있다는(또는 같은 장소에 있을 거라고 예상된다는) 점에서, 혹은 특정 계획의 목표를 구성한다는 점에서 관계가 있기 때문이라는 말이다. 이런 방식으로 받아들일 수 있는 하나의 집합은 어느 한 도서관에 있는 모든 책들이나 한 파티에 참석한 손님들 명단, 슈퍼마켓에서 살 물건들의 목록 등등으로 구성된다. 우리가 그 집합을 지배하는 구성 기준을 알아볼 수만 있다면, 실용적인 목록이 앞뒤가 맞지 않는다고 느끼는 경우는 결코 없다. 심지어 빗자루 하나와 갈레노스 전기의 불완전한 사본 한 편, 알코올에 보관된 태아를 한데 묶어 놓은 목록이나, 또는 (로트레아몽을 인용하자면) 우산과 해부대를 묶은 목록조차 전혀 이상하지 않을 것이다. 이것이 어느 의과대학의 지하 창고에 처박힌 사물들의 목록이라는 것을 밝히는 것만으로 충분할 것이다.

로버트 E. 벨크냅Robert E. Belknap(p. 31 인용)은 〈실용적인〉 목록은 무한하게 연장할 수 있다고(실제로 전화번호부는 해마다 더욱 두꺼워질 수 있으며, 마찬가지로 우리는 가게에 가는 길에 품목을 추가해 쇼핑 목록을 더욱 길게 만들기도 한다) 생각한다. 반면에 그는 자신이 〈문학적〉이라고 일컫는 목록들은 그것을 담고 있는 작품의 형식적인 제약들(음보, 각운, 소네트 형식 등등) 때문에 사실상 닫혀 있다고 생각한다. 그러나 이 주장은 쉽게 반박할 수 있을 것으로 보인다. 실용적인 목록들이 가리키는 것이, 그 목록이 작성될 때 실체를 가지고 있는 일군의 사물에 지나지 않고 그 이상은 아닌 한, 그런 목록들은 유한하다(사실 다음 해에 나온 전화번호부는 이전 해의 전화번호부와는 다른 두 번째 목록일 뿐이다). 그렇지만 시적 기교와 관련된 제약은 하찮은 것이기 때문에, 호메로스는 함선들의 목록을 무한하게 연장할 수 있었을 것이며 에제키엘은 티레 시에 다른 특성을 얼마든지 덧붙일 수 있었을 것이다.

비록 음악과 운문으로 만들어지기는 했지만 실용적인 목록을 보여 주는 좋은 예가 모차르트의 「돈 조반니」에 나오는 레포렐로의 목록이다. 돈 조반니는 수많은 시골 여인네, 하녀, 도시의 숙녀, 백작 부인, 남작 부인, 후작 부인, 공작 부인 등 계층과 외모, 연령대를 가리지 않고 온갖 여인들을 유혹한다. 하인 레포렐로는 주인의 그 편력을 정확한 장부로 만드는데, 그의 목록은 수학적으로 완전하다. 〈이탈리아에서는 600 하고도 40명, 독일에서는 231명, 프랑스에서는 100명, 터키에서는 91명, 그러나 스페인에서는 이미 1천 명 하고도 세 명입니다.〉 이것을 모두 합치면 더하거나 뺄 것 없이 정확히 2,065명이다. 만약 돈 조반니가 그다음 날 도나 안나나 체를리나를 유혹한다면, 새로운 목록이 만들어질 것이다.

7. 목록이 있고 목록이 있으니

 사람들이 실용적인 목록을 만드는 이유는 명백하다. 그렇다면 시적 목록은 왜 만드는 것일까?
 부분적인 이유는 이미 앞에서 설명한 바 있다. 즉 우리가 통제하거나 명명할 수 없는 어떤 것을 일일이 열거하기가 불가능하기 때문인데, 호메로스의 함선 목록이 바로 그런 경우일 것이다. 여기서 잠깐 생각 실험을 해보자. 호메로스는 그리스군을 이끄는 지휘관들이 실제로 어떤 사람이었는지는 관심도 없었고 우리에게 말해 줄

「공주와 음식들」, 네페르티아베트 공주 무덤에서 출토된 돌기둥,
고왕국 제4왕조 케옵스 치세, 기원전 2590~2565년,
파리 루브르 박물관

생각도 없었다. 그는 자기 이전의 시인들이 그랬듯이 이야기를 지어내고 있었다. 그렇다고 해서 그의 목록이 가진 지시적인 성격이 퇴색하지는 않을 것이다. 물론 그가 언급하는 것이 실제 세계의 사물이 아니라, 그의 서사적 세계 속의 사물일 거라는 사실을 접어 둔다면 말이다. 달리 보면, 호메로스는 굽이치며 내려온 신화적 전통 속에서 그 이름들을 지어내거나 찾으면서, 그가 만들어 낸 있을 수 있는 세계의 형태가 아닌, 그 이름들의 소리에 기뻐했을 것이다. 그 경우 그는 지시 대상, 즉 기의(記意, signifié)와 관련된 목록에서 소리와 음가와 관련 있는 목록, 즉 기표(記標, signifian)와 관련된 목록으로 옮겨 간 것이라고 말할 수 있다.

마태오의 복음서 서두 부분에 나오는 예수의 계보를 생각해 보자. 우리는 그 많은 조상들이 역사적으로 과연 존재했는지 얼마든지 의심할 수 있지만, 마태오(또는 그가 아니더라도 다른 누군가)는 분명 자신의 믿음 세계에서 〈실제〉 인물들을 소개하고 싶었을 것이며, 그래서 그 목록에는 실용적인 가치와 지시적인 기능이 있었다. 이야기를 **성모 호칭 기도**로 옮기면, 우리는 성모와 관련된 속성, 자질, 호칭의 목록을 발견하게 된다. 그 가운데 많은 것이 성서 구절에서 빌려 온 것이고, 나머지는 전통에서 혹은 통속적인 기도(이와 관련해서 우리는 〈찬미〉 목록을 이야기한다)에서 따온 것들이다. 이런 기도들은 불교도가 외는 옴마니밧메훔 같은 일종의 주문처럼 암송되었을 것이다. 그 〈처녀〉가 실제로 〈능력자〉였는지 혹은 〈자비로운 자〉였는지 하는 문제는 그다지 중요하지 않다. 어쨌거나 제2차 바티칸 공의회까지 믿음을 가진 사람들은 라틴어로 호칭 기도를 암송했지만, 그들 중 대부분은 라틴어를 이해하지 못했기 때문이다. 중요한 것은 그 목록이 만들어 내는 어지러운 소리에 사로잡히는 것이다. **성인 호칭 기도**에서 보는 것처럼, 그 목록의 이름들이 실제로 존재하는가 아닌가 하는 문제보다는 충분히 오랜 시간 동안 리듬감 있게 발음할 수 있는 그 이름들 자체가 더욱 중요하다.

1 〈실용적인 목록〉과 〈문학적인 목록〉의 차이점에 관해서는 Robert E. Belknap, *The List* (New Haven: Yale University Press, 2004) 참조. 문학적 목록을 모은 귀중한 선집은 Francis Spufford, ed., *The Chatto Book of Cabbages and Kings: List in Literature* (London: Chatto & Windus, 1989)에서 찾을 수 있다.

「천사들의 서열」
『메르멘골드 성무일도서』, fol. 31v, 13~14세기,
산 로렌소 데 엘 에스코리알,
왕립 수도원

궁극의 리스트

마태오의 복음서
1장, 1~17절

[1] 아브라함의 후손이요, 다윗의 자손인 예수 그리스도의 족보는 다음과 같다. [2] 아브라함은 이사악을 낳고 이사악은 야곱을, 야곱은 유다와 그의 형제를 낳았으며 [3] 유다는 다말에게서 베레스와 제라를 낳았고 베레스는 헤스론을, 헤스론은 람을, [4] 람은 암미나답을, 암미나답은 나흐손을, 나흐손은 살몬을 낳았고 [5] 살몬은 라합에게서 보아즈를 낳았으며 보아즈는 룻에게서 오벳을 낳았고 오벳은 이새를, [6] 이새는 다윗 왕을 낳았다. 다윗은 우리야의 아내에게서 솔로몬을 낳았고 [7] 솔로몬은 르호보암을, 르호보암은 아비야를, 아비야는 아삽을, [8] 아삽은 여호사밧을, 여호사밧은 요람을, 요람은 우찌야를, [9] 우찌야는 요담을, 요담은 아하즈를, 아하즈는 히즈키야를, [10] 히즈키야는 므나쎄를, 므나쎄는 아모스를, 아모스는 요시야를 낳았고, [11] 이스라엘 민족이 바빌론으로 끌려갈 무렵에 요시야는 여고니야와 그의 동생들을 낳았다. [12] 바빌론으로 끌려간 다음 여고니야는 스알디엘을 낳았고 스알디엘은 즈루빠벨을, [13] 즈루빠벨은 아비훗을, 아비훗은 엘리야킴을, 엘리야킴은 아졸을, [14] 아졸은 사독을, 사독은 아킴을, 아킴은 엘리훗을, [15] 엘리훗은 엘르아잘을, 엘르아잘은 마딴을, 마딴은 야곱을 낳았으며, [16] 야곱은 마리아의 남편 요셉을 낳았고 마리아에게서 예수가 나셨는데 이분을 그리스도라고 부른다. [17] 그러므로 아브라함에서 다윗까지가 십사 대이고, 다윗에서 바빌론으로 끌려갈 때까지가 십사 대이며 바빌론으로 끌려간 다음 그리스도까지가 또한 십사 대이다.

호칭 기도
성모 호칭 기도 중에서

성모 마리아님, 저희를 위하여 빌어 주소서.
천주의 성모님, 저희를 위하여 빌어 주소서.
지극히 거룩하신 동정녀, 저희를 위하여 빌어 주소서.
그리스도의 어머니, 저희를 위하여 빌어 주소서.
천상 은총의 어머니, 저희를 위하여 빌어 주소서.
티 없으신 어머니, 저희를 위하여 빌어 주소서.
지극히 깨끗하신 어머니, 저희를 위하여 빌어 주소서.
순결하신 어머니, 저희를 위하여 빌어 주소서.
흠 없으신 어머니, 저희를 위하여 빌어 주소서.
사랑하올 어머니, 저희를 위하여 빌어 주소서.
탄복하올 어머니, 저희를 위하여 빌어 주소서.
슬기로우신 어머니, 저희를 위하여 빌어 주소서.
창조주의 어머니, 저희를 위하여 빌어 주소서.
구세주의 어머니, 저희를 위하여 빌어 주소서.
지극히 지혜로우신 동정녀, 저희를 위하여 빌어 주소서.
공경하올 동정녀, 저희를 위하여 빌어 주소서.
찬송하올 동정녀, 저희를 위하여 빌어 주소서.
든든한 힘이신 동정녀, 저희를 위하여 빌어 주소서.
인자하신 동정녀, 저희를 위하여 빌어 주소서.
성실하신 동정녀, 저희를 위하여 빌어 주소서.
정의의 거울, 저희를 위하여 빌어 주소서.
상지의 옥좌, 저희를 위하여 빌어 주소서.
즐거움의 샘, 저희를 위하여 빌어 주소서.
신비로운 그릇, 저희를 위하여 빌어 주소서.
존경하올 그릇, 저희를 위하여 빌어 주소서.
지극한 사랑의 그릇, 저희를 위하여 빌어 주소서.
신비로운 장미, 저희를 위하여 빌어 주소서.
다윗의 망대, 저희를 위하여 빌어 주소서.
상아 탑, 저희를 위하여 빌어 주소서.
황금 궁전, 저희를 위하여 빌어 주소서.
계약의 궤, 저희를 위하여 빌어 주소서.
하늘의 문, 저희를 위하여 빌어 주소서.
샛별, 저희를 위하여 빌어 주소서.
병자의 나음, 저희를 위하여 빌어 주소서.
죄인의 피신처, 저희를 위하여 빌어 주소서.
근심하는 이의 위안, 저희를 위하여 빌어 주소서.
신자들의 도움, 저희를 위하여 빌어 주소서.
천사의 모후, 저희를 위하여 빌어 주소서.

「이새의 나무」
『잉게보르크 시편』에 실린 세밀화, 1210년경,
샹티이, 콩데 미술관

120면: 「기적의 방」
노소 세뇨르 두 본핌 교회
브라질 사우바두르 다 바이아

121면: 「파드레 피오 봉헌 성소」
산 조반니 로톤도

성조의 모후, 저희를 위하여 빌어 주소서.
예언자의 모후, 저희를 위하여 빌어 주소서.
사도의 모후, 저희를 위하여 빌어 주소서.
순교자의 모후, 저희를 위하여 빌어 주소서.
증거자의 모후, 저희를 위하여 빌어 주소서.
동정녀의 모후, 저희를 위하여 빌어 주소서.
모든 성인의 모후, 저희를 위하여 빌어 주소서.
원죄 없이 잉태되신 모후, 저희를 위하여 빌어 주소서.
하늘에 올림을 받으신 모후, 저희를 위하여 빌어 주소서.
묵주 기도의 모후, 저희를 위하여 빌어 주소서.

하느님의 어린양, 세상의 죄를 없애시는 주님
저희를 용서하소서.

하느님의 어린양, 세상의 죄를 없애시는 주님
저희의 기도를 들어주소서.
하느님의 어린양, 세상의 죄를 없애시는 주님
자비를 베푸소서.

기도합시다.
주 하느님,
저희에게 은총을 베푸시고
복되신 평생 동정 마리아의 전구로
이 세상의 슬픔에서 벗어나
영원한 기쁨을 누리게 하소서.
우리 주 그리스도를 통하여 비나이다.
아멘.

시몬 우샤코프와 구리 니키틴과 제자들
「제7차 보편공의회」, 1673,
모스크바, 스몰렌스크 대성당

로레토 호칭 기도와 성인 호칭 기도

주님, 자비를 베푸소서.
그리스도님, 자비를 베푸소서.
주님, 자비를 베푸소서.
그리스도님, 저희의 기도를 들으소서.
그리스도님, 저희의 기도를 들어주소서.
하늘에 계신 천주 성부님, 자비를 베푸소서.
세상을 구원하신 천주 성자님, 자비를 베푸소서.
천주 성령님, 자비를 베푸소서.
삼위일체이신 하느님, 자비를 베푸소서.
성모 마리아님, 저희를 위하여 빌어 주소서.
천주의 성모님, 저희를 위하여 빌어 주소서.
지극히 거룩하신 동정녀, 저희를 위하여 빌어 주소서.
성 미카엘, 저희를 위하여 빌어 주소서.
성 가브리엘, 저희를 위하여 빌어 주소서.
성 라파엘, 저희를 위하여 빌어 주소서.
모든 천사와 대천사, 저희를 위하여 빌어 주소서.
복된 신령의 성직자들, 저희를 위하여 빌어 주소서.
세례자 성 요한, 저희를 위하여 빌어 주소서.
성 요셉, 저희를 위하여 빌어 주소서.
모든 성조와 예언자, 저희를 위하여 빌어 주소서.
성 베드로, 저희를 위하여 빌어 주소서.
성 바오로, 저희를 위하여 빌어 주소서.
성 안드레아, 저희를 위하여 빌어 주소서.
성 요한, 저희를 위하여 빌어 주소서.
성 야고보(대), 저희를 위하여 빌어 주소서.
성 토마스, 저희를 위하여 빌어 주소서.
성 야고보(소), 저희를 위하여 빌어 주소서.
성 필립보, 저희를 위하여 빌어 주소서.
성 바르톨로메오, 저희를 위하여 빌어 주소서.
성 마태오, 저희를 위하여 빌어 주소서.
성 시몬, 저희를 위하여 빌어 주소서.
성 타데오, 저희를 위하여 빌어 주소서.
성 마티아스, 저희를 위하여 빌어 주소서.
성 바나마스, 저희를 위하여 빌어 주소서.
성 루가, 저희를 위하여 빌어 주소서.
성 마르코, 저희를 위하여 빌어 주소서.

주님의 모든 거룩한 제자, 저희를 위하여 빌어 주소서.
모든 거룩한 사도와 복음 전도자, 저희를 위하여 빌어 주소서.
모든 거룩한 순결한 자들, 저희를 위하여 빌어 주소서.
성 스테파노, 저희를 위하여 빌어 주소서.
성 라우렌시오, 저희를 위하여 빌어 주소서.
성 빈첸시오, 저희를 위하여 빌어 주소서.
성 파비아노와 성 세바스티아노, 저희를 위하여 빌어 주소서.
성 요한과 성 바울, 저희를 위하여 빌어 주소서.
성 코스마스와 성 다미안, 저희를 위하여 빌어 주소서.
성 게르바시우스와 성 프로타시우스, 저희를 위하여 빌어 주소서.
모든 거룩한 순교자, 저희를 위하여 빌어 주소서.
성 실베스테르, 저희를 위하여 빌어 주소서.
성 그레고리오, 저희를 위하여 빌어 주소서.
성 암브로시오, 저희를 위하여 빌어 주소서.
성 아우구스티노, 저희를 위하여 빌어 주소서.
성 제롬, 저희를 위하여 빌어 주소서.
성 마르틴, 저희를 위하여 빌어 주소서.
성 니콜라스, 저희를 위하여 빌어 주소서.
모든 거룩한 주교와 증거자, 저희를 위하여 빌어 주소서.
모든 거룩한 학자, 저희를 위하여 빌어 주소서.
성 안토니오, 저희를 위하여 빌어 주소서.
성 베네딕토, 저희를 위하여 빌어 주소서.
성 도미니코, 저희를 위하여 빌어 주소서.
성 프란치스코, 저희를 위하여 빌어 주소서.
모든 거룩한 사제와 부제, 저희를 위하여 빌어 주소서.
모든 거룩한 수도자와 은수자, 저희를 위하여 빌어 주소서.
성녀 마리아 막달레나, 저희를 위하여 빌어 주소서.
성녀 아가타, 저희를 위하여 빌어 주소서.
성녀 루치아, 저희를 위하여 빌어 주소서.
성녀 아녜스, 저희를 위하여 빌어 주소서.
성녀 체칠리아, 저희를 위하여 빌어 주소서.
성녀 카테리나, 저희를 위하여 빌어 주소서.
성녀 아나스타시아, 저희를 위하여 빌어 주소서.
모든 거룩한 동정녀와 부인, 저희를 위하여 빌어 주소서.
모든 거룩하고 의로운 선택받은 자, 저희를 위하여 중재해 주소서.
주님 자비를 베푸소서, 저희를 용서하소서.
주님 자비를 베푸소서, 저희의 기도를 들어주소서.

살바도르 달리
「탈리아의 팔라디오 회랑」, 1937,
일본 미에, 현립 미술관

궁극의 리스트

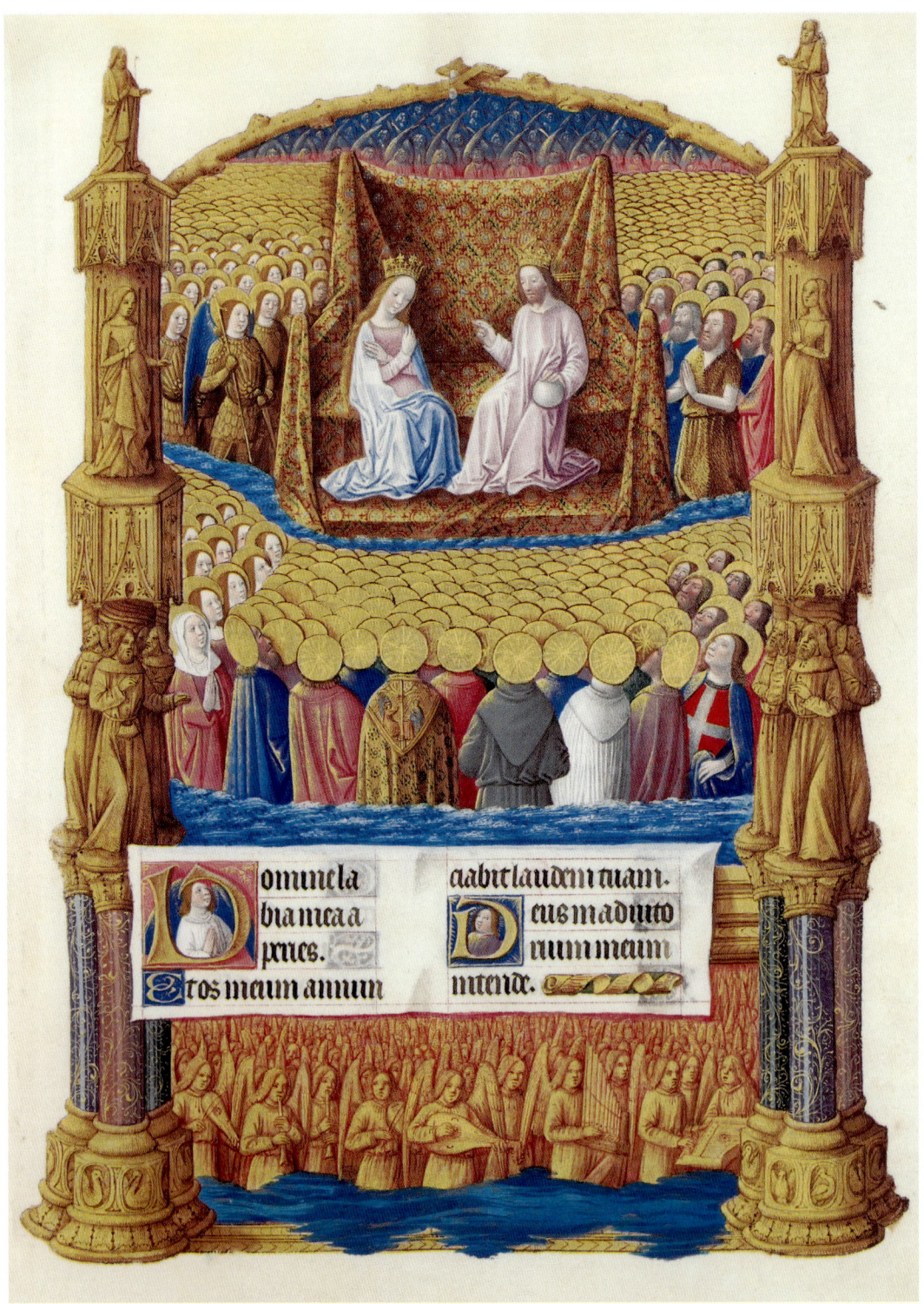

7. 목록이 있고 목록이 있으니

온갖 악에서, 주님 저희를 구원하소서.
모든 죄에서, 주님 저희를 구원하소서.
주님의 분노에서, 주님 저희를 구원하소서.
영원한 죽음에서, 주님 저희를 구원하소서.
화와 미움과 모든 야박함에서, 주님 저희를 구원하소서.
간통의 영에서, 주님 저희를 구원하소서.
벼락과 폭풍에서, 주님 저희를 구원하소서.
위험한 지진에서, 주님 저희를 구원하소서.
역병과 기근과 전쟁에서, 주님 저희를 구원하소서.
영원한 지옥살이에서, 주님 저희를 구원하소서.
사람이 되신 주님의 신비로, 주님 저희를 구원하소서.
주님의 재림으로, 주님 저희를 구원하소서.
주님의 탄생으로, 주님 저희를 구원하소서.
주님의 세례와 거룩한 재계로, 주님 저희를 구원하소서.
주님의 십자가와 수난으로, 주님 저희를 구원하소서.
주님의 죽음과 묻힘으로, 주님 저희를 구원하소서.
주님의 거룩한 부활로, 주님 저희를 구원하소서.
주님의 놀라운 승천으로, 주님 저희를 구원하소서.
성령의 강림으로, 주님 저희를 구원하소서.
심판 날에, 주님 저희를 구원하소서.
죄인들이 청하오니, 저희의 기도를 들어주소서.
저희를 용서하시기를 청하오니, 저희의 기도를 들어주소서.
저희를 불쌍히 여기시기를 청하오니, 저희의 기도를 들어주소서.
저희를 참회하게 하시기를 청하오니, 저희의 기도를 들어주소서.
주님의 거룩한 교회를 다스리며 보존하시기를 청하오니, 저희의 기도를 들어주소서.
사도좌와 모든 성직자를 진리 안에 보존하시기를 청하오니, 저희의 기도를 들어주소서.
거룩한 교회를 박해자들에게서 지켜 주시기를 청하오니, 저희의 기도를 들어주소서.
신도 왕들과 군주들이 평화와 화합을 주시기를 청하오니, 저희의 기도를 들어주소서.
신도 민족이 화목하고 평화로이 살게 해주시기를 청하오니, 저희의 기도를 들어주소서.
교회를 다시 통일하시고 믿지 않는 자들을 복음의 빛으로 이끄시기를 청하오니, 저희의 기도를 들어주소서.
주님을 섬기는 저희를 지켜 주시고 굳세게 해주시기를 청하오니, 저희의 기도를 들어주소서.
마음으로 천국을 갈망하게 해주시기를 청하오니, 저희의 기도를 들어주소서.
저희 모든 은인에게 영원한 행복을 주시기를 청하오니, 저희의 기도를 들어주소서.
저희 영혼과 신도들, 친척들, 은인을 지옥에서 구해 주시길 청하오니, 저희의 기도를 들어주소서.
땅을 지키고 일구는 이들에게 풍성한 열매를 주시기를 청하오니, 저희의 기도를 들어주소서.
죽은 모든 이에게 영원한 안식을 주시기를 청하오니, 저희의 기도를 들어주소서.
저희 바람을 들어주시기를 청하오니, 저희의 기도를 들어주소서.
하느님의 아드님이신 주님, 저희의 기도를 들어주소서.
하느님의 어린양 세상의 죄를 없애시는 주님, 저희를 용서하소서.
하느님의 어린양 세상의 죄를 없애시는 주님, 저희의 기도를 들어주소서.
하느님의 어린양 세상의 죄를 없애시는 주님, 자비를 베푸소서.
그리스도님, 저희의 기도를 들으소서.
그리스도님, 저희의 기도를 들어주소서.

「주간 사무실: 수요일, 천국」
『베리 공작의 성무일도서』 중에서,
ms. 65, fol. 126r, 15세기,
샹티이, 콩데 미술관

8. 목록과 형태의 교환

하나의 목록은 일군의 (심지어는 비슷하지 않은) 사물들을 같은 맥락에 속한 것으로, 또는 같은 관점에서 본 것으로 특징짓는다. 예를 들어 우리가 예수, 카이사르, 루이 9세(프랑스 카페 왕조의 왕, 십자군 원정을 이끌다 튀니지에서 죽어 성인으로 추증되었다 — 옮긴이), 라몬 룰Lamon Lull(카탈루냐 신비주의자, 시인으로 북아프리카에서 전도하다 돌에 맞아 죽었다고 한다 — 옮긴이), 잔다르크, 사담 후세인 등을 제명을 다 못 채우고 죽은 사람으로 여긴다면 그들 모두는 하나의 동질성을 갖는다. 그랬을 때 목록은, 목록으로 묶이지 않았다면 어수선했을 무리에 질서를 부여하고 따라서 하나의 형태를 암시하게 된다.

목록을 형태로 전환시키는 데는 더욱 미묘한 방법들이 있는데, 가장 전형적인 것이 주세페 아르침볼도의 예이다. 그는 있을 수 있는 하나의 목록, 이를테면 세상에 존재하는 모든 과일이나 콩과 식물의 목록에서, 또는 많은 정물화에서 목록의 형태로 제시된 온갖 사물들에서 여러 요소들을 따와서는 그것들을 가지고 전혀 생각지도 못했던 하나의 형태를 구성한다. 아르침볼도는 그 특유의 바로크적 방식을 통해서, 목록을 형태로 교묘하게 바꾸는 것이 가능하다고 우리에게 이야기한다. 그렇게 해서 떠오른 형태는 다양한 요소들로 구성된 색다르고 〈변형된〉 하나의 조합이다. 식탁 위 접시에 놓인다면 자연스러울 그 요소들은 사람의 얼굴에서는 왠지 어울리지 않게 여겨진다. 그러나 바로 이것이 바로크 시학이었다(마리노 마리니에 따르면 〈시인의 목표는 경이로움이다〉). 4세기 후 우리는 초현실주의 시학에서 그 확실한 후손을 발견한다. 다시 한 번 로트레아몽을 인용하자면, 〈해부대 위에서 재봉틀과 우산의 우연한 만남〉 같은 것이 그것이다.

주세페 아르침볼도
「봄」, 1573,
파리, 루브르 박물관

9. 열거의 수사학

고대 이후 수사학은 리듬감 있게 발음되고 리듬을 살려 발음할 수 있는 목록들까지 아울렀다. 그런 목록에서 무궁무진한 양을 암시하는 것은 그다지 중요하지 않았다. 그보다는 종종 반복에 대한 순수한 애착에서, 여러 속성들을 장황한 방식으로 사물에 귀속시키는 것이 더욱 중요했다.

일반적으로 목록의 다양한 형태는 여러 가지 방식의 축적들로 구성된다. 다시 말해 똑같은 개념에 속하는 언어학적 용어들의 연속과 병치로 이루어지는 것이다. 이런 의미에서 볼 때, 축적의 한 형태라 할 수 있는 것이 중세 문학에서 자주 나타나는 열거이다. 중세 문학에서 목록은 신의 속성을 규정하기 위한 하나의 질문이었기 때문에, 목록을 이루는 항목들은 일관성이 없어 보인다. 아레오파고스의 가짜-디오니시오스에 따르면, 신은 서로 다른 이미지들을 통하지 않고서는 무어라 명확히 말로 정의할 수 없는 것이다. 그래서 5세기 파비아의 주교 엔노디우스Ennodius는 그리스도에 관하여 〈근원이자 길이요, 권리, 바위이자 사자, 빛을 지닌 자, 양이시며, 문이자 희망이요, 미덕이며, 말씀이며, 지혜요, 예언자이시며, 제물, 어린 가지, 목자, 산, 그물, 비둘기이시며, 불꽃, 거인, 독수리, 배우자, 환자, 벌레이시며……〉라고 말해야 했다. 11세기에 노트케르 발불루스Notker Balbulus는 신이 〈어린 양이며, 양, 송아지요, 뱀이요, 숫양이며, 사자이고, 벌레며, 입이요, 말씀이며, 광휘, 태양, 영광이요, 빛, 도상이요, 빵이요, 꽃이요, 포도나무요, 산이요, 문이요, 바위요, 돌이시라〉고 했다. 그 뒤 머지않아 피에르 드 코르베유Pierre de Corbeil는 삼위일체를 이렇게 묘사하게 된다. 〈신성이자 영원한 합일, 위풍당당함이자 자유, 또는 지고의 연민, 태양이자 불꽃, 의지이며, 봉우리, 오솔길, 돌이요, 산이요, 바위요, 샘이요, 강이요, 다리이자 생명이시며, 구세주이자 창조주, 사랑하는 이이자 구원자, 현자요, 영원한 빛…… 봉우리, 커다란 구멍, 왕 중의 왕, 율법 중의 율법, 복수하시는 이요, 천사의 빛……

피에트로 롱기(또는 그의 화풍으로 그린)
「카사 나니에서의 연회」, 1755년경,
베네치아, 카 레초니코

영웅이시며 가장 귀한 꽃, 살아 있는 이슬이요……〉 우리가 성모 호칭 기도에서 이미 보았듯이, 이런 목록들은 〈찬미〉 또는 〈찬양〉의 성격을 갖는다.

열거에 상응하는 형태로 라신의 비극 『파이드라』의 구절(2막 2장: 〈나의 활, 나의 투창, 나의 전차, 나의 모든 성가심〉)과 칼비노의 「버섯 같은 달」(세계에 대한 기억)에 나오는 다음의 예언자적 목록을 들 수 있다. 〈그는 계속해서 솟아오른 땅 위에서 어떤 생활이 전개될 것인지 설명했습니다. 솟아오른 바위의 기반 위에 세워질 도시들, 낙타와 말과 마차와 고양이와 포장마차들이 지나가는 길거리들, 금과 은의 광산들, 백단향 나무와 등나무들의 숲, 코끼리, 피라미드, 탑, 시계, 피뢰침, 전차 선로, 기중기, 엘리베이터, 고층 빌딩, 축제일에 내걸릴 깃발과 꽃 장식물들, 호사스러운 축제의 밤이면 목걸이에 달린 진주들을 빛나게 하는, 극장 및 영화관의 벽면에 내걸릴 온갖 색깔의 전광판들을 묘사했습니다.〉

축적의 또 다른 형태는 〈콘저리스 congeries〉이다. 이것은 모두 같은 것을 뜻하는 단어들이나 구절들을 나열하는 것으로, 여기서는 같은 생각이 여러 가지 측면에서 복제된다. 이것은 웅변적 부연 oratorial amplification에서 사용하는 원리에 해당하는데, 이런 점층법의 예로는 전이 metabola와 지속 commoratio(또는 지연, 잔류), 그리고 바꿔 말하기 paraphrasis가 있다. 그 예로 카틸리나 Lucius Sergius Catilina를 향한 키케로의 첫 번째 탄핵 연설을 보자. 〈카틸리나여, 그대는 언제까지 우리의 인내심을 남용할 것인가? 얼마나 더 그대의 광기로 우리를 조롱할 것인가? 그대의 억제되지 않은 뻔뻔함은 끝도 없단 말인가? 정녕 팔라티나 언덕의 야경꾼들도, 로마를 지키는 순찰대도, 백성들과 〔돕기 위해〕 달려오는 모든 선량한 시민들의 두려움도, 이 튼튼한 곳에서 원로원을 여는 사정도, 여기 참석한 자들에 나타난 표정들에도 그대는 아무렇지도 않단 말인가? 그대는 그대의 계획이 발각되었음을 깨닫지 못한단 말인가?〉 그 밖에도 이런 예는 얼마든지 많다.

이와는 조금은 다른 형태를 띠는 것이 〈점증법 incrementum〉 또는 〈클라이맥스 climax〉 또는 〈그라다티오 gradatio〉이다. 이것들 역시 똑같은 개념적 영역을 가리키기는 하지만, 한 단계를 거칠 때마다 더 많아지거나 강도가 더 세지는 것을 가리킨다. 이 과정의 역이 〈점강법 decrementum〉, 즉 〈안티클라이맥스〉이다. 이것의 예는 카틸리나에 대한 또 다른 탄핵 연설에서 찾을 수 있다. 〈그대는 이제 할 수 있는 일이 없고, 음모를 꾀할 수도 없으며 상상할 수도 없다. 내가 그것을 알게 될 것이며, 설사 알지 못한다고 해도 속속들이 간파할 것이며, 느낄 것이기 때문이다.〉

루카스 크라나흐
「유아 대학살」(세부), 1515,
드레스덴, 거장 회화관

고전적인 수사학은 또한 아나포라*anaphora*로 열거를 나타내며, 〈접속어 생략법*asyndeton*〉이나 〈접속어 다용법*polysyndeton*〉을 통해서도 열거를 보여 준다. 아나포라란 모든 구절에, 시의 경우 모든 연의 첫머리에 똑같은 단어를 반복하는 것이다. 그렇지만 이것이 항상 하나의 목록을 구성하지는 않는다. 자코포네 다 토디 Jacopone da Todi의 예를 들면, 그는 한 마디 호소를 그저 반복할 뿐이다(〈오 아들아, 아들아, 아들아/사랑스러운 백합 같았던 아들아!/아들아, 이 내 비통한 가슴에/누가 충고를 해준단 말이냐?/즐거운 눈을 가졌던 아들아!/아들아, 왜 대답이 없느냐?/아들아, 네가 젖을 빨았던 이 품으로부터/왜 숨어 있는 거냐?〉). 이와 달리 **엘뤼아르**의 「자유」나 **비스와바 심보르스카**Wisława Szymborska의 「선택의 가능성」에서 보듯이 때로는 똑같은 단어가 실제로 한 목록의 시작인 경우도 있다.

〈접속어 생략법〉은 한 구절 속의 여러 요소들을 접속어 없이 연결하는 목록에서 나타나는 전형적 양상이다. 예를 들어 「광란의 오를란도」의 고전적 시작구를 보자. 〈나는 노래하네, 숙녀들을, 기사들을, 무기들을, 사랑들을 — 정중함들을, 용감한 행위들을.〉〈접속어 생략법〉과는 반대지만, 그럼에도 똑같은 목록들을 만들게 해주는 장치가 바로 〈접속어 다용법〉이다. 밀턴의 『실락원』(2편, 949~950행)에서 그 예를 찾을 수 있는데, 첫 행은 〈접속어 생략법〉으로 시작했다가 〈접속어 다용법〉으로 바뀌고 이것이 둘째 행 전체에 쓰인다. 〈머리, 손, 날개, 또는 발로 가는가 하면/ 헤엄치거나 가라앉거나 헤치며 걷거나 기거나 날다가 한다.〉

그러나 전통적인 수사학은 우리가 목록에서 느끼는 어지러울 만큼의 탐욕스러움에 관해서는 일체의 흥미로운 정의를 내리지 않는다. 특히 13세기 말 『카르미나 부라나*Carmina Burana*』에서 서로 다른 사물들(물론 그 이야기 속의 유일한 우주인 술이나 돈으로 인해 동질성을 띠기는 한다)을 모은 꽤 길고 다양한 목록들에는 그런 게걸스러운 집착이 두드러진다. 몇 세기가 지난 후 칼비노가 쓴 『존재하지 않는 기사』에 나오는 다음의 짤막한 인용문도 마찬가지이다. 〈당신은 동정해야 해요. 우리는 시골 소녀들이니까요…… 종교 예배, 3일 묵도, 9일 기도, 들판에서 하는 일, 탈곡, 포도 수확, 하인들의 채찍질, 근친상간, 불, 교수형, 침략군, 약탈, 강간, 역병을 제외하고는 아무것도 보지 못했답니다.〉 그 밖에 **밀턴, 비용, 리 매스터스, 몬탈레** 등이 사용한 고전적 열거에서도 그와 같은 탐욕스러움이 나타난다.

루카 시뇨렐리
「저주받은 자들」(세부), 1499~1504,
오르비에토 성당, 산브리초 예배당

138~139면:
마르틴 반 메이텐스(학파)
「요제프 2세와의 결혼식에 즈음한 파르마의 이사벨라 도착」,
1760, 빈, 쇤브룬 성

궁극의 리스트

『카르미나 부라나』
「우리가 선술집에 있을 때」
196편

마누라와 남편이 마시고
군인과 성직자가 마시고
저 남자와 저 여자가 마시고
하인이 하녀와 마시고
날랜 남자가 마시고, 굼뜬 남자도 마시고
피부 흰 남자가 마시고, 피부 검은 남자도 마시고
집에 틀어박힌 남자가 마시고, 방랑자도 마시고
바보가 마시고, 학자도 마신다.
가난뱅이가 마시고 병 걸린 자
추방자와 이름 없는 자
소년, 흰 수염 사나이
주교, 부제
누이, 형제
노인, 어머니
저 여자, 이 남자
그들이 수백 잔씩, 수천 잔씩 마신다.

산더미 같은 돈도 너무 빨리 사라져 버리지
모두가 무절제하게 한없이 마셔 댄다면
즐거운 마음으로 마셔도 마찬가지라네,
여기서 다들 우리한테 빌붙으니 우리는 가난해지겠네.
우리한테 빌붙는 자들에게 저주 있으라!
공정함의 장부에 그들 이름을 적어 놓아라.

『카르미나 부라나』
「돈에 관한 시」
11편

요즘은 어디를 가나 유일한 지배자는 돈이라네.
돈은 신사를 사랑하여 그의 하인인 것 같고,
돈은 정부를 사랑하고 빈털터리 신세를 두려워하고,
돈은 대수도원장과 탁발 수도사의 경배를 받고,
돈은 검은 사제복을 입은 소수도원장 위에 군림하고,
돈은 회의석상에 앉은 자들에게 충고하고,
돈을 평화를 가져오지만, 마음만 먹으면 전쟁도 가져오고,
돈은 분쟁을 일으키고 부를 파산시킬 수 있고,
돈은 거지를 당장에 부자로 만들 수 있고,
돈은 사고팔고, 자기가 준 것을 바로 되가져 오고,
돈은 아첨꾼이지만 나중에는 배신자가 되고,
돈은 항상 거짓말하고, 정직할 때가 매우 드물고,
돈은 위증자를 건강하게도 아프게도 만들고,
돈은 구두쇠들이 꿈꾸고 욕심쟁이들이 탐내고,
돈은 거짓말쟁이 탕녀와 매춘부를 숙녀로 만들고,
돈은 가난하고 헤픈 여자를 부유한 여왕으로 만든다네.
돈은 심지어 용감한 기사를 강탈하는 야수로 만들고,
돈은 밤하늘에 반짝이는 별보다 많은 도적을 만들고,
만약 돈이 재판을 받으면, 지는 일이 거의 없고,
만약 돈이 새쁜에 이기면 판사조차 깊이 감동하여
돈을 용서하고 부정 이득을 합리화해 준다네.
그러나 돈은, 뻔뻔스러운 돈은, 죄를 부정하지 않아서
대신 모든 참석자들이 당장에 보증인으로 나서지.
만약 돈이 입을 열면, 가난한 자가 고통 받을 것이고,
돈은 모든 고통을 달래고 온갖 괴로움을 덜어 주고,
돈은 죽음을 가져오고 심지어 현자도 눈멀게 만들지.
돈은 심지어 미치광이와 백치도 영리해 보이게 만들지.
돈이 있으면 의사들이 오지만, 믿지 못할 친구들도 온다네.
돈은 자기 식탁에선 푸짐한 진수성찬을 차리고,
돈은 그대에게 진미와 잘 요리한 생선을 주고,
돈은 프랑스 포도주와 훌륭한 외국 포도주를 마시지.
돈은 매우 고상하고 값비싼 옷을 입고,
돈은, 잘 차려입으면 그 무엇보다 빛나고,
돈은 인도의 자랑인 다이아몬드를 가지고 다니지.
돈은 사람들의 굽실거리는 등을 보기 좋아하지.
돈은 모든 도시들을 헐뜯고 배반하지.
돈은 숭배를 받고, 병든 사람을 치료하고,

9. 열거의 수사학

돈은 연지처럼 모든 결함을 감춰 버린다네.
돈은 아무 용기 없는 자들에게 영예를 안겨 주고,
돈은 감미롭고 소중한 모든 것을 시큼하게 만들고,
돈은 귀머거리를 듣게 하고 불구자를 걷게 만들지.
돈에 관해 나는 혼자 간직할 수 없는 것들을 기꺼이 말하리,
돈이 종종 제단에서 찬양하는 것 같다고,
돈이 혼자서 또는 합창으로 노래하는 소리가 들린다고,
돈이 설교하는 척하며 우는 것이 보인다고,
그러나 그 가면 뒤에서 자기가 쓴 속임수를 비웃고 있다고.
돈이 없다면 그 누구도 사랑받거나 순종받거나 명예롭지
　　못하지만,
돈이 있으면 악마조차 편안함을 느낀다네.
무엇보다, 어디를 가든 결국 다스리고 군림하는 건 돈이지.
오직 지혜만이 돈에서 달아나 돈을 퇴색시킨다네.

소(小) 피터르 브뤼헐
「연극 공연이 벌어지는 시장」(세부), 1562,
상트페테르부르크, 에르미타슈 미술관

존 밀턴
『실낙원』, 1권, 364~507행

[……]
그리고 아직 이브의 자손들 중에서도
새 이름을 얻지 못했었지만. 뒷날 인간을
시험하기 위하여 하느님의 높으신 허락 얻어
지상을 방황하며 거짓과 기만으로 대부분의
인류를 부패시켜 창조주 하느님을
버리게 하고, 자기를 만드신 그분의
보이지 않는 영광을 짐승의 상으로 바꾸어,
금빛 찬란하고 호화로운 의식(儀式)으로써
이를 장식케 하고, 또한 악귀들을
하느님으로 숭상토록 만들기까지는.
그 후에 그들은 갖가지 이름으로 인간에게 알려졌고,
갖가지 우상으로 이교(異敎) 세계에 알려졌다.
뮤즈여, 그때 알려진 그들의 이름을 말하시라.
누가 앞이고, 누가 끝인가, 그 불의 침상에서 자다가
대제의 부르는 소리에 깨어나 하나씩 순위에 따라
군중들이 뒤죽박죽 아직 멀리 떨어져 있는 동안
대제가 서 있는 텅 빈 바닷가로 나온 것은.
그 우두머리 된 자들은 지옥 구덩이에서
먹이를 찾아 지상을 헤매다가, 후세엔
감히 저희들 자리를 하느님 자리 가까이에,
저희들 제단을 하느님 제단 가까이에 정하고,
사방의 백성들로부터는 신으로 섬김받았으며,
케룹들 사이에 앉아 시온으로부터 뇌성 울리시는
여호와께 대항한 자들. 그렇다, 그자들은
그분의 신전 안에다 가끔 저희들의 묘소(廟所),
그 가증한 것을 두고 저주받은 물건들로써
거룩하고 엄숙한 하느님의 제사를 더럽히고
암흑으로써 하느님의 빛에 맞섰던 것이다.
첫째는 몰록, 제물로 바친 사람의 피와
부모의 눈물로 젖은 무서운 왕,
비록 요란스런 북과 탬버린 소리 때문에
불속을 지나서 무시무시한 우상에게로 가는 아이들의
울음 소리 안 들려도. 그를 암몬 사람들은
숭상했다, 라바와 그 물 벌판에서,

페테르 파울 루벤스
『반란 천사들의 추락』, 1620년경,
뮌헨, 구 미술관

아르곱에서도, 바산에서도, 저 먼 아르논의
시내에서까지. 이같이 뻔뻔스런 이웃에도
만족하지 못하여 그는 가장 지혜 있는
솔로몬의 마음을 꾀어 저 치욕의 산 위에
하느님의 성전과 바로 마주 보게 해서 그의 전당을
짓게 하고, 상쾌한 힌놈의 골짜기를
그의 숲으로 삼았으므로, 그때 이래 그곳을 사람들은
토펫, 또는 검은 게헤나, 즉 지옥의 모형이라 불렀다.
다음은 케모스, 모압의 자손들이 무서워했던 더러운 것,
아로엘로부터 느보까지, 그리고 남쪽 끝의
아바림 광야까지, 포도 덩굴로 덮인
십마Sibma의 꽃다운 골짜기 너머, 시온의 나라,
헤스본과 호로나임에서도, 또한
엘레알레부터 사해에 이르기까지.
그는 또한 피어르라고도 불렸다, 나일을 떠나
항해 중 시팀에 이른 이스라엘을 꾀어 그들에게
음탕한 제사를 올리게 함으로써 재앙을 입혔을 때.
그 음란한 소동을 더욱 넓은 범위로 넓혀
살인자 몰록의 숲과 그 치욕의 언덕에까지
이르게 하니, 증오는 음욕과 짝지어,
드디어 요시아 왕, 그것들을 모두 지옥으로 내쫓았다.
이들과 함께 온 자는 성지의 경계선이 되는
옛 유프라테스 강으로부터 이집트와 시리아 사이의
시나이에 이르기까지 일반적으로 바알,
그리고 아스타롯이라 불린 자들이다.
전자는 남성, 후자는 여성. 영들의 원대로
어느 성이고, 또는 양성(兩性)을 모두 취할 수 있으니까.
그토록 그들의 청순한 본질은 부드럽고,
섞인 것 없고, 관절이나 사지에 얽매여 구속되지 않고,
번뇌의 육(肉)과 같이, 여린 뼈의 힘으로
지탱되어 있는 것도 아니고, 어떤 모양으로든지
늘기도 줄기도 하고, 빛나기도 흐리기도 하여,
그들의 공중에서의 목적을 자재(自在)로 수행하고
사랑이나 증오의 업(業)을 성취하는 것이다.
이들 때문에 이스라엘 민족은 이따금
살아 계신 하느님의 힘을 버리고, 그 의로운 제단을
돌보지 않고, 머리를 낮추어 짐승의 신에게
굽혔으며, 이 때문에 그들의 머리는 전쟁에서도
역시 숙여져 천한 적의 창 앞에
떨어졌다. 이들과 함께 떼를 지어
아스토렛이 왔다, 페니키아인들의 소위

궁극의 리스트

아스타트를, 초승달의 뿔 지닌 하늘의 황후(皇后).
그 빛나는 상(像)을 향하여 달 밝은 밤마다
시돈의 처녀들은 맹세하고 노래 불렀다.
또한 시온에서도 노래 불렀고, 그 사당을
마음은 넓으면서도 여자에겐 약하고,
어여쁜 우상 숭배자들의 기만으로 더러운
우상을 섬기던 그 왕의 치욕의 산 위에
세웠었다. 뒤에 따른 것은 담무스
그가 매년 레바논에서 상처를 받는대서 거기에 끌려
시리아의 처녀들은 온 여름의 하루 해 동안
다정한 노래 불러 가며 그의 운명을 슬퍼했다.
잔잔한 아도니스는 그 근원지(根源地) 바위로부터
붉게 바다로 흐르고, 이것을 사람들은
해마다 상처 입은 담무스의 피라고 생각했다.
시온의 딸들 역시 이 사랑의 이야기에 불붙어
성스런 문간에서 음탕한 생각에 잠기는 것을
에스겔은 보았다, 환상에 이끌려 그의 눈이
신을 배반한 유다의 그릇된 우상 숭배를
목격했을 때. 그 다음에 온 자는
빼앗긴 법궤(法櫃) 때문에 자기 사당 안에서
자기 수상(獸像)의 머리와 양손을 잘리고
문지방에 엎드려 그의 숭배자들을
부끄럽게 하던 때, 진실로 통곡하던 자.
그 이름은 다곤Dagon, 위는 사람이고 아래는 물고기인
바다의 괴물. 그럼에도 이조투스 높이
그의 사당은 세워져 팔레스티나 땅의
도처에서, 가드와 아스칼론에서, 악카론과
가자의 변경(邊境)에 걸쳐 숭배되었다.
그 뒤를 따른 것은 림몬, 그의 즐거운 자리는
맑은 시내 아바나와 파르파르의
비옥한 강변, 아름다운 마다스커스에 있었다.
그도 또한 감히 하느님의 궁전에 대항했다.
한때 문둥병자를 잃었으나 왕을 얻어,
그는 이 어리석은 정복자 아하즈를 유인하여
하느님의 제단을 얕보고, 시리아식의 것과

바꾸게 하고, 더러운 제물을 그 위에다
불태우게 함으로써 자기가 정복한 신들을
숭배하게 했다. 이들 뒤로 나타난 일단(一團)은
옛날에 이름 높았던 오시리스,
이시스, 오루스, 그리고 그 족속들,
기괴한 형상과 요술을 써서
광신적인 이집트와 그 사제(司祭)들을 기만하여
사람이라기보다 짐승의 모양을 한,
떠도는 신들을 좇게 했다. 이스라엘 또한
거기에 물들어, 빌린 황금으로써
오렙에서 송아지를 만들었고, 또한 반역의 왕은
베델과 단에서, 이 죄를 이중으로 하여
창조주를 풀 뜯는 소와 흡사하게 만들었다.
이집에서 행군하여 나오시던 때
하룻밤, 그 나라의 갓난아기와 양 울음 우는
신들을 일격에 처치해 버린 여호와를.
마지막으로 온 것은 벨리알, 타락 천사 중에서
그보다 음란하고 악을 위해 악을 사랑하는
악한 영은 없었다. 그를 위해서 사당(祠堂) 선 일 없고,
제단에 향불 피워진 일이 없다. 그러나 누가 그보다 더 많이
사당과 제단에 나타나는가, 음란과 광포로써
하느님의 궁전을 채운 엘리의 아들들처럼
사제 자신의 무신지배(無神之輩) 될 때에.
그는 또한 궁중과 궁전에서두 세력을 편다,
호사스런 도시에서도 연락(宴樂)과 상해(傷害)와
폭행의 소음이 그 높고 높은 탑을 넘어
들리는 시중(市中)에서도. 그리하여 밤이 되어 거리가
어두워지면, 벨리알의 아들들이 나타나
교만과 술에 도취되어 쏘다니는 것이다.
소돔의 거리들을 생각해 보라, 그리고 기베아에서
객을 환대하는 집이, 더 심한 능욕을
피하기 위하여 유부녀를 문밖으로 내쫓았던 그 밤을.
이들은 계급에서나 힘에서나 으뜸가는 자들.
나머지는 말하기도 장황하다. [⋯⋯]

다니엘레 다 볼테라(다니엘레 리차렐리)
「시나이 산의 모세」, 1545~1555,
드레스덴, 국립 미술관 회화관

프랑수아 비용
『발라드』
「옛 여인들의 발라드」 중에서 (1849)

내게 말해 주오. 어디에 어느 땅에,
로마 최고의 미인 플로라가 있는가?
히파르키아는 어디 있으며 타이스는 어디 있는가,
누가 더 아름다운지 가릴 수 없는 그 두 여인은?
어떤 남자도 본 적 없는 에코는 어디 있는가,
강과 연못에서 오직 소리로만 들릴 뿐
초인간적인 미모를 지닌 그 요정은?
그러나 지난날 내린 눈은 어디에 있는가?

그리 똑똑했던 수녀 엘로이즈는 어디에 있는가?
이 여인 때문에 아벨라르는 거세되어
생드니의 수도사가 되었다지
(그는 사랑 때문에 그런 고통을 겪었지!)
또 뷔리당을 자루에 넣어 봉하고
센 강에 던지도록 명령했던
여왕은 어디에 있는가?
그러나 지난날 내린 눈은 어디에 있는가?

에우제니오 몬탈레
『시집』, 1920~1954
「기념품」 (1939)

팡팡은 승자를 돌려보내고, 몰리는
경매에서 팔린다, 반사경이 탄다.
쉬르쿠프는 뒷갑판을 성큼성큼 걷고,
가스파르는 자기 소굴에서 돈을 센다.
맑은 오후에 눈이 내리고,
매미는 자기 둥지로 날아간다.
파티니차는 깜빡한 기억 속에서 괴로워하고,
고함 소리는 토니오에게 남은 모든 것.
가짜 스페인인들이 「도적들」을
성에서 공연하지만, 소름 끼치는
자명종이 주머니에서 빽빽거린다.
마르케세 델 그릴로는 다시
거리로 보내지고, 불행한 제피리노는
점원을 돌려보내고, 약사는 일어서고,
성냥들은 바닥을 때린다.
머스킷총병은 수녀원을 떠나고
반 슐리시는 그의 말을 재촉하고,
타키미니는 부채질하고, 인형은 상처 입는다.
(이마리는 자기 아파트로 돌아간다.)
황홀한 라 리보디에르와 피투는
비스듬히 눕는다. 프라이데이는 자신의
녹색 섬들을 꿈꾸고 춤추지 않을 것이다.

「성에서의 무도회」,
크리스틴 드 피장의 『숙녀들의 도시에 관한 책』(1405)에 실린 삽화,
샹티이, 콩데 미술관

에드거 리 매스터스
『스푼 리버 선집』
「언덕」(1916)

엘머, 허만, 버트, 토니, 찰리는 어디에 있나,
그 의지박약, 힘센 팔, 어릿광대, 술꾼, 싸움꾼들은?
모두, 모두가 저 언덕에서 자고 있지.

하나는 열이 나서 갔고,
하나는 광산에서 타 죽었고,
하나는 싸움판에서 당했고,
하나는 감옥에서 죽었고,
하나는 마누라와 자식 위해 고생하다 다리에서 떨어졌지 —
모두, 모두가 저 언덕에서 자고, 자고, 자고 있지.

엘라, 케이트, 매그, 리지, 에디스는 어디에 있나,
그 다정이, 순진이, 시끌 법적, 자존심, 행복이는?
모두, 모두가 저 언덕에서 자고 있지.

하나는 수치스럽게 애 낳다 죽고,
하나는 좌절된 사랑으로,
하나는 유곽에서 어느 짐승의 손에,
하나는 가슴의 욕망을 좇다 꺾인 자존심으로,
하나는 멀리 런던과 파리에서 살다가
엘라와 케이트와 매그에 의해 그녀의 작은 공간으로
　끌려왔지 —
모두, 모두가 저 언덕에서 자고, 자고, 자고 있지.

아이작 삼촌과 에밀리 이모는 어디에 있나,
그리고 타우니 킨케이드와 세비그니 휴턴,
그리고 신망 있는 혁명가들과
얘기를 나누던 워커 시장은?
모두, 모두가 저 언덕에서 잠을 자고 있지.

그들은 전쟁으로 죽은 아들들,
삶이 부서져 버린 딸들,
그리고 그들의 아비 없는 우는 아이들을 데려왔지 —
모두, 모두가 저 언덕에서 자고, 자고, 자고 있지.

**옛 유대 묘지,
프라하**

9. 열거의 수사학

149

궁극의 리스트

폴 엘뤼아르
「자유」(1945)

초등학교 시절 노트 위에
나의 책상과 나무 위에
모래 위에 눈 위에
나는 너의 이름을 쓴다.

내가 읽은 모든 페이지 위에
모든 백지 위에
돌과 피와 종이와 재 위에
나는 너의 이름을 쓴다

황금빛 조상(彫像) 위에
병사들의 총칼 위에
제왕들의 왕관 위에
나는 너의 이름을 쓴다

밀림과 사막 위에
새 둥우리 위에 금작화 나무 위에
내 어린 시절 메아리 위에
나는 너의 이름을 쓴다

밤의 경이로움 위에
일상의 흰 빵 위에
결합된 계절 위에
나는 너의 이름을 쓴다

누더기가 된 하늘의 옷자락 위에
태양이 곰팡 슬은 연못 위에
달빛이 싱싱한 호수 위에
나는 너의 이름을 쓴다

들판 위에 지평선 위에
새들의 날개 위에
그리고 그늘진 방앗간 위에
나는 너의 이름을 쓴다

새벽의 입김 위에
바다 위에 배 위에
미친 듯한 산 위에
나는 너의 이름을 쓴다

구름의 거품 위에
폭풍의 땀방울 위에
굵고 무미한 빗방울 위에
나는 너의 이름을 쓴다

반짝이는 모든 것 위에
여러 빛깔의 종들 위에
구체적인 진실 위에
나는 너의 이름을 쓴다

깨어난 오솔길 위에
뻗어 나간 큰 길 위에
넘치는 광장 위에
나는 너의 이름을 쓴다

불켜진 램프 위에
불꺼진 램프 위에
모여 있는 내 가족들 위에
나는 너의 이름을 쓴다

둘로 쪼갠 과일 위에
거울과 내 방 위에
빈 조개껍질 내 침대 위에
나는 너의 이름을 쓴다

게걸스럽고 귀여운 우리 집 강아지 위에
그 곤두선 양쪽 귀 위에
그 뒤뚱거리는 발걸음 위에
나는 너의 이름을 쓴다

내 문의 발판 위에
낯익은 물건 위에
축복받은 불의 흐름 위에
나는 너의 이름을 쓴다

화합한 모든 육체 위에
내 친구들의 이마 위에
건네는 모든 손길 위에
나는 너의 이름을 쓴다

놀라운 소식이 담긴 창가에
긴장된 입술 위에
침묵을 넘어선 곳에
나는 너의 이름을 쓴다

파괴된 내 안식처 위에
무너진 내 등댓불 위에
내 권태의 벽 위에
나는 너의 이름을 쓴다

욕망없는 부재 위에
벌거벗은 고독 위에
죽음의 계단 위에
나는 너의 이름을 쓴다

되찾은 건강 위에
사라진 위험 위에
회상없는 희망 위에
나는 너의 이름을 쓴다

그 한마디 말의 힘으로
나는 내 삶을 다시 시작한다
나는 태어났다 너를 알기 위해서
너의 이름을 부르기 위해서

자유여

비스와바 심보르스카
「선택의 가능성」(1985)

영화를 더 좋아한다.
고양이를 더 좋아한다.
바르타 강가의 떡갈나무를 더 좋아한다.
도스토옙스키보다 디킨스를 더 좋아한다.
인간을 좋아하는 자신보다
인간다움 그 자체를 사랑하는 나 자신을 더 좋아한다.
실이 꿰어진 바늘을 갖는 것을 더 좋아한다.
초록색을 더 좋아한다.
모든 잘못은 이성이나 논리에 있다고
단언하지 않는 편을 더 좋아한다.
예외적인 것들을 더 좋아한다.
집을 일찍 나서는 것을 더 좋아한다.
의사들과 병이 아닌 다른 일에 관해서 이야기 나누는 것을
    더 좋아한다.
줄무늬의 오래된 도안을 더 좋아한다.
시를 안 쓰고 웃음거리가 되는 것보다
시를 써서 웃음거리가 되는 편을 더 좋아한다.
명확하지 않은 기념일에 집착하는 것보다
하루하루를 기념일처럼 소중히 챙기는 것을 더 좋아한다.
나에게 아무것도 섣불리 약속하지 않는
도덕군자들을 더 좋아한다.
지나치게 쉽게 믿는 것보다 영리한 선량함을 더 좋아한다.
민중들의 영토를 더 좋아한다.
정복하는 나라보다 정복당한 나라를 더 좋아한다.
만일에 대비하여 뭔가를 비축해 놓는 것을 더 좋아한다.
정리된 지옥보다 혼돈의 지옥을 더 좋아한다.
신문의 1면보다 그림 형제의 동화를 더 좋아한다.
잎이 없는 꽃보다 꽃이 없는 잎을 더 좋아한다.
품종이 우수한 개보다 길들지 않은 똥개를 더 좋아한다.
내 눈이 짙은 색이므로 밝은 색 눈동자를 더 좋아한다.
책상 서랍들을 더 좋아한다.
여기에 열거하지 않은 많은 것들을
마찬가지로 여기에 열거하지 않은 다른 많은 것들보다 더
    좋아한다.
숫자의 대열에 합류하지 않은
자유로운 제로(0)를 더 좋아한다.
기나긴 별들의 시간보다 하루살이 풀벌레의 시간을 더
    좋아한다.
불운을 떨치기 위해 나무를 두드리는 것을 더 좋아한다.
얼마나 더 남았는지, 언제인지 물어보지 않는 것을 더
    좋아한다.
존재, 그 자체가 당위성을 지니고 있다는
일말의 가능성에 주목하는 것을 더 좋아한다.

10. 신기한 것들의 목록

고대와 중세 시대 모든 백과사전의 원형이던 플리니우스의 『박물지』는 2만 건의 사실과 5백 개의 출전에 관한 하나의 컬렉션이다. 이 책은 알파벳 순서를 따르지도 않을뿐더러 어떤 체계적인 계획에도 들어맞지 않을 것 같아서 얼핏 보면 그야말로 콘저리스 같다. 그래서 이 책은 하나의 목록에 지나지 않을 수 있다. 그렇지만 그 색인을 주의 깊게 살펴보면 이 책이 하늘에 있는 것들부터 시작해 지리학, 인구학, 민족지학을 다루고 있으며, 이어서 인류학과 인체 생리학, 동물학, 식물학, 농업, 원예학, 자연 약리학, 의학과 마법을 다루고, 다시 광물학, 건축학, 조형 예술로 옮아간다는 것을 알 수 있다. 즉 근원적인 것에서 파생적인 것으로, 자연적인 것에서 인공적인 것으로 일종의 위계를 세워 나가고 있다는 얘기다.

중세 시대 백과사전류 또한 그 분류 기준이 매우 모호하며, 서로 관련이 없는 정보들을 단순하게 나열한 목록처럼 보인다. **세비야의 성 이시도루스**는 저서

153

궁극의 리스트

『어원론』에서 일곱 가지 교양 과목, 즉 문법, 수사학, 논리학, 음악, 산술, 기하, 천문학, 그리고 의학, 교회법, 책과 공적 업무, 언어, 민족, 군대, 단어, 인간, 동물, 세계, 건물, 돌과 금속, 농업, 전쟁, 놀이, 연극, 선박, 의복, 가정과 가사 등에 관해 생각한다. 이런 목록을 보는 사람이라면 도대체 그 밑에는 어떤 질서가 놓일 수 있을까 궁금해할 것이다. 그 예로 동물에 관한 부분의 목록을 보면 맹수, 작은 동물, 뱀, 벌레, 물고기, 새와 작은 날개를 가진 동물 등으로 나뉘어 있는데, 악어는 물고기에 속하는 것으로 분류되어 있다. 그러나 이시도루스의 시대에는 기초 교육이 3학 Trivium(문법, 수사, 논리)과 4학 Quadrivium(산술, 기하, 천문, 음악)으로 구분되어 있었고, 사실 이시도루스가 자신의 저작 앞쪽 권에 할애한 것이 바로 이런 과목들과 의학이었다. 그 뒤를 이어서 교회법과 공적 업무를 다룬 장들이 제시되는데, 그 이유는 그가 염두에 두었던 독자들 가운데에는 학자나 변호사,

대(大) 얀 브뤼헐(학파)
「불의 알레고리」, 1607~1608,
파리, 루브르 박물관

152면: 「그레이하운드」, 바르톨로마이우스 앙글리쿠스의
『사물의 성질』 중에서, ms. 993, fol. 254v., 1416년경,
랭스, 시립 도서관

153면: 야코프 사베리 2세
「방주로 들어가는 동물들」, 17세기, 개인 소장

수도사도 포함되어 있었기 때문이다. 그런 다음에는 곧바로 또 다른 질서가 나타난다. 제7권부터 등장하는 이 질서는 신에서 시작해 천사와 성인을 다룬 뒤 인간과 동물로 옮겨간다. 그러다가 제13권에서 이시도루스는 세계와 세계의 부분, 바람, 물, 산 등을 다룬다. 마지막으로 제15권에서 생명이 없는 인공적인 사물들, 다시 말해 여러 예술에 이르게 된다. 이시도루스는 비록 두 가지 기준을 나란히 섞어서 사용하고 있지만 닥치는 대로 정보를 모아 놓고 있지는 않으며, 뒤쪽 권에서는 품위가 줄어드는 순서를 따라 신부터 집안 가재도구까지 내려가고 있다.

그러므로 이런 백과사전은 하나의 형태를 가정하고(또는 적어도 추구하고) 있었다. 그 이유는 그 구성이 〈연상적 기능〉을 갖고 있었기 때문이다. 어떤 질서 속에 사물들이 있다면, 우리는 세계라는 이미지 속에서 그것들이 차지하는 장소를 떠올림으로써 그 사물들을 쉽게 기억해 낼 수 있다. 그렇지만 그런 연상 작용은 매우 전문화된 독자들에게만 일어났다. 나머지 독자들은 아마도 수많은 헬레니즘 전집류에 등장하는 신기한 것들, 즉 미라빌리아 mirabilia의 목록에 여전히 매혹되었을 것이며, 그것은 오늘날 독자들도 마찬가지이다. 그런 목록의 예가 **아리스토텔레스**의 저서로 여겨지는 『미라빌리부스 De Mirabilibus』이다(여기서는 178개 목록 가운데 경이로운 것 14개만 소개하겠다). 그 밖에도 이시도루스의 『다양한 종류의 괴물 책 Liber monstrorum diversi generibus』과 맨더빌의 『여행기』, 그리고 **렌의 마르보두스**가 쓴 온갖 보석 목록, 틸버리의 저비스 Gervase of Tilbury의 『황실의 여가』 등에도 온갖 놀라운 것들과 괴물 같은 존재들이 등장한다. 『황실의 여가』에서 작가는 특히 자석, 아그리젠토산(産) 소금, 석면, 이집트산 돌무화과, 펜타폴리스의 과일, 달의 주기를 따르는 돌, 썩지 않는 나폴리의 고기, 포추올리의 목욕탕, 거꾸로 자라는 콩, 지옥의 문, 에데사의 예수 얼굴, 딱정벌레들의 전투, 뜨거운 모래, 귀부인들이 나타나는 창문들, 절대로 끓지 않는 물, 실크, 돌고래, 인어, 여우, 에키노케팔리(말갈기를 가진 괴물 — 옮긴이), 수염 난 여자들, 불새, 발이 여덟 개인 사람, 야행성 애벌레, 황새 둥지 속 까마귀 알, 나무에서 태어난 새 등등 진기한 것들을 언급한다.

근대 작가들의 작품에서 미라빌리아 목록은 순전히 시적인 기능을 한다. 그들은 그런 목록들이 존재하지 않는 것들을 가리킨다는 것, 그리고 그와 같은 순수한 상상의 카탈로그들이 공허한 말 flatus vocis의 사례이기 때문에 재미있다는 것을 알고서 고대인들의 정보를 이용하는 것이다. 그렇게 해서 보르헤스는 『상상 동물 이야기』에서 피그미, 용, 신성한 물고기인 압투와 아네트, 붓다의 탄생을 예언한 코끼리, 엘프, 실프, 가족의 죽음을 미리 알리는 밴시, 벼락의 신 하오카, 땅속 요정

궁극의 리스트

놈, 아담의 첫째 아내 릴리트, 변신과 마법의 능력을 지닌 중국의 구미호, 새처럼 날개 달린 소녀 유와키, 이빨을 드러내고 히죽이 웃는 체셔 고양이, 님프, 분신(도플갱어), 바다의 거대 괴물 파티스토칼론, 스웨덴보리의 천사와 악마, 세상을 지킨다는 36명의 절름발이 우프닉, 집안의 꼬마 요정 브라우니, 전사자를 고르는 발키리, 운명을 다스리는 여신 노른, 헤브라이즘의 악마, 동물의 말하는 능력을 앗아간 아프리카 부시맨 호치간, 타임머신에 나오는 몰록과 엘로이, 거인족 트롤, 요정들, 위는 여자 아래는 뱀인 라미아, 나쁜 혼령 레무르, 4천 개의 눈, 귀, 입, 콧구멍, 발을 가진 거대한 황소 쿠야타, 사티로스, 금계(金鷄), 비를 부르는 새 등을 소개한다.

아리스토텔레스[?] (기원전 4세기)
「사람들이 말하는 진기한 것들에 관하여」, 7~20장

사람들이 말하기를 이집트에 사는 깜짝도요새는 악어의 입 속으로 날아들어 악어 주둥이 안에 들러붙은 살점들을 빼내 악어 이빨을 청소해 주는데, 악어는 이것을 좋아해 이 새들을 해치지 않는다고 한다.

사람들이 말하기를 비잔티움에 사는 고슴도치는 북풍이나 남풍이 부는 것을 감지하여 당장에 땅굴 드나드는 구멍을 바꾼다고 한다. 그리하여 바람이 남쪽에서 불어올 때는 땅에 구멍을 내곤 하지만, 바람이 북쪽에서 불어오면 벽에 구멍을 낸다고 한다.

케팔레니아의 암염소는 네발 달린 나머지 동물들과는 달리 물을 마시지 않는 것 같다고 한다. 이들은 날마다 바다를 향해 얼굴을 돌리고는, 입을 벌려 바다에서 부는 산들바람을 마신다고 한다.

사람들이 말하기를 시리아에 사는 야생 나귀 무리는 우두머리 수컷 한 마리가 다스린다고 한다. 우두머리 수컷은 자신보다 어린 수컷이 암컷과 짝짓기를 하면 화를 내고 그 젊은 수컷을 쫓아가 끝내 잡아서는 뒷발굽으로 굴복시키고 생식기를 물어 버린다고 한다.

사람들이 말하기를 남생이는 독사의 일부를 먹었을 때에는 해독제로 마조람 풀을 먹는데, 만약 그 풀을 곧바로 찾아내지 못하면 죽는다고 한다. 지방의 많은 사람들이 이 소문이 진실인지 증명하기 위하여, 독사를 먹는 남생이를 볼 때마다 마조람 풀을 뽑아 버리는데, 풀을 다 뽑아 버리면 남생이가 머잖아 죽는 것처럼 보인다고 한다.

사람들이 말하기를 족제비 수컷의 생식기는 여느 동물의 그것과 달리 매우 단단한데, 때로는 그 단단함이 거의 뼈와 같다고 한다. 이것은 소변에 문제가 있을 때 가장 좋은 치료제로 꼽히는 모양인데, 족제비 생식기를 깨끗이 닦은 후에 약으로 처방한다.

사람들이 말하기를 딱따구리라는 새는 도마뱀처럼 나무 위를 기어오르며, 나뭇가지에 매달리기도 하고 나뭇가지 위에 서기도 한다고 한다. 나아가 이 새는 나무에서 굼벵이를 파먹는데, 굼벵이를 찾으면서 나무에 아주 깊은 구멍을 파니, 심지어 그러다가 나무를 쓰러뜨릴 때도 있다고 한다.

사람들이 말하기를 펠리컨은 강물 속에 사는 펄조개를 파내어 삼킨다고 한다. 이들은 많은 양의 펄조개를 실컷 삼킨 다음에는 다시 토해 내어 그 자리에서 조개의 살만 발라먹고 껍데기는 건드리지 않는다고 한다.

사람들이 말하기를 아르카디아의 킬레네에 사는 검은새는 태어날 때는 하얗다는데, 이것은 다른 어느 곳에서도 없는 일이다. 그리고 이 새들은 아주 다양한 소리를 내며 달빛 아래 돌아다닌다고 한다. 그러나 사람이 낮에 이 새들을 잡으려고 하면 잡기가 무척 힘들다고 한다.

어떤 사람들이 말하기를 밀로스와 크니도스에서는 꽃꿀이라는 것이 생산되는데, 그 냄새는 향기로우나 짧은 시간밖에 지속되지 않으며, 그것으로 꿀벌이 먹을 양식을 만든다고 한다.

카파도키아의 일부 지역에서는 벌집이 없어도 꿀이 만들어진다고 하며, 그 꿀의 농도는 올리브기름과 비슷하다고 한다.

폰토스의 트라페주스에서는 회양목에서 채집한 꿀이 생산되는데, 이것은 냄새가 지독해서 정신이 건강한 사람이 먹으면 감각이 마비되지만 간질로 고통 받는 사람들에게는 더 없이 좋은 치료제라고 한다.

사람들이 말하기를 리디아에서도 나무에서 꿀이 많이 생산되는데, 이곳 사람들은 이 꿀을 사용하기 위해 매우 거칠게 문지르고 적당한 크기로 떼어 내어, 밀랍을 쓰지 않고 공처럼 만든다고 한다. 실제로 트라케에서도 마찬가지로 이것이 생산되는데, 그다지 단단하지는 않지만 마치 모래 같다고 한다. 사람들 말로는 이렇게 꿀을 응고시켜 놓으면 물이나 다른 액체와는 달리 똑같은 부피를 유지한다고 한다.

칼키스 풀과 아몬드 나무는 꿀을 만드는 데에는 가장 유용하다. 들리는 말로는 이런 식물에서 아주 많은 양의 꿀이 만들어진다고 하기 때문이다.

「이집트의 환상적 동물들」, 로비네 테스타르의
『세계의 불가사의 책: 자연사의 비밀』, fol. 15v., 1480~1485년경, 파리, 프랑스 국립 도서관

세비야의 성 이시도루스 (570~636)
『어원론』
제11권, 「인간과 기이한 것들」
3장, 6~27

〈기이한 존재*portentum*〉와 〈괴물*portentuosus*〉 사이에는 차이점이 있다. 기이한 존재들은 변형된 겉모습을 가진 것들로, 예를 들면 움브리아에서 한 여인이 뱀을 닮은 아이를 낳은 것과 같은 일이 벌어졌을 때, 그것을 기이하다고 한다. 그래서 루카누스는 그 일에 관해 이렇게 말한다(『내란기*Bellum civile*』1권 563행). 〈그리하여 그 아이는 자신의 어머니를 겁에 질리게 했다.〉 그러나 괴물, 즉 자연 법칙에 어긋나는 존재는 엄밀히 말해서 약간 변이된 형태를 띤다. 예를 들어 여섯 손가락을 가지고 태어난 사람의 경우가 그렇다.
그리고 기이한 존재나 자연 법칙에 어긋나는 존재는 몇몇

자코포 바사노
「노아의 방주에 오르는 동물들」, 1570~1579,
마드리드, 프라도 미술관

사례에서 몸 전체의 크기가 보통 인간을 능가하는 거대한 크기의 형태로 나타난다. 디티오스가 그런 경우인데 호메로스가 목격하듯이, 쓰러져 누웠을 때 9유구스(다시 말해 약 6에이커)의 면적을 덮었다. 또 다른 사례로 몸 전체가 작은 형태가 존재하는데, 난쟁이들(나누스)이나 또는 키가 1완척이라고 하여 그리스인들이 피그마이오스라고 부르는 이들(피그마이우스)이 그렇다. 또 더러는 보기 흉한 머리를 가진 경우처럼 신체 부위의 크기가 달라서, 혹은 머리가 둘, 셋 달린 사람이나 혹은 튀어나온 두 개의 엄니를 가진 키노돈트들(다시 말해 〈개 이빨을 가진〉 사람들)처럼 필요 이상의 신체 부위를 가져서 그렇게 불리는 경우가 있다. 그러나 한 손을 다른 사람들의 손과 비교하고 한 발을 다른 사람들의 발과 비교했을 때 해당하는 신체의 부위가 없는 개인들의 경우처럼, 신체의 어느 부위가 없어서 그렇게 불리는 존재들도 있다. 또 더러는 그리스인들이 스테레시오스*steresios*[〈상실〉을 뜻하는 그리스어에서 나온 말]라고 부르는, 머리 없이 태어나는 존재들의 경우처럼, 있어야 할 것이 없어서 그렇게 불리기도 한다.

[……] 더러는 머리만, 또는 다리 하나만 가지고 태어나는 경우처럼 프라이누메리아 *praenumeria*의 형태를 띠는 것들이 있다.

더러는 신체의 부위가 변형된 존재들이 있다. 예를 들어 사자 혹은 개의 특징을 가진 존재들, 혹은 파시파이에게서 태어난 미노타우로스의 경우를 들어 말하듯 황소의 머리나 몸을 가진 존재들이 있다[……]. 또 더러는 송아지를 낳은 여인의 이야기에서 보듯, 다른 동물로 완전히 변형되어서 기이한 존재가 된다. 또 더러는 변형은 전혀 없이 신체 부위의 위치만 바꾸는데, 눈이 가슴팍이나 이마에 달렸거나 혹은 귀가 관자놀이 위에 붙었거나 혹은 아리스토텔레스가 말하듯이, 간이 왼쪽에 있고 비장이 오른쪽에 있는 사람이 그런 경우이다. 또 더러는 유착이 발생하여, 날 때부터 한 손에는 손가락 몇 개가 붙고 융합되어 있고 다른 손에는 손가락 수가 적고, 발가락도 그와 마찬가지인 경우가 있다. 또 더러는 날 때부터 이가

카스파어 멤베르거
「노아의 방주에 들어가는 동물들」, 1588,
빈, 미술사 박물관, 회화관

있거나 수염이나 백발이 난 사람들의 경우처럼 조숙하거나 나이에 맞지 않는 특징을 지닌다. 또 더러는 괴상한 여러 가지가 복합된 이들이 있다. [……] 더러는 흔히 〈안드로지니〉라고 불리는 이들처럼, 성이 한 몸에 혼합된 이들이 있다. [……]

헤르마프로디투스 Hermaphroditus들은 두 가지 성을 다 지니고 있기 때문에 그렇게 불린다. [……] 남성의 오른쪽 가슴과 여성의 왼쪽 가슴을 가진 이들은 성교를 통해 아이를 배고 서로 번갈아 아이를 낳는다.

개별 민족들 안에서도 괴물처럼 생긴 사람들의 사례가 있는 것처럼, 인류 전체에도 거인들, 키노케팔루스(다시 말해 〈개의 머리를 가진 종족〉), 키클롭스 등등 괴물 같은 종족들이 존재한다. 거인들을 기간테스라고 부르는 것은 그리스 어원학에 따라서 그렇게 하는 것이다.

그리스인들은 거인들이 [……] 〈땅에서 태어났다〉고 생각하는데, 그들의 우화에서 어머니인 가이아가 자기를 닮아 체구가 거대한 아이들을 낳았기 때문이다[이들을 일컫는 말의 그리스어 어근은 〈땅〉과 〈자식〉을 뜻하므로 〈땅의 자식〉이라는 말이다]. 그러나 성서(다시 말해 창세기

궁극의 리스트

6장 4절)를 잘 모르는 사람들은 배교한 천사들이 대홍수가 일어나기 전에 인간의 딸들과 잠을 자서 그로 인해 거인들—즉 지나치게 크고 힘센 사내들—이 태어났고 땅을 더럽혔다고 잘못 생각하곤 한다. 키노케팔루스들은 개의 머리를 하고 있기 때문에 그렇게 불리는데, 이들이 짖는 것을 보면 실로 그들이 사람보다는 짐승임이 드러난다. 이들은 원래 인도 태생이다. 인도에는 또한 키클롭스들이 있는데, 이들이 키클롭스라고 불리는 것은 이마 한 가운데 눈이 하나 박혀 있다고 믿어지기 때문이다. [……]

사람들은 또 리비아의 블레마이들은 머리 없는 몸통을 가지고 태어나며, 입과 눈은 가슴에 붙어 있고, 또 목이 없이 태어나 눈이 어깨에 붙은 종족도 있다고 믿는다. 더욱이 사람들이 아주 먼 동방의 기괴한 얼굴을 한 종족들에 관해서 쓴 글도 있다. 어떤 종족은 코가 없어 얼굴이 완전히 밋밋해서 보기 흉한 용모를 지니고 있다고 하고, 어떤 종족은 아랫입술이 아주 많이 튀어나와 잠을 잘 때는 아랫입술로 얼굴 전체를 덮어 태양의 열로부터 보호한다고 하고, 어떤 종족은 입이 닫혀 버려서 속이 빈 밀대로 작은 구멍을 통해서만 겨우 영양을 섭취한다고 한다. 어떤 종족은 혀가 없어, 말을 하는 대신 고갯짓이나 몸짓을 사용한다고 한다. 사람들은 스키타이의 판오티들에 관해 이야기하는데, 이들은 몸을 모두 덮을 정도로 큰 귀를 갖고 있다고 한다. [……] 에티오피아의 아르타반트들은 가축처럼 네 발로 걸어 다니며, 마흔 살을 넘게 사는 자가 없다고 한다.

사티로스들은 매부리코를 가진 작은 종족이다. 이들은 이마에 뿔이 있으며 발은 염소의 그것을 닮았는데, 성 안토니우스가 황야에서 보았던 그런 부류이다. 신의 종인 그분께서 물으니 이 사티로스는 이렇게 대답했다고 한다. [……] 〈나는 사막에 사는 종족의 한 사람인데 이교도들이 변덕스러운 자신들의 과오에 속아 우리를 파우누스니

너새니얼 커리어
「노아의 방주」, 19세기,
뉴욕, 브루클린 미술관

프랑스 학파
「노아의 방주」, 12세기 필사본 복제품,
파리, 장식 미술 도서관

사티로스니 하고 숭배합니다.〉 또한 야만인 종족도 있다고
하는데, 일부에서는 이들을 무화과의 파우누스라고
부른다. 스키아포드 종족은 에티오피아에 산다고 한다.
이들은 다리가 하나뿐인데 놀라운 속도로 달린다고 한다.
그리스인들은 이들을 〈차양 발을 가진 자들〉[……]이라고
하는데, 날이 더우면 바닥에 등을 대고 누워 거대한 발로
그늘을 드리우기 때문이다.
리비아의 안티포드들은 발바닥이 다리 뒤쪽으로
돌아갔는데 그 발에 발가락은 각각 여덟 개씩 달려 있다.
히포포드들은 스키타이에 사는데, 생김새는 사람이나
말의 발굽을 갖고 있다고 한다. 인도에는 [……] 한 종족이
사는데, 키가 열두 자나 된다고 한다. 또 키가 한 완척인
종족이 있는데 [……] 이들은 인도의 바다 가까운 산악
지역에 산다. 또한 인도에는 다섯 살이 되면 임신을 하고
여덟 살 넘게 살지 못하는 여인 종족이 있다고 한다.

마르보두스, 렌의 주교 (1035~1123)
『최근 편집한 귀중한 보석에 관한 책』
「놀라운 보석들」

벽옥(碧玉)은 번개와 천둥이 칠 때 유용하다. 옥수(玉髓)는
몸을 보호하는 돌이므로 목걸이나 반지에 박아 몸에
지니면 광증을 치료해 준다. [……] 아리스토텔레스는
자신의 책 『암석론De lapidibus』에서 이렇게 쓰고 있다.
〈에메랄드를 목에 걸거나 손가락에 끼면 간질이 의심되는
사례로부터 보호해 준다.〉 그런 까닭에 귀족들에게
충고하기를 에메랄드를 아이들의 목에 걸어 주라고 하는
것인데 아이들은 이 병으로 쓰러지기 때문이다. [……]
갈색 홍옥수는 보리 낱알 스무 개의 무게만큼 나가게 한
알로 만들어 목에 걸거나 손가락에 끼면 끔찍하고 괴로운
악몽으로부터 보호해 주며, 주문이나 저주로부터도
보호해 준다. 귀감람석은 금과 약간 비슷하게 짙게
반짝이는 돌로, 온갖 뱀들을 쫓아 준다. 귀감람석에
금가루를 발랐다가 씻어 내면, 밤중에 겪는 두려움들을
막아 주는 일종의 부적이 되고, 구멍을 뚫어서 당나귀
갈기에서 뽑은 털에 꿰어 왼쪽 팔에 둘러 묶으면, 마귀들을
쫓아 준다. [……] 녹주석은 크고 반짝이는 돌이다. 이
보석에 갯가재 모양을 새기고 그 아래쪽에는 까마귀
모양을 새겨 이 돌 전체를 금으로 봉한 사빈 약초의 작은
다발 위에 놓아 두어라. 일단 정화시킨 녹주석을 결혼한
부부가 차고 다니면, 이 부적이 온갖 질병으로부터 그들을
보호해 주고 각종 눈병을 치료하는 약효가 있다. 만약 이
돌을 물속에 넣고 그것을 우려낸 물을 누군가에게 마시게
하면, 그 사람은 몸이 정화되고 정력을 되찾을 것이며,
그의 간이 온갖 고통에서 해방될 것이다. 이 돌은 항상
지니고 다니는 것이 좋은데, 이것을 지닌 사람은 모든 적을
물리치며 승리하게 될 것이다. 이 돌은 인도에서 발견되며
에메랄드와 매우 비슷하지만 색이 훨씬 더 연하다. 황옥을
지니고 있다면, 심지어는 적도 그 사람에게는 아무 해도
입히지 못한다. 악을 행하는 자를 쫓아 내기 위해서는 이
돌을 집에 두고 있어야 한다. 풍신자석을 목에 걸거나
손가락에 두르고 있으면, 병이 도는 지역을 지나게
되더라도 앓게 되는 일이 없으며, 오히려 그 사람은 모든
사람에게 존중받게 되고 소망이 이루어질 것이다.
자수정을 물에 담갔다가 아이를 낳지 못하는 여인에게 그
물을 마시게 하면 당장에 그 여인이 임신하게 될 것이다.
마노는 유산한 경험이 있는 여인들을 도와주니 당장
순산을 불러온다. 갈색 홍옥수는 좋은 부적이며
여인들에게는 아주 도움이 된다. 그 돌에 포도덩굴이나
기어오르는 담쟁이를 새겨라. 호마노는 환영을 본 적이
있는 사람에게는 누구나 그것을 제대로 해석할 능력을
준다. 홍옥수를 목에 걸거나 손가락에 두르면 이것이
분노와 갈등의 감정을 누그러뜨려 준다. 이것은 순수한
사람들에게 자유를 가져다주니, 이 보석을 적절한 절차에
따라 축성하는 사람은 완전히 자유로워질 것이다. 그러나
이 돌은 다음과 같이 준비해야 한다. 이 돌에 풍뎅이 한
마리를 새기고 그 아래쪽 면에는 사람 형상을 새긴다. 그런
다음 이 돌을 수직으로 세워 축성하고, 금 브로치 위에
입혀야 한다. 제의를 올릴 때처럼 특별히 준비하고 장식한
장소 안에 놓아두면, 이것은 신이 부여하신 완전한 영광을
뿜어 낼 것이다. 벽옥은 강한 믿음을 상징한다. 사파이어는
숭고한 천국의 소망을 상징한다. 벽옥은 친밀한 사랑의
불꽃을 품고 있으며 에메랄드는 모든 역경에 굴하지 않는
믿음을 지닌 용감한 예언을 나타내고, 붉은 줄마노는
성인들의 겸손과 미덕을 상징하고, 갈색 홍옥수는
순교자들의 피를 경건하게 상징하며, 귀감람석은 기적
가운데 일어나는 영적인 설교를 상징하고 녹주석은
설교자들의 완벽한 설교를, 황옥은 그들의 열렬한 명상을
상징한다. 풍신자석은 동방 박사들의 거룩한 승천과 악이
인간 영역으로 비천하게 떨어진 것을 상징한다. 자수정은
겸허한 영혼이 지닌 천상 왕국에 대한 기억을 나타낸다.

10. 신기한 것들의 목록

「성 스테파노의 성골함」, 9세기,
빈, 미술사 박물관

11. 수집물과 보물들

박물관 카탈로그는 실용적인 목록의 한 예로, 이미 지정된 장소에 있는 사물들을 가리키며 그렇기 때문에 그것은 당연히 유한하다. 그러나 박물관 자체, 또는 어떤 부류의 것이든 간에 컬렉션에 대해서는 어떻게 생각해야 할까? 특정 유형의 〈모든〉 사물들(예를 들면 어느 한 화가의 모든 작품, 그야말로 빠뜨린 것 없이 전부)을 포함하는 식의 지극히 드문 컬렉션의 경우를 제외한다면, 컬렉션이란 항상 열려 있으며 무언가 다른 요소들이 추가되어 언제든 더 커질 수 있다. 특히 그 컬렉션이 로마 시대 귀족이나 중세 영주가 그랬듯이, 또는 근대적 화랑이나 미술관이 그랬듯이, 자꾸 모으고 한없이 불려 가는 축적에 대한 취향을 바탕으로 하고 있다면 더 말할 나위가 없다.

게다가 아주 전문화된 경우가 아니라면 컬렉션이란 언제 봐도 꼴사나운 부조화를

궁극의 리스트

164면: 위베르 로베르
「1789년경 루브르 왕궁의 그랑 갈레리 풍경」, 1789~1799,
파리, 루브르 박물관

165면: 알렉상드르 브룅
「1880년경 루브르의 카레 살롱 방문」, 20세기,
파리, 루브르 박물관

166~167면: 소(小) 다비드 테니르스
「자신의 갤러리에 있는 레오폴트 빌헬름 대공」, 1650년경,
마드리드, 프라도 미술관

데미언 허스트
「천사의 해부와 심연」, 2008,
런던, 소더비

보이기 십상이다. 우리가 생각하는 미술의 개념을 알지 못하는 어느 우주 여행자가 루브르 박물관에 간다면 그는 왜 루브르에 꽃병이나 접시, 소금 그릇처럼 흔히 쓰이는 하찮은 물건들과, 밀로 섬의 비너스 같은 여신의 신상, 풍경을 그린 그림, 평범한 사람들의 초상화, 무덤 부장품과 미라, 기이한 모습을 한 괴물 그림, 예배 물품, 고문 받는 인간들을 묘사한 이미지, 전투를 묘사한 그림, 성적 매력을 일으키게끔 계산된 누드, 심지어 고고학적인 발굴품까지 죄다 갖다 놓았는지 의아하게 여길 것이다.

굳이 우주에서 온 방문객을 상상할 필요도 없다. 1923년 폴 발레리 Paul Valéry는 자신이 박물관에 대해 느낀 짜증스러움을 이렇게 표현했다.[1] 〈나는 박물관을 별로 좋아하지 않는다. 그곳에는 감탄할 만한 물건들이 더러 있기는 하지만 기쁨을 주는 것은 하나도 없다. 분류의 개념, 보존의 개념, 공공의 이익이란 개념이 옳고 분명하기는 하지만, 그것들은 기쁨과는 거의 관계가 없다. 〔……〕 나는 냉동된 피조물들의 소동 속에 들어온 나 자신을 발견하며, 그것들은 저마다 헛되이, 나머지 모든 것들이 존재하지 않기를 요구한다. 〔……〕 내 앞에는 이상하게 편성된 무질서가 펼쳐져 있다. 나는 성스러운 두려움에 사로잡힌다. 나의 걸음걸이는 종교적이 된다. 목소리는 바뀌어 마치 교회에 들어온 것처럼 약간 높아지지만 생기 있을 때보다는 낮아진다. 곧이어 나는 이 창백한 고독 속에, 신전과 살롱, 묘지와 학교의 냄새가 짙게 풍기는 이곳에 내가 무얼 하러 왔는지 더는 알 수 없게 된다. 〔……〕 나는 혼잣말을 한다. 이 수고로움은 뭐고, 이 야만적 행위는 다 무엇이냐! 이 모든 것이 비인간적이다. 순수하지 않다. 서로가 독립적이고 적대적인 대리석들, 더욱 적대적일수록 서로 더욱 닮아 가는 이 대리석들의 습격은 역설적이다. 〔……〕 귀는 열 개 관현악단이 한꺼번에 연주하는 소리를 견디지 못할 것이다. 정신은 수많은 별개의 과정들을 좇아가지 못하는 법이며, 동시에 주장되는 논증은 어디에도 없다. 그러나 여기서 우리 눈은 〔……〕 무언가를 감지하는 즉시, 그 한 점의 초상화를, 바다 풍경을, 부엌을, 승리를, 온갖 다양한 자세를 취하고 있는 인물들과 상황들을 억지로 받아들일 수밖에 없다는 걸 깨닫게 되고, 거기서 그치는 것이 아니라 바로 그 힐긋 던지는 눈길 한 번에, 서로가 서로를 삼켜 버리는 〔……〕 생산물끼리 서로 비교되기를 거부하는 그림의 방식과 조화로움까지 알아보아야 한다. 〔……〕 그러나 우리가 받은 유산이 우리를 찌부러뜨린다. 자신이 사용하는 엄청난 기술적 수단들에 지쳐 버린 현대인은 바로 자신의 과도한 부로 인해 궁핍해진다. 〔……〕 과도한 자산은, 그래서 쓸모없는 자산이다.〉

아마 그날 발레리의 기분이 좋지 않았던 것인지도 모른다. 14년 후에 그는 샤이오

박물관에서 열린 전시회를 기념해 그 건물인 팔레 드 샤이오의 정면을 찬양하는 시를 썼으니 말이다(Choses rares et choses belles/ici savamment assemblées/instruisent l'oeil à regarder/comme jamais ancore vues/toutes choses qui sont au monde 여기, 절묘하게 어우러진/이 귀하고 아름다운 것들은/세상의 모든 것들을/마치 한 번도 본 적 없는 듯/새로운 눈으로 보게 하네). 그러나 일반적인 박물관에 관한 한, 그는 확실히 다음의 세 가지 특징을 간과하고 있었다. (i) 그곳의 분위기는 조용하고 어둡고 비우호적이다. (ii) 각각의 작품들에 대한 전후 맥락이 없기 때문에 그것들을 하나하나 이해한다든가 그 전부를 기억하는 것이 어렵다. (iii) 그곳의 탐욕스러움은 공격적이다. 오늘날은 박물관 편제가 발달되어서 발레리가 느꼈던 앞의 두 가지 반감은 더 이상 느끼지 않게끔 되어 있다. 요즘 박물관은 밝고 햇볕이 잘 들고 우호적이며 관람객을 환대하고, 전시실을 배치한 방식도 거의 항상 작품들과 그 맥락의 관계를 배려한다. 그러나 우리에게는 여전히 세 번째 특징의 문제가 남아 있다. 사실 사람들이 박물관을 찾는 이유는 바로, 그 시설이 정의상 당연히 갖고 있는 탐욕스러움 때문이다. 그것이 의미상 탐욕스러울 수밖에 없는 이유는 박물관이 개인 컬렉션에서 생겨나고, 개인 컬렉션은 강탈과 전쟁의 전리품에서 생겨나기 때문이다. 플리니우스는 『박물지』(37권, 13~14)에서 이렇게 말한다. 〈진주와 보석에 대한 유행을 창조한 것은 폼페이우스의 승리였고, 마찬가지로 무늬를 새긴 은 식기들과 아탈로스 직물(금실로 수를 놓은 천 — 옮긴이), 청동으로 장식한 트리클리니움(장방형 식탁의 세 면에 딸려 있어 누워서 식사할 수 있는 소파 — 옮긴이)의 유행을 창조한 것은 스키피오와 만리우스의 승리였다. 그리고 코린토스식 꽃병과 그림을 유행하게 만든 것은 루키우스 뭄미우스의 승리였다.〉 이런 노획물들(다른 표현을 쓰고 싶다면, 정복에 따른 권리)은 중요한 물건들을 단번에 축적시켰고, 아울러 그 축적물들을 늘려 가는 데서 오는 자부심을 안겨 주었다.

폴란드 출신의 역사학자 크시슈토프 포미안 Krzysztof Pomian[2]에 따르면, 처음에 사람들은 종교적인 마음에서 부장품들(파라오들의 무덤에 묻힌 보물들을 떠올리기만 해도 될 것이다)이나 신전에서 받아 온 선물들을 사적인 장소에 수집했지만 이런 수집물은 금세, 그의 용어를 빌리면, 〈세미오포 semiophore〉적인 사물이 되었다. 달리 말해서 종종 그것의 판매 가치를 떠나 그 이상으로 다른 어떤 것, 그것이 생겨난 과거, 그것이 기록하고 있는 어떤 이국적인 세계, 보이지 않는 세계 등을 나타내는 기호(記號)이자 목격자인 사물들이 된 것이다.

로마 귀족들의 컬렉션에 관해서 우리가 아는 것은 별로 없지만, 중세인들의 축적에 대한 취향에 관해서는 제법 많은 정보를 가지고 있다. 중세 시대의 〈보물

11. 수집물과 보물들

조지프 코넬
「무제(약국)」, 1943,
파리, 마르셀 뒤샹 부인 소장

궁극의 리스트

창고〉에서 우리는 죽은 사람의 유물, 진귀한 돌, 기기묘묘하고 놀랍고 경탄스럽고 생각지도 못했던 물건들을 발견하곤 한다. 이런 보물들 가운데 많은 수가 지금은 사라졌거나 흩어졌다. 대표적인 예가 베리 공작의 유명했던 컬렉션이나 생드니 수도원의 컬렉션이다. 12세기에 생드니 수도원의 수도원장이던 위대한 쉬제Suger는 세련된 수집가이자 보석과 진주, 상아, 가지가 갈라진 금 촛대, 그림 무늬 제단 장식의 열성 애호가였으며, 소중한 사물들의 컬렉션에서 일종의 종교 이론과 신비 철학 이론을 만들어 낸 사람이다. 그러나 쉬제의 컬렉션 가운데 최고의 물건들은 프랑스 혁명기에 뿔뿔이 흩어졌고, 이 대수도원장 겸 주교의 유명한 성배는 지금 런던에 있다. 남아 있는 것들 대부분은 루브르 박물관에 보관되어 있다.

중세 시대 보물 가운데 가장 숭배받는 경이로운 보물이 유골들이다. 유골 숭배는 그리스도교에서만 나타나는 현상은 아니다. 플리니우스도 고대 그리스와 로마인들이 소중히 여기던 유품들, 즉 오르페우스의 리라, 헬레네의 샌들, 안드로메다를 공격했던 괴물의 뼈 등에 관한 이야기를 들려준다. 중세 시대에는 한 도시나 한 교회에 유골이 있다는 것은 일종의 혜택이었다. 유골은 그저 신성한 물건이 아니라 관광객을 끌어들이는 소중한 자원이었기 때문이다.

프라하의 성 비투스 대성당에서는 성 아달베르트와 성 벤체슬라우스의 두개골, 성 스테파노의 칼, 예수가 못 박혔던 십자가의 조각, 최후의 만찬에 쓰였던 식탁보, 성 마르가리타의 치아 하나, 성 비탈리아노의 정강이뼈 조각, 성 소피아의 갈비뼈 하나, 성 에오반의 아래턱, 모세의 지팡이, 성모의 옷 등을 볼 수 있다. 베리 공작의 전설적인 수집물 카탈로그에는 많은 유품이 들어 있다. 그 가운데 성 요셉의 약혼반지는 지금은 사라졌지만, 빈에 가면 지금도 베들레헴의 구유 한 조각을 보며 감탄할 수 있다. 그리고 성 스테파노의 돈 주머니, 예수의 옆구리를 찔렀던 창(여기에 더해 십자가의 못까지), 샤를마뉴 대제의 칼, 세례 요한의 치아 하나, 성 안나의 팔뼈 하나, 사도들이 묶였던 사슬, 세례 요한의 옷 조각, 최후의 만찬에 쓰였던 식탁보의 또 다른 조각 등도 포함되어 있었다. 그리고 밀라노 대성당의 보물실에서 볼 수 있는 성 카를로 보로메오의 후두(喉頭)도 잊어서는 안 될 것이다. 실제로 이 대성당의 성물 목록(*l'Inventario dei paramenti e delle suppellettili sacre del Duomo di Milano*)을 참고하면, 화려한 왕관이나 왕홀, 꽃병, 상아 제품, 금붙이들을 제외한다 해도, 이곳의 여러 성구실(聖具室)에 예수의 가시관에서 따온

아르망
「베르나르 브네의 쓰레기통」, 1970,
베르나르 브네 소장

궁극의 리스트

가시 몇 개, 십자가의 조각 하나, 성 아그네스, 성 아가타, 성 카테리나, 성 프락세데스, 성 심플리키아누스, 성 카이오, 성 제론티우스 등의 다양한 신체 부위와 부분들이 보관되어 있음을 알게 된다.
  중요한 것은 신자가 아닌 사람일지라도 경이로운 것 두 가지가 뿜어내는 매력에 저항할 수 없다는 사실이다. 첫째는 그 물건들 자체이다. 알 수 없는 혐오감을 주면서도 슬프고 신비하고 누렇게 변해 가는 주인 모를 연골 조각들, 빛바래 변색되고 닳아서 올이 드러난, 때로는 병에 든 무슨 이상한 메시지처럼 돌돌 말려

「수태 고지가 묘사된 교회 외투 죔쇠」, 9세기,
아헨, 돔 보물실

마르탱 기욤 비에네
「정의의 손(성 디오니시우스의 손)」, 1804,
파리, 루브르 박물관

174

11. 수집물과 보물들

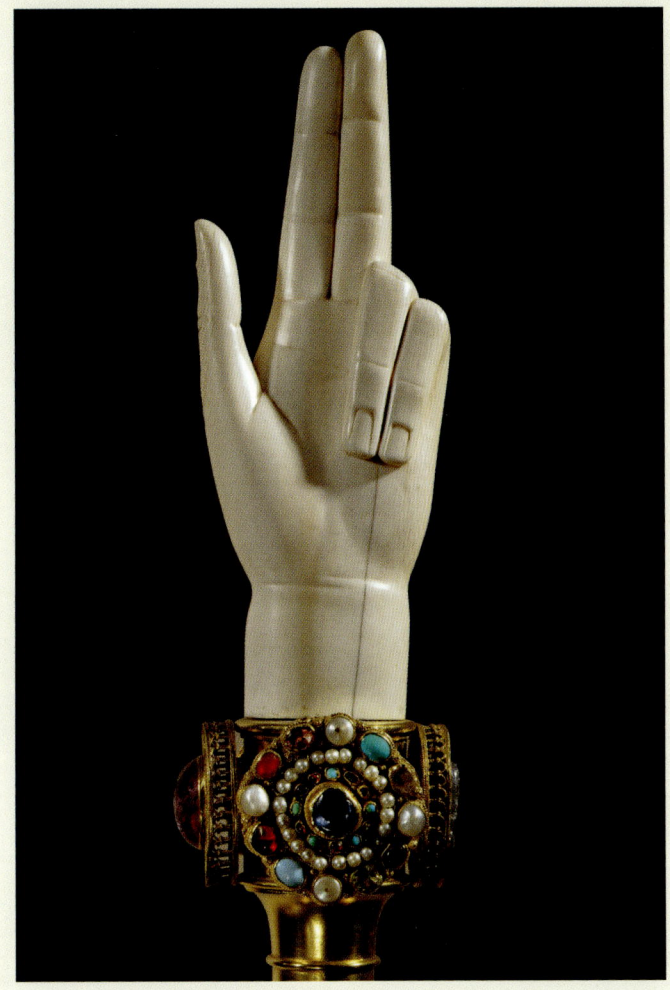

약병 속에 놓인 어느 시대의 것인지 모를 천 쪼가리들, 종종 부스러져서 그 주변의 직물이나 금속, 뼈와 함께 섞여 있는 재료들. 둘째는 그 물건들이 담긴 용기이다. 신앙심 깊은 재주꾼이 나머지 유품들의 조각을 사용해 탑 모양으로, 작은 뾰족탑과 둥근 지붕이 있는 조그만 대성당 모양으로 제작한 그런 용기들 중에는 굉장히 귀중한 것들이 많다. 바로크 시대 유품들(가장 훌륭한 것은 빈에서 볼 수 있다)은 말할 것도 없는데, 조그만 조각상들의 숲과 같은 것, 시계나 음악상자, 마술 상자처럼 생긴 것들도 있다. 그 가운데 일부는 현대 미술 애호가들에게는 조지프 코넬Joseph Cornell의 초현실주의적 상자들, 유리와 손목시계가 가득한 아르망Arman의 캐비닛들, 데미언 허스트Damien Hirst의 캐비닛들을 연상시킬 것이다. 이것들은 모두 세속의 성골함이라 하겠지만, 닳아 헤진 것이나 먼지투성이 재료에 대한 취향,

어쨌거나 일종의 광적인 축적에 대한 취향이란 점은 다를 게 없다.

  오랜 연대기들에 따르면 12세기 독일의 한 대성당에는 세례 요한이 12세였을 때의 두개골이 보관되어 있었다고 한다. 물론 우리는 그것을 보지 않고도 회색이 감도는 바탕 위의 불그스름한 선들, 아라베스크 무늬 같은 파편들, 부식된 두개 봉합부, 베르 의 제단처럼 파란 에나멜로 장식되어 그것을 담고 있는 전시 캐비닛, 그리고 2천 년 동안 공기 없는 진공 상자 속에 꼼짝 못하고 시든 장미들로 뒤덮여 누렇게 변색되어 가는 작은 실크 쿠션을 상상할 수 있다. 그보다 나이든 세례 요한이 헤롯 왕에 의해 망나니의 칼에 목이 잘려 죽었을 때의, 또 다른 두개골은 현재 로마의 산실베스트로인카피테 교회에 보관되어 있다(그렇지만 예전에 떠돌던 한 구전은 그것이 아미앵 대성당에 있었다고 믿게 만든다). 어쨌거나 로마에 보관되어 있는 그 두개골은 턱뼈가 없을 것이다. 그것은 비테르보의 성 로렌초 대성당에 보관되어

「바젤 대성당의 성 아기들 중 한 명의 발 모양 유골함」
오스발트 위베를링거, 1450,
취리히, 스위스 국립 박물관

있다고 하니 말이다. 세례 요한의 머리가 얹혔던 쟁반은 제노바 성 로렌초 대성당의 보물실에 그의 유해와 함께 보관되어 있다. 그러나 세례 요한의 유해 일부는 로아노의 베네딕투스회 수도원의 오래된 교회에도 보관되어 있으며, 손가락 하나는 피렌체 대성당의 오페라 박물관에, 팔 하나는 시에나 대성당에 있는 것으로 보인다. 그의 치아 하나는 라구사 대성당에, 그리고 또 다른 치아 하나는 한 줌의 머리카락과 함께 몬차에 보관되어 있다.

   귀한 돌들과 그 다양한 유형들을 조사하는 것은 보물 애호가들이 즐기는 오락거리 가운데 하나이다. 다이아몬드나 루비나 에메랄드를 알아보는 문제와 연관되기 때문이기도 하지만, 오팔, 녹옥수, 녹주석, 마노, 벽옥, 붉은 줄무늬 마노 같은 돌들이 종교적인 텍스트에서 항상 언급되기 때문이기도 하다. 결국 일반적으로 말해서 모조품과 진짜 보석을 구분하는 문제인 것이다. 밀라노 대성당의 보물실에는 바로크 시대에 은으로 제작된 성 카를로 보로메오의 커다란 성상이 전해진다. 당시 후원자들이나 기부자들은 은이 그래도 너무 싸다고 생각했기 때문에 이 성상에는 온갖 보석들로 번쩍번쩍 빛나는 가슴 장식 십자가가 붙어 있다. 카탈로그에 따르면 그 가운데 일부만 진짜 보석이고 나머지는 그저 색칠한 수정이라고 한다. 그러나 단순한 원재료와 관련한 우리의 호기심 때문에 애초 그것을 수집한 이들이 느꼈을 즐거움을 놓쳐서는 안 될 것이다. 사실 그들은 반짝이는 화려한 부라는 전체적인 효과를 내고자 했던 것이다.

   귀중한 재료들에서 느끼는 쾌감은 그 재료에 부여된 형태에서 느끼는 미적 쾌감과 다르지 않다. 보석 축적에 대한 이와 같은 취향은 **위스망스**Joris-Karl Huysmans나 **와일드**Oscar Wild 같은 근대 데카당스 예술가들에게서도 똑같이 발견된다. 와일드가 위스망스를 상당히 뻔뻔스럽게 모방했던 반면, 위스망스는 자신의 취향이 중세의 것들에서 비롯되었음을 숨김없이 보여 주었다.

1 "Le problème des musées", 지금은 *Oeuvres*에 수록, Paris, Pleiade II, pp. 1290 ff.
2 "Collezione", in *Enciclopedia* iii (Turin: Einaudi, 1978).

궁극의 리스트

콩크 교회 보물들에 관한 묘사
마르셀 오베르
『콩크 교회』, 1954

페팽 성골함 [......] 이곳 보물실에서는 가장 오래된 품목이다. 역사가 샤를 드 리나스Charles de Linas는 이것이 817년부터 838년까지 아키텐을 다스렸던 순한왕 루이의 아들 페팽의 것임을 처음 밝혀냈다. 이 궤는 직사각형 모양으로, 위쪽에는 금박을 입힌 나무 지붕이 네 개의 면으로 경사지게 씌워져 있다. 앞쪽 가장자리는 보석들을 박아 음각 테두리를 넣은 세선 세공(細線細工)으로 장식되어 있다. 앞쪽 면은 성모와 성 요한 사이에 십자가에 못 박힌 그리스도 상이 새겨 있으며, 머리 위로는 해와 달이 묘사되어 있다. [......]

성녀 피데스의 황금상 [......] 이것은 이곳 보물실에서 가장 유명한 품목이며, 중세 금세공 기술이 낳은 최고 걸작 가운데 하나로 꼽힌다. 기품 있게 왕좌에 앉아 있는 콩크의 수호 성녀를 묘사한 이 좌상은 [......] 인물상 전체가 도금되어 있다. 성녀의 머리는 금박으로 덮여 있고 보석들을 화려하게 박아 넣은 관이 씌워져 있다. 커다란 눈은 흰색 법랑으로 만들어져 있는데 눈동자는 짙푸른 색으로 표현되었다. [......] 이 황금상은 양제의 베르나르가 1013년 처음 콩크에 도착하기 전부터 있었던 것이다. 그의 책 『성녀 피데스의 기적』의 첫 권 16장에 쓰인 내용에 따르면, 그 지역의 길베르라는 한 장님이 시력을 되찾게 된 시기에 제작되어 예전의 성상을 대체한 것이라고 한다. 베르나르는 자신의 책 2장 첫머리에서, 이 기적은 자신이 도착하기 약 30년 전, 그러니까 983년쯤에 일어났다고 설명한다. 길베르의 눈이 치유된 후 그 교회로 봇물처럼 밀려든 기부금으로 새 성상이 완성되었다고 하므로 제작 연도는 985년으로 추정할 수 있다. 성상의 양식은 오베르뉴의 성골함 성상을 모방한 것이다. 브레이에 선생이 소개한 것 가운데 가장 오래된 오베르뉴의 성골함 성상은 클레르몽의 주교 겸 콩크 대수도원장인 스테파누스 2세를 위해 금세공인이자 건축가인 클레리크 알롬이 동생 아당의 도움을 받아 946년경에 제작한 것으로 옥좌에 앉은 금박 성모상이었다. 이른바 옥좌에 앉으신 성녀 피데스Majesté de sainte Foy는 중세 내내 가장 많은 이들에게 숭배 받던 보물이었으며, 몇 세대를 거치며 순례자들이 찬탄을 금치 못했던 보석과 귀한 돌들로 덮인 채 보존되어 있다. 뒷면에는 <영광의 옥좌에 앉으신 그리스도>라는 글자가 쓰인 금도금한 은판이 있다. 성상 자체보다 오래된 이 은판은 8세기 제단의 일부인 것으로 보인다. 또한 성상 가슴에는 13세기의 삼면화가 묘사되어 있으며, 무릎에 놓인 명판에는 세 갈래 아치길 아래 있는 한 여인이 묘사되어 있다. 또한 몸체의 서로 다른 부위에는 복음서의 상징들에 둘러싸인 그리스도가 묘사된 세공 장식 복음서 표지를 여러 조각으로 잘라 박아 놓았다. [역사학자 카미유] 앙라르에 따르면 반투명의 유약을 입힌 진주 띠들은 14세기 초에 파리에서 제작되었으며, 아마도 기욤 쥘리앙의 공방에서 제작된 것으로 추정된다고 하는데, 이것들은 성상의 무릎과 가슴, 양 어깨에 박혀 있다. 벨트에 새겨진 꽃 가운데 일부는 노란 점들이 흩뿌려져 있는 반투명한 녹색인 반면, 다른 꽃들은 반투명한 파란색이며 노란 수술과 빨간 수술을 번갈아 박아 놓았다. 성상의 발 양쪽으로, 의자 다리에 박혀 있는 금박의 둥근 원판에는 각각 하느님의 어린 양의 모습과, 성모와 성 요한 사이에서 십자가에 못 박힌 그리스도의 모습이 새겨져 있다. 이것은 14세기 말이나 15세기 초에 제작된 것이다. 호화롭게 보석이 박힌 커다란 목걸이 또한 15세기의 것이다. 16세기에는 싱상의 두 손과 아래팔 부분이 나시 제작되었는데, 로데즈 출신의 장인 앙투안 프르슈리외가 맡았던 것으로 보인다. 아래 단상과 발은 모두 근대에 새로 제작된 것이고, 격자 구조의 의자가 떠받치고 있는 네 개의 구(球)와 성상이 놓인 철제 프레임도 근대에 덧붙여졌다. 이 성상에는 귀중한 보석들 — 에메랄드, 줄마노, 사파이어, 자수정, 마노, 진주 — 이 많이 박혀 있으며, 두 개의 카메오 세공도 박혀 있는데, 카메오 중 하나는 디아나를 묘사하고 있다. 또한 형상을 새겨 넣은 돌들도 보이는데, 카롤링거 시대의 한 음각 세공에는 성모와 성 요한 사이에 십자가에 못 박힌 그리스도의 모습이 묘사되어 있으며, 뒷면 의자 꼭대기에는 둥글게 카보숑식으로 깎은 수정이 박혀 있다. 그 밖에도 수많은 보석들이 이 독특한 금세공 작품을 풍부하게 장식해 주고 있으며, 이 성상 뒷면에 난 빈 구멍 안, 은 명판 뒤에는 성녀 피데스의 두개골이 보관되어 있다. [......]

베공 성골함 [......] 이것은 성 뱅상의 랜턴이라고도 하는데, 성 뱅상은 아장에서 순교해 그 유골이 콩크 수도원에 남아 있는 한 교회 부제의 이름이다. 그 성인의

11. 수집물과 보물들

요한 게오르크 하인츠(힌츠)
「수집가의 캐비닛」, 1666,
함부르크, 함부르크 미술관

유골이 보관된 이 성골함은 정사각형 기부 위에 놓인 팔각형의 종탑 형상으로, 꼭대기에는 이랑이 파인 뾰족탑이 얹혀 있다. 주재료는 나무판이지만 금박을 입힌 은판들이 군데군데 씌워져 있다. 기부에 새겨진 명문은 거의 판독하기 어려운 상태이다. 그렇지만 남아 있는 글자들을 통해서 유명한 베공 대수도원장(1087~1107)의 이름을 알아볼 수 있다. 팔각형 부분은 안쪽을 쳐서 겉으로 도드라지게 하는 르푸세 기법으로 반신상을 새긴 명판 여섯 개로 장식되어 있으며, 유골이 보이도록 팔각형 위쪽과 둘레는 유리로 싸여 있다. 사각형 기부는 부조 인물상들로 장식되어 있는데, 그 가운데 두 인물상 — 그리스도와 세례자 성 요한 — 은 도려내어 페팽 성골함 위에 놓았다가 나중에 베공 성골함의 원래 위치에 놓이게 되었다. 세 번째의 원형 초상화는 사자를 무찌르는 다비드를 묘사하고 있지만, 나머지 부조들보다 발전된 양식이며 더욱 정교한 솜씨로 만들어져 있다. 그러므로 이 인물상은 베공 대수도원장 이후의 시기에 제작된 것이기는 하지만, 그래도 12세기 전반기의 것이며 나중에 이 성골함에 덧붙여진 것으로 보인다.

교황 파스칼 2세의 성골함 […] 나무로 만들어졌으며, 부분적으로 금박을 입힌 은 잎사귀들로 뒤덮여 있다. 이 성골함은 모서리를 깎은 기부 위에 직사각형의 납작한 관이 세워진 모양이다. 앞면에는 성모와 성 요한 사이에서 십자가에 못 박힌 그리스도가 묘사되어 있다. 뒷면은 서로 엇갈리게 짠 패턴으로 되어 있다. 명문에는 〈베공이 나를 만들었으니 신께서 그에게 자비를 베푸시기를Me firi jussit Bego clemens cui Dominus sit〉이라는 글귀가 써 있다. 또 다른 명문은 이것이 누구의 유골을 보관하기 위해 만들어졌는지 알려 준다. 〈성육신하신 1100년째 되는 해에 교황 파스칼 2세는 로마에서 그리스도의 십자가와 무덤의 성물들, 그리고 몇몇 성인들의 유골을 보내셨다Ab anno Domini incarnatione millesimo centesimo Pascalis Dominus Papa II a Roma misit reliquias de cruce Christi and sepulcro sanctorum ejus atque plurimorum.〉이 성골함은 앞서 언급했던 제단 비문과 마찬가지로, 교황 파스칼 2세(1099~1118)에 의해 1100년 콩크로 보내진 성물들을 보관하기 위해 만들어진 것이다. 이것은 베공 대수도원장(1087~1107)의 직권으로 제작되었고 제작 시기는 1100년 직후일 가능성이 높다. 과거에 여러 차례 손을 댔기 때문에 원래 성골함의 모습은 계속 바뀌어 왔다. 십자가에 못 박힌 그리스도 상은 세공 장식 복음서 표지에서 따온 것으로 보이는데, 지금도 그 아래쪽에서는 부분적으로 파손된 명문(sit reliquias de……)의 글자들이 보인다. 이것은 다이아몬드꼴 장식판 안에 줄무늬가 세로로 새겨진 세션 세공 띠가 특징이다. 이 성골함은 13세기에 제작되었으며, 유골이 안치된 우묵한 구멍은 다른 기념물에서 가져온 것이다.

이른바 샤를마뉴의 A […] 전승에 따르면 이 성골함 — 대문자 A 모양으로 만들어진 — 은 샤를마뉴 대제가 기부한 것이라고 한다. 그러나 사실 현재의 형태로 그 연대를 추정해 보면 그보다 나중인 베공 대수도원장 시기의 것으로 보이며, 왼쪽 면에 베공 대수도원장의 이름이 새겨 있다. 〈대수도원장 베공이 나를 만드시어 그 안에 성물들을 놓으셨다Abbas formavit Bego reliqiiias locavit.〉이것은 금박 입힌 오크 나무로 만들어 금도금한 은, 세션 세공, 위를 둥글게 카보숑 컷으로 연마한 보석들, 귀중한 돌들, 에나멜 명판 등으로 덮여 있다. 성골함은 문자 A 꼭대기의 둥근 용기 안에 놓여 있다. 그 용기의 중앙은 카보숑 컷으로 연마한 커다란 수정이 고풍스러운 음각 안에 놓여 장식되어 있고, 그 주변을 황금 바탕의 세션 세공 장식들이 에워싸고 있으며, 14세기 초의 것으로 추정되는 칠보 에나멜이 박힌 작은 돋을새김 장식들이 있다. 그 작은 돋을새김 장식판 가운데 아래쪽에 있는 하나는 나머지 장식판과 다르다. 그것은 파리의 금세공인 기욤 쥘리앵의 훌륭한 작품 일부와 닮은 것으로 보아 그의 솜씨이거나 그의 공방에서 만들어진 것으로 추정된다. 아래쪽에는 이파리 무늬를 새긴 수평의 은띠와 글자로 장식된 교차부가 있는데, 이것들은 나중에 덧붙여진 것이다. 교차부의 가로대에는 흔들향로를 들고 있는 천사를 르푸세 기법으로 묘사한 작은 은 부조가 두 점 놓여 있다.

「하겐바흐의 보물실」, 275,
슈파이어, 팔츠 역사박물관

궁극의 리스트

샤를 드 리나스
「메로빙거 왕조 시대 금세공, 성 엘리기우스의 작품들」, 1863,
파리, 프랑스 학사원 도서관

11. 수집물과 보물들

183

궁극의 리스트

성배
10~11세기,
파리 루브르 박물관

대수도원장 펠라헤의 성배
스페인, 12세기,
파리, 루브르 박물관

성배
아르메스 드 프랑스 예배당,
1675~1676,
파리, 루브르 박물관

성배
시에나,
14세기 말,
파리, 루브르 박물관

루이지 발라디에르
성배, 1770~1780년경,
파리, 루브르 박물관

마테오 담브로조, 성배
1370~1390년경,
파리, 루브르 박물관

성배: 수난의 한 장면, 성 빈켄티우스,
라라에게 문장이 새겨진 방패를 주는
천사들, 카탈루냐, 14세기 중반,
파리, 루브르 박물관

아리에주의 보물실에서 나온 성배,
14세기 후반,
파리, 루브르 박물관

유리 성배
프랑스, 1550년경,
파리, 루브르 박물관

성배, 성 디오니시오스의 보물,
1600년경,
파리, 루브르 박물관

성구함들. 이곳 보물실에는 두 개의 성구함이 있다. 하나는 다섯 칸으로 된 것이고, 또 하나는 여섯 칸으로 된 것이다. 두 성구함 모두 나무로 만든 뒤 은 이파리를 덮어 장식했다. 제작 연도는 서로 다르지만 모두 베공 대수도원장의 시기까지 거슬러 올라간다. 두 개 모두 6세기 혹은 7세기의 칠보 세공과, 보석과 세선 세공이 들어간 몇 점의 부조 조각들, 다양한 부품들로 장식되어 있는데, 이들 부품 가운데 일부는 르네상스 이후에 만들어진 것이다.

성녀 피데스의 성골함 [……] 1561년 프로테스탄트교도들이 방화 사건이 있은 후 앱스(교회 동쪽 끝의 반원형 부분 — 옮긴이)의 기둥들을 보강해야 했기 때문에, 벽돌을 쌓아 올림으로써 기존의 기둥들을 벽에 포함시켜 버렸다. 1875년 4월 21일 그 벽이 허물어졌을 때, 감춰져 있었던 빈 공간이 발견되었다. 그 공간에 목재 관이 들어 있었는데, 목재 관은 가죽으로 감싸인 채, 유약을 입힌 둥근 원판으로 장식되어 있었고 그 안에 성녀 피데스의 유골이 보관되어 있었다. 몇 년 후 푸실그 공방에서 이 관을 솜씨 좋게 복원하여 원래 있던 가죽에 새 가죽을 덧붙였다. 목재 상자와 네 개의 장식 원판, 뒷면을 장식했던 천사들도 모두 복원되었다. 가운데 뚫려 있던 구멍도 원래 형태에 맞는 스타일로 보수되었다. 사라진 부품들 역시 대체되었는데, 많은 부품들이 현재 피렌체의 바르젤로 박물관에 있는 카로 컬렉션 같은 개인 컬렉션으로 들어갔기 때문이다. 이 성골함은 또한 (오트-빈에 있는) 벨라크 성소를 연상하게 하는 장식 원판들이 특징인데, 구리판에 에나멜을 입힌 이 원판들은 아라베스크 무늬, 그리핀, 환상적인 동물들, 서로 마주 보고 있는 여러 쌍의 새들이 모두 흰색, 녹색, 터키옥색, 군청색의 색조로 꾸며 있다. 이 원판 가운데 두 점에 새겨진 글귀는 베공의 후계자로서 1107년부터 1119년까지 이 수도원을 운영한 보니파시오 대수도원장 밑에서 이 성골함이 제작되었음을 증명해 준다. 뒷면 왼쪽에 있는 원판에는 〈콩크의 귀중한 궤는 모든 면에서 탁월한 공예 솜씨를 보여 준다 *Scrinia Concharum monster opus undique clarum*〉는 글귀가 써 있다. 앞면 왼쪽에 있는 원판에는 〈이 장식이 보니파시오를 기념하리라 *Bone ornamentum Hoc facii monimentum sit*〉고 써 있다. 이 성골함을 싸고 있는 검은 가죽은 작은 은못들을 박아 고정했는데 그 못 머리들이 장미와 보석의 윤곽을 이루고 있다.

185

이 보물실에서 몇 가지 품목들은 13세기에 만들어진 것이다. 두 개의 십자가 성골함 [……] 앉은 자세로 아기를 무릎에 안은 성모자의 금도금 은상, [……] 나무로 된 심 위에 금도금한 은을 입힌 성 게오르기우스의 팔 모양 성물함 등은 12세기 말이나 13세기 초의 것으로 같은 공방에서 제작된 듯하다. [……] 두 개의 유약 입힌 제멜리옹(손 씻는 대야, 수반 ─ 옮긴이)은 매혹적인 여인들, 음악가들, 무희들, 문장들은 물론, 두 개의 성골함 모습을 나타낸 삼면화로 장식되어 있다. [……] 두 개의 성골함은 세선 세공이 되어 있으며 각각 성인들의 유골이 보관되었는데, 그 겉면에 성인의 이름이 새겨져 있다. 금도금한 은제 머리 모양 성골함 두 점은 14세기의 것이다. 각각의 얼굴과 목은 색칠한 캔버스 천으로 덮여 있고, 그 안에는 성 마르스와 성 리베라트의 두개골이 보관되어 있다. 성 피데스의 작은 은제 성골함은 푸실그 공방에서 상당 부분 복원된 것으로 역시 같은 시대의 것이다. 여섯 갈래 잎 모양의 둥근 뚜껑이 있고 두 개의 나선형 팔 부분에는 각각 작은 천사가 묘사되어 있는 성체 안치기는 15세기의 것이다. 그 기부 ─ 채찍질 고행, 지옥 변방으로의 추락, 부활, 최후의 심판 등의 장면으로 장식된 ─ 는 14세기에 만들어진 것이다.

나머지 발이 달린 몇몇 성골함들은 15세기의 것이며, 금도금한 아름다운 〈성녀 피데스의 소형 은상〉도 역시 같은 시기의 것이다. [……] 성녀 피데스는 기다란 드레스와 외투를 입고 서 있는 모습으로, 오른손에는 그녀를 고문했던 도구인 칼과 석쇠를 들고 있다. 왼손에는 순교자의 야자나무 가지를 들고 있는데 베르나르 골자크는 이것이 빌프랑슈 드 루에르그의 금세공인인 피에르 프르슈리외와 위크 랑팽이 1493년에서 1497년 사이에 제작한 것으로 추정하고 있다. 또한 행렬용 대형 십자가도 있다. [……] 이것 역시 같은 공방에서 제작된 것으로 보이며 시기는 1498년에서 1512년인 것으로 추정된다. 이 십자가는 보석과 음각 세공으로 장식되어 있으며, 중앙에는 성모와 성 요한 사이에서 십자가에 못 박힌 그리스도를 묘사한 장면이 있다. 영원하신 아버지는 십자가 꼭대기에 묘사되어 있고 십자가 뒷면에는 네 명의 복음서 저자와 함께 있는 성녀 피데스가 묘사되어 있다. 십자가를 받치는 팔각형 연결부에는 성 안드레아, 성 바르톨로메오, 성 마테오, 세례자 성 요한, 성 바오로, 성 시몬, 복음서 저자 성 요한, 성 페트루스 등의 상으로 장식되어 있다.

1879년, 로데즈의 주교가 예수가 매달렸던 성 십자가 조각을 기증했는데, 이것 역시 한 성물함에 보관되어 있다. 은 표지로 제본된 복음서는 [……] 16세기의 것이다. 그리스도와 성모, 성 요한의 모습으로 장식되어 있으며, 잎무늬 장식 배경 위에 부조로 묘사되어 있다. 골자크는 이것이 로데즈의 프르슈리외 공방에서 만들어졌다고 추정하고 있다. 그 밖에도 안에서 눌러 겉으로 도드라지게 한 르푸세 기법의 17세기 은제 성배, 뒤쪽에 20세기의 자수로 장식된 현대의 제의(祭衣), 16세기의 태피스트리들도 다수 보관되어 있다. 태피스트리들은 성 피데스와 성 카프라시우스의 순교와 관련된 네 가지 장면, 풍경들, 화초들의 모습 등을 묘사하고 있다. 이 보물실은 옛 콩크 대수도원의 보물들을 보관하기 위해 1910년 지어진 것으로 최근 여러 차례의 혁신적인 보수를 거쳐 변모해 왔다.

11. 수집물과 보물들

프랑스 학파
「성녀 피데스의 성골함」, 980년경,
콩크, 생트푸아 대성당

빈 황실 보물관의 물품 가운데 일부

성스러운 보물관에 있는 것들은 다음과 같다. 헝가리 왕 슈테판의 유골이 담긴 주머니, 샤를마뉴(카를마르텔)의 펜던트, 성 야드비가의 유골이 담겨 있는 성골함, 「동방박사의 경배」, 성체 안치기(금도금한 은, 수정, 녹옥수, 자수정, 사파이어, 석류석, 산호, 루비, 진주, 터키옥, 인조 보석으로 장식된) 한 점, 양피지에 그린 각종 세밀화, 수정과 벨벳으로 장식된 성골함 하나, 헝가리 왕 슈테판의 것이라 일컬어지는 실크 옷의 한 조각, 금도금한 구리로 제작된 성배 한 점, 금도금한 은으로 제작된 성배 한 점, 천사들과 함께 있는 성가족 장면(돌에 새긴 얕은 부조 작품) 한 점, 상아와 마노로 된 구슬 목걸이 열 점, 바니타스를 묘사한 은제 펜던트 한 점, 성 크리스토퍼 상(구리에 새긴 얕은 부조) 한 점, 헝가리 대왕 로요슈 1세의 성골함 십자가 한 점, 십자가에 못 박힌 그리스도가 있는 제의(祭衣) 한 점, 한 여성의 머리를 조각한 두상 한 점, 성 카테리나의 흉상이 새겨진 목재 성골함 한 점, 「죽은 그리스도에 대한 탄식」(태피스트리) 한 점, 실크, 무늬를 넣어 짠 직물, 은으로 만들어진 장식품들, 성체 안치기 한 점, 붉은색과 푸른색의 인조 보석으로 장식된 성배 한 점, 붉은 제의 두 점, 교황의 장식품 한 점, 십자가에 못 박힌 예수와 뱀을 묘사한 양피지 세밀화들을 넣어 은실로 짠 펜던트 한 점, 황제 페르디난트 2세가 사용했던 기도서 한 권, 안네 황후와 엘레노어 황후가 사용했던 교리서들, 어느 순례자의 지팡이(구약 성서의 장면들과 사도들의 모습이 섬세하게 묘사된 손잡이가 달린 대나무 지팡이), 십자가들, 가지 달린 촛대 두 점, 금으로 만든 장미(용의 발 형상 꽃병과 함께) 한 송이, 제단(성 라우렌트, 성 니콜라스, 성 크리스티나, 성 데오카리우스, 성 하분두스, 성 요안, 성 도로시 등과 함께 성 빅토르, 성 제롬, 그리고 처녀 1만 1천 명의 유골들과 함께) 하나, 주교관 한 점, 양치기들이 있는 「성 수태 고지」(금도금한 은, 흑단, 법랑, 진주, 루비, 다이아몬드 등으로 장식된) 한 점, 그리스도의 각종

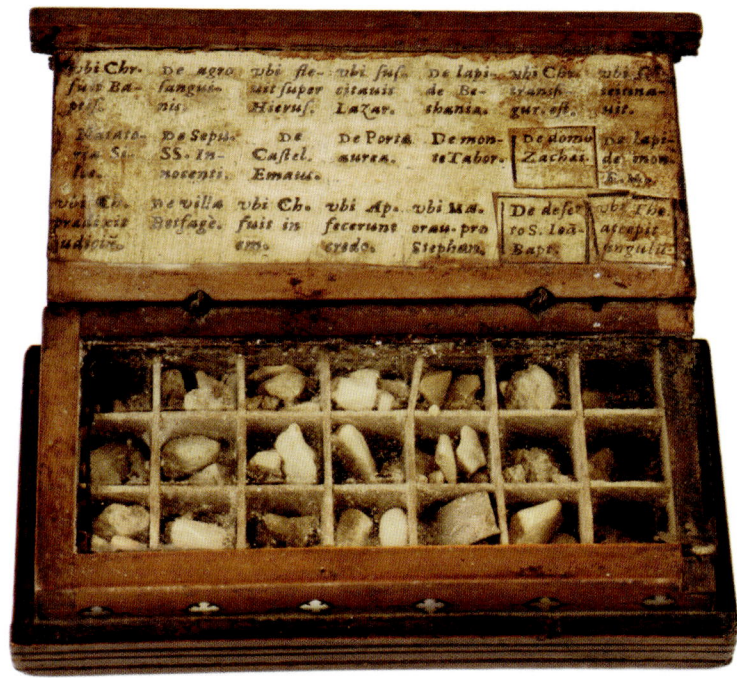

성골함, 마뉘레지모, 포르루아얄대상 박물관

성지에서 가져온 자갈을 담은 성골함, 17세기, 파리, 유럽과 지중해 문명 박물관

유물들이 보관된 성체 안치기 한 점, 성 발레리앙 흉상이 밀랍으로 얹혀 있고 안에 성 모리스의 유골이 보관된 성골함 한 점, 안네 황후의 것이던 성골함 제단 한 점, 올리브 정원에 있는 그리스도를 묘사한 성체 안치기 한 점, 꼭대기에 성 티부르티우스의 흉상이 놓인 성골함 한 점, 성 크리스핀의 유골이 보관된 밀랍 입힌 성골함 한 점, 성 티모테우스의 유골이 놓인 제단 한 점, 십자가형을 당하는 사람들이 묘사된 제단 성골함 한 점, 그리스도의 가시관에서 따온 가시들이 보관된 성체 안치기 한 점, 성 펠릭스의 유골이 보관된 관 한 점, 성 스타니슬라우스의 유골이 보관된 성체 안치기 한 점, 그리스도의 홀(笏) 한 조각(그리고 성 페트루스, 막시밀리아누스, 지그문트 등의 유골이 함께)이 보관된 성체 안치기 한 점, 그 밖의 제단들(성 마테우스, 루키우스, 칸디두스, 유스타키우스, 막달라 마리아, 카이킬리아, 발렌티누스, 조시마, 아만다, 라우렌티우스, 요안나, 테클레스, 베레나, 알베르투스, 우달리히 등의 유골이 보관된), 성 막달라 마리아의 유골이 보관된 성체 안치기들, 성 세바스티아누스와 아폴리나리우스, 그리고 익명의 성인들의 유골이 보관된 성체 안치기 한 점, 아기 예수와 함께 있는 성모와 성인들을 묘사한 성체 안치기(흑단에 은으로 된 얕은 부조, 청동 테두리가 둘러진) 한 점, 성 스데파노, 루키아, 루키우스, 바르톨로메오, 라우렌티우스, 마테우스, 그레고리우스, 블라시오 등의 유골이 보관된 제단 한 점, 이집트로 피신하는 중에 휴식을 취하는 모습을 묘사한 부조 한 점, 그리스도의 육신을 두 천사가 데려가는 장면을 묘사한 부조 한 점, 잠볼로냐의 작품에 영향을 받은 수난 받는 그리스도 조각상 한 점, 작은 신전 안의 그리스도상(상아, 흑단, 부분적으로 금도금한 은, 석류석 등으로 만들어져 있고, 신전 위 캡슐에는 그리스도가 채찍형을 당했던 기둥의 한 조각이 들어 있으며, 기부에 달린 서랍에는 그 밖의 다양한 유물들이 보관되어 있는) 한 점, 상아로 된 성모자 상, 미켈란젤로의 「그리스도의 부활」 복제품 한 점, 바로크와 로코코 시대의 작품 68점, 19세기 작품 19점 등이다. 이 보물관의 비종교 구역에는 186개 품목이 보관되어 있다. 합스부르크 왕가의 세례복, 황제 루돌프 2세의 왕관, 오스트리아 제국의 금구(金求) 하나와 1546년에 제작된 나머지 두 품목, 서기 4세기에 제작되었지만 가끔 성배와 동일시되었던 마노 잔, 유니콘의 뿔 하나(일각 고래의 뿔임), 로마 왕의 요람을 포함한 보물과 기념품 등 38점, 황금 양털 기사단의 장식물들과 함께 부르고뉴 공작의 보물실에서 나온 품목 29점, 휘장과 보석, 그리고 왕관, 왕홀, 칼, 황제의 십자가, 성스러운 창을 포함한 신성 로마 제국의 유물 35점, 성 십자가의 한 조각, 성 에티엔의 주머니, 샤를마뉴의 칼, 구유 속의 아기 예수상 한 점, 세례자 성 요한의 치아 하나, 사제들이 묶였던 사슬 한 토막, 최후의 만찬에 사용했던 식탁보 조각 한 점 등이다.

「흰색 밀랍으로 된 하느님의 어린 양과 교황 문장이 있는 성물함」, 19세기, 파리, 유럽과 지중해 문명 박물관

궁극의 리스트

귀스타브 모로
「사칭자들」, 1862~1898,
파리, 귀스타브 모로 미술관

조리스 카를 위스망스
『거꾸로』
제4장

방문한 신사는 인사를 하고 나서, 식당의 미국산 소나무 마루판 위에 자신의 방패를 내려놓았는데, 그것은 약간 위로 들리면서 흔들렸고, 뱀을 닮은 거북 머리가 길게 나왔다가는 갑자스레 놀라서 등껍질 속으로 숨어 버렸다. 이 거북은 파리를 떠나기 얼마 전 데 제셍트의 머리에 떠올랐던 기발한 생각이었다. 어느 날 광택이 나는 근동산 양탄자를 바라보고 노랗고 자두빛의 씨줄 위로 흐르는 희게 빛나는 윤기를 따라가면서, 이 양탄자가 지닌 색조의 활달함을 짙은 색으로 한결 강렬하게 해줄 수 있는, 무언가 움직이는 것을 이 위에 놓으면 참 좋을 것이라고 그는 속으로 생각했다

이런 생각에 사로잡혀 정처 없이 길을 헤매고 다니다가 팔레 루아얄에 당도하게 되었던 그는 슈베 상점의 진열장 앞에서 자신의 이마를 쳤다. 거대한 거북 한 마리가 대야에 담겨 있었다. 그는 거북을 샀다. 그러고는 일단 거북을 양탄자 위에 놓고, 그 앞에 앉아 눈을 깜빡이며 오랫동안 바라보았다.

정녕 이 검은 갈색, 이 등껍질의 가공되지 않은 시에나 색조는 양탄자의 광채를 활발하게 만들기는커녕 그것들을 더러워 보이게 하였다. 지배적인 은빛의 광채들은 도금이 벗겨진 아연판의 차가운 색조로 기어다니는 이 단단하고도 침침한 갑각의 모서리 위에서 간신히 빛을 발할 따름이었다.

데 제셍트는 손톱을 잘근잘근 씹으며 이 두 물체 사이의 신분 격차를 조화시킬 수 있는 방법, 이러한 색조들 사이의 단호한 결별을 막을 수 있는 방법을 찾으려 했다. 그는 마침내 자신의 최초의 착상, 즉 피륙의 섬광들을 그 위에 놓인 어두운 물체와의 대비를 통해 북돋우려던 자신의 생각이 그릇된 것이었음을 알았다. 요컨대 양탄자는 너무도 색이 분명하고, 기운이 넘치는 것이었고, 너무 새것이었다. 아직은 색채들이 충분히 무뎌지거나 약화되지 않았던 것이다. 그러므로 논리를 뒤집어서 색조들을 어렴풋하게 만들고, 주변의 모든 것을 압도하면서 창백한 은빛 위로 황금빛을 발하는 휘황찬란한 물체와의 대비를 통해 색조들을 뒤덮어 버리는 것이 요점이었던 것이다. 이런 방식으로 제기되자 문제는 훨씬 해결하기가 쉬웠다. 그 결과 그는 자신이 사온 거북의 등껍질에 금을 덧씌우기로 결정했다.

작업 기간 동안 맡아 키웠던 금세공 장인에게서 데려오자, 거북은 태양처럼 섬광을 발하며 양탄자 위에서 빛을 내었다. 양탄자의 두드러진 색조들은 야만족의 취향을 가진 장인이 서고트풍으로 금비늘들을 박아 넣은 큰 방패의 반사광을 받아 시들해졌다.

데 제셍트는 이러한 효과에 일단 황홀해 하였다. 그러나 곧 그는 이 거대한 패물은 초벌 단계에 지나지 않으며, 보석들을 끼워 넣은 다음에야 비로소 완벽하게 될 것이라고 생각했다.

그는 일본 화집에서 가느다란 꽃줄기에서 폭죽처럼 퍼져나간 한 다발의 꽃 그림을 선택하여 보석 세공인에게 가지고 가서는 이 꽃다발을 타원형 틀 안에 담을 수 있는 윤곽선을 그려주었다. 아연실색한 세공인에게 그는 잎사귀들과 꽃 하나하나의 꽃잎이 보석으로 만들어져 거북의 비늘에 끼워져야 한다고 알려주었다.

그의 관심은 이제 보석들의 선택으로 집중되었다. 다이아몬드는 모든 상인들이 새끼손가락에 끼기 시작한 이후로 유난히도 평범한 보석이 되어 버렸다. 에머랄드와 근동의 루비는 훨씬 덜 비속하였고 번쩍이는 광채를 발하기는 하였지만, 그것들은 때때로 관자놀이 부근을 따라 이 두 색을 보란 듯 쏘아붙이는 몇몇 합승 마차의 녹색과 적색 불빛을 지나치게 연상시키는 것들이었다. 불태워 가공을 했건 날것이건 간에 토파즈의 경우는 거울 달린 옷장에 보석 상자들을 보관하기를 염원하는 소시민들에겐 무척이나 소중한 싸구려 보석이었다. 다른 한편으로 비록 가톨릭 교회가 자수정에 성직자다운 특성을 보전해주기는 하였으나 번지르르하면서 동시에 장중한 자수정은 역시나 적은 비용을 들여 진짜 묵직한 보석으로 치장하고 싶어 하는 푸줏간 주인들의 혈색 좋은 귀와 두툼한 대롱 모양의 손에서 더럽혀진 지 오래였다. 이 보석들 중에서 유일하게 사파이어만이 산업적이고 상업적인 어리석음에 물들지 않은 광채를 간직하고 있었다. 맑고 차가운 바탕 광택 위로 이글이글 타는 듯한 섬광들은 말하자면 모든 오욕으로부터 스스로의 은근하고도 오만한 고귀함을 보호해 주었던 것이다. 불행하게도 빛을 받으면 사파이어의 신선한 광채는 반짝이지를 못하였다. 푸른 광택은 안으로 침잠하였고 마치 동틀 무렵이 되어서야 비로소 광채를 발하면서 깨어나려는 듯 잠들고 마는 것 같았다.

정말로 이 보석들 중 어느 것도 데 제셍트를 만족시키지

궁극의 리스트

「성반(聖盤)」
제작 연도 미상(기원전 1세기에서 서기 9세기 사이),
파리, 루브르 박물관

못하였다. 게다가 그것들은 너무도 문명의 때가 묻었고 너무나도 익히 알려진 것들이었다. 그는 그것들보다 훨씬 놀랍고 기이한 보석들을 손에 올려놓고 매만진 다음, 마침내 뒤섞어 놓으면 황홀하고도 전혀 뜻밖의 효과를 낼 수 있는 일련의 실제의 보석과 일조 보석들을 골라내었다. 그는 자신의 꽃다발을 다음과 같이 구성하였다.

잎사귀에는 진하고 선명한 녹색의 보석들이 끼워질 것이었다. 아스파라거스빛 녹색의 금록수, 대파빛의 녹색 감람석, 올리브빛 녹색 감람석 등이 그것들이었다. 이 잎새들은 검붉은색을 띠는 철반 석류석과 우랄산 석류석으로 만들어져, 숲폐 안에서는 반짝이는 주석(酒石) 운모와 마찬가지로 금박들이 담백한 광채를 발하는 가지들에서 돋아날 것이었다.

줄기와는 분리되어 있고 다발의 하부에서 멀리 떨어진 꽃들을 위해서 그는 청회를 이용했다. 하지만 그는 브로치와 반지에 쓰이며, 서민들의 기쁨이 되는 동양옥은 평범한 진주나 지긋지긋한 오팔과 더불어 단호하게 배제했다. 대신 오로지 서양옥만을 사용했는데, 이것들은 엄밀히 말해 구리 성분 함유물이 배어든 상아 화석인 보석으로 그 연초록색은 충혈된 듯 불투명하였고 황성분을 함유하여 담즙으로 누렇게 된 듯 보였다.

그러고 나서야 그는 흐릿하고도 병든 듯한 빛을 띠면서 열에 들뜬 듯하고 날카로운 광채를 발산하는 투명한 보석들로 다발의 중심부에 핀 꽃들과 그 주변에 있는 줄기에서 가까운 꽃들의 꽃잎들을 박아 넣을 수 있었다. 그는 이 꽃잎들을 오직 실론산 마노, 황록옥 그리고 사피린으로만 구성하였다.

사실 이 세 종류의 보석은 그들의 흐릿한 바탕색의 얼어붙은 듯한 심부에서 어렵사리 이끌어 낸 신비롭고도 퇴폐적인 섬광들을 발하고 있었다.

초록빛이 도는 회색의 마노는 동심원들로 된 얼룩무늬가 져 있었고, 이 무늬는 조명의 배치에 따라 매 순간 움직이고 있는 것처럼 보였다.

황록옥은 내부에서 유동하는 유백색 위로 달리는 듯한 비췻빛 물결무늬를 지니고 있었다.

사피린은 초록빛 색조를 띠는 묵직한 갈색의 바탕 위로 푸르스름한 인광을 발하고 있었다.

보석 세공인은 차례차례 보석을 끼울 위치를 받아 적었다.

「그럼 테두리는요?」하고 그가 데 제셍트에게 물었다.

원래 데 제셍트는 오팔 종류나 수성 오팔을 염두에 두고 있었다. 하지만 주저하는 듯한 색채로 인해, 또한 의심하는 듯한 그 광염으로 인해 흥미로웠던 이 보석들은 너무도 고집스러운 데다가 신실하지 못하였다. 오팔은 전적으로 류머티스성의 감수성을 지닌 보석이었다. 습도, 더위 혹은 추위에 따라 광채를 발하는 방식이 변하였다. 수성 오팔의 경우 물속에서만 빛을 발하며 타오를 뿐으로 물을 묻혀 줄 때라야만 자신의 회색 잉걸불을 태울 수 있을 따름이었다.

결국 그는 광택이 이리저리 바뀌는 광석들을 선택하기로 했다. 적색과 마호가니색을 지닌 콩포스텔의 풍신자석, 녹색과 청록색인 남옥, 주홍색과 신포도주색인 홍옥, 창백한 쥐색인 쉬데르마니산 루비 등이 그것이었다. 이 광석들의 약한 번쩍임은 검은 거북의 비늘을 비추기에 충분하였고, 만발한 보석들을 얇은 띠 모양의 흐릿한 광채로 둘러싸면서 그것들이 진가를 다하도록 해주었다.

데 제셍트는 마침내 어슴푸레한 식당 한구석에서 거북이 찬란한 광채를 번득이며 웅크리고 있는 것을 바라보았다. 그는 완벽한 행복감을 느꼈다. 그의 눈은 황금빛 바탕 위로 불타오르는 이 화관들의 찬란함에 도취되었다. 그러자 평소와 달리 식욕을 느낀 그는 고급 버터를 발라 구운 쇠고기 조각들을 한 잔의 차, 시아파윤 차와 모유탕 차, 그리고 캉스키 차와 아랍 상인들이 특별한 대상(隊商)들을 통해 중국으로부터 러시아를 거쳐 들여온 황색 차들을 완벽하게 혼합하여 만든 차에 적셔 가며 먹었다.

그는 달걀 껍질이라 불릴 만큼 투명하고 가벼운 중국산 도자기에 이 향기로운 액체를 담아 마셨다. 이 진귀한 자기들만을 찻잔으로 용납하는 것과 마찬가지로, 그는 식기로는 진짜 도금한 은식기만을 사용하였다. 그것들은 닳아빠진 도금막 밑으로 약간 은색이 드러날 정도로 도금이 벗겨진 은식기들로, 완전히 기진하여 빈사 상태에 빠진 해묵은 부드러움을 그에게 전해 주는 것들이었다.

차를 다 마신 후에, 그는 서재로 돌아가서 하인한테 고집스럽게 꼼짝 않고 있는 거북을 가져오도록 했다.

눈이 내리고 있었다. 등잔 불빛을 받아 푸르스름해진 유리창 너머로 성에가 풀처럼 자라나고 있었다. 그리고 진눈깨비는 금빛 얼룩무늬가 들어간 초록색 창유리에서 마치 물을 머금은 설탕처럼 반짝이고 있었다.

깊은 침묵이 어둠 속에서 잠든 듯 웅크리고 있는 그의 집을 둘러싸고 있었다.

데 제셍트는 몽상에 잠겼다. 장작을 잔뜩 쟁인 화롯불이 뜨겁게 발산되는 열기로 방을 가득 채우고 있었다. 그는 창을 조금 열었다.

하늘은 마치 검정 바탕에 흰 담비 모양을 새긴 고급

벽지와도 같이 검은색에 흰색 얼룩이 진 채 그의 앞에 솟아올랐다.
살을 에는 바람이 일면서 미친 듯이 날리는 눈발은 더욱 거세어졌고, 색들의 순서가 뒤바뀌었다.
하늘에 떠 있는 문장을 새긴 벽지는 이제 뒤집혀서, 눈송이들 사이로 드문드문 드러나는 어두운 부분들에 의해 흰색 바탕에 검은 점들이 박힌 진짜 흰 담비 모피 문양이 되었다.
그는 창을 닫았다. 찌는 듯한 더위에서 한겨울의 된서리로 갑작스레 건너가는 것이 그에게 충격을 주었다. 다시 그는 화로 곁에서 몸을 웅크리고 앉았다. 그는 몸을 녹여 줄 만한 화주를 마셔야겠다고 생각했다.
그는 식당으로 갔다. 식당의 벽 중 하나에는 붙박이장이 달려 있었고, 그 안에는 백단나무로 된 아주 작은 받침대들 위로 아랫배에 은제 꼭지를 단 작은 술통들이 나란히 줄지어 정리되어 있었다.
그는 이렇게 모인 술통들을 미각 오르간이라고 불렀다. 하나의 관에 모든 꼭지가 연결되어 있어서 단 한 번의 조작만으로도 그것들을 작동할 수 있었다. 그래서 일단 기계가 장치된 다음에는 나무판 안에 숨겨진 단추를 누르는 것만으로 모든 꼭지가 동시에 열려서 아래에 위치한 아주 자그마한 종지들에 술을 채우는 게 가능하였다.
오르간은 열린 상태였다. 〈플루트, 호른, 천상의 소리〉라고 표기된 서랍들이 꺼내져 작업을 할 만반의 준비가 되어 있었다. 데 제셍트는 여기저기에서 한 방울씩 따라 마셨고, 그의 내면에서 울려 퍼지는 교향곡들을 연주하였으며, 자신의 목구멍에서 음악이 귀에 흘려 넣는 감각들과 유사한 감각들을 얻어 낼 수 있었다.
게다가 그의 견해로는 각각의 술은 그 맛에 있어서 하나의 악기의 음색과 일치하고 있었다. 예를 들어 쌉쌀한 큐라소는 좀 날카로우면서 부드러운 음색을 지닌 클라리넷과 일치하였고, 퀴멜은 음색이 콧소리를 내는 오보에와, 박하와 아니제트는 설탕을 많이 넣은 동시에 후추도 많이 넣은, 삐악거리는 소리를 내면서도 부드러운 플루트와 일치하였다. 한편 키르슈는 격렬하게 트럼펫 소리를 내면서 오케스트라의 구색을 맞추고 있었다. 진과 위스키는 날카롭고 째지는 듯한 코넷과 트롬본의 굉음으로 입천장을 자극하였다. 포도주 찌꺼기를 증류한

화주(火酒)는 귀를 멀게 할 듯한 튜바의 소란으로 쩌렁쩌렁 울렸고, 그러는 동안에 키오스의 라키 소주와 유향 수지로 향을 낸 독주들은 입의 속살 안에서 힘껏 휘둘러 쳐대는 심벌즈와 큰북의 천둥소리를 울려 대었다.
그는 또한 이러한 짝짓기를 더 늘릴 수 있다고 생각했다. 즉 바이올린은 오래된 화주, 몽롱하고 섬세하며 시큼하고도 가냘픈 화주가 대신하고, 비올라는 훨씬 건장하고 낮고 긴 소리를 내는 묵직한 럼주에 의해 모방되며, 첼로는 애절하게 늘어지고 우수에 어린 맛으로 어루만지는 베스페트로 소주가, 콘트라베이스는 예를 들어 오래 묵은 말간 비터 맥주처럼 독하고 확고하며 음울한 술이 맡으면 입천장 아래에서 현악 사중주가 연주될 수 있다고 그는 생각했다. 현악 오중주를 구성하려면 쓴 큐맹주의 떨리는 맛, 낭랑하고 초연하며 가느다란 음조가 그럴듯한 유사성을 통해 모방할 수 있는, 다섯 번째 악기인 하프를 추가할 수 있었다.
이러한 유사성은 더 연장시킬 수 있었다. 술의 음악에는 음조의 차이가 존재하였다. 단적인 예로 하나의 음색만을 든다면, 상업적인 악보들이 녹색 샤르트뢰즈라는 이름으로 지칭하는 알코올 음료들이 장조에 해당하는 데 반하여 베네딕틴주는 말하자면 단조를 표현한다.
이러한 원칙들을 일단 받아들이고 나자, 그는 전문가다운 실험들을 통하여 자신의 혀 위에서 고요한 멜로디들이며 장관을 이루는 무언의 장송곡들을 연주할 수 있었으며, 자신의 입 안에서 박하주의 솔로 곡과 베스페트로와 럼주의 이중창을 들을 수 있었다.
심지어 그는 자신의 턱에 진정한 음악 작품들을 옮겨올 수 있었다. 술들의 유사한 결합 혹은 대조와 개략적이지만 숙달된 혼합을 통하여, 작곡가별로 차근차근 그의 생각, 효과, 뉘앙스들을 표현하면서 말이다.
예전에 그는 직접 작곡을 하였고, 그의 목구멍에서 구슬이 굴러가는 듯한 꾀꼬리의 노래를 룰라드 기법으로 부르는 부드러운 카시스, 혹은 「에스텔의 연가」나 「아! 엄마에게 말할래요」 같은 달콤한 옛 목가(牧歌)들을 떨리는 소리를 내는 카카오슈바를 가지고 연주하기도 했다.
하지만 이날 저녁 데 제셍트는 음악의 맛을 듣고 싶은 생각이 전혀 없었다. 그는 아일랜드산 원액 위스키를 미리 채워 두었던 작은 잔을 들고서 자신의 오르간에서 한 가지 음만을 연주하는 것으로 만족했다.

오스카 와일드
『도리언 그레이의 초상』
11장 (1890)

또 어떤 때에는, 그는 보석에 관한 연구를 하기도 했다. 그래서 어느 가장 무도회에서는 프랑스 제독 안 드 주아외즈로 분장하여 560개의 진주로 뒤덮인 옷을 입고 나타난 적도 있었다. 이 같은 취향은 오랜 세월 동안 그의 마음을 사로잡았다. 정말 이 취향은 그에게서 떠난 적이 없다고 말할 수 있었다. 그는 자기가 수집한 가지각색의 보석류를 상자 속에다 넣고는 다시 꺼내고 또다시 집어넣는 일에 가끔 온종일 보내곤 했다. 그러한 보석류에는 불빛에서는 빨간색을 발산하는 올리브빛의 금록옥(金綠玉), 철사줄같이 은색이 감긴 묘안석(猫眼石), 담황록색의 감람석, 장밋빛과 포도주 같은 노란빛을 띤 황옥, 네 줄기의 빛을 발하며 떨고 있는 별(星)들이 박힌 불타는 듯한 진홍의 석류석, 빨간 불꽃 같은 육계석(肉桂石), 오렌지 빛과 보랏빛의 첨정석(尖晶石), 홍옥과 청옥이 서로 층을 이루고 있는 자옥 등이 있었다. 그는 일장석(日長石)의 붉은빛이 비치는 황금색과 월장석의 진주 같은 백색, 그리고 유백(乳白)의 단배석의 단속적인 무지갯빛을 사랑했다. 그는 암스테르담에서 어마어마한 크기의 색채가 풍부한 세 개의 에메랄드를 사들였고 모든 호사가들의 선망의 대상인 터키옥도 가지고 있었다.

그는 보석에 대한 경이적인 이야기들도 발견했다. 알폰소Alphonso의 『승려 수업Clericalis Disciplina』에는 진짜 풍신자석(風信子石)의 눈을 가진 뱀에 관한 언급이 있고, 알렉산드로스의 낭만적인 사기(史記)를 보면 그 속에 이 메아디아의 정복자가 요르단 계곡에서 〈등에 진짜 에메랄드의 깃이 자라고 있는〉 뱀들을 발견했다는 것이다. 필로스트라투스Philostratus가 전하는 바에 의하면 용의 뇌수 속에는 보석이 있는데, 〈황금의 문자와 진홍의 옷을 보이면〉 이 괴물은 마술의 잠에 떨어지게 되고, 따라서 이때 죽일 수 있다고 한다. 위대한 연금술사인 피에르 드 보니파스Pirre de Boniface에 따르면 다이아몬드가 사람의 모습을 보이지 않게 해주고, 인도의 마노는 달변가로 만들어 주며, 홍옥수는 노여움을 가라앉히고, 풍신자석은 잠을 불러일으키며 자옥은 술의 독기를 제거해 준다고 한다. 석류석은 마귀를 내쫓아 주고, 수종석은 달에서 그 빛을 빼앗는다고 한다. 또 투명 석고는 달과 함께 차다가 기울곤 하고 과석은 도둑놈을 발견하는 힘을 가지며, 새끼 산양의 피를 보면 빛깔이 변한다고 한다. 레오나르두스 카밀루스Leonardus Camilus는 갓 죽인 두꺼비의 뇌 속에서 하얀 돌을 끄집어 내는 것을 보았는데, 그것은 일종의 해독제라고 한다. 아라비아 사슴의 심장에서 발견된 결석(結石)은 전염병을 고칠 수 있는 마력을 지니고 있다고 한다. 아라비아 새들의 둥지 속에는 아스필라테스라는 돌이 있는데, 그 돌은 데모크리투스에 따르면 화재(火災)의 위험에서 지켜준다고 한다. 실론의 왕은 대관식 때 한 손에다 커다란 루비를 들고 자기의 도시를 말 타고 누볐다. 교황 요한의 궁전문은 〈홍옥수로 만들어졌는데, 거기에는 각사(角蛇)의 뿔이 새겨져 있어서 그 누구도 독약을 궁중으로 가지고 들어갈 수가 없었다.〉 그 박공벽 위에는 〈두 개의 석류석이 든 두 개의 황금 사과〉가 있어 낮에는 황금이 빛나다가 밤이 되면 석류석이 빛을 발산했다. 로지Lodge의 이상한 로맨스 이야기인 『미국의 진주A Margarite of America』를 읽어 보면, 여왕의 방 안에는 〈이 세상의 모든 정숙한 여인들의 모습이 은으로 양각되어 있는데, 그들이 귀감람석, 석류석, 청옥, 녹옥의 아름다운 거울을 통하여 보이는〉 것을 누구나 다 볼 수 있다고 씌어 있다. 마르코 폴로는 〈지팡구(日本)〉라는 고장의 주민들이 죽은 자의 입에다 장미색의 진주를 물리는 것을 보았다고 했다. 어떤 바다 괴물은 페로체스 왕King Perozes에게 잠수부가 바친 진주에 연연하여, 드디어 그 잠수부를 죽이고는 진주를 왕에게 앗긴 것을 애탄하기를 달이 일곱 번이나 이지러지는 동안 계속더라 하는 이야기도 있었다. 흉노족이 그 왕을 유혹하여 매우 위험한 함정 속에 집어넣으려 했을 때, 그 왕은 잠수부로부터 받은 진주를 내던져 버렸다 ─ 프로코피우스가 그 이야기를 전하고 있다 ─ 그 후, 아타나시우스 황제가 그 진주를 찾아 주는 자에겐 순금 5백 파운드를 주겠다고 했으나 결국 발견되지 못했다고 한다. 그런가 하면 말라바르의 왕은 어떤 베네치아인에게 304개의 진주로 된 염주를 구경시켜 주었는데, 그 하나하나의 진주는 왕이 숭앙하는 신에 해당되었다고 한다.

알렉산데르 6세의 아들인 발렌티누아 공작Duke de Valentinois이 프랑스의 루이 12세를 방문한 바 있었는데, 프랑스 문학가 브랑톰Brantome에 따르면, 그의 말에는 온통 금박이 입혀 있었고 그의 모자에는

11. 수집물과 보물들

굉장한 빛을 발산하는 두 줄의 홍옥이 달려 있었다고 한다. 영국의 찰스 왕은 말 등자에 421개의 다이아몬드를 장식했다. 리처드 2세의 외투는 3만 마르크의 값어치가 있었는데 발라스 루비로 뒤덮여 있었다. 홀Hall의 기록에 의하면, 헨리 8세는 대관식에 앞서 런던 탑으로 가는 길에 〈부조형 황금이 달린 저고리를 입고 다이아몬드 및 기타의 보석으로 수놓은 플래카드를 펄럭이며, 목에는 커다란 발라스 루비의 거대한 목걸이를 하고 있었다〉고 한다. 제임스 1세의 총신들은 금으로 가늘게 세공된 녹옥의 귀걸이를 달고 있었다. 에드워드 2세는 그의 총신 피어스 개비스턴에게 풍신자석을 점점이 박은 붉은 빛 비치는 황금 갑옷 한 벌과 터키옥을 붙인 황금 장미 모양의 목장식 하나와, 진주를 한 번 깐 투구 하나를 선물했다. 헨리 2세는 팔꿈치까지 오는 보석 박힌 장갑을 꼈고, 12개의 홍옥과 52개의 커다란 진주가 박힌 매를 앉히는 장갑도 가지고 있었다. 최후의 부르고뉴 공이며 〈용감공〉이라고 불리던 샤를 공작의 제모(制帽)에는 배(梨) 같은 모양의 진주가 매달려 있었고, 사파이어가 점점이 박혀 있었다.

귀스타브 모로
「주피터와 세멜레」, 1895,
파리, 귀스타브 모로 미술관

구스타프 클림트
「아델레 블로흐 바우어의 초상 I」, 1907,
뉴욕, 누 갤러리

199

12. 호기심의 창고

집의 역사에서 어느 시점에 이르면 잠시 휴지기(休止期)가 나타난다. 르네상스 시대 이후에 경이로운 것이 가리키는 것은 더 이상 먼 나라 땅에서 나는 것들(이런 것들은 점차, 적어도 15세기 말부터는 전설이 아닌 현실의 것이었다), 진기한 것들, 성인들의 유골이 아니라 그때까지만 해도 아직 비밀이었던 인체의 경이에 관한 것이었다. 이와 같은 세속적이고 과학적인 관점의 얼개 안에서 기이한 것에 대한 취향에도 변화가 일어났다. 처음에 기이한 것들은 뭔가 예외적인 사건을 예고하는 전조로 비쳤다. 이런 의미에서 콘라드 리코스테네스Conrad Lycosthenes의 『전조와 기이한 일들의 연대기 Prodigiorum ac ostentorum chronicon』(1557)는 지금도 유명한 예로 꼽힌다. 그러나 이제 사람들은 과학적 호기심, 또는 적어도 전(前) 과학적 호기심의 대상으로서 그것들을 바라보기 시작했다. 비록 〈자연학physic〉이라는 개념이 여전히 이상야릇하기는 했어도, 이제 자연학에 관한 이야기들이 등장했고 제수이트인 카스파어 쇼트Caspar Schott가 수많은 판화를 실어 무려 1,600쪽짜리로 펴낸 기념비적인 저작(1662)의 제목은 다름 아닌 〈진기한 자연학〉을 뜻하는 『피시카 쿠리오사 Physica Curiosa』였다. 이 책에는 당시 알려진 온갖 〈자연의〉 기괴한 것들에 대한 묘사가 망라되어 있었다. 그 텍스트는 코끼리나 기린 같은 이국적 동물들은 이따금씩 다룰 뿐, 그보다는 자연의 이상 현상, 선원들이나 여행자들이 멀리서 보고는(그들은 전설적인 괴물 이야기에 관한 기억을 자기가 본 것에 덧입혔다) 동물 우화집에 등장하는 괴물들과 비슷하다고 생각했던 특정 동물들에 더 큰 관심을 보이고 있었다. 그 결과 평범한 듀공 같은 동물이 인어로 여겨졌다.

이런 주제를 다룬 많은 책들 가운데서 우리는 앙브루아즈 파레Ambroise Paré의 『괴물과 불가사의Des monstres et prodiges』(1573), 콘라드 게스너Conrad

딱정벌레류와 곤충 컬렉션

궁극의 리스트

「큰 귀 인간」

「주교 물고기」

「두루미 머리를 가진 인간」

「요나와 고래」
콘라드 리코스테네스의 『전조와 기이한 일들의 연대기』, 1557

Gessner의 『동물의 역사 *Historium animalium*』(1551∼1558), 울리세 알드로반디 Ulisse Aldrovandi의 『괴물의 역사 *Monstrorum historia*』(1642), 존 존스턴 John Johnston의 『박물지 *Historia naturalis*』(1653), 포르투나토 리체티 Fortunato Liceti의 『괴물들 *De monstris*』(1665)을 들 수 있을 것이다. 이들 작가들은 괴물들을 재현하는 데 탐닉했지만 한편으로 생물학의 발전에 근본적으로 이바지했다.

    삽화들이 넘쳐 나는 이런 책들은 예외적인 것들의 레퍼토리, 즉 목록과 같다. 사물의 세계에서 이런 책과 같은 것이 바로 분더카메른 Wunderkammern이다. 다시 말해 이것은 경이의 창고, 호기심의 창고로, 우리네 자연사 박물관의 선구라고 할 수 있다. 더러 이 분더카메른을 통해서 알려져야 할 모든 것들을 체계적으로 수집하려고 노력했던 사람들도 있었던 반면, 나머지 사람들은 특이하다고 생각되는 것, 기이한 사물이나 박제 악어 같은 놀라운 품목들을 비롯해 듣도 보도 못했던 것들을 수집했다. 그런 박제 악어는 방 전체의 분위기를 지배하는 쐐기돌에 걸리곤 했다. 이런 수많은 컬렉션들 가운데 표트르 대제가 상트페테르부르크에 수집한 컬렉션에는 괴물처럼 생긴 태아들이 알코올에 조심스레 보관되어 있었다. 피렌체 스페콜라 박물관 Museo della specola의 밀랍 작품들은 해부학적 경이들의 컬렉션으로, 내장이 밖으로 빠져나온 극사실주의 인체 모형 걸작들이 알몸으로 누운 채, 분홍색 피부에서 검붉은 살로, 이어서 창자와 간, 폐, 위, 비장으로 들어가면서 갈색으로 더욱 짙어지는 색조의 교향곡을 연출한다.

    분더카메른에서 오늘날 남아 있는 것들 대부분은 그림으로 재현된 것이나 카탈로그의 동판화들이다. 때로 분더카메른은 돌멩이, 조개껍데기, 신기한 동물의 뼈대들을 넣은 작은 선반 수백 개로 구성된 경우도 있고, 존재하지 않는 동물을 만들어 낼 수 있는 박제술의 걸작들로 이루어진 것들도 있었다. 때로는 초소형 박물관처럼 진열장들이 놓여 그 빼곡한 칸칸에 원래의 맥락에서 분리되어 무의미한, 또는 앞뒤가 맞지 않는 이야기를 들려주는 듯한 품목들이 담긴 것도 있었다.

    데 세피부스 de Sepibus의 『유명한 박물관 *Museum Celeberrimum*』(1678)이나 보난니 Bonanni의 『키르허의 박물관 *Museum Kircherianum*』(1709)처럼 삽화가 들어간 카탈로그를 통해서 우리는 키르허가 로마 대학에서 수집한 컬렉션들의 품목을 알 수 있다. 거기에는 고대 조각상, 이교도 제의 용품, 부적, 중국 신상, 봉헌 탁자, 브라마의 50가지 화신을 보여 주는 명판 두 장, 로마 시대 무덤의 비문, 랜턴, 반지, 인장, 쥠쇠, 팔찌, 문진, 종, 표면에 이상한 현상이 자연적으로 새겨진 돌과 화석, 그리고 사람을 잡아먹은 뒤 그 피해자들의 치아로 장식한 브라질 원주민들의

궁극의 리스트

벨트를 포함해 세계의 다양한 지역에서 구해온 이국적인 사물, 이국적인 새와 그 밖의 박제 동물, 야자나무 잎으로 만든 말라바르 지역의 책 한 권, 터키 공예품, 중국 저울, 야만인의 무기, 인도산 과일, 이집트 미라의 발, 40일에서 7개월까지의 태아들, 그리고 독수리, 후투티, 까치, 개똥지빠귀, 브라질 원숭이, 고양이, 쥐, 두더지, 고슴도치, 개구리, 카멜레온, 상어 같은 동물의 뼈대, 각종 해양 식물, 바다표범의 이빨 하나, 악어 한 마리, 아르마딜로 한 마리, 타란툴라 거미 한 마리, 하마의 머리 하나, 코뿔소의 뿔 하나, 방향성 용액이 담긴 병 속에 보존된 괴물 같은 개 한 마리, 거인들의 뼈, 악기와 수학 도구, 영구 운동에 관한 실험 계획서, 자동 장치와 그 밖에 아르키메데스와 알렉산드리아의 헤론이 제작한 기계들의 맥을 잇는 장치, 달팽이관, 작은 코끼리 모형 하나를 가지고 몇 배로 그 수를 부풀려 〈아시아와 아프리카 전역에서 모아 온 듯한 코끼리 떼의 이미지를 복원하는〉 팔각형 반사 장치 하나, 유압식 기계, 망원경, 현미경과 그것으로 관찰한 곤충, 지구의, 혼천의, 아스트롤라베, 평면 천체도, 해시계, 물시계, 기계 시계, 자석 시계, 렌즈, 모래시계, 각종 온도계와 습도계, 그리고 산악 지대 절벽 그림, 골짜기에서 굽이치는 수로

12. 호기심의 창고

그림, 나무가 우거진 미로 그림, 거품이 이는 파도 그림, 소용돌이 그림, 구릉지 그림, 건축 투시도, 폐허와 고대 기념비 그림, 전투 장면, 대학살 장면, 결투 장면, 승리 장면, 궁전 모습, 성서의 신비로운 장면, 신들의 초상을 묘사한 다양한 그림과 이미지가 포함되어 있었다.

    분더카메른은 그 미치광이 같은 절충주의 속에서 종합적인 과학 지식에 대한 꿈을 상징하기 위한 것이었다. **프랜시스 베이컨**의 『새로운 아틀란티스 *New Atlantis*』에는 이것이 유토피아적으로 표현되어 있는데, 다만 그가 묘사한 경이로운 것들의 창고는 자연에서 찾아 낸 사물을 모은 컬렉션이 아니라 그 시대 인간의 독창성이 자연을 복종시키고 변경시키는 데 사용했던 산물들의 컬렉션이었다.

204면: 「올레 보름스의 호기심의 창고」
「보름 역사박물관」의 권두화 동판화,
레디네, 1665

「약제사 페란테 임페라토의 자연사 박물관 방문」, 1678,
밀라노, 개인 소장

궁극의 리스트

프란스 프랑켄 2세
「예술과 호기심의 컬렉션」, 1636년경,
빈, 미술사 박물관, 회화관

12. 호기심의 창고

「아 라 론드」
파민터 사촌 자매들의 컬렉션, 18세기

208~209면: 도메니코 렘프스
「호기심의 캐비닛」, 17세기,
피렌체, 피에트레 두레 공방 박물관

프랜시스 베이컨
『새로운 아틀란티스』(1627)

우리 학술원의 목적은 사물의 숨겨진 원인과 작용을 탐구하는 데 있습니다. 그럼으로써 인간 활동의 영역을 넓히며 인간의 목적에 맞게 사물을 변화시키는 것입니다. 그러한 목적을 실현하기 위한 준비 절차와 도구는 다음과 같습니다. [……]

우리에게는 약국이 있습니다. 그대도 쉽게 짐작할 수 있겠지만, 유럽에 비해 우리 왕국에는 무궁무진하게 많은 동식물이 있는지라 당연히 약초나 약의 재료, 약의 종류도 훨씬 다양하겠지요. 우리에게는 오랜 발효 과정을 거친 약과 오래 묵은 약의 종류가 많습니다. 그러한 약을 만들기 위해서, 정교하게 증류하고 분류하는 온갖 방법들을 사용합니다. 특히 부드럽게 열을 가하거나 여과기로 걸러 내는 방법을 선호하지요. 여러 원료를 혼합해서 약품을 만들기도 하는데 그 공정이 얼마나 정밀한지 천연 약초처럼 보일 지경입니다.

우리는 유럽 사람들이 갖지 못한 여러 기계들을 소유하고 있습니다. 이런 기계로 종이나 리넨, 비단, 직물, 화사한 광택의 정교한 깃털 제품, 고질의 염료 등 수많은 제품을 생산합니다. 상점도 다양하지요. 일반 생활용품을 취급하는 상점이 있는가 하면, 특수 용품만 취급하는 상점도 있습니다. 앞에서 열거한 품목들 가운데 대부분이 현재 활발하게 사용되고 있습니다. 이들 제품을 우리 스스로 발명한지라 우리는 제품의 원형을 가지고 있으며 제조 원리도 알고 있습니다.

수많은 용광로도 우리는 가지고 있습니다. 강한 불길과 뜨거운 화력, 지속적으로 일정한 온도의 열, 높거나 낮은 열, 송풍해서 생기는 열, 송풍하지 않고 생기는 열, 습하거나 건조한 열 등 우리는 다양한 종류의 열을 발생시킬 수 있습니다. 무엇보다 우리에게는 태양과 천체를 모방한 발열 장치가 갖추어져 있습니다. 온갖 물체를 데울 뿐만 아니라 이 열은 앞으로 나아가기도 하고 되돌아오기도 합니다. 그래서 원하는 대로 다양한 효과를 거둘 수가 있지요. 또 분비물의 열, 살아 있는 동물의 위에서 나오는 열, 혈액의 열, 육체의 열, 쌓여서 썩어 가는 건초나 풀의 열, 비등하는 석회의 열 등도 우리는 연구하여 활용합니다. 운동의 양으로 열을 발생시키는 기구도 있습니다. 강한 태양열을 받아 내는 시설도 있으며, 지하에는 인공적으로 열을 발생하도록 만들어 놓은 시설도 있습니다. 우리가 진행하는 연구의 성격에 따라서 이들 다양한 열이 활용되기 때문입니다.

또 우리에게는 모든 종류의 빛과 색채를 실험하고 설명할 수 있는 연구실이 있습니다. 색깔이 없는 투명한 물체에서 여러 가지 색깔을 만들어 낼 수 있습니다. 보석이나 프리즘에서 나오는 무지개가 아닌, 개별적인 색상들을 여기서 얻어 낼 수 있습니다. 빛을 먼 거리로 날려 보낼 수도 있습니다. 그래서 먼 거리에 있는 작은 점이나 선까지 볼 수 있습니다. 빛의 온갖 색깔도 만들 수 있으며, 사물의 크기나 부피·움직임·색상을 왜곡되게 조작할 수도 있습니다. 우리는 갖가지 종류의 그림자도 만듭니다. 당신네들이 감히 상상하지도 못했던 다양한 방법으로 우리는 온갖 물체로부터 빛을 생성하기도 합니다. 또 하늘에 있는 별처럼 먼 거리에 있는 물체를 볼 수 있는 기구도 갖추고 있습니다. 가까이 있는 물체가 먼 거리에 있는 듯이, 반대로 먼 거리에 있는 물체가 가까운 거리에 있는 듯이 거리도 마음대로 조작할 수 있습니다. 또 현재 사용하는 안경보다 훨씬 성능이 좋은 안경도 있으며, 아주 미세한 물체마저 선명하게 볼 수 있는 현미경도 있습니다. 현미경을 사용하지 않으면 볼 수 없는 자그마한 곤충이나 곡물, 보석의 흠집, 심지어 오줌이나 피에 들어 있는 세포 같은 것도 우리는 정밀하게 관찰할 수 있지요. 또 우리는 인공 무지개나 원광을 만들기도 합니다. 물체에서 나오는 가시광선을 반사하거나 굴절·중첩시키는 다양한 방법도 알고 있습니다.

유럽 사람들이 알지 못하는 온갖 아름다운 보물들이 우리에게 있습니다. 다양한 크리스털이나 유리의 종류도 그러하지요. 우리는 유럽 사람들이 생각지 못하는 재료로부터 유리를 만들어 냅니다. 금속으로 유리를 만들기도 하지요. 당신네들이 보지 못한 화석이나 광물도 있습니다. 흡인력이 강한 천연 자석을 비롯해서 희귀한 천연, 혹은 인공의 광물들도 많습니다.

우리에게는 온갖 소리와 소리의 발생 과정을 보여 주는 음향 연구실도 있습니다. 유럽 사람들이 상상하지 못하는 화음이나 1/4음, 정교한 포르타멘토 등도 우리는 알고 있습니다. 마찬가지로 유럽 사람들에게는 알려지지 않은 다양한 악기는 유럽의 어느 악기보다 훨씬 감미로운 소리를 냅니다. 고상하며 감미로운 소리를 내는 종과 고리들도 있습니다. 작은 소리를 크고 깊은 소리로 들리게 할 수도, 반대로 큰 소리를 약화시킬 수도 있으며, 소리를 떨리게 만들 수도 있습니다. 짐승이나 새의 소리를

12. 호기심의 창고

마크 디언과 로버트 윌리엄스
「테아트룸 문디: 아르마리움」(세계 극장: 캐비닛), 2001,
케임브리지, 케임브리지 대학교, 지저스 칼리지 예배당
ⓒ Mark Dion & Robert Williams 2001

비롯해서 모든 분절된 소리나 문자를 모방해서 재현할 수도 있습니다. 청력을 돕기 위한 보조 장치도 가지고 있습니다. 주어진 소리를 여러 번 울려서 인공적인 메아리를 교묘하게 만들어 낼 수도 있습니다. 원래의 소리보다 메아리 소리가 더욱 크거나 더욱 높게, 아니면 훨씬 깊은 소리를 낼 수 있도록 만들 수도 있습니다. 그리고 들려온 소리와 분절, 문자가 전혀 다른 소리를 만들어 내보낼 수도 있습니다. 또 관을 통해서 소리를 더 먼 곳으로 전달할 수도 있습니다.

향기를 연구하는 향기 연구실도 있습니다. 전혀 맡아 본 적이 없는 냄새를 만들기도 합니다. 자연의 향기를 모방해서 인공적인 향기를 만드는 셈이지요. 맛을 교묘하게 조작해서 맛보는 사람의 미각을 혼란스럽게 만들 수도 있습니다. 여기에는 당과를 만드는 곳도 있습니다. 딱딱하거나 부드러운 사탕을 비롯해서 각종 각색의 포도주·우유·수프·샐러드 등을 생산합니다.

우리는 엔진 시설도 갖추고 있는데, 엔진을 비롯해서 온갖 종류의 동력 장치가 여기에 있습니다. 유럽에서 사용하는 소총이나 엔진보다 훨씬 속도가 빠른 기구들을 다량으로 제작합니다. 또 바퀴나 기타 다른 수단을 이용하기 때문에 조금만 힘을 가해도 작동합니다. 유럽에서 가장 성능이 좋은 대포보다 훨씬 탄도가 길고 파괴력이 뛰어난 대포를 우리는 만듭니다. 전쟁용 화기나 군수 물자도 많이 소유하고 있지요. 새로운 종류의 다양한 화약이 개발되면서 물 위에 떨어져도 꺼지지 않고 계속해서 불타는 소이제(燒夷劑)도 생산했습니다. 재미로 쏘아 올리거나 행사용으로 사용하는 폭죽의 종류와 숫자도 이루 헤아릴 수 없을 지경입니다. 날아다니는 새를 모방해서 어느 정도 하늘을 날 수 있는 기구도 발명했습니다. 물밑이나 바닷속으로 잠수할 수 있는 배나 수영 보조 도구도 개발했습니다. 또 여러 종류의 진귀한 시계, 왕복 운동 기관, 영구 기관도 제작했습니다. 인간이나 짐승·새·물고기·파충류와 같이 살아 있는 동물의 운동을 모방해서 섬세하고 교묘한 운동 기관들을 제작하기도 했습니다.

수학 연구실도 있습니다. 기하와 천문학의 연구에 소용되는 정교한 기구들이 여기에 있습니다.

감각을 현혹하는 설비가 갖추어진 연구실도 있습니다. 요술·허깨비·속임수·환각 등의 현상을 가능하게 하는 설비가 여기에 있습니다. 당신네 유럽인들이 진정한 찬사와 감탄을 자아낼 만큼 발달된 시설을 갖추고 있습니다. 그래서 마음만 먹으면 이러한 시설을 이용해 당신네들의 감각을 현혹시키고 속여서 더욱 놀라게 만들 수도 있습니다. 그렇지만 우리는 모든 기만과 속임수, 거짓말을 혐오합니다. 백성들에게도 거짓이나 속임수를 철저하게 금지시키고 있지요. 거짓말하는 백성들은 불명예와 벌금을 감수하지 않으면 안 됩니다. 그래서 그들은 어떤 것이든 실제보다 더욱 중요하거나 화려하게 꾸미지 않습니다. 가장과 겉치레가 없지요.

앞에서 열거한 내용들에 비추어 솔로몬 학술원의 가치를 충분히 짐작할 수가 있겠지요.

212~213면:
오차노 타로(파르마) 시대 박물관의 중앙 홀
에토레 구아텔리 박물관

12. 호기심의 창고

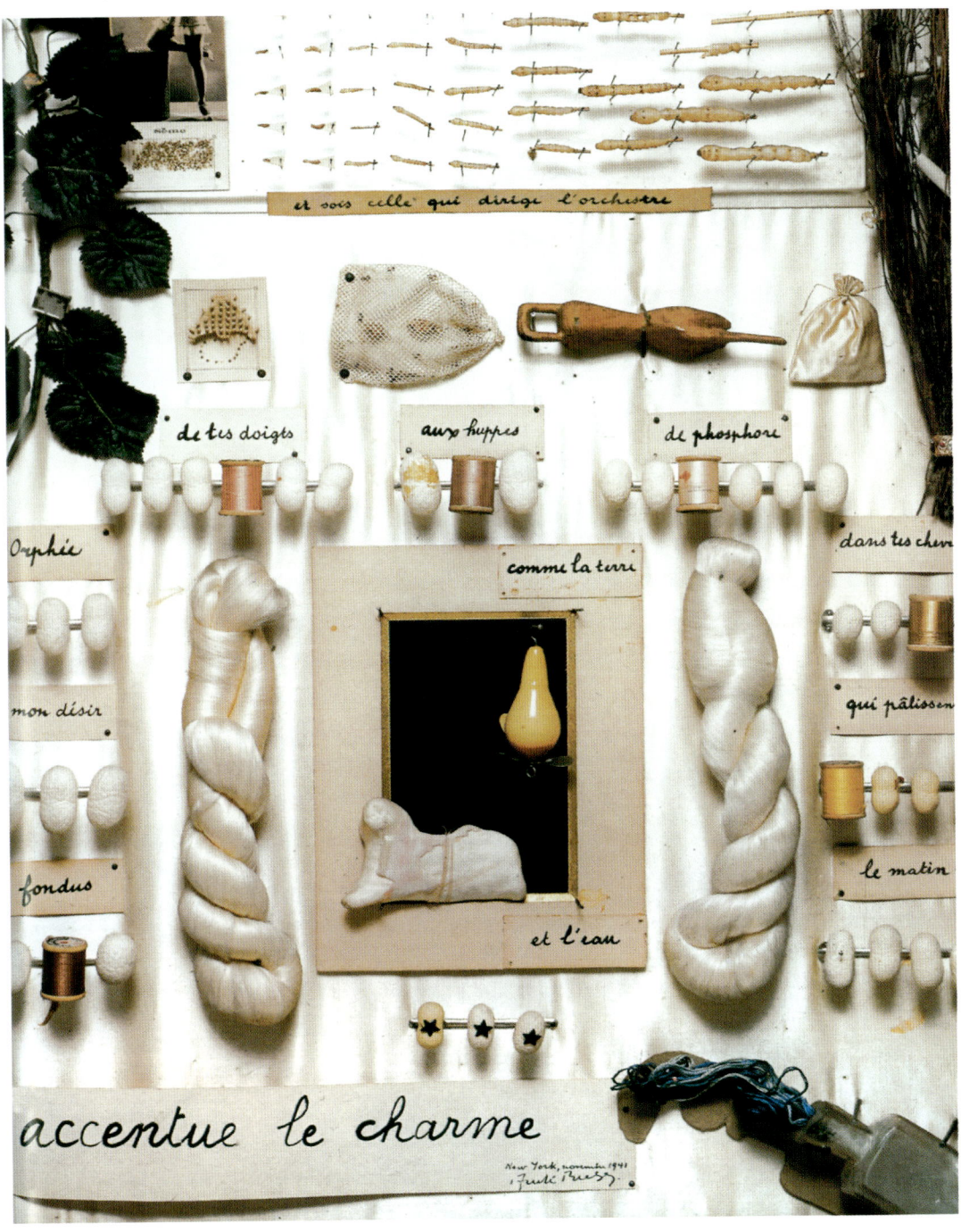

앙드레 브르통
「찢어진 스타킹」, 1941,
뉴욕, 피에르 마티스 갤러리 코퍼레이션

13. 속성에 따른 정의 대 본질에 따른 정의

우리는 말로 표현할 수 없는 양을 나타낸 목록들을 보아 왔다. 트로이 성 앞의 전사들의 수, 신과 함께 있는 천사들의 수, 미술관 그림들의 수, 우주 공간 속 장소들의 수 등을 나타낸 목록이 그것이었다. 그러나 목록이 똑같은 사물에 귀속되는 무한한 속성들을 이야기할 수 있는 경우에 대해서도 종종 주목해 왔다. 이런 의미에서 형태와 목록 사이의 대비는 사물을 아는 것과 사물을 정의하는 것, 이 두 가지 방법을 가리킨다.

고대 그리스 이후 모든 과학과 철학이 계속해서 품어 왔던 꿈은 사물을 알고 그 본질로써 사물을 정의하는 것이었다. 그리고 아리스토텔레스 이후 본질에 따른 정의가 뜻하는 바는 한 사물을 종 species(種)의 개체로서, 종은 다시 유 genus(類)의 요소로 정의하는 것이었다. 논리적으로 세밀한 부분들을 접어 둔다면, 인간을 날개 없는 두 발 동물로 규정한다는 것은 인간을 두 발 동물이라는 더 큰 유 가운데 특정한 (날개 없는) 한 종으로 보고 있음을 뜻한다. 나아가 두 발 동물은 다시 동물이라는 유 가운데 한 종이며, 동물은 또 생물 유 가운데 한 종이 된다. 이와 비슷하게, 인간을 죽기 마련인 이성적 동물로 규정한다는 것은 인간은 죽기 마련인 동물 가운데 한 종(여기에는 원숭이와 말 등이 포함된다)이며, 그것은 다시 생물이라는 종에 포함된다는 뜻이다.[1]

가만히 생각해 보면 이 과정은 오늘날 분류학에서 호랑이나 오리너구리를 정의할 때 따르는 과정과 똑같다. 물론 생물학의 분류 체계는 이보다 복잡해서 호랑이는 호랑이종에 속하며, 호랑이종은 다시 고양잇속에, 고양잇속은 다시 고양잇과에, 고양잇과는 다시 그 위의 열각아목에, 그리고 다시 식육목에, 다시 태반아강, 그 위로는 포유강에 속하게 된다. 한편 오리너구리는 포유강 단공목에 속한다.

니콜라 드 라르질리에르
「손 습작」, 1715년경,
파리, 루브르 박물관

그러나 오리너구리가 발견된 때부터 그것을 포유강 단공목으로 규정하기까지는 80년의 시간이 걸렸다. 오리너구리를 어디에 어떻게 분류할지 결정해야 했던 그 시간 동안 오리너구리는 약간은 마음 불편하게도, 몸 크기는 두더지만 하고 눈이 작으며 주둥이는 오리 같고, 앞발에는 네 개의 발톱을 하나로 연결하는 얇은 막이 붙어 있고, 뒷발에도 발톱을 연결하는 얇은 막이 있지만 그것이 앞발의 것보다는 작고, 꼬리가 있고, 발을 사용해서 헤엄을 치거나 굴을 파고, 알을 낳으며 유선에서 나오는 젖으로 새끼를 먹이는 동물로 남아 있었다.

이것은 과학자가 아닌 사람이 그 동물을 관찰하고 설명하는 바로 그 방식일 것이다. 그러나 이처럼 그 속성들의 목록을 이야기하는 (불완전한) 설명으로는 여전히 황소와 오리너구리를 구분하지 못할 거라는 말은 생각할 가치도 없다. 정작 그 동물을 직접 맞닥뜨렸을 때에 누구도 그 동물이 뭔지 알 수 없게 만드는 것은 바로 포유강 단공목이라는 설명이다.

반면에 어린아이가 어머니에게 호랑이가 무엇이며 어떻게 생겼느냐고 물었을 때, 호랑이는 수아강의 유태반류 포유동물이라거나 식육목의 열각류 동물이라고 대답할 가능성은 별로 없을 것이다. 대신에 십중팔구 호랑이는 사나운 야생 동물이다, 고양이와 비슷하게 생겼지만 훨씬 크다, 움직임이 날쌔며 황색 바탕에 검은색 줄무늬가 있다, 밀림에 살고 가끔 사람을 잡아먹기도 한다는 등등의 이야기를 해줄 것이다. 이것이 호랑이를 알아보기에는, 필요하다면 호랑이를 피하기에는 훌륭한 설명이다.

우리는 어떤 사물의 본질에 따른 정의가 없거나 그 정의로 만족하지 못할 때, 속성에 따른 정의를 사용한다. 그렇기 때문에 속성에 따른 정의는 아직 유와 종의 위계를 세우지 못한 원시 문화에, 그리고 이전의 모든 정의를 의심하는 경향이 있는 성숙한 문화(어쩌면 위기에 처한 문화에서도)에 모두 적절하다.

아리스토텔레스에 따르면 속성에 따른 정의는 부수적인 성질에 따른 정의다. 그런 반면에 본질에 따른 정의는 실체들을 고려하며, 그것들이 어떤 것인지 얼마나 많은지 우리가 안다고 가정한다(예를 들면 생물이다, 동물이다, 식물이다 등등). 속성에 따른 정의는 있을 수 있는 부수적 성질을 모두 고려한다. 호랑이를 예로 들면 그것이 네발 동물이며 고양이와 비슷하게 생겼고 줄무늬가 있다는 것뿐만 아니라, 키플링의 『정글북』에서 쉬어칸이라는 호랑이가 모글리의 적이라는 것까지 말할 수

에른스트 헤켈
「해초」, 석판화 n. 85
『자연의 예술 형태 Kunstformen der Natur』, 1899

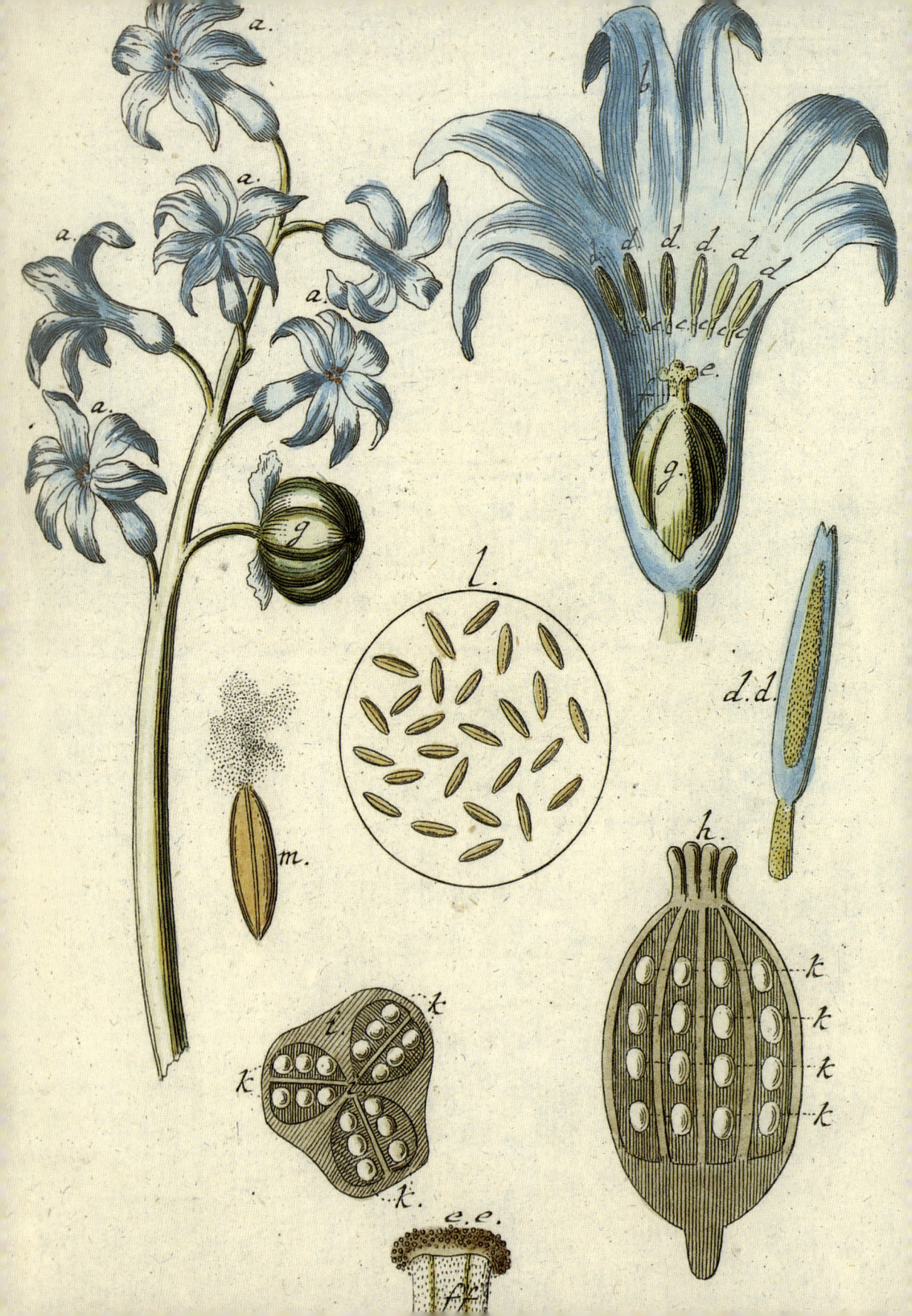

있어야 한다(어쩌면 나아가 네로 황제 시절 이러저러한 날에 콜로세움에는 주둥이로 서쪽을 가리키는 호랑이가 있었다는 것, 그리고 1846년 5월 24일에 퍼거슨이라는 어느 영국 소령에게 죽임을 당한 호랑이가 있었다는 것 등등까지도).

사실 우리는 본질에 따른 정의를 내리는 경우가 별로 없는 반면, 속성들의 목록을 이야기하는 경우는 훨씬 더 많다. 바로 그렇기 때문에 비록 겉으로는 어지럽게 보일지라도, 속성들을 무한히 늘어놓음으로써 어떤 것을 정의하는 목록들이야말로 오히려 일상생활에서 (그리고 과학 분야가 아닌 데에서) 우리가 사물을 규정하고 인식하는 방식에 더 가까운 것 같다.

당연한 얘기지만 속성을 열거한 목록은 무언가를 평가하는 의미에서 제시될 수도 있다. 우리는 앞에서 에제키엘의 티레 찬미를 언급한 적이 있는데, 같은 맥락에서 **셰익스피어**의 『리처드 2세』 중에 나오는 잉글랜드에 대한 찬미를 덧붙일 수도 있을 것이다.

속성에 따른 평가적 목록의 전형적인 예는 라우다티오 푸엘라이 laudatio puellae의 토포스, 다시 말해 아름다운 여인들에 대한 재현이다. 그 가운데 가장 고상한 예가 솔로몬의 「아가」이다. 그러나 우리는 **루벤 다리오** Rubén Darío 같은 현대 작가들의 작품에서도 그런 예를 발견하는데, 그의 「아르헨티나에 바치는 노래 Canto a la Argentina」는 휘트먼식의 찬미 목록들이 그야말로 폭발하는 것처럼 느껴진다.

비슷한 것으로 비투페라티오 푸엘라이 vituperatio puellae (또는 도미나이 dominae), 즉 추한 여인들에 대한 혹평이 있다. **클레망 마로**나 **로버트 버턴**(그러나 이 책에서는 과잉의 목록에서 소개할 것이다), 그리고 **에드몽 로스탕**의 작품에서 시라노의 코에 관한 길고 유명한 절처럼, 추한 남자의 자기 묘사 등이 그런 예이다.

---

1 이 책에서는 인간을 나머지 비이성적인 동물에 반대되는 이성적인 동물로 구분하게 해주는, 덕에 따른 〈특수한 차이〉라는 해묵은 문제를 붙잡고 씨름하지는 않을 것이다. 이 문제에 관해서는 필자의 『기호학과 언어 철학』, 김성도 옮김(열린책들, 2009) 2장을 참조하라. 오리너구리에 관해서는 『칸트와 오리너구리』, 박여성 옮김(열린책들, 2009) 참조.

「파란 히아신스의 꽃가루」,
마르틴 프로벤 레더뮐러,
『현미경의 즐거움』, 1764, 뉘른베르크

궁극의 리스트

윌리엄 셰익스피어
『리처드 2세』
2막 2장 (1595년경)

런던. 일리의 저택

곤트의 존이 병든 몸으로 요크 공장, 시종들 기타 인물들과
　함께 등장.
[……]
곤트.
[……]
이 나라 역대 국왕들의 옥좌, 그 왕들이 다스리는 이 섬,
이 장엄한 국토, 군신 마르스가 자리 잡은 이 땅.
제2의 에덴, 천국에 버금가는 나라,
전염병과 전쟁의 참화를 막기 위해서
대자연의 여신 자신이 세우신 이 요새,
행복한 혈통을 타고난 이 민족, 이 소우주,
그것을 지켜 주고 있는 성벽 역할을 하거나
또는 그만큼 행복하지 못한 나라들의 앙심에 대비해서
그 집을 지켜 주는 해자로서의 역할을 하는
은빛 바다에 박힌 이 보석, 이 축복받은 경작지,
이 대지, 이 왕국, 이 영국,
이 보모, 그 종족 때문에 두려움의 대상이 되었고
그 혈통 때문에 이름을 날렸으며, 기독교도로서 그리고
진정한 기사로서 저 완강한 유대인의 땅에 있는
구세주이시고, 축복 받은 성모 마리아의 아드님이신
분의 묘소를 탈환하는 것과 같이 먼 이국 땅에서
이룩한 그들의 행적 때문에 유명해진 역대 왕들을
길러온 모태, 그토록 귀하신 분들이 태어난 이 땅,
온 세상에 떨친 그 명성 때문에 사랑 받고 있는
이 귀하고 귀한 이 땅이 이제 임대될 처지에 놓이게
되었네 — 내가 이런 말을 하면서 죽게 되다니 —
셋집이나 하찮은 농지처럼 말일세. 승리의 기세가
등등한 바다로 둘러싸인 영국이 그 바위 해변은
바다의 신 넵투누스의 악의에 찬 포위 공격을 물리치고
있거늘, 이제는 부끄럽게도 잉크로 얼룩진 썩은
양피지 대여 문서 조각에 얽매이는 신세가 되다니.
다른 나라를 정복하기만 했던 바로 그 영국이
이제는 스스로를 정복하는 치욕을 당하다니.
아 그런 치욕이 이 생명과 함께 소멸된다면, 그러면
뒤이은 내 죽음이 참으로 행복한 것으로 될 것이련만!

아가
성서 22권
「아가」, 4:1∼7:9

아름다워라, 그대, 나의 고운 짝이여. 너울 뒤의 그대
눈동자 비둘기같이 아른거리고, 머리채는 길르앗 비탈을
내리닫는 염소 떼,
이는 털을 깎으려고 목욕시킨 양떼 같아라. 새끼 없는 놈
하나 없이 모두 쌍둥이를 거느렸구나.
입술은 새빨간 실오리, 입은 예쁘기만 하고 너울 뒤에
비치는 볼은 쪼개 놓은 석류 같으며,
목은 높고 둥근 다윗의 망대 같아, 용사들의 방패 천 개나
걸어 놓은 듯싶구나.
그대의 젖가슴은 새끼 사슴 한 쌍, 나리꽃밭에서 풀을 뜯는
쌍둥이 노루 같아라.
선들바람이 불기 전에, 땅거미가 지기 전에, 나는
몰약산으로 가리다. 유향언덕으로 가리다.
나의 귀여운 짝이여, 흠잡을 데 하나 없이 아름답기만
하여라.
[……]
나의 누이, 나의 신부여, 그대 사랑 아름다워라. 그대 사랑
포도주보다 달아라. 그대가 풍기는 향내보다 더 향기로운
향수가 어디 있으랴!
나의 신부여! 그대 입술에선 꿀이 흐르고 혓바닥 밑에는
꿀과 젖이 괴었구나. 옷에서 풍기는 향내는 정녕 레바논의
향기로다.
나의 누이, 나의 신부는 울타리 두른 동산이요, 봉해 둔
샘이로다.
이 낙원에서는 석류 같은 맛있는 열매가 나고,
나르드, 사프란 창포, 계수나무 같은 온갖 향나무도 나고,
몰약과 침향 같은 온갖 그윽한 향료가 나는구나.
그대는 동산의 샘 생수가 솟는 우물, 레바논에서
흘러내리는 시냇물이어라.
[……]
그대, 나의 짝은 디르사처럼 아름답고 예루살렘처럼
귀엽구나.
나에게서 눈을 돌려다오. 눈이 부시어 쳐다볼 수도 없구나.
그대 머리채는 길르앗 비탈을 내리닫는 염소 떼,
이는 털을 깎으려고 목욕시킨 암양 떼 같아라. 새끼 없는
놈 하나 없이 모두 쌍둥이를 거느렸구나.
너울 뒤에 비치는 그대의 볼은 쪼개 놓은 석류 같아라.

[……]
〈이는 누구인가? 샛별처럼 반짝이는 눈, 보름달처럼 아름다운 얼굴, 햇볕처럼 맑고 별떨기처럼 눈부시구나.〉
[……]
지체 높은 댁 규수라, 신 신고 사뿐사뿐 옮기시는 발, 여간 곱지 않군요. 두 허벅지가 엇갈리는 곳은 영락없이 공들여 만든 패물이요,
배꼽은 향긋한 술이 찰랑이는 동그란 술잔, 허리는 나리꽃을 두른 밀단이요,
젖가슴은 한 쌍 사슴과 같고
한 쌍 노루와 같네요. 목은 상아 탑 같고, 눈은 헤스본 밧라뺌 성문께에 있는 파아란 늪 같고요. 코는 다마스쿠스 쪽을 살피는 레바논 성루 같군요.
머리는 가르멜 봉우리처럼 오똑하고 머리채는 붉은 공단처럼 치렁치렁하여 임금님도 그 아름다움에 홀려 버렸지요.(신랑)
너무나 아리땁고 귀여운 그대, 내 사랑, 내 즐거움이여, 종려나무처럼 늘씬한 키에 앞가슴은 종려 송이 같구나.
나는 종려나무에 올라가 가지를 휘어잡으리라. 종려 송이 같은 앞가슴 만지게 해다오. 능금 향내 같은 입김 맡게 해다오.

루벤 다리오
「**아르헨티나 찬가**」
(1886~1916)

나는 여인의 아름다움과 우아함을
찬미하네. 마치, 둘도 없이 능숙하게,
훌륭한 정원사가
가지 치고 접붙이고,
딴꽃가루받이를 하는
투박한 기술을 사용해
귀한 향기와 자태, 눈부신 꽃잎,
선명한 색깔과 모양을 지닌
전에 본 적 없던 장미와
국화와 히아신스를 만들 듯이.
그와 비슷하게, 다른 생명의 피로
만들어진 아르헨티나 여인은
찬란하고 생기 넘치는 한 송이 꽃이니 —
빛나고 향기롭고 고고하다오.

빈의 왈츠, 스페인의 검은 눈,
라틴 세이렌의
굵게 말려 올라간 검은 속눈썹;
영국인 같은 피부,
백합 살결처럼 하얗고
여왕의 붉게 불든 천사 같은 얼굴;
흘러넘치는 그 우아함은
파리에서 좋아하는 것이요,
그녀의 빛나는 향기는
이 땅 한가운데서 곧장 뿜어진다오.

온갖 매력들이 증류된 농축액,
정수(精髓)들과 힘들의 혼합물,
북유럽의 금, 대리석 테라스들,
진주와 붓꽃의 혼합,
조각 같은 음악, 가장
매혹적인 순교의 환영,
관능성, 멋진 환각,
모든 걸 위로하는 달콤함
또는 모든 걸 소비하는 열정,
사자 같은 사랑 또는 사랑스러운 적 —
그것이 바로 의기양양한 토속적 비너스라오.

클레망 마로
추한 유방의 문장 (1535)

한낱 살갗에 지나지 않는 유방아,
낭창낭창 펄럭이는 야윈 몸의 깃발아,
큰 유방, 긴 유방,
납작해진 유방, 둥근 빵 같은 유방,
깔때기의 날카로운 끝처럼
뾰족한 젖꼭지가 달린 유방아,
한번 흔들어 줄 필요도 없이
움직일 때마다 출렁이는구나. [⋯⋯]
유방아, 너를 애무하는 남자는
쓸데없는 참견쟁이라고 할 수 있겠지.
취한 유방, 매달린 유방,
주름진 유방, 젖 대신
진흙이 나오는 유방아,
악마가 제 딸한테 먹이려고
지옥의 식구들에게 너를 데려가려 하는구나.
옛날 구닥다리 커다란 솥처럼,
한쪽 어깨 뒤로 넘길 수 있는 유방아,
만약 네게 반점이 있다면 많은 남자들은
자기 손 더럽히기 싫어서
장갑 낀 손으로 널 쥐려고 하겠지.
유방아, 겨드랑이 밑으로 널 늘어뜨린
그녀의 못생긴 큰 코를 찰싹 때릴 유방아.

로버트 버턴
『우울증의 해부』, 제3권 (1621)

사랑은 맹목적이다. 사람들이 말하는 대로, 큐피드가 눈이 멀었기 때문에 그 추종자들도 눈이 멀었기 때문이다. *Quisquis amat ranam, ranam putat esse Dianam* [개구리를 사랑하는 자는 개구리를 디아나로 생각한다]. 모든 연인은 자신의 여인을 찬양하는바, 그 여인이 아무리 흉하게 생겼든, 못났든, 주름투성이든 여드름투성이든, 창백하든 붉든 노랗든 그을렸든 간에, 살찐 얼굴을 하고 있든 사기꾼처럼 붓고 펑퍼짐한 얼굴이든, 또는 가냘프든 홀쭉하든 어린 아기 같은 얼굴이든, 수심이 가득한 얼굴이든 간에, 등이 굽었든, 메마른 피부에 대머리든 간에, 퉁방울눈이든 흐릿한 눈이든 노려보는 눈이든 간에, 그녀가 찌그러진 고양이를 닮았든, 머리가 비뚤어졌든 간에, 멍하고 흐린 눈이든, 검은 눈이든 노란 눈이든, 사팔뜨기이든 간에, 참새 주둥이이든, 페르시아인처럼 갈고리 코이든, 날카로운 여우 코든, 붉은 코든, 중국인처럼 납작한 코든, 큰 코든, 뭉툭하고 평평한 코든, 절벽 같은 코든 간에, 이가 말의 이 같든, 썩었든, 검든, 고르지 않은 갈색이든 간에, 송충이 눈썹이든, 마녀의 턱수염이 자랐든, 입 냄새가 온 방에 코를 찌르든, 여름이고 겨울이고 콧물을 흘리든, 턱 밑이 바이에른 사람처럼 불거져 나왔든 뾰족 턱이든 간에, 귀가 국자 같든, 목이 두루미처럼 길어 휘어져 있든, 젖가슴이 풍만하게 흔들리든, 〈젖가슴이 두 개의 큰 물병 같든〉, 또는 그 정반대로 밋밋하든 간에, [⋯⋯] 거대한 여장부 같든 박색이든, 게으름뱅이든, 뚱뚱한 느림보든, 기둥 같든, 가늘고 앙상한 장작 같든, 해골 같든 비열하든 [⋯⋯] 상관하지 않으며, 그래서 우리가 보기에는 등불 속의 악몽 같아 도저히 좋아할 수 없을 것 같고, 가장 혐오스럽고 역겨워서 차라리 그녀의 얼굴에 침을 뱉거나 그녀의 가슴에 코를 풀거나, 다른 남자에게서 사랑의 치료제를 구하고 싶어지고, 그녀가 단정치 못하고, 품행이 나쁘고, 천박하고 비루하고 막돼먹고 어리석고 무지하고 심술궂고 [⋯⋯] 한들, 일단 남자가 여자를 사랑하게 되면 이 모든 것에도 아랑곳 않고 그녀를 찬양하게 되며, 그런 오류들이나 신체나 정신의 결함들은 전혀 보지 못하게 되니, 세상의 다른 여인이 아닌 그 여인을 갖게 되는 것이다.

224~225면: 도메니코 기를란다요
『성모 마리아의 탄생』, 1486~1490,
피렌체, 산타 마리아 노벨라 교회

13. 속성에 따른 정의 대 본질에 따른 정의

프란시스코 데 고야
「마녀들의 집회」(세부),
1819~1823, 마드리드, 프라도 미술관

에드몽 로스탕
『시라노』
1막 4장, 장면 1 (1897)

시라노 [자작에게]
안 되지! 그건 너무 짧아, 젊은 양반! 그것 말고도…… 오!
맙소사! ……많은 것이 있었어.
(어조를 바꿔 가면서) 예를 들어, 들어 보게나.
공격적인, 〈선생, 나한테 그런 코가 있었다면, 앞뒤 가리지
  않고 당장 잘라 버렸을 거요!〉
우호적인, 〈찻잔에 코가 빠져 젖어 버릴 테니 굽이 달린 큰
  잔 하나 마련하세요!〉
서술적인, 〈바위잖아! ……산봉우리잖아! ……곶이잖아!
  곶이라니, 내가 무슨 소릴 하는 거야? ……반도야!〉
호기심 어린, 〈그 장방형의 피낭은 무엇에 쓰는 거죠,
  필기대 아니면 가위 상자?〉
우아한, 〈가냘픈 다리들이 내려앉아 쉬도록 자상하게
  횃대를 뻗어 줄 정도로 새들을 사랑하시나 보죠?〉
원색적인, 〈선생, 당신이 담배를 피울 때, 그 큰 콧구멍으로
  담배 연기를 내뿜으면 이웃에서 불이 났다고 난리를
  치지 않소?〉
자상한, 〈그 무게에 못 이겨 얼굴을 바닥에 처박지 않도록
  조심하시오!〉
애정 어린, 〈햇볕에 색깔이 바래지 않도록 작은 양산을
  하나 만들어 코에 걸치세요.〉
현학적인, 〈이마 아래 그렇게 많은 뼈와 살을 갖고 있는
동물은 아마 아리스토파네스가
  이포캉펠레팡토카멜로스라 부른 동물뿐일 거요.〉
호탕한, 〈어이, 친구, 그 갈고리 요즘 유행이오? 모자
  걸어두기에는 안성맞춤이겠는걸!〉
과장된, 〈위풍당당한 코여, 북풍을 제외하고 어떠한 바람도
  널 감기 들게 하진 못하겠구나!?〉
극적인, 〈거기서 피가 흐르면 홍해를 이루겠군!〉
감탄 어린, 〈향수 가게엔 멋진 간판이 되겠네!〉
서정적인, 〈그거 소라고둥이에요? 당신 트리톤인가요?〉
순진한, 〈그 기념물, 언제 방문할 수 있죠?〉
정중한, 〈인사하는 걸 용서하시오, 선생. 워낙 목 좋은 곳을
  차지하고 있다 보니 어쩔 수 없이!〉
시골풍으로, 〈아이 아저씨! 그게 코여? 아이구야! 큰
  무인지 아니면 작은 멜론인지 도통 모르겠구먼!〉
군사적인, 〈기병대를 향해 조준!〉
실용적인, 〈그거 복권 당첨물로 걸겠소? 분명 한몫 단단히
  잡을 텐데, 선생!〉
마지막으로 애통해하는 피람을 패러디해, 〈주인의
  얼굴에서 조화를 파괴한 바로 이 코! 그게 부끄러워
  붉어지는구나, 배신자!〉
당신에게 약간의 문학적 소양과 재치만 있어도
나에게 대충 이 정도는 충분히 말했을 거요.
하지만, 오 형편없는 존재여, 당신에겐
재치라곤 단 한 톨도 없고, 아는 문자라곤
단 세 글자, 〈멍, 청, 이〉밖에 없소이다!

잔카를로 비탈리
「담비의 〈꼬리〉」, 1999,
화가 소장

막스 베크만
「여인들의 목욕」, 1919,
베를린, 베를린 국립 미술관, 민족관

13. 속성에 따른 정의 대 본질에 따른 정의

14. 아리스토텔레스의 망원경

본질에 따른 의미론적 설명이 전제하는 것은 하나의 배경으로서 나무, 즉 일군의 집합들과 아집합들의 가지가 달린 계통수이다. 이 나무를 지탱하는 구조는 각각의 개체, 유, 종에 대한 정의보다 우선하며, 그 가지들이 저마다 갖는 정체성은 그 구조에 의존한다. 오리너구리는 80년 동안 조금씩 발견되던, 명백하게 서로 모순으로 여겨지는 속성들(알을 낳고 새끼에게 젖을 먹이는 등)을 통해 알려져 있었지만, 마침내 과학적 분류학자들은 (거의 특별한 목적에서) 단공류 포유류라는 아강을 인정하기에 이르렀다. 기호학에서는 이런 것을 일컬어 사전적 정의라고 한다. 이를테면 개는 식육포유류 열각아목 유태반류 개과의 한 동물이다. 그러나 우리가 습관적으로 사용하는 〈보통〉 사전 가운데 기호학에서 말하는 사전적 정의만으로 채워진 것은 어디에도 없다. 심지어 위에서 말한 식의 정의를 담은 사전이 있다 하더라도(물론 그렇게 꼼꼼하게 밝히는 경우는 별로 없겠지만), 그것에 덧붙여 개를 네발 동물로, 인간의 가장 친한 친구로, 잡식 동물로, 그 밖의 어떤 것으로 구분해 주는 나머지 속성들을 덧붙여 놓았을 것이다. 뿐만 아니라 적어도 가장 잘 알려진 종쯤은 언급해 줄 것이다. 그러나 어떤 설명이 축적, 즉 일련의 속성들로 이루어진다면 그 설명은 사전이 아닌 일종의 계속되는 백과사전, 결코 끝나지 않는, 그리고 나무와 같은 엄격한 형태를 결코 띨 수도 없는 백과사전을 전제로 한다.

백과사전의 방대함은 첫 번째 사전을 편찬했던 사람들을 화들짝 놀라게 했다. 17세기 이탈리아에서 명성이 자자했던 『크루스카 사전 *Dizionario della Crusca*』(왕겨 사전)은 후대에 다듬어진 엄정한 분류학의 혜택을 못 본 채 개를 〈알려진 동물〉이라 정의했기 때문이다. 오직 무한함과 예외적인 것에 대한 취향을 지녔던 바로크적 지성만이 끝없는 속성들을 열거한 백과사전적 구조를 생각해 낼 수

루이지 세라피니
『코덱스 세라피니아누스』 가운데 소형 세밀화,
밀라노, F.M. 리치 출판사, 1981

궁극의 리스트

요한 요아힘 베허
「알려진 물질의 분류」, 『희귀한 것들이 담긴 소품 *Opuscola chymica rariora*』에 수록된 표,
뉘른베르크, 1719

있었다.

독일어의 우월성을 규정하던 게오르크 필리프 하르스되르퍼Georg Philipp Harsdörfer는 『부인들의 대화집 Frauenzimmer Gesprächspiele』(1641)에서 언어학에 관한 정연한 논문을 쓰는 대신에 이렇게 말한다. 〔독일어는〕〈자연이 내린 혀를 가지고 말하면서, 모든 소리를 가장 잘 알아들을 수 있게 표현하며〔……〕. 그것은 하늘과 같이 천둥소리를 울리고, 날쌘 구름과 같이 번쩍이며, 싸락눈처럼 반짝거리고, 바람과 같이 속삭이는가 하면, 파도와 같이 거품을 일으키고, 자물쇠처럼 덜커덕거리고, 공기와 같이 울려 퍼지고, 대포처럼 폭발시키며, 사자처럼 포효하고, 황소처럼 울부짖고, 곰처럼 으르렁거리고, 사슴처럼 구슬피 울고, 양처럼 매매거리고, 돼지처럼 꿀꿀거리고, 개처럼 멍멍 짖으며, 말처럼 힝힝거리고, 뱀처럼 쉿쉿거리고, 고양이처럼 야옹거리고 거위처럼 꽥꽥거리고 개구리처럼 개굴거리며 말벌처럼 윙윙거리고, 닭처럼 꼬꼬댁거리고 황새처럼 딱딱거리고, 까마귀처럼 까악거리며, 제비처럼 지지배배거리고, 참새처럼 쨋쨋거리며〔……〕.〉

에마누엘레 테사우로Emanuele Tesauro는 『아리스토텔레스의 망원경 Cannocchiale aristotelico』(1665)에서, 알려진 정보들 사이에서 지금까지 알려지지 않은 관계를 발견하기 위한 방법으로 은유의 모델을 제시한다. 따라서 그것은 알려진 사물들의 레퍼토리를 구성하는 문제가 되는데, 그 레퍼토리를 바탕으로 한 은유적 상상력이 새로운 관계를 발견해 내는 것이다. 테사우로는 이런 방식을 통해 범주의 색인Categorical Index이라는 개념을 만들어 낸다. 범주의 색인이 열거하는 속성들의 양은 정말 엄청나기 때문에 우리는 그 속성들이 언급된 것에서 끝나지는 않을 거라 생각하게 된다. 따라서 겉보기로만 사전 형식을 띤다는 사실을 제외한다면, 범주의 색인은 거대한 백과사전이 될 만하다. 테사우로는 〈진기한〉 생각에 대한 바로크적 만족감을 담아, 자신의 색인을 〈진정 비밀스러운 비밀〉이자 무한한 은유와 독창적인 개념들의 마르지 않는 광산으로 제시한다. 여기서 독창성이란 다름 아닌 〈서로 다른 범주들 뒤에 숨겨진 사물들을 꿰뚫어 보고 서로 비교〉할 수 있는 능력을 말한다. 다시 말해서 모든 것이 그 나름의 범주 안에 분류되어 있었다면 알아차리지 못하고 넘어갔을 유추나 유사성을 밝혀내는 능력이다.

따라서 그 작업은 아리스토텔레스의 열 개 범주(실체와 아홉 가지의 부수적 속성)를 한 권의 책에 기록하는 문제이자, 각각의 범주 밑에 그것의 항들을 열거하는 문제이며, 각각의 항 밑에 〈그것보다 더 아래에 있는〉 사물들을 열거하는 문제가 된다.

여기서 우리가 할 수 있는 일은 테사우로의 범주(이것은 계속해서 늘어나기 쉬운 것처럼 보인다)에서 몇 가지 간단한 예를 제시하는 것 말고는 별로 없다. 그가 말하는 실체의 범주에는 거룩한 사람, 관념, 전설 속의 신들, 천사, 악마, 영혼, 하늘 등의 항이 포함되며, 하늘 항에는 다시 떠도는 별들, 12궁, 증기, 발산물, 운석, 혜성, 번개와 바람이 포함된다. 땅의 범주에는 밭, 황무지, 산, 언덕, 벼랑 등이 열거되어 있다. 물체의 범주에는 돌, 보석, 금속, 풀이 포함되고 수학의 범주에는 구, 나침반, 정사각형 등등이 포함된다.

마찬가지로 양(量)의 범주를 보면, 부피의 양이라는 항 밑에는 작은 것, 큰 것, 긴 것, 짧은 것들이, 그리고 무게의 양이라는 항 밑에는 가벼운 것과 무거운 것들이 열거되어 있음을 발견할 수 있다. 질(質)의 범주에서 보기 항 밑으로는 볼 수 있는 것, 보이지 않는 것, 명백한 것, 아름다운 것, 흉한 것, 또렷한 것, 흐릿한 것, 검은 것, 흰 것이 묶여 있으며 냄새 항 밑으로는 향기와 악취가 묶여 있다. 그런 식으로 관계, 행동과 애정, 위치, 시간, 장소, 상태 등의 범주에 속하는 항들이 계속 이어진다.

이런 항들 밑에 있는 사물을 찾아본다면, 양의 범주 밑 부피의 양이라는 항에 딸린 작은 것들 가운데에는 핀 끝에 서 있는 천사, 무형의 형체들, 지구의 위의 움직이지 않는 점으로서 극(極), 천정(天頂)과 천저(天底) 등이 포함된다. 한편 기본 사물의 항에는 불꽃, 물방울, 돌 알갱이, 모래알, 보석, 원자 등이 있다. 인간 항에는 태아, 유산된 태아, 피그미, 난쟁이 등이 포함되어 있으며, 동물 항에는 개미와 벼룩이, 식물 항에는 겨자씨와 빵 부스러기가, 과학 항에는 수학적인 점이, 건축 항에는 피라미드의 꼭대기가 포함되어 있다.

이 목록은 지식의 몸체라는 포괄적인 내용을 요약하고자 했던 모든 바로크적 시도들처럼, 분명 어떤 운을 맞춘 것도 아니고 어떤 이유도 없는 것처럼 보인다. 카스파어 쇼트Caspar Schott는 『테크니카 쿠리오사Technica curiosa』(1664)와 『자연과 기술에 관한 농담Joco-seriorum naturae et artis sive magiae naturalis centuriae tres』(1665)에서 1653년에 나온 알 수 없는 저자의 책을 언급한다. 그는 그 저자의 이름을 잊어버렸지만, 그 사람이 44가지의 기본 부류로 구성된 『산물Artificium』을 로마에서 펴냈다는 사실은 확실하다고 이야기한다. 그 모든 부류는 여기서 나열할 가치가 있으므로 몇 가지 예를 괄호에 넣어 제시하고자 한다. 1. 원소(불, 바람, 연기, 재, 지옥, 연옥, 지구의 중심). 2. 천체(행성, 번개, 무지개). 3. 지적인 실체(신, 예수, 담화, 의견, 의심, 정신, 스트라타겜stratagem 즉 유령). 4. 세속적 지위(황제, 귀족, 서민). 5. 교회 조직상의 지위. 6. 기술자(화가, 선원). 7. 도구. 8. 애정(사랑, 정의, 욕정). 9. 종교. 10. 고해 성사. 11. 법정. 12. 군대.

로비네 테스타르
마테우스 플라테아리우스의 『간단한 의학책』의 삽화,
Ms. Fr. VI n. 1, fol. 166v, 1470년경,
상트페테르부르크, 국립 도서관

13. 의학(의사, 굶주림, 관장). 14. 사나운 짐승. 15. 새. 16. 파충류와 물고기. 17. 동물의 부위. 18. 가구. 19. 음식. 20. 마실 것과 액체(포도주, 맥주, 물, 버터, 밀랍, 수지). 21. 의복. 22. 견직물. 23. 모직물. 24. 범포와 그 밖의 짜인 직물들. 25. 항해와 향기 나는 것들(배, 계피, 돛, 초콜릿). 26. 금속과 동전. 27. 다양한 인공물. 28. 돌. 29. 보석. 30. 나무와 열매. 31. 공공장소. 32. 무게와 측정. 33. 숫자. 34. 시간. 35~42. 이름, 형용사, 부사, 전치사. 43. 사람(인칭 대명사, 〈가장 존경하옵는 추기경〉 등의 칭호). 44. 여행(건초, 길, 강도).

1660년경 아타나시우스 키르허가 펴낸 필사본 『새로운 발견 Novum Inventum』[1]은 세계의 다양한 언어들을 축약해 단일한 약호(略號)로 만들어 그것으로 1,620개의 〈단어〉로 된 사전 한 권을 편찬하는 것이 어떻게 가능한지 설명하고 있다. 그 책에서 키르허는 도상적 약호 iconogram를 이용해 기록할 수 있는 54개의 범주 목록을 정하려고 시도했다. 이 54개의 범주 역시 매우 이질적인 하나의 목록을 구성하고 있어서, 신성한 실체, 천사들의 실체, 천상의 실체, 원소, 인간, 동물, 채소, 광물, 마실 것, 의복, 무게, 수, 시간, 도시, 음식, 가족, 보는 것이나 주는 것과 같은 행위들, 형용사, 부사, 일 년의 달 등을 포함하고 있다.

이와 같은 목록에서 체계적인 정신을 찾아볼 수 없다는 것은 당시의 백과사전 편찬자들이 유와 종에 따른 무미건조한 분류를 애써 피하려고 노력했음을 증명해 준다. 그러나 나중에, 지식의 대상들 사이에 예상치 못했던 관계를 발견할 여지를 주는 것은 바로 이처럼 무질서한 (또는 테사우로의 책에서처럼, 10개의 범주와 그 항들의 제목 아래 허술하게 겨우 정리된) 축적이다. 이 〈뒤죽박죽 잡탕〉은 완전함에 도달하기 위해서가 아니라 나무 모양의 모든 분류가 갖는 빈약함을 피하기 위해서 우리가 치러야 하는 대가이다.

우리는 테사우로가 속성들의 창고에서 얻어 낸 경험을 주목해야 할 것이다. 만약 난쟁이(이탈리아어로는 nano이다 — 옮긴이)에 대한 훌륭한 은유(테사우로가 발견한 은유란 아리스토텔레스적 의미에서 말한다면 사물에 대한 새로운 규정들, 더 정확히는 주어진 한 사물에 관해 말해질 수 있는 모든 것을 안다는 것을 뜻한다)를 찾고 싶다면, 앞에 언급했던 범주의 색인으로 가서 미르미돈 또는 산에 사는 작은 쥐에 대한 정의를 찾아볼 수 있을 것이다. 그러나 이 색인은 다시 또 다른 색인과 연결된다. 왜냐하면 작은 것들은 저마다, 그리고 점차적으로 우리가 10개 범주

「연지벌레에 관하여」, 도판 XXVIII,
마르틴 프로벤 레더뮐러의 『현미경의 즐거움』 중에서,
뉘른베르크, 1764

가운데 어느 범주를 찾아보느냐에 따라 (양의 범주를 예로 들면) 그 작은 것을 무엇과 비교해 측정할 수 있는지, 아니면 그것이 어떤 부분들을 갖는지 설명이 달라지기 때문이다. 질의 범주를 예로 든다면, 그것이 볼 수 있는 것인지, 또는 그것이 혹시 어떤 흉함을 지니고 있는지 설명될 것이다. 관계의 범주를 찾는다면 그것이 누구 혹은 무엇과 관계 있는지, 또는 그것이 재료인지 아닌지, 그리고 어떤 형태를 띠고 있는지 말해 줄 것이다. 행동과 열정의 범주에서는 그것이 얼마나 많이 할 수 있는지, 할 수 없는지 등등이 설명될 것이다. 만약 우리가 작은 사물을 측정하는 방법을 알고자 한다면 색인은 〈기하학의 손가락〉 범주를 가리킬 것이다.

이런 식으로 모든 범주들을 살펴 나가는 사이에, 우리는 난쟁이(『아리스토텔레스의 망원경』에서 난쟁이 목록은 3페이지를 차지한다)와 관련해 그것이 그 이름자보다도 더 작은 어떤 것, 인간보다는 배아에 가까운 것, 인간의 한 단편, 손가락보다 훨씬 작은 것, 아무 색이 없을 정도로 아주 작은 물질, 파리 한 마리와 싸운다면 질 만한 것, 그렇게 작기 때문에 그것이 앉아 있는지 서 있는지, 아니면 누워 있는지 알아내기란 불가능하다는 것 등등 수없이 많은 속성을 말할 수 있음을 알게 된다.

그러나 아무리 그것이 종부터 유까지의 종속 관계에 바탕을 둔 것처럼 보일지라도, 속성에 따른 정의는 나무를 모델로 삼지 않는다. 그보다는 질 들뢰즈와 피에르 펠릭스 가타리[2]가 리좀 *rhizome*이라 부른 것을 모델로 삼는다. 리좀은 식물의 줄기가 땅속에서 뿌리처럼 변형된 것으로 그 안의 모든 점이 나머지 어떤 점과도 연결될 수 있으며, 그 안에서는 일체의 끝도 시작도, 위치도 없이 오직 연결선만이 존재한다. 그렇기 때문에 리좀은 어느 한 점에서 부러지더라도 그것 나름의 선을 따라감으로써 다시 자라날 수 있다. 그것은 분리할 수 있고 뒤집을 수 있다. 그것은 중심이 따로 없으며, 어느 점에서든 나머지 모든 점들과 연결될 수 있고, 그것은 뿌리와는 달리 계통적이지 않고 위계적이지도 않으며, 아무 데로나 향하고 원칙적으로는 시작도 끝도 없고 또…….

리좀과의 이런 상동 관계는 우리에게 또한, 영역의 목록과 건축적 목록들을 생각하게 만든다. 앞에서 우리는 회화의 경우 프레임이 공간을 한정하기 때문에, 다시 말해 〈기타 등등〉을 떠올리는 것을 방해하기 때문에, 회화적 목록을 상상하기가 얼마나 힘든지 이야기한 바 있다. 그렇지만 우리는 프레임의 한계를 넘어서 헤아릴 수 없는 연속성을 암시하는 것이 가능하다는 사실을 인정했고, 실제로 그 방법을 확인했다.

마찬가지로 우리는 건축상의 〈기타 등등〉은 존재하지 않는다고 말해야 할 것이다.

14. 아리스토텔레스의 망원경

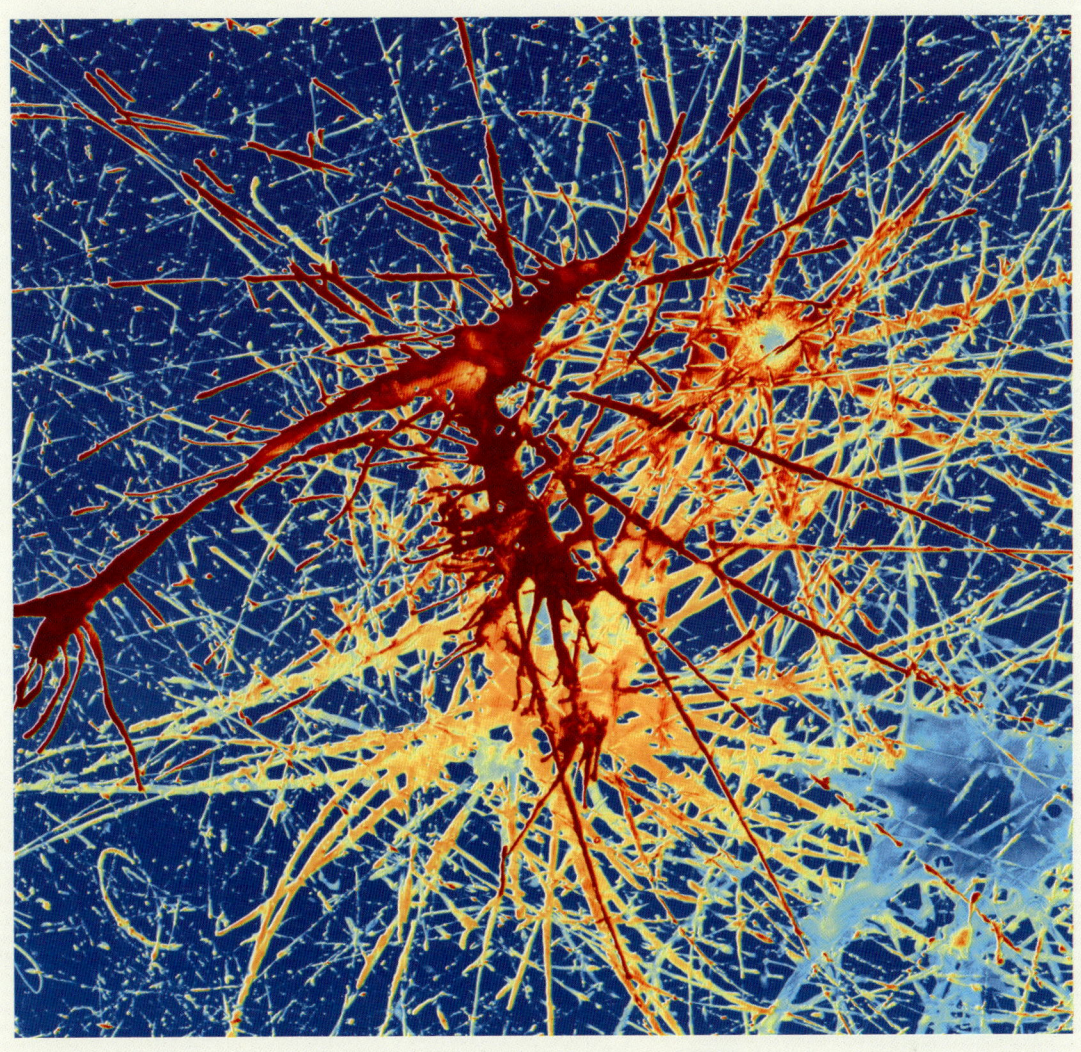

신경 세포

모든 건물은 그것이 차지하는 공간을 구획하고 한계를 정한다. 그리고 그것을 둘러싼 공간과 내부의 살림 공간을 정확히 구분하기 때문에 정확하게 존재한다. 그것은 비단 건물들에 적용될 뿐 아니라 한때 성벽으로 에워싸여 있던 도시들에도, 또는 16세기에 이상적으로 여겨진, 하나의 광장을 중심으로 별 모양으로 뻗어 나간 도시들에도 적용된다. 한편 그것은 로마 시대의 카스트룸 *castrum* 형태, 즉 가로선과 세로선으로 다시 나뉘는 사각형의 도시에서도 마찬가지이다. 실제로 우리는 도시와 외곽, 도시와 지구, 도시와 주변 구역을 구분해서 이야기하곤 한다.

그런데 여기서 하나의 중심 광장 주변에 건설된 도시를 떠나 〈메인 스트리트〉에서 계속 뻗어 나가는 미국의 도시로 옮아가 보자. 도시의 척추 역할을 하는 그 길은 무한하게 연장될 수 있고, 점차로 뻗어 가는 도시에서 그 중심은 아주 자연스럽게, 날마다 더욱 커져만 가는 교외 속으로 이동하며, 따라서 그 도시가 어디서 끝나고 외곽이 어디서부터 시작되는지 구분하기가 때로는 힘들어진다. 이것은 결국 우리를 〈도시 영역〉으로 이끄는데, 그 대표적인 예가 로스앤젤레스이다. 이 도시는 중심지가 따로 없으며 사실상 도시 자체의 외곽들로 구성되어 있다. 한마디로 로스앤젤레스는

〈기타 등등〉의 도시이며 따라서 만약 우리가 그 은유를 받아들이고자 한다면 로스앤젤레스는 〈형태 도시〉라기보다는 〈목록 도시〉가 된다.

〈목록 도시〉는 〈열린 미궁〉과 같은 꼴을 하고 있다. 확실히 고전적인 미궁은 범위가 정해져 있는 공간 구조이다. 닫힌 공간인 미궁은 그러나 그 안에 들어간 사람이 나가는 길을 찾기가 불가능하다고 느끼게끔 설계된 공간이다. 미궁은 하나의 형태이지만, 그 안에 들어간 사람에게 미궁이란 탈출 불가능성의 경험, 따라서 끝없는 방황의 경험을 나타낸다. 바로 이것이 미궁이 사람들에게 불어넣을 수 있는 매력의 근원, 두려움의 근원인 것이다. 역설적이게도, 미궁은 털실 꾸리처럼 그 자체를 되감는 비선형적인 목록이며, 여기서 다시 떠오르는 리좀 구조와의 상동 관계는 함선들의 카탈로그만큼 무한한 아킬레우스의 방패에 관해 무언가를 우리에게 말해 준다.

1 Caterina Marrone, "Lingua universale e scrittura segreta nell'opera di Kircher", in Casciato et al., eds., *Enciclopedia in Roma barocca*(Venice: Marsilio)와 U. Eco, *The Search for a Perfect Language* (Oxford: Blcakwell, 1995), p. 203 ff 참조.

2 Gilles Deleuze, Félix Guattari, *Mille Plateaux, Capitalisme et schizophrénie 2*(Paris: Minuit, 1980).

로낭-짐 세블레크
「불확실한 휴게소」, 1996,
파리, 화가 소장

로스앤젤레스 조감경

15. 과잉, 라블레 이후 계속되다

바로크 시대에 들어서서, 한편으로 사람들은 중세 시대보다는 덜 엄격하게, 본질에 따른 정의를 찾으려 애썼던 것처럼 보인다. 그런 한편, 신기한 것들에 대한 취향은 모든 분류를 목록으로, 모든 나무들을 미궁으로 바꿔 놓기에 이르렀다. 그러나 사실은 이미 르네상스 시대부터, 목록은 중세의 위대한 『신학대전』이 승인했던 세계 질서에 선제공격을 가하는 데 사용되고 있었다.

실제로도, 또 우리가 백과사전과 관련해 보았듯이, 고대 그리스 로마 시대와 중세 시대 목록들은 거의 임시변통을 위한 〈편법〉과 다름없으며, 그 표면 바로 밑에서 우리는 있을 수 있는 질서에 윤곽을 부여하고 사물들에 형태를 부여하고자 하는 욕망을 항상 감지하곤 한다. 그러나 근대 세계에서 목록은 〈변형deformation〉에 대한 취향으로 받아들여진다.

온갖 추한 악마들의 모습이 주마등처럼 펼쳐지는 컬렉션과도 같은 작품이 『발두스Baldus』(1517)이다. 테오필로 폴렌고Theofilo Folengo가 메를린 코카이Merlin Cocai라는 필명으로 쓴 『발두스』는 영웅 희극적이고 그로테스크한 편력 시이며, 단테의 『신곡』에 대한 패러디이자 **라블레**의 『가르강튀아와 팡타그뤼엘』에 대한 전조이다. 여기서 주인공 발두스와 그 친구들은 다양한 피카레스크식 모험을 펼치는데, 2부(제19권)에서 이들은 악마 무리와 전투를 벌인다. 박쥐, 개, 거위, 뱀, 황소, 당나귀, 숫염소 등의 동물을 한데 콜라주한 모습의 악마들이 엄니를 달고 가슴팍에 피를 뚝뚝 흘리면서 악취 풍기는 군침을 흘리고, 괄약근에서는 지옥불을 내뿜는다. 결국 발두스와 친구들은 그 악마들을 쳐부수어 아주 작은 조각들로 만들어 버린다. 그러자 17만 개 덩어리로 조각나 버린 바알세불은 자신의 몸뚱이를 다시 짜 맞추려고 애쓰면서, 꼬리가 없는 여우, 뿔 달린 곰과 돼지, 발이 셋 달린 마스티프, 네 개의 뿔이 달린 황소, 거인의 머리에 붙은

리처드 대드
「벌목 요정의 멋진 솜씨」, 1855~1864,
런던, 테이트 화랑

궁극의 리스트

베르나르 팔리시(학파)
「팔리시풍 접시」, 16세기 말,
파리, 루브르 박물관

246~247면:
대(大) 얀 브뤼헐
「공기의 알레고리」, 1621,
파리, 루브르 박물관

늑대 주둥이, 올빼미의 부리와 개구리의 발을 가진 새…… 등등을 한데 붙여 놓는다. 무한한 동물들을 만들어 낼 수 있는 이 콜라주를 히에로니무스 보스의 지옥에 대한 언어적 등가물에 비유하는 것은 어렵지 않다. 아울러 보스의 지옥이 그저 환상적인 것이나 기형학적인 것에 대한 취향을 보여 주는 것이 아니라 당대의 악, 부패한 사회적 관행들, 세계의 붕괴 등에 대한 암시라고 해석하는 것도 어렵지 않은 일이다.

질서에 대한 요구는 그 시대 소르본 대학의 학식 높은 박사들을 고무했지만, 이런 풍조를 경멸이라도 하듯 엄청난 목록을 만들어 낸 작가가 있었으니 그가 바로 라블레였다. 궁둥이를 닦는 듣도 보도 못한 수많은 방법들이나 남자의 성기를 지칭하는 그 많은 형용사들, 적을 호되게 혼내는 갖가지 방법들, 생빅토르 수도원에 보관된 쓸모를 알 수 없는 많은 책들, 온갖 뱀의 종류라든가 가르강튀아가 할 줄 아는 수많은 (그리고 그 많은 놀이들을 모두 즐길 그 엄청난 시간을 만들 방법은 오직 신만이 아는) 놀이들을 열거하는 방식에는 이렇다 할 이유가 전혀 없다.

가르강튀아가 한 놀이를 예로 들면, 〈네 장 플러시, 다른 무늬 카드 모으기, 패 따오기, 뺏어 먹기, 패 버리기, 피카르디 놀이, 1백 점 내기, 피아노, 불쌍한 년 만들기, 패 맞추기, 10점 넘기기, 31점 내기, 짝패와 연속패 맞추기, 3백 점 내기, 빈털터리 만들기, 운수 보기, 카드 뒤집기, 불평분자, 용병 도박, 오쟁이를 진 서방, 패 가진 사람이 밝히기, 몽땅 따먹기, 왕과 여왕 짝짓기, 같은 패 세 장 모으기, 여론 몰이, 몰아주기, 연속패 맞추기, 카드 뒤집기, 타로, 지는 쪽이 이기기, 속여 뺏기, 고문하기, 팽이 돌리기, 주사위 놀이, 으뜸패 모으기, 손가락 수 알아맞히기, 체스, 여우 닭 잡아먹기, 십자 장기, 목말 타기, 제비뽑기, 운수 점치기, 세 주사위 놀이, 놀이판을 사용하는 주사위 놀이, 주사위 이김수 굴리기, 유리한 판 이끌기, 청개구리 놀이, 이탈리아식 주사위 놀이, 트릭트락, 네 팀 주사위 놀이, 주사위판 놀이, 시종들의 주사위 놀이, 도형수, 체커 놀이, 패가망신 놀이, 첫째, 둘째 놀이, 꽂은 칼 가까이 동전 던지기, 판 가까이 열쇠 던지기, 사각판 가까이 동전 던지기, 홀짝, 앞뒤 정하기, 골패 놀이, 노르망디식 골패 놀이, 구슬치기, 감춘 실내화 찾기, 부엉이 놀이, 귀여운 산토끼 놀이, 줄다리기, 공놀이, 까치 놀이, 소뿔 놀이, 사육제의 황소, 올빼미 소리 내기, 시침 떼고 꼬집기, 부리로 쪼아 내쫓기, 당나귀 편자 떼기, 양 몰고 장에 가기, 숨바꼭질, 나는 앉았다, 바보에게 똥가루 던지기, 반장화, 꼬챙이 뽑기, 말썽꾼 내몰기 놀이, 친구, 자루 좀 빌려 주게 놀이, 숫양 불알 놀이, 밀어내기, 마르세유의 무화과 놀이, 곡식단 돌기, 활쏘기, 여우 껍질 벗기기, 썰매 끌기, 다리 걸어 넘어뜨리기, 귀리 팔기, 석탄 조각 불기, 새 짝 찾기, 산 재판관과 죽은 재판관, 불에서 쇠 꺼내기, 가짜 어릿광대, 양 뼈 갖고 놀기, 따리꾼 꼽추, 성자 찾기, 귀

꼬집기, 배나무, 엉덩이 걷어차기, 삼단뛰기, 원 안에서 뛰기, 지팡이로 공을 구멍에 넣기, 둘이 머리와 다리 거꾸로 맞대기, 벽돌 쌓기, 막대기 놀이, 쇠고리 던지기, 실꾸리 놀이, 콧김으로 촛불 끄기, 구주희, 잔디 볼링, 납작한 나무공 놀이, 깃털 달린 나무공 놀이, 로마로 가는 자치기, 똥 던지기, 장난꾸러기 천사, 영국식 공놀이, 깃털 달린 공치기, 등 짚고 넘기, 항아리 깨기, 소원 빌기, 바람개비, 무너지지 않게 꼬챙이 뽑기, 짧은 몽둥이 당기기, 원 그리며 돌기, 술래 눈 가리기, 말뚝 놀이, 술래 뽑기, 고리 찾기, 상대 구슬 몰고 가기, 호두집 무너뜨리기, 돌 튀기기, 구멍에 구슬 넣기, 팽이 돌리기, 앙주식 팽이치기, 수도사 놀이, 천둥 놀이, 깜짝 놀라게 하기, 브르타뉴식 하키, 왔다 갔다 하기, 볼기 치기, 빗자루 타기, 성 코스마 경배, 쇠똥구리, 나뭇잎으로 몸 가리고 습격하기, 사순절이여 안녕, 다리 벌리고 거꾸로 서기, 말타기, 늑대 꼬리, 둘이 거꾸로 잡고 언덕 구르기, 기유맹, 창을 다오 놀이, 그네 타기, 옥수수 단에 숨기, 작은 공 놀이, 파리 때리기, 황소 술래잡기, 옆 사람에게 말 전달하기, 아홉 개의 손 놀이, 미친 놈 술래잡기, 다리 쓰러뜨리기, 고삐 매인 콜랭 놀이, 갈까마귀 놀이, 깃털 달린 공치기, 술래잡기, 지팡이 치기, 스파이 놀이, 두꺼비 놀이, 크리켓, 절굿공이 놀이, 손잡이로 줄 달린 나무공 받기, 여왕 놀이, 몸짓 수수께끼, 둘이 머리와 다리 사리에 물건 숨기기, 백포도주 놀이, 고약한 죽음, 콧잔등 손톱으로 튀기기, 아줌마 모자 빨기, 둘이 손잡고 체치기, 귀리 심기, 식충이, 둘이 마주 잡고 바퀴 만들기, 탈락시키기, 재주넘기, 시소, 농부 놀이, 올빼미 흉내 내기, 박치기 시합, 죽은 짐승 업고 가기, 주먹으로 사닥다리 만들기, 돼지 잡기, 짠 엉덩이, 비둘기가 난다, 몰래 숨기, 불붙은 나뭇단 뛰어 넘기, 보병 놀이, 훼방 놓기, 오래 숨기, 엉덩이에 매달린 동전 수머니, 큰 매 둥지, 선회탑, 엿 먹이기, 입으로 방귀 소리 내기, 겨자 찧기, 다리 흔들기, 원래대로 되돌아가기, 화살촉 던지기, 등 짚고 뛰어넘기, 갈까마귀, 두루미, 칼로 베기, 콧등 튀기기, 종달새, 손가락으로 튀기기〉[1] 등이었다.

  이것이 곧 목록에 대한 애정에서 쓴, 목록을 위한 목록의 시학, 과잉에 의한 목록의 시작이다.

  이와 같은 과잉에 대한 취향만이 잠바티스타 바실레 같은 바로크 시대 우화 작가를 이끌 수 있었을 것이다. 바실레는『이야기들의 이야기, 어린이들을 위한 오락거리 *Lo cunto de li cunti overo lo trattenemiento de peccerille*』에서 누이의 잘못으로 인해 일곱 마리 비둘기가 되어 버린 일곱 형제의 이야기를 들려준다. 일곱 오빠들은 화를 못 이기고 꾸지람을 하는데, 그것이 새 이름을 연발하는 것과 다르지 않다. 〈누이야, 너는 고양이 두뇌를 먹기라도 한 것이냐? 우리가 한 충고 따위는 네

15. 과잉, 라블레 이후 계속되다

아드리안 반 위트레흐트
「가금 사육장의 새들」, 17세기,
파리, 루브르 박물관

궁극의 리스트

수지 개블릭,
「향성(向性) #12」, 1972,
워싱턴 D.C., 스미소니언 아메리카 미술관

머리에서 죄다 쫓아 버렸으니 말이다. 우리를 봐라, 새로 변해서 솔개와 매, 독수리 갈고리 발톱에 벌벌 떠는 우리 꼴을! 우리를 봐라, 쇠물닭, 도요새, 오색방울새, 딱따구리, 어치, 올빼미, 까치, 갈까마귀, 당까마귀, 찌르레기, 멧도요, 수탉과 암탉과 병아리, 칠면조 수컷, 검은지빠귀, 개똥지빠귀, 푸른머리되새, 박새, 굴뚝새, 댕기물떼새, 홍방울새, 방울새, 솔잣새, 딱새, 종다리, 물떼새, 물총새, 할미새, 가슴 붉은 방울새, 붉은되새, 참새, 오리, 울새, 산비둘기, 그리고 멋쟁이새의 동무가 되어 버린 우리를!〉

로버트 버턴이 추한 여인을 설명하면서 지나칠 정도로 많은 묘사와 모욕적 언사를 끌어 모은 것이나, 아래에서처럼 잠바티스타 마리노(『아도니스』 10편, 136~138절)가 인간 기술의 산물들에 관한 시구들을 쏟아 넣은 것도 모두 과잉에 대한 애정 때문이다.

주위를 둘러보면, 아스트롤라베와 책력, 덫과 강판, 이가 굵은 줄과 자물쇠 여는 도구, 철창 우리, 정신 병원, 소매 없는 헐렁한 웃옷, 탄약통과 마대, 미궁, 다림줄과 수준기, 주사위, 카드, 공, 체스 판과 체스 말과 딸랑이와 도르래와 나사송곳, 얼레, 실패, 돛 고정 고리, 시계, 증류기, 마개 있는 유리병, 풀무와 도가니, 또 주위를 보면 자루와 바람 가득한 기포, 잔뜩 부풀어 오른 비눗방울, 연기나는 탑들, 쐐기풀 잎, 호박꽃, 녹색과 노란색 깃털들, 거미들, 왕쇠똥구리, 귀뚜라미, 개미, 말벌, 모기, 반딧불이, 나방, 생쥐, 고양이, 누에, 그리고 매우 호화찬란한 장비들과 동물들 백 가지 등. 당신이 보고 있는 이 모든 것과 그 밖에 엄청난 무리의 이상한 허깨비들은 모두 인간의 독창성과 환상과 무분별하고 터무니없는 광란이 만들어 낸 변덕이라. 맷돌과 움직이는 바람개비, 도르래, 윈치와 온갖 종류의 바퀴들도 있고, 그 밖에 물고기 모양의 것들과 새 모양의 것들도 있으니, 사람의 두뇌가 다양한 만큼 다양한 모양의 것들이 있다.

위고가 국민 공회의 어마어마한 규모를 시사하면서, 몇 페이지에 걸쳐 폭발시키듯 이름들을 쏟아 내고, 그럼으로써 기록 보관소의 명부라 할 만한 것을 입이 쩍 벌어지는 경험으로 만들어 내는 것도 바로 과잉에 대한 취향 때문이다. 마지막으로, 과잉의 수사학에서 어느 정도 〈수사학적〉인 예를 들자면, **키플링**이 아들에게 쓴 편지에서 찾아볼 수 있다.

이 시점에서 우리는 두 가지 흐름과 마주하게 된다. 그 두 가지 모두 목록의 역사에서 등장하지만, 근대 문학과 포스트모던 문학에서는 더욱 자주 등장한다. 그중 하나가 〈과잉에 의한 일관성〉의 목록, 다시 말해 독립적인 사물들로 묶여 있으면서도 그것들 사이에 뭔가 유사한 형태가 있는 목록이다. 두 번째 목록은 원칙적으로는 지나치게 길게 나열되지는 않지만, 겉보기에 어떤 뚜렷한 상호 관계도 나타나지 않게끔 의도적으로 사물들을 조합해 놓은 것인데, 그렇기 때문에 이런 경우는 〈혼돈스러운 열거 chaotic enumeration〉라고 일컬어진다.[2]

1 프랑수아 라블레, 『가르강튀아/팡타그뤼엘』, 유석호 옮김(문학과 지성사, 2006) pp. 142~145 — 옮긴이주.

2 Leo Spitzer, *La enumeratión caotica en la poesia moderna* (Buenos Aires: Faculdad de Filosofía y Letras, 1945) 참조.

솔 스타인버그
「뉴요커」 1969년 10월 18일 자 표지.
© 2009 The Saul Steinberg Foundation/Artists Rights Society (ARS), New York/SIAE
Reproduced by permission of *The New Yorker*. All rights reserved

궁극의 리스트

프랑수아 라블레
『가르강튀아와 팡타그뤼엘』
제3서, 26장 (1532~1534)
「파뉘르주가 어떻게 장 데
장토뫼르의 조언을 들었는가」

헤르 트리파의 말에 화가 잔뜩 나 있던 파뉘르주는 웜므 마을을 지날 때, 왼쪽 귀를 긁적이고 더듬거리면서 말을 걸었다.
「내 기분을 좀 풀어 주게, 배불뚝이 친구야. 그 악마에 홀린 미치광이의 말 때문에 정신이 매우 혼란스럽다네.」

들어 보게, 귀여운 불알,
절단된 불알,
발이 통통한 불알,
멍이 든 불알,
펠트 천으로 된 불알,
핏줄이 보이는 불알,
화장 회반죽을 바른 불알,
아라베스크 무늬로 장식된 불알,
꼬치에 꿴 산토끼 불알,
자신만만한 불알,
윤을 낸 불알,
고명한 불알,
어루만져 준 불알,
풍요로운 불알,
틈을 메운 불알,
조각된 불알,
그로테스크한 무늬로 장식된 불알,
쇠가 붙은 불알,
고대식 불알,
꼭두서니 염료로 염색된 불알,
수놓은 불알,
알록달록한 불알,
망치로 두드린 불알,
맹세한 불알,
낟알이 많이 달린 불알,
성난 불알,

외투로 싼 불알,
두건을 쓴 불알,
유약을 바른 불알,
브라질산 나무로 된 불알,
듣기 좋은 불알,
활시위를 당긴 불알,
장검 같은 불알,
광란의 불알,
노쇠한 불알,
속을 채운 불알,
반들반들하게 닦은 불알,
양념을 한 불알,
원급(原級) 불알,
속격(屬格) 불알,
거대한 불알,
타원형 불알,
금욕적인 불알,
남성적 불알,
존경할 만한 불알,
한가로운 불알,
묵직한 불알,
주석 도금한 불알,
비계를 넣은 불알,
부르주아 불알,
미끼용 불알,
역청 칠한 불알,
상태가 좋은 불알,
대망의 불알,
흑단으로 된 불알,
회양목으로 된 불알,
라틴식 불알,
갈고리가 달린 불알,
무절제한 불알,
열정적인 불알,
완벽한 치수의 불알,
부푼 불알,
예쁜 불알,
활기찬 불알,
동사적 명사격 불알,
능동태 불알,
생명력이 넘치는 불알,

당당한 불알,
수도원의 불알,
섬세한 불알,
예비용 불알,
대담한 불알,
관능적인 불알,
손으로 다루는 불알,
절대적 불알,
사지가 건장한 불알,
쌍둥이 불알,
터키식 불알,
빛나는 불알,
글겅이로 빗겨 준 불알,
분주한 불알,
단정한 불알,
신속한 불알,
행운의 불알,
살찐 소처럼 뚱뚱한 불알,
수직으로 짠 불알,
많이 찾는 불알,
이중 바닥으로 된 불알,
살쾡이 같은 불알,
오르시니 가문의 불알,
명문 출신의 불알,
부계(父系)의 불알,
말벌처럼 쏘는 불알,
수은 합금 불알,
건장한 불알,
식욕 좋은 불알,
구원의 불알,
두려운 불알,
상냥한 불알,
탐욕스러운 불알,
단호한 불알,
속이 꽉 찬 불알,
궁정식 불알,
다산적 불알,
휘파람 부는 불알,
우아한 불알,
기운찬 불알,
충동적인 불알,

15. 과잉, 라블레 이후 계속되다

늘어진 불알,
일상적인 불알,
세련된 불알,
쾌활한 불알,
격렬하게 쏘는 불알,
교황 당원 불알,
선별된 불알,
가사용 불알,
사랑스러운 불알,
조준기가 달린 불알,
대수(代數) 불알,
멋쟁이 불알,
최고의 불알,
유쾌한 불알,
무시무시한 불알,
유익한 불알,
기억할 만한 불알,

소(小) 피터르 브뤼헐
「농부의 결혼식」, 1568,
겐트, 순수 미술 박물관

손으로 만질 수 있는 불알,
갑옷을 입은 불알,
비극적인 불알,
바다 건너온 불알,
소화용 불알,
부풀게 하는 불알,
끌로 새긴 불알,
말에 올라탄 불알,
살찐 불알,
천둥 치는 불알,
망치질하는 불알,
포효하는 불알,
둥둥 울리는 불알,
호색적인 불알,
외설적인 불알,
박차를 가하는 불알,
낙오한 불알,
비난받는 불알,
체질한 불알,
주목할 만한 불알,

근육질의 불알,
보조적인 불알,
풍자적인 불알,
반향적인 불알,
발작적인 불알,
원기를 회복시키는 불알,
여자에 올라탄 불알,
당나귀에 올라탄 불알,
벼락 치는 불알,
반짝이는 불알,
숫양처럼 받는 불알,
향기로운 불알,
정자를 만드는 불알,
약탈하는 불알,
고개를 끄덕이는 불알,
철썩 때리는 불알,
껍데기를 벗긴 불알,
속을 뒤진 불알,
곤두박질친 불알,
[……]

궁극의 리스트

페어베크 가문
「그로테스크한 결혼 피로연」, 16세기,
개인 소장

15. 과잉, 라블레 이후 계속되다

프랑수아 라블레
『가르강튀아와 팡타그뤼엘』
제2서 16장 (1532~1534)
「파뉘르주의 성품과 처지에 관해서」

파뉘르주는 보통 체구에 크지도 작지도 않고 면도칼 자루 모양으로 약간 굽은 매부리코를 하고 있었고, 당시 서른다섯 살 정도였으며, 금박을 입힌 납으로 만든 단검같이 순수한 인물이었다. 그는 약간 호색적인 데다가 그 시절에 〈돈이 없는 것은 비할 데 없는 고통이라네〉라고 노래 부르던 병에 걸리기 쉬운 체질이라는 것 말고는, 매우 세련되고 예의 바른 친구였다.

하지만 그는 언제나 필요할 때 돈을 마련하는 예순세 가지 방법을 알고 있었는데, 그중 가장 명예롭고도 일상적인 방법이 몰래 좀도둑질을 하는 것이었다. 파리에서는 둘도 없는 도둑, 사기꾼, 술꾼, 거리의 부랑자, 날치기였으며, 그럼에도 불구하고 세상 최고의 호남이었고, 언제나 순경들과 야경꾼을 골려 줄 계략을 꾸미곤 했다. 어떤 때는 서너 명의 건달들을 모아 저녁나절 템플 기사들처럼 진탕 술을 마시게 한 다음 그들을 생트 주느비에브 거리나 나바르 학원 근처로 데리고 가서 야경꾼이 그곳으로 올라오는 시간에 맞추어(그는 칼을 포도[鋪道] 위에 놓고 귀를 갖다 대서 그 시간을 알아냈는데, 칼이 떨리는 소리를 듣게 되면 그것은 야경꾼이 근처에 있다는 틀림없는 신호였기 때문이다) 동료들과 함께 짐을 잔뜩 실을 화차를 끌어다 밀쳐서 전속력으로 아래쪽으로 돌진하게 만들어 불쌍한 야경꾼을 돼지처럼 땅바닥에 쓰러뜨리고는 다른 쪽으로 도망을 치곤 했다. 그는 이틀도 채 안 되어서 하느님께서 저희에게 평화를 주시기를 하는 그의 기도문처럼 파리의 모든 길과 골목, 샛길에 정통했던 것이다.

또 어떤 때는 야경꾼이 지나가는 넓은 광장에 대포 화약을 연이어 길게 뿌려 놓고 지나가는 시간에 불을 붙이고는 야경꾼이 성 앙투안의 불이 다리에 옮아 붙었다고 생각하고 도망치는 우아한 몸짓을 보는 것을 오락거리로 삼아 시간을 보내곤 했다.

그리고 그는 가련한 문예 학사들을 누구보다도 더 가혹하게 다루었다. 그들 중 하나와 길거리에서 마주치면 늘어진 두건 속에 똥 덩어리를 넣기도 하고, 뒤쪽에 짧은 여우 꼬리나 토끼 귀를 매달거나 다른 고약한 장난을 치는 등 괴롭히지 않고 보내는 적이 한 번도 없었다.

259

하루는 그들을 푸아르 거리에 모이도록 소집령을 내리고는, 많은 양의 마늘, 냄새가 고약한 고무 수지, 비버 똥, 똥 덩어리를 혼합한 부르봉식 과자 반죽을 만들어서 그것을 곪은 종기의 고름과 섞은 다음 새벽 일찍 길바닥 전체에 발라 떡칠을 해놓았는데, 악마도 견딜 수 없을 정도였다. 이 선량한 친구들은 모두 그곳에서 사람들이 보는 가운데 여우 껍질을 벗기듯 위장이 뒤집혀 토해 댔다. 그리고 열 명인가 열두 명이 페스트로 죽었고, 열네 명은 문둥병에 걸렸고, 열여덟 명은 통풍에, 스물일곱 명 이상은 매독에 걸려 버렸다. 하지만 그는 전혀 개의치 않았다. 그리고 그는 보통 때 긴 겉옷 밑에 채찍을 가지고 다니며 주인에게 포도주를 가져가는 시동들을 만나면 걸음을 재촉하도록 가차 없이 채찍질을 하곤 했다.

그의 윗도리에는 스물여섯 개가 넘는 언제나 불룩한 작은 지갑과 호주머니가 있었는데, 하나에는 납으로 된 주사위, 다른 하나에는 남의 돈주머니를 잘라 내는 데 쓰는 모피 제조업자의 송곳 바늘같이 날카로운 나이프가 들어 있었다. 다른 하나에는 그가 마주치는 사람들의 눈에 뿌리곤 했던 신 포도즙이 들어 있었고, 다른 하나에는 거위와 거세한 수탉의 기다란 깃이 달린 갈퀴덩굴이 들어 있었는데, 그는 이것을 종종 사람들의 긴 겉옷이나 모자에 집어던져 멋진 뿔을 달아 주곤 했다. 그러면 그들은 그것을 도시 어느 곳에나 달고 다녔고 때로는 평생 동안 달고 다니기도 했다. 여성들에게는 남성의 물건 모양의 깃털을 모자 위 때로는 엉덩이에 붙여 주었다.

다른 주머니에는 생 지노상 묘지의 거지들에게시 빌린 벼룩과 이가 가득 든 많은 봉지들이 들어 있었는데, 마주치는 아가씨들 중에서 가장 매력적인 아가씨들의 옷깃을 향해서, 특히 교회 안에서 짧은 대나무 관이나 깃털 펜으로 그것을 불어 대곤 했다. 그는 결코 위쪽의 합창대석으로 가지 않고, 강론을 들을 때와 마찬가지로 미사 때나 저녁 예배에서도 중앙 홀의 여성들 사이에 앉았던 것이다.

다른 주머니에는 많은 낚싯바늘과 작은 갈고리가 들어 있었는데, 그는 그것으로 자주 함께 붙어 앉아 있는 남성들과 여성들, 특히 얇은 타프타 천으로 된 드레스를 입은 여성들을 짝지어 주곤 했다. 그녀들이 떠나려고 하면 드레스가 모두 찢기게 되는 것이었다.

다른 주머니에는 심지와 불쏘시개, 부싯돌이 갖추어진 점화 용구와 이 용도에 필요한 다른 일체의 도구들이 들어 있었다.

다른 주머니에는 두세 개의 화경(火鏡)이 들어 있었는데, 그는 그것으로 교회 안에서 때때로 남자나 여자들의 화를 돋우고 자제력을 잃게 만들었다. 그가 말하기를 〈미사에 미친 여자 *femme folle à la messe*〉와 〈엉덩이가 부드러운 여자 *femme molle à la fesse*〉 사이에는 글자 순서가 바뀐 것밖에는 차이가 없는 것이었다.

다른 주머니에는 많은 실과 바늘이 들어 있었는데, 그는 그것으로 수없이 많은 악마같이 못된 장난질을 하곤 했다. 한번은 고등법원 입구 쪽 중앙 홀에서 프란체스코 수도회의 수도사 한 사람이 법관 나리들을 위하여 미사를 드리려고 할 때, 그가 수도사가 옷을 입고 제의(祭衣)를 걸치는 것을 도와주게 되었다. 그는 옷을 입혀 주면서 그 수도사의 흰 제의를 사제복과 속옷과 함께 꿰매어 놓고, 법관 나리들이 미사를 들으러 와서 자리에 앉자 물러났다. 그런데 평화로이 갈지어다 하는 대목에서 이 불쌍한 형제가 제의를 벗으려 하자 같이 꿰매져 있던 사제복과 속옷이 함께 치켜 올라가 어깨 있는 데까지 벗겨지는 바람에 모든 사람들에게 틀림없이 작지도 않았을 그의 물건을 보여 주고 말았다. 그 형제는 법관 나리들 중의 하나가 〈뭐야, 이 잘생긴 신부님은 우리가 여기서 봉헌물을 바치고 그의 엉덩이에 키스하기를 바라는 건가? 성 앙투안의 불이 그에게 키스하기를!〉하고 말할 때까지 계속 옷을 잡아당겨 몸을 드러냈던 것이다. 이 일이 있는 다음부터 잘생긴 가련한 신부님들은 사람들 특히 여성들 앞에서 제의를 벗지 말고 성물을 보관하는 방에서 벗어야 한다는 지시가 내려졌다. 그렇지 않으면 여성들에게 욕망의 죄를 짓게 하는 기회를 제공할 수 있기 때문이었다. 그리고 사람들이 왜 수도사들은 그렇게 긴 물건을 가지고 있는지를 묻자, 앞서의 파뉘르주는 다음과 같은 말로 매우 훌륭히 문제를 해결했다. 「당나귀의 귀가 길어진 것은 데 알리아코가 〈가설〉편에서 말했듯이 그 어미들이 배냇 모자를 머리에 씌우지 않기 때문입니다. 마찬가지 이유로 가련한 복된 사제들의 자지가 그렇게 길어진 것은 그들이 바닥을 댄 반바지를 입지 않아 그들의 불쌍한 물건이 아무 제약 없이 멋대로 늘어져 마치 여인들의 긴 묵주처럼 무릎 위에서 덜렁거리기 때문이지요. 그런데 그들이 왜 굵기 또한 길이에 비례하는 물건을 갖게 되는가 하는 이유는 이렇게 덜렁거림에 따라 몸의 체액이 그 물건으로 내려갔기 때문입니다. 법의학자들에 따르면 지속적인 동요와 운동은 인력의 원인이 되는 것이니까요.」

또한 그는 깃털 모양의 명반이 가득 든 호주머니를 갖고 있었는데, 그것을 가장 거드름 피우는 여성들의 등 속에 집어넣어 모든 사람들이 보는 앞에서 어떤 여자들은 옷을 벗게 만들고, 다른 여자들은 숯불 위에 올려진 수탉이나 북채처럼 춤을 추거나 길거리를 달리게 한 다음 그 뒤를 쫓아 달리곤 했다. 그리고 옷을 벗은 여자들에게는 예절 바르고 점잖은 신사처럼 자기 망토를 덮어 주었다.
또한 그는 다른 주머니에 오래된 기름이 가득 든 작은 병을 넣고 다녔는데, 남자나 여자나 멋진 옷을 입고 있는 것을 보면 만져 보는 척하며 가장 멋진 부분에 기름을 묻혀 망쳐 버리곤 했다. 「참으로 멋진 나사 천, 새틴 천, 타프타 천이군요! 부인, 하느님께서 당신의 고상한 마음이 바라는 것을 베풀어 주시기를! 자네 새 옷, 새 친구를 만났구먼. 하느님께서 자네를 지켜 주시기를!」이렇게 말하며 옷깃에 손을 갖다 대는 것이었다. 그러면 고약한 자국이 영원히 영혼과 육신, 명성에까지 깊이 새겨져 악마라도 그것을 제거할 수 없을 정도였다. 그러고는 마지막에 「부인, 넘어지지 않도록 조심하십시오. 당신 앞에 커다란 더러운 구멍이 있으니까요」라고 말하는 것이었다.
다른 주머니에는 매우 곱게 빨은 버들옷이 가득 들어 있었는데, 그는 법원 근처의 고급 속옷 상점에서 예쁜 내의를 판매하는 여점원의 가슴 속에 자신이 집어넣었던 이를 잡아 주면서 몰래 훔친 멋지게 수가 놓인 손수건을 그 속에 넣어 두었다. 그는 귀부인들과 함께 있을 때, 화제를 레이스에 관한 쪽으로 몰고 가다가 「이 물건은 플랑드르산인가요, 아니면 에노산인가요?」라고 물어 보며 그녀들 가슴에 손을 대곤 했다. 그러면서 자기 손수건을 꺼내 「자, 이 물건 좀 보세요. 이것은 푸티냥, 아니 푸타라비산이라구요」라고 말하며, 그녀들 코앞에서 손수건을 신나게 흔들어 대어 네 시간 동안 연속으로 재채기를 하게 만들었다. 그러는 동안에 그는 거세시키지 않은 말처럼 방귀를 뀌어 댔다. 여인들이 「이런 파뉘르주, 당신 방귀를 뀌는 거예요?」라고 말하면, 그는 「절대로 그런 것이 아닙니다. 부인, 저는 여러분이 코로 내는 음악에 맞추기 위해 화음을 만드는 것이지요」라고 대답하는 것이었다.
다른 주머니에는 이 뽑는 집게, 펜치, 갈고리와 다른 철물들이 들어 있었는데, 그가 그것으로 곁쇠질하여 열지 못하는 문이나 금고가 없었다.
다른 주머니에는 작은 요술컵이 잔뜩 들어 있었는데, 그것으로 그는 교묘하게 재주를 부리곤 했다. 그는 미네르바나 이라크네처럼 손재주가 뛰어났고, 전에 엉터리 약장수 노릇을 한 적도 있었기 때문이다. 테스통 은화나 다른 동전을 환전할 때, 사람들이 보는 앞에서 파뉘르주가 공공연히 확실하게, 폭력을 쓰거나 상처를 입히지도 않고, 한 번에 대여섯 개의 커다란 은화를 사라지게 하는 것을 막으려면, 환전상이 무슈 선생보다 더 뛰어난 재주꾼이어야만 했을 것이다. 그렇지만 환전상은 아무것도 눈치 챌 수 없었다.

프랑수아 라블레
『가르강튀아와 팡타그뤼엘』
제1서 13장 (1532~1534)
「그랑구지에는 어떻게 밑 닦는 법의 발명에서
가르강튀아의 놀라운 지적 능력을 알게 되었는가」

다섯 살이 다 되어갈 무렵, 그랑구지에는 카나리아 군대를
격퇴하고 돌아오는 길에 아들 가르강튀아를 보러 갔다.
자신에게 그와 같은 자식이 있다는 것에 아버지로서 느낄
수 있는 기쁨을 맛보고는, 아들에게 키스하고 껴안으며
여러 가지 사소하고 실없는 질문을 그에게 던졌다.
그러고는 아들과 시녀들과 함께 실컷 마시면서,
그녀들에게 무엇보다 아이를 청결하고 깨끗하게
돌보았는지에 대해 큰 관심을 가지고 물었다. 이 말에
가르강튀아는 특별한 방식을 취했기 때문에 나라 전체에서
자기보다 더 깨끗한 소년은 없다고 대답했다.
「어떻게 했는데?」 그랑구지에가 물었다.
— 저는 (가르강튀아가 대답했다) 오랜 세심한 실험 끝에
전에 본 적이 없는 가장 고상하고, 귀족적이고, 탁월하고
효과적인 엉덩이 닦는 방법을 발명했어요.
— 어떤 것인데? 그랑구지에가 물었다
— 지금 (가르강튀아가 말했다) 말씀드릴게요.
「한번은 어떤 아가씨의 비로드 코가리개로 밑을 닦았는데
좋았어요. 그 부드러움이 항문에 굉장한 쾌감을 느끼게
해주었거든요.
또 한 번은 그 아가씨의 모자로 닦았는데 마찬가지였어요.
다른 한 번온 목수건이었고,
다른 한 번은 진홍빛 새틴 천으로 된 귀덮개였는데 거기에
지랄같이 많이 붙은 지주 달린 금박이 뒤를 모두 긁어
놓았어요. 성 앙투안의 불길이 그것을 만든 보석 세공인과
또 그걸 쓰고 다닌 아가씨의 직장을 모두 태워 버리기를!
그 고통은 스위스 용병식으로 깃털을 꽂은 시종의 모자로
뒤를 닦자 사라졌지요.
그러고는 덤불숲 뒤에서 똥을 싸다가 3월에 난 고양이를
발견해서 그놈으로 뒤를 닦았는데, 발톱으로 회음부
전체를 할퀴어 버렸어요.
다음날 상처가 낫자 잘 접합되지 않은 곳의 향기가 배인
어머니의 장갑으로 뒤를 닦았지요.
그러고는 샐비어, 나도고수, 회향풀, 꽃박하, 장미, 호박잎,
양배추, 근대, 포도나무, 접시꽃, 엉덩이를 빨갛게 만드는
모예화, 상추, 시금치(이것 모두가 다리를 튼튼하게 하는
것이지요), 산쪽, 여뀌, 쐐기풀, 컴프리로 뒤를 닦았는데,
이 때문에 롬바르디아의 이질에 걸렸고, 제 바지
앞주머니로 뒤를 닦고서야 나왔지요.
그러고는 시트, 담요, 커튼, 방석, 양탄자, 초록색 도박판,
행주, 수건, 손수건, 실내복으로 뒤를 닦았지요. 이 모든
것들에서 옴에 걸린 사람들이 긁어 줄 때 느끼는 것보다 더
큰 쾌감을 느꼈어요.」
— 그랬군. 그래, 그런데 (그랑구지에가 물었다) 너는 어떤
밑씻개가 제일 좋다고 생각하는 거냐?
— 다 돼가요. (가르강튀아가 대답했다) 곧 끝까지 모두
아시게 될 거예요. 전 건초, 짚, 대마, 털뭉치, 양털, 종이로
뒤를 닦았지요. 그러나

더러운 엉덩이를 종이로 닦는 자는
언제나 불알에 유혹을 남기게 되니.

— 이런! (그랑구지에가 말했다) 내 귀여운 불알아, 네가
벌써 운을 맞추는 것을 보니 술단지에 달라붙어 있었던
게로구나?
— 그럼요. (가르강튀아가 대답했다) 폐하, 전 운을
많이많이 맞추는데, 운을 맞추다가 보면 자주 감기에
걸리지요. 변소가 똥 누는 사람들에게 하는 말을 들어
보세요.

똥 누는 자,
설사하는 자,
방귀 뀌는 자,
똥 묻은 자,
빠져나온
똥 덩어리를
우리에게
뒤덮는다.
더럽고,
냄새나고,
뚝뚝 떨어지는,
만일 너의
벌어진
모든 구멍을
떠나기 전에 닦지 않으면
성 앙투안의 불길이 너를 태워 버리리라!

「더 듣고 싶으세요?」
— 그렇고 말고, 그랑구지에가 대답했다.
— 자, 그러면, 가르강튀아가 말했다.

롱도

어느 날 똥을 싸며
내 엉덩이에 진 빚 냄새를 맡았네.
그 냄새는 생각하던 것과는 다른 것이었지.
나는 그 냄새에 완전히 절어 버렸네.
오! 만일 기다리던 처녀를
내게 데려왔더라면.
똥을 싸며!
그녀의 오줌 구멍을 체면 차리지 않고
손봐 줄 수 있었을 테니까.
그동안 그녀는 손가락으로
내 똥구멍을 막아 주었을 텐데.
똥을 싸며.

「하지만 제가 아무것도 모르는 것이라고 지금 말씀해 주세요! 성모님을 두고 맹세컨대 이 시를 쓴 것은 제가 아니에요. 저기 저 할머니가 읊는 것을 듣고 제 기억의 전대 속에 보관해 뒀던 것뿐이에요.」
— 우리 (그랑구지에가 말했다) 하던 이야기로 되돌아가도록 하자꾸나.
— 어떤 거요? (가르강튀아가 말했다) 똥 싸는 거요?
— 아니, (그랑구지에가 말했다) 밑 닦는 이야기 말이야.
— 그런데 (가르강튀아가 말했다) 제가 이 문제에 관해서 아버지를 꼼짝 못 하시게 만들면 브르통 포도주 한 통을 내시겠어요?
— 그야 물론이지, 그랑구지에가 말했다.
— 더러운 것이 없으면 (가르강튀아가 말했다) 밑을 닦을 필요가 없어요. 똥을 싸지 않으면 더러운 것이 없지요. 그러니까 엉덩이를 닦기 전에 먼저 우리는 똥을 싸야 해요.
— 오, (그랑구지에가 말했다) 이 꼬마 녀석, 너는 분별력이 뛰어나구나. 정말이지, 언젠가 너를 즐거운 학문의 박사로 만들어야겠구나. 나이에 비해 지각이 뛰어나니까 말이야. 자, 제발 그 밑씻개 이야기를 계속해라. 내 수염을 두고 맹세하건대, 한 통 대신 큰 통으로 예순 통을 주마. 브르타뉴산이 아니라 베롱 지방에서 난 좋은 브르통 포도주로 말이야.
— 그다음에 (가르강튀아가 말했다) 저는 머리덮개, 베개, 실내화, 전대, 바구니 — 그렇지만 얼마나 기분 나쁜 밑씻개인지! — 그리고 모자로 밑을 닦았어요. 모자 중에는 털이 짧은 펠트 모자, 털모자, 비로드로 된 것, 타프타 천으로 된 것, 새틴 천으로 된 것이 있었지요. 그중에서 가장 좋은 것은 털모자예요. 대변을 가장 훌륭히 세척하니까 말이지요.
「그러고는 암탉, 수탉, 병아리, 송아지 가죽, 토끼, 비둘기, 가마우지, 변호사의 가방, 수도사의 두건, 머리쓰개, 미끼새로 밑을 닦았어요.
— 그래도 결론적으로 말씀드리자면, 머리를 다리 사이에 붙들고 있기만 하면, 솜털이 많이 난 거위만 한 밑씻개가 없다고 단언하고 주장하는 바입니다. 명예를 걸고 드리는 말씀이니 제 말을 믿으세요. 왜냐하면 솜털의 부드러움만큼이나 거위의 적당한 체온으로 엉덩이 구멍에 놀라운 쾌감을 느낄 수 있고, 그 쾌감은 직장과 다른 내장으로 전해져서 심장과 뇌가 있는 곳까지 이르게 되기 때문이지요. 이 세상의 노파들이 말하듯이, 천국에 사는 영웅들이나 반신반인(半神半人)들이 수선화, 신들의 음식과 술에서 천상의 행복을 맛본다고 생각하지 마세요. 제 의견으로는 천상의 행복은 거위로 밑을 닦는 데 있고, 이것이 스코틀랜드의 존 선생의 의견이기도 합니다.」

프랑수아 라블레
『가르강튀아와 팡타그뤼엘』
제1서 56장 (1532~1534)
「텔렘의 남녀 수도사들은 어떻게 옷을 입었는가」

여성들은 설립 초기에는 기분에 따라 자유롭게 옷을 입었다. 그 후로 그녀들의 자유의사에 의하여 다음과 같이 바뀌었다.

그녀들은 진홍색 또는 붉은 색의 나사(羅紗)로 된 양말을 신었는데, 그 양말은 무릎 위로 정확히 세 손가락 길이만큼 올라왔고, 가장자리에는 아름다운 수와 레이스가 달려 있었다. 양말대님은 그녀들의 팔찌와 같은 색이었고, 무릎을 아래위로 조여 주었다. 평상화, 무도화, 실내화는 진홍색, 붉은색, 또는 보라색 비로드로 만들어졌고, 가재수염 모양으로 가장자리를 들쭉날쭉하게 처리한 것이었다.

속옷 위에는 카믈로 천으로 된 아름다운 가슴받이를 했다. 그 위에 흰색, 붉은색, 황갈색, 회색 등의 타프타 천으로 된 불룩하게 부푼 치마를 입고, 그 위에 벌레 무늬의 금실 자수를 놓은 긴 웃옷을 입거나 기분과 날씨에 따라 새틴 천, 다마 천, 오렌지색, 황갈색, 초록색, 재색, 푸른색, 밝은 황색, 진홍색, 흰색의 비로드로 된 옷을 입었고, 축제에 따라서는 금실을 넣은 나사나 은실, 카느티유 실을 넣거나 수를 놓은 천으로 된 옷을 입기도 했다.

긴 겉옷으로는 계절에 따라 은실로 장식한 금실을 넣은 천, 금색 카느티유 실로 수놓은 붉은 새틴 천, 흰색, 푸른색, 검은색, 황갈색 타프타 천, 견직 사지, 견직 카믈로 천, 은실을 넣은 나사, 은실을 넣은 천, 금실로 짠 천, 금실로 수를 다시 놓은 비로드나 새틴 천으로 된 여러 가지 모델이 있었다.

여름에는 며칠 동안 긴 겉옷 대신에 위에서 말한 천으로 만든 앞이 열린 아름다운 짧은 망토나 은실로 수를 놓고 금실로 장식한 보라색 비로드로 된 무어식 망토, 아니면 금실로 짠 허리띠에 옷 솔기에는 인도산 작은 진주가 달린 소매 없는 짧은 망토를 입기도 했다. 그리고 언제나 소매의 색에 따라 나비 날개 모양의 장식이 달린 아름다운 깃털 장식을 하고 있었다. 겨울철에는 위와 같이 여러 색깔의 타프타 천에, 살쾡이, 검은 사향고양이, 칼라브르산 담비, 검은담비와 다른 동물들의 값비싼 모피로 안을 댄 겉옷을 입었다.

묵주와 반지, 금줄, 목걸이는 홍옥, 루비, 다이아몬드, 사파이어, 에메랄드, 터키석, 석류석, 마노, 녹주석, 진주 등 최상품의 보석으로 되어 있었다.

머리 모양은 계절에 따라 달랐다. 겨울에는 프랑스식, 봄에는 에스파냐식, 여름에는 토스카나식으로 했는데, 축일과 주일은 예외였다. 이때에 그녀들은 프랑스식으로 머리를 했는데, 그것은 프랑스식 머리 모양이 보다 명예롭고 여성의 정숙함에 더 어울리기 때문이었.

남성들은 그들 식대로 옷을 입었다. 진홍색, 붉은색, 흰색, 또는 검은색의 얇은 나사나 모직 사지로 된 양말을 신고, 같은 색이나 비슷한 색조로 각자 기호에 따라 수가 놓이고 끝부분을 들쭉날쭉하게 처리한 짧은 바지를 입었다.

그들은 금실이나 은실을 넣은 나사, 비로드, 새틴 천, 다마 천, 타프타 천에, 수가 놓이고, 같은 식으로 재단되고, 훌륭한 장식이 달린 같은 색의 저고리를 입었다. 장식 끈은 같은 색의 비단으로 만들어졌고, 끝의 고리는 칠보를 입힌 금으로 되어 있었다. 조끼와 윗도리는 금실을 넣은 나사, 금실을 넣은 천, 은실을 넣은 나사, 보기 좋게 다시 수를 놓은 비로드로 되어 있었고, 긴 겉옷은 여성들과 마찬가지로 값진 것이었다. 비단 허리띠는 저고리와 같은 색이었고, 각자 옆구리에는 칼을 찼는데, 손잡이는 금으로 도금되고, 칼집은 양말과 같은 색의 비로드로 된 것이었고, 끝에는 금과 세공 장식이 붙어 있었다. 단도도 마찬가지였다. 검은 비로드로 된 모자에는 열매 모양의 금구슬과 금단추가 붙어 있었다. 그 위에는 금장식과 함께 흰 깃털이 꽂혀 있고, 금장식 끝에는 아름다운 루비나 에메랄드가 달린 나비 날개 모양의 장식이 늘어뜨려져 있었다.

그렇지만 남성들과 여성들 사이의 공감은 대단한 것이어서, 그들은 매일 아침 같은 의상을 입었고, 이 규칙을 어기지 않기 위하여 어떤 신사들은 여성들이 그날 어떤 복장을 하기를 원하는지를 남성들에게 알려 주는 임무를 맡았다. 왜냐하면 모든 것은 여성들의 의사에 따라 정해졌기 때문이다.

이처럼 우아한 옷과 화려한 장신구에 그들이 시간을 낭비했다고 생각하지 말라. 왜냐하면 의상 담당 집사들은 의상을 완벽하게 대령했고, 침실 하녀들도 숙달되어 있어서 잠시 동안에 여성들은 머리끝부터 발끝까지 옷을 입고 채비를 갖출 수 있었다. 그리고 그들에게 의복을 보다 편리하게 공급하기 위해서 텔렘 숲 주변에는 5리에 걸쳐 볕이 잘 들고 시설이 완비된 집들로 커다란 부락이 형성되어 있었다. 금은 세공인, 보석 세공인, 자수공,

조반니와 젠틸레 벨리니
「알렉산드리아에서 설교하는 성 마르코」, 1507년경,
밀라노, 브레라 미술관

재단사, 금실 제조공, 비로드 제조공, 카펫 제조공, 잉아 직공들이 그곳에 머물면서 각자 자신의 직업에 따라 오직 앞서 말한 남녀 수도사들만을 위하여 모든 작업을 했다. 재료와 천은 노시클레트 영주의 손으로 공급되었는데, 그는 매년 페를라 섬과 카니발 섬에서 배 일곱 척에 금괴와 생사, 진주와 보석을 실어 그들에게 가져다주었다. 만일 진주들이 오래되어 원래의 흰색을 잃게 되면, 마치 매에게 치료용 환약을 먹이듯이 잘생긴 수탉에게 진주를 먹게 해서 기술적으로 새것으로 만들 수 있었다.

알베르투스 세바
「뱀과 도마뱀들」, 『자연 사물에 대한 풍부한 지식의 보고』에 실린 삽화,
암스테르담, 1740년경

프랑수아 라블레
『가르강튀아와 팡타그뤼엘』
제4서, 64장 (1532~1534)
「팡타그뤼엘은 어떻게 제기된 문제들에 대답하지 않았는가」

— 저는 이제는 눈이 부시지 않습니다. 짐나스트가 대답했다.
— 저는 이제는 굶주린 상태가 아닙니다. (외스텐이 말했다) 오늘만은 동물들이 제 침의 위험에서 안전할 것입니다.
살무사.
곡식 벌레.
도메스.
쌍두사.
스페인 파리.
나무에서 사는 뱀.
날개미.
시선이 마주치면 치명적인 영양.
용.
아베디시몬 용.
뿔 달린 뱀.
엘로프 뱀.
바다 용.
애벌레.
물뱀.
모래 위를 걷는 뱀.
악어.
팔비스.
무해한 뱀.
두꺼비.
반점이 있는 도마뱀.
구렁이.
악몽.
아르멘 용.
희고 검은 반점이 있는 뱀.
미친 개.
해룡.
흰 줄무늬 뱀.
뱀눈나비.
이글 뱀.

독사.
키크리오드.
얼룩 뱀.
흰 뱀.
카페자트 뱀.
털가시나무에서 자는 뱀.
거미.
모래색 뱀.
파라오의 생쥐.
얼룩 도마뱀.
뱀.
케수두르.
아텔라베.
두 갈래 혀 살무사.
군소.
검은 독사.
좀벌 먹는 영원.
치질.

수륙 양서 뱀.
발 달린 뱀.
그 눈을 보면 사람이 죽는
바실리스크.
사자 몸에 사람 얼굴 전갈 꼬리를 한
만티코레.
긴털족제비.
비단뱀.
빠는 물뱀.
뱀과 닭이 합쳐진 코카트리케.
쥐 잡는 뱀.
검은 독사.
들쥐.
밀리아르.
도롱뇽.
점감펭.
메갈라우네.
뱀도마뱀.

스투프.
침 뱉는 독사.
별무늬 도마뱀
청동색 도마뱀.
인도산 보라색 뱀.
쏨뱅이.
흡혈 파리
의신 아스클레피오스의 뱀.
전갈.
뿔 흔드는 뱀.
팔랑주 거미.
박각시나방.
왕지네.
말벌.
변종 얼룩 도마뱀.
타란툴라 거미.
송충이.
[……]

프랑수아 라블레
『가르강튀아와 팡타그뤼엘』
제1서 27장 (1532~1534)
「쇠이예의 한 수도사가 어떻게 적들의 약탈로부터 수도원의 포도밭을 지켰는가」

「[……] 포도주를 즐기는 여러분들, 제 말을 들으십시오. 제발 부탁이니, 저를 따르십시오. 감히 말씀드리지만, 만일 포도나무를 구하지 않은 자가 포도주를 마시려 한다면, 저는 성 앙투안의 불길에 타버려도 좋습니다. 빌어먹을! 교회의 재산이란 것은! 아, 아니야, 아니라고. 제기랄, 영국의 성 토마스는 그것을 지키려다 죽었지요. 나도 그런 일로 죽으면, 그와 같이 성자가 되겠지요? 하지만 나는 그런 일로 죽지 않을 것이고 다른 자들을 죽게 만들 겁니다.」

이 말을 마치자, 그는 긴 겉옷을 벗어젖히고 손안에 꽉 차는 창처럼 긴 십자가 지팡이를 잡았다. 그 지팡이는 거의 지워지기는 했지만 백합꽃 무늬가 약간 새겨져 있는 마가목 고갱이로 만든 것이었다. 그러고는 멋진 웃옷 위에 두건 달린 수도복을 입고 밖으로 나와, 명령을 내리거나 군기로 신호도 하지 않은 채, 그리고 북이나 나팔 신호도 없이 포도밭 안에서 수확을 하고 있는 적들에게 십자가 지팡이로 갑자기 공격을 가하기 시작했다. 기병과 보병 기수들은 그들의 군기를 벽에 나란히 세워 놓고, 고수들은 그들의 북 한쪽을 뚫어 포도를 담고, 포도송이가 달린 가지로 나팔 구멍을 메우는 등 각자 제멋대로 행동하고 있는 그들에게 맹렬하게 달려들어 경고도 하지 않은 채 옛날식 검술로 닥치는 대로 후려쳐서 돼지 잡듯 그들을 거꾸러뜨렸다.

어떤 놈들은 두개골을 박살내고, 어떤 놈들은 팔과 다리를 부러뜨리고, 또 다른 놈들은 목뼈를 탈구시키거나, 허리뼈를 꺾어 놓고, 코를 주저앉히고, 눈을 멍들게 하고, 턱뼈를 쪼개고, 이를 아가리에 처박고, 견갑골을 부수고, 다리에 타박상을 입히고, 대퇴골이 빠지게 만들고, 사지의 뼈를 조각내 버렸다.

그들 중에 포도나무 그루가 무성한 곳에 숨으려고 하는 놈이 있으면, 개 패듯 등뼈를 골고루 두들겨 패서 허리를 꺾어 버렸다.

어떤 놈이 도망쳐서 살려고 하면, 람다 봉합부를 후려쳐 머리통을 산산조각으로 날려 버렸다.

또 어떤 놈이 나무 위는 안전할 것으로 믿고 나무에 기어오르면, 항문에 지팡이를 쑤셔 박았다.

전부터 그를 알던 놈이 그에게 「장 수도사, 내 친구여, 장 수도사, 항복하겠네」라고 외치면, 「그럴 수밖에 없겠지. 하지만 너도 모든 악마들에게 영혼을 바쳐야 해」라고 대답했다.

그러고는 지체 없이 그에게 뭇매를 가하는 것이었다. 대담하게도 그에게 정면으로 맞서려는 얼빠진 놈에게는 종격막과 심장 사이로 가슴을 꿰뚫어 그의 근육의 힘을 보여 주었다. 다른 놈들은 갈비뼈 사이를 공격해 위가 뒤집혀 즉사하도록 만들었다. 그리고 다른 놈들은 무자비하게 배꼽 있는 곳을 가격해 내장이 튀어나오게 했다. 그리고 다른 놈들은 불알 사이로 직장을 꿰뚫어 버렸다. 그것은 일찍이 본 적이 없는 가장 끔찍한 광경이었음을 믿어 주기 바란다.

어떤 놈들은 「성녀 바르브여!」

어떤 놈들은 「성 조르주여!」

어떤 놈들은 「성녀 니투슈여!」

어떤 놈들은 「퀴노, 로레트, 본 누벨, 라 르누, 리비에르의 성모님」 하고 외쳤다.

어떤 놈들은 성 자크에게 빌었다.

어떤 놈들은 샹베리의 성해포(聖骸布)에 빌었는데, 그것은 석 달 뒤에 불에 타버려 실오라기 하나도 건질 수 없었다.

어떤 놈들은 카두앵 수도원의 성물에 빌었고,

어떤 놈들은 생 장 당젤리 수도원의 성 요한에 빌었고,

어떤 놈들은 생트의 성 외트로프에게, 쉬농의 성 멤므에게, 킹드의 성 마르뱅에게, 시네의 성 클루오에게, 자바르제의 성물에, 그리고 다른 수많은 착한 군소 성자들에게 빌었다.

어떤 놈들은 말 없이 죽었고, 다른 놈들은 죽지 않고 말했다. 어떤 놈들은 말하면서 죽었고, 다른 놈들은 죽으면서 말했다.

어떤 놈들은 큰 소리로 「고해, 고해를 하게 해줘요! 〈참회합니다. 긍휼히 여기소서. 저를 받아 주소서〉」라고 외쳤다.

부상당한 자들의 비명 소리가 하도 커서 수도원장이 모든 수도사들을 대동하고 밖으로 나와 보았다. 그들은 포도나무 사이에 치명상을 입고 쓰러져 있는 가련한 부상자들을 보고 그중 몇 명의 고해를 받아 주도록 했다. 사제들이 고해를 받으며 시간을 보내는 동안, 어린 꼬마 수도사들은 장 수도사가 있는 곳으로 달려가 자기들이 무엇을 도와주면 좋겠는지 그에게 물었다. 그는 땅바닥에 쓰러져 있는 자들의 목을 따라고 그들에게 대답했다.

그러자 어린 수도사들은 자기들의 긴 망토를 가장 가까운 포도나무 덩굴 위에 얹어 놓고 치명상을 입은 사람들의 목을 따서 끝장을 내기 시작했다. 어떤 무기로 그랬는지 알겠는가? 우리 고장의 어린아이들이 호두 껍질을 까는 데 사용하고 작고 짧은 나이프가 그들의 무기였다.
그러고 나서 장 수도사는 십자가 지팡이를 들고 적들이 담벼락에 뚫어 놓은 구멍이 있는 곳으로 갔다. 몇몇 어린 수도사들은 적의 군기들로 양말대님을 만들려고 자기 방으로 가져가기도 했다. 그런데 이미 고해를 한 자들이 그 구멍으로 빠져나가려 하면, 수도사는 〈고해를 하고 참회한 자는 이미 죄의 사함을 받은 것이니, 반달 모양의 낫이나 페로 가는 길처럼 똑바로 천국으로 가게 된다네〉라고 말하며 그들을 박살내는 것이었다.
이렇게 그의 무훈에 의해서 포도밭에 들어갔던 군대는 전원이 몰살당했는데, 그 수는 물론 여자와 어린아이들을 빼고, 13,622명에 이르렀다.
순례 지팡이를 가지고 사라센인들을 대적했던 것으로 에몽의 네 아들에 관한 실록에 기록되어 있는 모지스라는 은자도 십자가 지팡이로 적국을 섬멸한 장 수도사만큼 용감하게 활약하지는 못했던 것이다.

빅토르 위고
『93년』
2부, 제3권, 「국민 공회」(1874)

의회를 참관하는 사람은 그 회의장에 관해서는 완전히 잊어버린다. 드라마를 지켜보는 사람에게 극장은 안중에도 없다. 그 의회보다 더 보기 흉하면서 또 동시에 숭고한 것은 없다. 수많은 영웅들이 있는가 하면, 수많은 겁쟁이들도 있었다. 산에는 맹수들이, 늪에는 파충류가 득시글거렸다. 지금은 유령이 된 그 모든 전투원들이 떼를 지어 서로 팔꿈치를 밀치며 말다툼하고 위협하며 싸우며, 자기들의 삶을 살아 내고 있었다. 그것은 티탄족의 집회였다!
오른쪽에는 사상가 군단인 지롱드당이 있었고, 왼쪽에는 운동선수 무리 같은 산악당이 자리 잡고 있었다. 여기서 볼 수 있었던 사람들은 바스티유 감옥의 열쇠를 건네 받은 브리소, 마르세유 사람들을 지배했던 바르바루, 파리의 포부르생마르소 구역에 주둔한 브레스트의 대군을 완전히 장악하고 있었던 케르벨레강, 장군들에 대한 의원들의 주도권을 확립했던 강소네, 불운의 사나이 고데. 왕비는 어느 날 밤 튈르리 궁전에서 잠자는 왕세자를 고데에게 보여 주었고, 고데는 그 소년의 이마에 키스했으나 결국 소년의 아버지를 처형하게 될 운명이었다. 그리고 산악당이 오스트리아와 꾸민 음모를 비난했던 터무니없는 살, 우파의 절름발이 시유리, 좌파의 중풍 환자 쿠통, 어느 저널리스트가 자기더러 〈악당〉이라고 하는 소리를 듣고서는 그를 저녁 식사에 초대해 〈오,《악당》이란 그냥 우리와는 의견이 다른 사람을 뜻하는 말이군요〉라고 대꾸해 주었던 로즈뒤프레, 1790년 자신의 책력을 쓰기 시작하며 그 첫머리에 〈혁명은 끝났다〉는 말을 적어 넣었던 라보생테티엔, 루이 16세의 몰락을 재촉했던 사람들 가운데 한 명인 키네트, 파리 부제가 일으킬 기적을 믿는 마음에서 성직자 공민 헌장에 응했고, 자기 방벽에 못 박힌 2미터가 넘는 그리스도상 앞에 매일 밤 엎드려 경배했던 얀선주의자 카뮈, 카미유 데물랭과 함께 7월 14일의 습격을 일으키는 데 중요한 역할을 했던 사제 포세, 오스트리아 – 프로이센 반혁명군의 브라운슈바이크 장군이 〈파리는 불탈 것이다〉고 말하고 있던 바로 그 순간에 〈파리는 파괴될 것이다〉고 말한 죄가 있는 이스나르, 자신이 〈무신론자〉임을 선언했던 최초의 남자이지만 로베스피에르에게 〈무신론은 귀족주의적인

것이다〉는 핀잔을 들었던 자코브 뒤퐁, 단호하고 현명하고 용맹스러운 브르통 사람인 랑쥐네, 보이트퐁프레드의 에우리알로스라 할 수 있는 뒤코, 바르바루에게는 필라데스 같았던 레베퀴, 바르바루는 로베스피에르가 그때까지 처형되지 않았다는 이유로 레베퀴에게 사임을 권유했었다. 그리고 파벌들의 영속성을 반대했던 리쇼, 〈다행스럽게 여기는 민족들에게 화 있을진저!〉라는 흉악스러운 경구를 내뱉었다가, 훗날 단두대 발치에서 산악당원들을 향해 거만하게 〈우리는 선잠 자는 민족 때문에 죽어 가는 것이다. 그 민족이 깨어나는 날 너희들 차례가 올 것이다〉고 말함으로써 스스로 모순을 보여 주었던 라수르스, 왕권의 불가침성을 폐지하면서 의식하지 못하는 사이에 그 자신을 칠 도끼날을 갈고 자기 목을 매달 단두대를 세우고 있었던 비로토, 〈나는 도끼 밑에서는 투표하지 않겠다〉는 저항의 말 뒤에 자신의 양심을 감추었던 샤를 빌라트, 『기사 포블라』의 작가로 결국에는 루아얄 궁전에서 접수 창구를 맡은 로도이스카와 함께 도서관 사서가 된 루베드쿠브레, 『파리 풍경』을 쓴 작가이자 〈1월 21일 모든 왕들이 그의 목을 느꼈다〉고 외쳤던 므레이에, 〈구시대 한계를 지닌 파벌〉을 보살펴 주었던 마레, 단두대 밑에서 사형 집행인에게 〈죽는 건 짜증나는 일이오. 죽음의 결과를 보고 싶은데 말이오〉라고 말했던 저널리스트 카라, 스스로 메퀸에루아르 제2대대의 척탄병이라 자처했고, 의회 방청객들에게 위협을 받았을 때 〈나는 방청객들이 중얼거리는 첫 마디에 우리 모두가 일어서서 기병도를 들고서 베르사유로 행군하는 것이 감동스럽다〉고 외쳤던 비제, 굶어 죽을 것이 예정되어 있었던 뷔조, 자신의 단도에 쓰러질 운명이었던 발라즈, 옷 주머니에 넣고 다니던 호라티우스의 책 한 권이 발각되어 부르를렌, 아니 당시 이름으로는 부르칼리트에서 죽음을 맞게 되었던 콩도르세, 1792년에는 대중들에게 숭배를 받다가 1794년에는 늑대들에게 잡아먹힐 운명이었던 페티옹, 그리고 그 밖에도 스무 명이 더 있었다. 퐁테쿨랑, 마르보, 리동, 생마르탱, 유베날리스를 번역하고 하노버

자크 루이 다비드
「테니스 코트의 서약」, 18세기,
파리, 카르나발레 박물관

원정을 조직했던 뒤소, 부알로, 베르트랑, 레스테르보베, 르사주, 고메르, 가르디앙, 맹비엘, 뒤플랑티에, 라카즈, 앙티불, 그리고 그 모든 이들 가운데 최고이며, 사람들에게 베르뇨라고 불렸던 바르나브가 있었다.

다른 쪽에는 스물세 살 청년 루이앙투안레옹 플로렐 드 생쥐스트가 있었다. 그는 창백한 얼굴에 낮은 이마, 균형 잡힌 옆모습을 하고 있었고, 깊고 신비로운 눈에는 깊고 깊은 우울한 인상을 담고 있었다. 그리고 독일인들이 〈포이어 토이펠〉, 즉 불의 악마라 부르던 메를랭 드 티옹빌과, 요주의 인물법의 문구를 정한 죄 많은 메를랭 드 두에, 파리 시민들이 프레리알 1일에 봉기를 일으켰을 때, 그들로부터 장군이 되어 달라는 요청을 받았던 수브르니, 전에는 사제였다가 지금은 성수를 뿌리던 기병도를 손에 든 르봉, 미래의 치안관을 예견하고, 그때에는 심판자들이 판사 자리를 차지하게 될 것임을 알아보았던 비요바렌, 행복하게 공화국 달력을 개발할 기회를 가졌던 파브르 데글랑틴, 마르세예즈를 작곡한 루제 드릴, 그러나 이 두 사람에게 두 번째의 영감은 영영 찾아오지 않았다. 그리고 파리 코뮌의 변호사로 〈죽은 국왕은 사람과 다름없다〉는 말을 했던 마뉘엘, 트립슈타트, 노이에슈타트, 스피르로 진군해 프로이센 군대의 도주를 목격했던 구종, 전직 변호사였으나 장군이 되었고, 8월 10일 왕권이 정지되기 엿새 전에 생루이 기사가 되었던 라크루아, 프레롱 조일의 아들 프레롱테르시트, 철제 벽장을 뒤지는 냉혹한 수색자이자, 위대한 공화주의자다운 자살이 예정되어 있어 결국 공화국이 사망하던 날 자살했던 뤼트, 악마의 영혼과 시체의 얼굴을 갖고 있었던 푸셰, 기요탱에게 〈당신은 푀양파에 속하지만 당신 딸은 자코뱅파에 속하오〉라고 말하곤 했던 페르 뒤셴을 친구로 둔 캉불라, 알몸으로 지내는 죄수들을 가엾게 여기는 사람들에게 〈감옥은 돌로 된 옷입니다〉라는 잔인한 말로 대답했던 자고, 생드니 수도원 묘지들을 소름끼치도록 모욕했던 자보그, 그 자신 배척당한 사람이었으나 역시 배척당했던 마담 가리를 자기 집에서 보호해 주었던 오슬랭, 의회를 주재하는 동안 시민 방청객들에게 박수갈채를 보내라거나 비난하라는 신호를 보냈던 방트볼, 마드무아젤 케랄리오의 남편으로 〈로베스피에르도 마라도 우리집에 오지 않는다. 로베스피에르는 언제든 자기 오고 싶은 때에 와도 환영받기 때문이고, 마라는 언제 와도 환영받지 못하기 때문이다〉라고 썼던 저널리스트 로베르, 루이 16세의 재판과 관련해 스페인이 탄원서를 보내오자, 의회가 자기를 낮추고 한 왕이 다른 왕을 위해 애원하는 편지를 읽어서는 안 된다고 오만하게 주장했던 가랑쿨롱, 초반에는 국가 교회에 속할 만큼 중요한 인물이었으나 그 후 제정 시기에는 자신의 공화주의 원칙을 포기했던 주교 그레구아르, 〈지구 전체가 루이 16세를 비난한다.

그렇다면 우리는 누구에게 심판을 부탁할 것인가? 행성들에게 할 것이다〉고 말했던 아마르, 1월 21일에 〈이제 국왕의 머리가 떨어진다고 해서 다른 사람 머리가 떨어질 때보다 더 큰 소리를 내지는 않을 것이다〉며 퐁네프의 대포를 발사하는 것에 반대했던 루아예, 시인 앙드레의 형제인 조제프 셰니에, 혁명 재판소에 권총을 갖다 놓았던 사람 중 한 명인 바디에, 그리고 모로로에게 이런 말을 했던 타니스도 있다. 「나는 내 식탁에서 마라와 로베스피에르를 포옹하고 싶소.」「댁이 사시는 곳이 어딘데요?」「샤랑통 정신병원이오.」 그러면 모로로는 이렇게 대답하곤 했다. 「차라리 댁이 다른 대답을 했더라면 놀랐을 겁니다.」 그리고 영국 청교도 혁명에서 프라이드가 그랬듯이 프랑스 혁명에서 도살자 역할을 했던 르강드르가 있었다. 그는 랑쥐네 백작에게 소리쳤다. 「멱을 따줄 테니어서 와라!」 그러자 랑쥐네 백작이 대답했다. 「미안하지만 그 전에 먼저, 내가 황소라는 판결을 내려 주십시오.」 그리고 콜로 데르부아, 그는 말하자면 입이 두 개인 고풍스러운 가면을 쓴 음산한 희극이다. 그중 하나의 입으로는 〈그렇소〉라고 말하면서 두 번째 입으로는 〈아니오〉라고 말하고, 한편으로는 찬성하면서 다른 한편으로는 비난하고, 낭트에서 카리에를 중상하면서 리옹에서는 시이에를 떠받들고, 로베스피에르를 단두대로 보내면서 마라를 팡테옹으로 보냈다. 그리고 〈루이 16세. 순교하다〉라는 비문이 쓰인 메달을 달고서 발견된 사람에게는 그가 누구든 상관없이 사형 선고를 내려야 한다고 요구했던 제니시외, 쥐라 산의 노인에게 자기 집을 제공해 주었던 학교 교장 레오나르 부르동, 뱃사람 토프상, 변호사 구피요, 상인 로리앙 르쿠앙트르, 의사 뒤엠, 조각가 세르장, 화가 다비드, 공작 조제프 에갈리테, 그 밖에 마라가 〈미쳤다〉고 선언하는 공식적 포고령을 요구했던 르쿠앙트 퓌라보, 머리는 공안 위원회이고 혁명 위원회의 모습을 한 프랑스를 2만 1천 개의 팔로 껴안고 있는 낙지를 만들어 낸 불온한 로베르 랭데, 그리고 기레뒤프레가 자신의 〈거짓 애국자들의 크리스마스〉를 쓰면서 아래와 같이 묘사했던 르뵈프도 있었다.

⟨르뵈프는 르장드르를 보자 고함을 질렀다 Leboef vit Legendre et beugla⟩

자비로운 미국인이던 토머스 페인, 독일의 백만장자 남작으로, 무신론자였음에도 진지한 목적을 지니고 있었고, 에베르를 추종했던 아나하르지스 클로츠, 뒤플레의 친구로 올곧은 성품을 지녔던 르바, 이따금씩 만나게 되는 그런 사람들 중의 하나로, 우리가 상상할 수 있는 것보다 더 저속한 온갖 도락과, 사악함 자체를 위한 사악함에 탐닉했던 로베르, 귀족들에게 친숙하게 ⟨당신⟩이라는 말을 쓰기 바랐던 샤를리에, 순전히 그것을 좋아해서 테르미도르 9일의 반동을 초래하게 되었던 애수적이고 잔인한 탈리앵, 변호사였다가 결국에는 공작이 된 캉바세레스, 역시 변호사였다가 호랑이가 된 카리에, 한때 ⟨비상 신호포를 쏘기 위한 우선권을 요구한다⟩고 외쳤던 라플랑슈, 목소리 투표를 하기 위해 혁명 재판소 배심원이 되고 싶었던 튀리오, 샹봉을 자극해 그에게 도전하고, 페인을 비난했다가 거꾸로 에베르로부터 비난을 받았던 부르동 드 루아즈, 방데 지방에 선동군을 파견할 것을 제안했던 먀요, 4월 13일에 지롱드당과 산악당 사이에서 일종의 중재자로 활약했던 타보, 지롱드당과 산악당 지도자들을 군에 보내 일반 병사로 복무하게 해야 한다고 제안했던 베르니에, 메이앙스에 틀어박혔던 뢰벨, 소뮈르에서 자기 말을 깔고 앉아 죽게 만든 부르보트, 셰르부르 해안 주둔군 사령관과 라로셸 주둔군 사령관인 갱베르토와 자르팡빌리, 캉칼 소함대를 책임지고 있던 르카르팡티에, 라슈타트에서 자신을 기다리며 매복해 있던 적군을 만난 로베르조, 영내에서 전임 소령의 견장을 차고 다녔던 프리외 드 라 마른, 말 한마디로 생아르망 대대의 사령관이던 세랑을 자살하게 만들었던 르바쇠르 드 라 사르트, 그리고 르베르숑, 모르, 베르나르 드 생트, 샤를 리샤르, 르퀴니오, 그리고 이 모든 이들 위에는 당통이라 불렸던 사나이 미라보가 있었다.

그리고 이 두 당 가운데 어느 쪽에도 속하지 않으면서, 두 당 모두를 두려움으로 사로잡으며 떠오른 사람이 로베스피에르였다.

[……]

그 아래쪽에는 어쩌면 고귀할 수도 있는 낙담과, 경멸스러울 수밖에 없는 두려움이 웅크리고 있었다. 이 모든 열정들, 이 모든 영웅주의와 헌신, 이 모든 분노 밑에는 이름 없는 수많은 침울한 얼굴들이 보였다. 의회에서 이 무리들은 평원파라 불렸는데, 이리저리 부유하는 이들 전체가 그들이었다. 그들은 의심하는 사람, 망설이는 사람, 꽁무니 빼는 사람, 미루는 사람, 서로를 미심쩍은 눈으로 바라보는 사람들이었다. 산악당과 지롱드당은 선택된 소수들이었고 평원파는 군중이었다. 평원파를 요약하고 압축해서 보여 주는 사람이 시에예스였다.

시에예스는 태생적으로 생각이 깊고, 공상적인 계획으로 가득한 사람이었다. 그는 제3신분에서 멈추었다가 결코 다른 사람들만큼 높은 지위에 오르지 못했다. 세상에는 체질적으로 중간에서 일을 멈추고 마는 사람들이 있는 법이다. 시에예스는 로베스피에르를 호랑이라 불렀고, 로베스피에르는 그를 두더지라 부름으로써 그 인사에 답했다. 시에예스는 지혜가 아니라 신중함을 얻었던 철학자였다. 그는 혁명의 종복이라기보다는 혁명의 알랑쇠였다. 그는 삽을 들고 샹드마르스로 달려가 사람들과 함께 일하면서 알렉상드르 드 보아르네와 함께 같은 수레를 끌었다. 그는 다른 사람들에게 열심히 일하라고 다그치면서 정작 그는 한 번도 그렇게 일하지 않았다. 그는 지롱드 당원들에게 ⟨대포는 당신네 쪽에 놓으시오⟩라고 말했다. 세상에는 타고난 싸움꾼 같은 철학자들이 있는데, 베르뇨의 파벌에 합류한 콩도르세나, 당통의 파벌에 들어간 카미유 데물랭이 그런 사람이었다. 또한 자기 목숨을 소중히 여기는 철학자들도 있는데, 이 부류에 속하는 사람들이 시에예스를 따랐다.

아무리 좋은 포도주 양조통에도 찌꺼기는 있는 법이다. 평원파보다도 더 낮은 것이 습지파였는데, 고인 물 같은 이들은 그야말로 빤한 이기주의를 내보이고 있어서, 보기에도 끔찍했다. 거기에서 그 겁쟁이들은 침묵의 기대 속에서 몸을 떨었다. 세상에 그보다 더 가증스러운 것은 없을 것이다. 끝 간 데 없이 비열하면서도, 수치심이라곤 전혀 느낄 줄 모르고, 자신들의 분노를 감춘 채 노예 상태에서 살아가면서 은밀한 반항을 품고서, 뭔가 냉소적인 공포에 사로잡힌 그들은 겁쟁이들 특유의 온갖 절박함을 갖고 있었다. 그들은 사실 지롱드당을 선호했으면서도 산악당을 선택했다. 그리고 최종 결과가 자신들에게 달려 있었을 때에는 권력이 강한 쪽으로

15. 과잉, 라블레 이후 계속되다

건너가 버렸다. 그들은 루이 16세를 베르뇨에게 넘겨주었고, 당통을 로베스피에르에게, 그리고 로베스피에르를 탈리앵에게 넘겨주었다. 그들은 마라가 살아 있을 때는 그를 웃음거리로 만들더니, 마라가 죽은 후에는 그를 신격화했다. 그들은 어떤 명분을 열렬히 지지하는 모습을 보이다가도 갑자기 등을 돌렸다. 그들에게는 견고하지 못한 것은 떼밀어 내는 어떤 본능이 있는 것 같았다. 왜냐하면 어떤 명분이 강하다는 판단에서 그것을 지지했다가도, 그것이 조금이라도 흔들리는 낌새가 나타나면 그들은 그것을 곧 배반의 동의어로 받아들였기 때문이다. 그런 그들이 다수를 차지했고, 권력이었고, 그리고 두려움의 대상이었다. 그래서 바로 거기에서 그 비열한 대담성이 나왔던 것이다. 바로 거기에서 5월 31일 사건과 제르미날 11일의 사건, 테르미도르 9일의 사건들이 일어났던 것이다. 거인들의 매듭을 난쟁이들이 풀어 버린 비극이.

[......]

그리고 이들 열정적인 사람들 가운데에는 나머지, 상상력 풍부한 몽상가들도 있기 마련이었다. 유토피아가 거기에, 온갖 다양한 모습을 하고 존재하고 있었다. 단두대를 허용한 호전적인 유토피아부터, 기꺼이 사형제를 폐지하려는 온화한 유토피아까지 다 있었다. 그것은 왕좌에서 보느냐, 민중의 편에서 보느냐에 따라 유령의 모습을 하거나 천사의 모습을 하고 있었다. 싸움을 열망하는 사람들이 평화의 꿈을 꾸는 데서 만족하는 사람들과 얼굴을 맞대고 서 있었다. 카르노의 두뇌는 14개 군대를 창설했던 반면 장 드브리의 머릿속에는 세계적인 민주 연방에 관한 계획이 돌아가고 있었다. 이 격렬한 웅변의 가운데, 이 함성과 우레 같은 목소리들 가운데, 더러는 유익한 침묵을 고수하는 사람들도 있었다. 라카날은 말이 없었지만, 국가의 공공 교육을 위한 제도를 구상하는 데 몰두해 있었고, 랑트나는 침묵을 지키면서 초등학교에 대한 계획에 열중해 있었으며, 르벨리에르르포도 입을 다문 채 철학이 언제쯤 종교와 같은 위엄을 획득할 것인지 꿈꾸고 있었다. 나머지 사람들은 일상생활에서 덜 중요하거나 세부적인 문제들을 고민하느라 바빴다. 기통모르보는 병원의 위생 수준을 개선하는 문제에 관심이 있었고, 멩은 기존에 행하던 강제 노역의 폐지에, 장봉생탕드레는 빚 때문에 체포되고 투옥되는 불행을 억제하는 것에, 롬은 샤프가 제안했던 신호기 설치에, 뒤보에는 문서들의 정리에, 코랑퓌스티에는 해부 전시실과 자연사 박물관 설립에, 기요마르는 항상 항해와 에스코 강의 댐 공사에 관심이 있었다. 예술에 열광적인 사람들도 있었고, 심지어 예술 편집광들도 있었다. 1월 21일, 군주의 머리가 혁명 광장 위로 떨어지던 바로 그 시간에, 우아즈 대표 의원인 베자르는 생라자르 가의 한 다락방에서 발견되었다는 루벤스의 그림 한 점을 보러 갔다. 화가들, 웅변가들, 예언자들, 당통 같은 거인들, 클로츠처럼 천진한 사람들, 검투사들, 철학자들, 이 모두가 한 가지 목표, 진보를 위해 노력하고 있었다. 그 어떤 것에도 그들은 거침이 없었다. 국민 공회의 위대함은 사람들이 불가능이라고 부르는 것 안에 어느 만큼의 현실성이 들어 있는지 파악하려고 애쓰던 그 노력에 있었다. 한쪽 끝에는 〈법〉에 시선을 고정시킨 로베스피에르가, 또 다른 쪽 끝에는 똑같은 끈기로 〈의무〉를 응시하던 콩도르세가 있었다.

러디어드 키플링
『보상과 요정』
「If」
(1910)

만약 모두가 이성을 잃고 그대를 탓할지라도
그대는 이성을 잃지 않는다면
모두가 그대를 의심할지라도 자신을 믿고
그들의 의심조차 포용할 수 있다면
만약 기다리되 기다림에 지치지 않고
속더라도 속이지 않고
미움받되 미워하게 되지 않으며
그런데도 젠 체 않고 현명한 체도 않는다면

만약 꿈꾸되 꿈에 매몰되지 않고
생각하되 생각만이 목적이 아니며
승리와 패배를 맞이하되
그 두 협잡꾼을 동등하게 대하며
그대가 말한 진실이 우매한 자들을 속이도록
악당들에 의해 왜곡됨을 보아도 참을 수 있다면

그대 생명을 바친 것이 산산조각남을 볼지라도
허리 숙여 낡아 버린 연장으로 재건할 수 있다면

만약 그대가 획득한 모든 것을
단 한 번의 내기에 걸어 볼 수 있다면
그것을 날리고도 일언반구 불평 없이
처음에서 다시 출발할 수 있다면
멀리 지나가 버린 그대의 차례를 위해서라도
그대의 심장과 신경과 근육을 부추기고
남은 거라곤 〈버텨!〉라고 하는 의지밖에 없을지라도
만약 그대가 꿋꿋이 지탱할 수 있다면

만약 대중들과 어울리되 미덕을 잃지 않고
열왕들과 동렬에 서되 수수함을 잃지 않는다면
원수거나 친구거나 모두 그대를 해치지 못하며
모두가 그대를 믿되 누구도 지나치지 않는다면
만약 용서할 수 없는 일 분일지라도
육십 초 동안의 뜀박질로 채울 수 있다면
이 세상은 그대의 것이며 그 속의 모든 것도 그대의 것이요
그리고 무엇보다 그대는 남자가 되리라

월터 쿼트
「전생의 평온함」, 1941,
뉴욕, 근대 미술관

16. **일관성 있는 과잉**

그리멜스하우젠이 『짐플리치시무스의 모험』에서 마녀들의 에피소드에 무시무시한 환영들을 넘치도록 집어넣은 것이나, **괴테**가 『파우스트』 1부에서 발푸르기스의 밤에 관해 길게 묘사한 것, **고티에**가 『알베르투스』에서 마녀와 악마 같은 존재들을 소개한 것 등은 악마들의 연회가 벌어지는 동안 우리가 예상하게 되는 모든 것들을, 지나치게 많이, 넘치도록 열거한 사례이다. **페르네티** Antoine-Joseph Pernety의 글에는 연금술사들이 제1의 물질을 묘사하기 위해 사용하는 모든 용어들을 열거한 목록이 있는데, 그 목록이 얼마나 열에 들떠 있고 세세한 것들까지 죄다 모아 놓고 있는지, 우리는 그 페이지들을 혼돈의 목록이라는 제목 아래 놓고 싶은 유혹을 느끼게 된다. 그러나 17세기 연금술사였던 페르네티는 기존의 용어들을 보고하는 것에 국한하고 있고, 따라서 이 모든 이름들을 한데 묶은 데는 나름의 논리가 있었다. 물론 우리는, 그 많은 단어를 나열하는 과정에서 그가 〈문학적〉이고 과장된 무절제의 쾌락이라 할 만한 뭔가를 느꼈을 거라는 의구심을 거둘 수는 없다. 즉 그의 목록은 그저 실용적인 목록에 불과할 수도 있었겠지만, 넘치기 때문에 오히려 실용적이지 않은 목록이 되었다는 뜻이다. 한마디로 그 불안한 신비학자의 정신은 매우 혼돈스러웠을 수 있지만, 그 목록이 아무리 지나치다 해도 혼돈의 목록은 아닐 수도 있다는 뜻이다.

무절제와 일관성이 성공적으로 혼합된 가장 좋은 예는 아마도 **졸라**의 소설 『무레 신부의 과오』에서 파라두 정원의 꽃들을 묘사한 대목일 것이다. 이보다 혼돈스러운 예로는 **로트레아몽**의 열거를 들 수 있겠다. 그러나 한편으로, 이 목록을 지배하는 것처럼 느껴지는 불안한 어조는 — 비록 상당한 편집증이긴 하지만 — 시인이 싫어하는 모든 것에 통일성을 부여해 준다. 반면에 **바르트**의 글에 등장하는 목록은 일관성을 지니고 있는데, 모두 그 작가가 좋아하는 것들을 다루고 있기 때문이다.

르네 마그리트
「골콘다(겨울비)」, 1953,
휴스턴, 메닐 컬렉션

다니엘 스포에리
「헝가리식 식사」, 「수수께끼 그림」 연작 중에서, 1963,
파리, 조르주 퐁피두 센터 국립 현대 미술관

궁극의 리스트

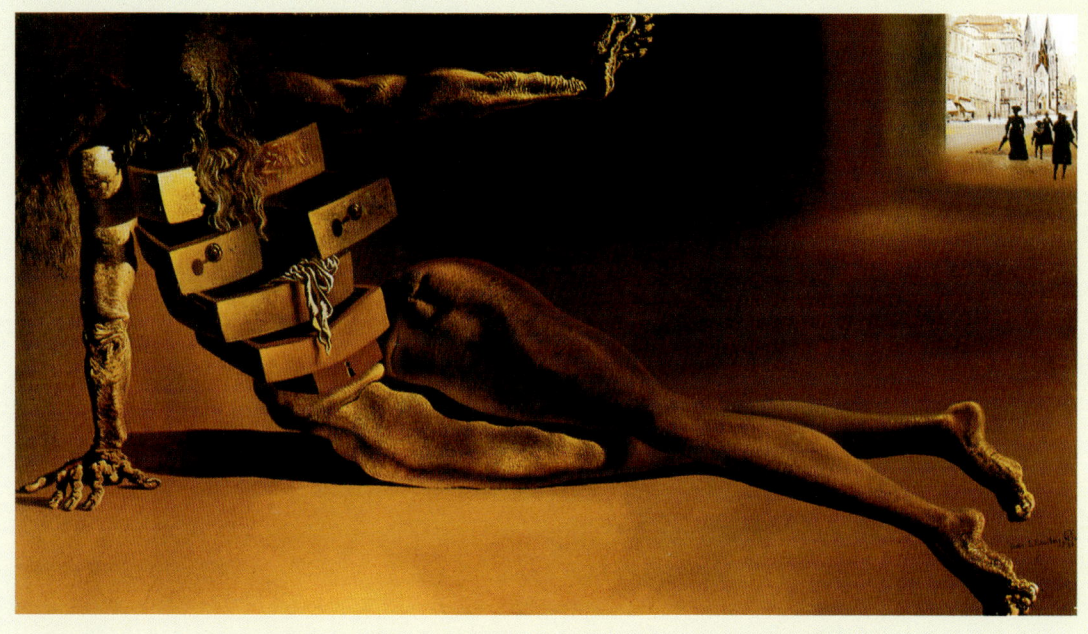

　일부 사람들은 혼돈스러운 열거와 의식의 흐름 사이에 어떤 관계를 파악하곤 했다. 실제로 내적 독백이라고 불리는 그런 예, 무엇보다도 조이스의 내적 독백의 경우는 완전히 변칙적인 요소들을 모아 놓은 순수한 컬렉션일 것이다. 그러나 그렇게 볼 수만은 없는 것이, 우리는 그것들이 같은 등장인물의 의식 속에서 하나씩 차례대로, 작가가 일일이 설명하지 않아도 되는 연상 작용으로 떠오른 것이라고 가정하면서, 그것들을 일관적인 전체로 여기기 때문이다.『율리시스』의 제4장에 나오는 다음의 예가 과연 혼돈스럽다고 할 수 있을까?

　그는 은빛 열기 속에 멍한, 소 떼를 쳐다보았다. 은빛 분(粉)이 묻은 올리브나무들. 기나긴 조용한 나날: 가지를 자르고, 여물게 하는 것이다. 올리브는 항아리 속에 보관하지, 응? 앤드류즈 상점에서 산 걸 지금도 몇 개 남겨 가지고 있지. 그것을 뱉어 냈던 몰리. 지금은 그 맛을 알고 있어요. 얇은 종이에 싸서 나무 상자 속에 쌓아 둔 오렌지. 시트런도 마찬가지야. 불쌍한 시트런이 성 케빈 광장에 아직도 살고 있는지 몰라. 그리고 그 낡은 기타를 든 마스티안스키도. 그때 우리는

살바도르 달리,
「사람을 닮은 캐비닛」, 1936,
뒤셀도르프, 노르드라인베스트팔렌 미술관

참 즐거운 저녁 시간을 보냈었지. 시트런의 바구니 의자에 앉아 있던 몰리. 손에 잡으면 기분이 좋지, 차고 매끈매끈한 과실, 손에 쥐고, 그것을 콧구멍에 갖다 대고 향기를 맡으면. 그와 같은, 짙은, 달콤한, 천연의 향기. 언제나 꼭 마찬가지야, 해마다. 모이젤이 나한테 말하기를, 값도 또한 대단하다지. 아뷰터스 광장: 플레전츠 가(街): 즐겁던(플레전트) 그 옛날. 한 점의 흠집도 내서는 안 된다고, 그는 말했지. 언제나 그처럼 먼 길에서 운반해 오거든: 스페인, 지브롤터, 지중해, 레반트. 자파의 부둣가에 줄지어 쌓인 궤짝들, 그것을 장부에다 기입하고 있던 녀석, 맨발로 그것들을 운반하고 있는 더러운 덩거리 dungarees 천 옷을 입은 인부들. 이름이 뭔지 모를 어떤 녀석이 거기서 빠져 나온다. 안녕하시오? 보질 않는다. 잠깐 인사할 정도로 알고 있는 녀석은 약간 귀찮은 존재야. 그의 등이 저 노르웨이 선장의 등을 닮았어. 오늘 그를 만날지 몰라. 살수차다. 비를 부르기 위해. 하늘에 있어서와 같이 땅에서도.[1]

만약 우리가 이것을 전체적으로 보고 독백으로 여긴다면 혼돈에 대한 〈국지적〉 인상은 사라지게 된다. 즉 우리가 마주하고 있는 것은 어느 날 아침 블룸이 일련의 외부적 자극에 반응하는 동안 그의 머릿속에서 차례로 솟아난 생각의 연쇄이다.

조이스와 관련해 계속 이야기하면, 앞에서 언급했던 『율리시스』에서 블룸의 서랍의 경우는 다른 문제이다. 기본적으로 그 목록은 꼼꼼할 만치 사실적이며, 보통의 서랍 안에 들어 있을 만한 것들을 기록한 것이다. 독자가 이해하지 못할 유일한 문제는, 작가의 의도가 단순히 그 전반적인 뒤죽박죽과 지리멸렬함을 즐기고 독자들에게도 그것을 즐기게 하려던 것이 아니라면, 어째서 그 시시한 잡동사니들을 그렇게 길게 묘사했는가 하는 점이다. 바로 그것이 우리 책에서 그 목록을 혼돈스러운 열거의 장에 넣어야 하는 이유이다. 거기서 그 목록은 혼돈스러운 열거에 대한 정통적 예로 다루어진다. 반면에 우리는 **핀천 Thomas Pynchon** 소설의 한 대목은 더욱 일관성 있는 목록의 예로 다룰 것이다. 그는 블룸의 서랍을 닫고 책상 위를 살피는 쪽으로 스스로를 제한하기 때문이다.

겉보기와 달리, 전혀 혼돈스럽지 않은 과잉의 좋은 예는 **클로드 클로스키** Claude Closky의 『주전자 Marabout』에서 찾을 수 있다. 여기서 클로스키는 저마다 앞 단어의 마지막 음절로 시작되는 끝말잇기 같은 단어들, 즉 짧은 〈신태그마 syntagma〉들을 나열하고 있다. 결국 우리는 이 미친 짓에도 방법론이 있으며, 기의(記意)의 관점에서는 혼돈스럽기만 한 이 목록이 기표(記表)의 관점에서는 그렇지 않다는 결론을 내릴 수밖에 없다.

파리의 생쉴피스 광장에서 어느 하루를 보내면서 **페렉**Georges Perec이 보았던 모든 것들의 목록이 일관성 있는 목록의 예인지, 혼돈스러운 과잉의 예인지는 판단하기 힘들다. 작가는 꼼꼼하게 모든 것을 기록한다. 그가 있는 곳에서 그의 눈에 보이는 사건들, 시간, 광장의 구석까지도. 그러나 그날 그 광장에서 일어났을 나머지 수많은 사건들, 페렉이 미처 주목하지도, 쓰지도 못했을 많은 사건들을 생각하면 이 목록은 무작위적이고 무질서할 수밖에 없다. 반면에 이 목록이 그가 주목했던 것들만 포함한다는 사실은 곤란하게도, 이 목록을 균질적으로 만든다. 또한 페렉의 「나는 기억한다Je me souviens」도 똑같이 어느 쪽으로도 구분이 힘든 경계 범주에 놓을 수 있는데, 열거된 것들 모두 작가가 우리에게 기억해 주기를 바라는 것이라는 사실이 그 목록의 혼돈스러움을 제어하기 때문이다.

과잉이지만 일관된 목록의 범주에 포함시킬 수 있는 또 하나가 **되블린**의 『베를린 알렉산더 광장』에서 도살장을 묘사하는 부분이다. 원칙적으로 이 대목은 한 장소와 그 안에서 벌어지는 행위들에 대한 정연한 묘사여야 할 것이다. 그러나 그 많은 세부들, 수적인 자료, 핏방울, 겁에 질린 돼지들의 무리가 빽빽하게 뒤엉킨 집합 속에서는 그 장소의 모양새라든가 어떤 논리적 순서를 감지하기는 힘들다. 되블린의 도살장이 소름끼치게 다가오는 이유는 그것이 참으로 외경스러울 만큼 엄청난 세부 항목들의 덩어리여서 독자들을 아연실색하게 만들고, 나아가 미친 잔인성의 무질서 속에 있을 수 있는 일체의 질서까지 용해시켜 버리기 때문이다. 사실 그것은 미래에 등장할 학살장들을 예언적으로 암시하고 있었다.

우리는 1991년 스위스 발레 주에서 사망했던 볼탕스키가 끌어낸 목록들, 또는 1885년부터 1995년까지 베네치아 비엔날레에 참가했던 미술가들이 보여 준 목록들이 비록 과잉이기는 하지만 일관성이 있다고 규정하지 않을 수 없다. 아울러 아네트 메사제Annette Messager의 일부 목록들 역시 불안한 일관성을 지니고 있다.

그런데 지나친 분노, 미움, 원한, 폭포처럼 쏟아지는 욕설들로 인해 혼돈스러워진 목록들도 존재한다. 전형적인 예가 셀린Louis-Ferdinand Céline의 목록인데, 그는 이번만큼은 유대인이 아닌 소비에트 러시아를 상대로 독설의 물결을 퍼붓는다. 〈펑! 퍼퍼펑! 그들이 그것을 쿵쿵거리고 있다! 오만방자하게도! 신의 창자로!…… 4억 8,700만! 창에 찔리는 형벌을 당한 코사크 학자들! 퍽? 퍽? 팍? 슬라보니아의 온갖 성병에 걸려서! 퍽! 슬라브고트의 발트 해부터 하얀 흑해 한바다까지인가? 쾅? 발칸인들! 오이처럼 미끌미끌하고 썩은!…… 악취 나는 똥싸개들! 쓸모없는 것들! 난 콧방귀도 뀌지 않는다…… 난 조금도 관심 없다! 나는 이 흉악한 곳의 바깥에 있으니까! 쇠똥들!…… 엄청나군! 불가 멍청이들! 타타르의 둔한 몽골족들!……

16. 일관성 있는 과잉

헤르만 데 브리스
「에세나우 수트라 〈One and Many〉」, 2002,
로잔, 주립 미술관

궁극의 리스트

스타하노프 악당들! 아르슬리코프들! 40만 베르스타나 되는…… 똥 덮인 스텝, 제비스 라리동 가죽들!…… 나는 모든 베수비우스들의 어머니를 가로질러 여기 왔다! 홍수들!…… 곰팡이가 슨 똥 종이!…… 너희와 너희의 더럽고 비뚤어진 똥구멍들을 위해 차르의 요강을!…… 스타빌린! 보로시츠키! 절뚝이는 찌꺼기들!…… 트랜스베리아!……〉

이 작품의 경우에는 아마도 원문(『탱탱』에서 아도크 선장이 분노를 폭발시킬 때 기묘하게 소리를 내는 것과 같은)을 인용할 가치가 있을 것이다. 〈Dine! Paradine! Crèvent! Boursouflent! Ventre dieu!…… 487millions! d'empalafiés cosacologues! Quid? Quid? Qoud? Dans tous les chancres de Slavie! Quid? De Baltique slavigote en Blanche Altramer noire? Quam? Balkans! Visqueux! Ratagan! de concombres!…… Mornes! Roteux! de ratamerde! Je m'en pourfentre!…… Je m'en pourfoutre! Gigantement! Je m'envole! Coloquinte!…… Barbatoliers? Immensément! Volgaronoff!…… Mongomoleux Tartaronesques!…… Stakhanoviciants!…… Culodovitch!…… Quatre cent mille verstes myriamètres!…… de steppes de condachiures, de peaux de Zébis-Laridon!…… Ventre Poultre! Je m'en gratte tous les Vésuves!…… Déluges!…… fongueux de margachiante!…… Pour vos tout sales pots fiottés d'entzarinavés!…… Stabiline! Vorokchiots! Surplus Déconfits!…… Transbérie!……〉[2]

마지막으로 나의 모든 소설에 나오는 목록들의 열렬한 애호가로서 나는, 이 책에 내 소설의 일부를 인용하고자 한다. 그 가운데 하나는 믿을 만한 역사적 기록들(그래서 일관성 있는)에서 추려낸 방랑자 부류들을 열거한 것이지만, 그럼에도 소리가 주는 순수한 즐거움과 뒤범벅에 대한 취향이 녹아 있다. 또 하나는 삼바티온 강에 관한 것이다. 유대 전승에 따르면 이 강은 물이 아닌 돌멩이들로 이루어졌다고 하는데, 이 강을 묘사하기 위해서 나는 대(大)플리니우스에 나오는 수많은 광물 이름을 뒤적였고, 있을 수 있고 상상할 수 있는 온갖 돌들(그리고 나머지 다른 것들)을 악마의 골짜기 — 솔직히 이구아수 폭포에서 영감을 얻은 — 안으로 흘려보내는 흐름을 상상하며 즐거움을 맛보았다.

1 제임스 조이스, 『율리시스』, 김종건 옮김(범우사, 2002), pp. 182~184 — 옮긴이주.
2 Bagatelles pour un massacre (Paris: Denoël, 1937).

그랑빌(장 이나스 이시도르 제라르)
오노레 드 발자크의 「동물들의 자화상: 동물의 사적 생활과 공적 생활」 중
「두 바보의 사랑」에 실린 삽화,
파리, 에첼 출판사, 1868, 개인 소장

한스 야코프 크리스토펠 폰 그리멜스하우젠
『짐플리치시무스의 모험』, 제2권, 16 (1669)

그들이 모두 떠난 후, 나는 내 방으로 돌아가면서 내가 얻고 싶은 게 무엇인지, 또 어디서 그것을 찾아야 하는지 생각했다. 그 문제를 곰곰 생각하면서 나는 벤치 하나에 걸터앉았다. 그런데 자리에 앉자마자 그 벤치가, 나를 태운 채 창밖으로 날아갔다. 바닥에 내려 두었던 내 손가방과 소총을 남겨 두고 그렇게 날아가게 되었으니, 말하자면 그건 마법의 수지에 대한 대가로 남겨 둔 셈이었다. 벤치에 앉고, 날아가고, 착륙하는 모든 일이 한순간에 일어났다. 적어도 내가 느끼기에 나는 순간적으로 대규모 군중들이 운집한 곳으로 옮겨진 것 같았다. (물론 내가 너무 겁에 질려 있었기 때문에 그 여행에 걸린 시간을 가늠하지 못했던 것일 수도 있다.)

그들은 모두 이상한 춤에 몰두해 있었다. 그 전에도 그 후로도 한번도 보지 못한 그런 춤이었다. 그들은 손에 손을 잡고서 원 하나를 다른 원이 다시 에워싼 식으로, 여러 개의 원을 그리고 있었고, 〈세 여신들〉 그림에서처럼 모두들 서로가 등을 보인 채 바깥쪽을 향해 얼굴을 돌리고 있었다. 가장 안쪽의 원은 일고여덟 명 정도로 이루어져 있었고, 그다음 원은 아마 그 두 배는 되는 사람들로, 세 번째 원은 앞의 두 원을 그린 사람들을 합친 것보다 많은 사람들로, 그런 식으로 계속 이어져 맨 바깥쪽 원은 2백 명이 넘는 사람들로 이루어진 듯했다. 한 원을 그린 사람들이 춤추면서 왼쪽으로 돌고 있으면, 그다음 원은 오른쪽으로 돌고 있기 때문에, 정확히 원이 몇 개나 있는지, 그리고 그들이 춤추며 돌고 있는 그 가운데에 뭐가 있는지 나로선 정확히 알 수가 없었다. 그 모든 머리들이 안으로 또 밖으로 돌아가는 모양새는 우습기도 한 동시에 이상하게 등골이 오싹했다.

그리고 음악은 그 춤만큼이나 이상야릇했다. 내게는 춤추는 사람들이 저마다 자기만의 노래를 부르고 있는 것처럼 느껴졌는데, 그것이 괴상한 화음을 만들어 냈다. 내가 타고 온 벤치가 착륙한 자리는 그 원의 바깥에 서 있는 악사들과 멀지 않은 곳이었다. 악사들 가운데 일부는 피리와 플루트, 숌 같은 악기 대신 독이 없는 뱀과 살무사, 개똥벌레를 유쾌하게 불어 대고 있었다. 나머지 악사들은 고양이를 들고서 등쪽을 불어 대고 손가락으로 고양이 꼬리를 퉁기면서, 백파이프 같은 소리를 내고 있었다. 몇몇은 마치 최고의 바이올린이라도 되는 듯 말의 해골을 켜고 있었고, 나머지는 도살장에 굴러다닐 것 같은 암소의 해골로 하프를 연주하고 있었고, 심지어 겨드랑이 밑에 암캐 한 마리를 끼고서, 암캐의 꼬리를 비벼 대고 손가락으로 암캐의 젖꼭지를 뜯어서 연주하는 자도 있었다. 그러는 내내 마귀들은 코로 나팔을 불어 대어 그 소음으로 숲을 울렸다. 춤이 끝나자마자 소름끼치는 그 전체 무리가 소리치고 고함을 지르고, 폭언을 내뱉고 광분하고, 비명을 지르고 발을 구르고 길길이 날뛰기 시작했다. 모두가 완전히 미쳐 버린 것 같았다. 내가 얼마나 겁에 질렸는지는 여러분도 상상할 수 있으리라.

이 소동의 와중에 한 남자가 내게 다가왔다. 그는 거대한 두꺼비 한 마리를 겨드랑이 밑에 끼고 있었는데, 족히 작은북만큼은 커 보이는 두꺼비였다. 그 두꺼비는 자기 몸에서 뽑힌 내장을 잔뜩 입에 물고 있었고, 그것이 얼마나 역겨웠는지 나는 토하고 싶었다. 「자, 짐플리치시무스.」 그가 말했다. 「난 당신이 류트를 아주 잘 탄다는 걸 알고 있소. 우리한테 멋진 가락을 들려주지 않겠소?」

자크 칼로
「성 안토니우스의 유혹」, 17세기,
낭시, 로랭 역사박물관

궁극의 리스트

요한 볼프강 폰 괴테
『파우스트』
발푸르기스의 밤 (1773~1774)

파우스트, 메피스토펠레스, 도깨비불: (번갈아 가며 노래한다)

어느새
꿈과 마법의 나라로 들어섰는가.
우리를 잘 인도하여
곧 드넓은 황량한 곳에
이르는 영예를 누려라!
[……]
부엉! 부엉! 부엉이 소리 점점 가까워지는구나,
올빼미, 댕기물떼새, 어치,
모두 깨어 있는가?
저기 수풀 속에 도롱뇽인가?
긴 다리, 통통한 배!
나무뿌리들이 뱀처럼
고불고불 바위와 모래를 뚫고 나와,
기이한 띠 모양을 이루어서는
우리를 놀라고 붙잡으려 드는구나.
살아 있는 듯한 단단한 옹이에서
문어발 같은 뿌리가
나그네를 향해 뻗어 나오는구나.
형형색색의 쥐들이 떼를 지어
이끼와 황야를 내지르누나!
[……]
파우스트: 새벽의 여명 같은 희미한 빛이
참으로 기이하게 골짜기를 뚫고 비치는구나!
저 심연 밑바닥까지
깊숙이 스며드는구나.
저기에서는 증기가 모락모락 오르고 안개가 피어오르는가 하면,
여기에서는 빛이 안개 베일을 뚫고 나와서
보드라운 실처럼 슬며시 퍼져
샘물처럼 솟아오르는구나.
수백 개의 혈관을 타고

한스 발둥 그린
「마녀들의 집회」, 1510,
개인 소장

골짜기를 온통 휘감다가,
비좁은 구석에서
갑자기 흩어지지 않는가.
저기 가까이에서 불티들이
금빛 모래 뿌리듯 흩날리지 않는가.
하지만 보게나! 저 높은 곳에서
암벽이 불타오르는 것을.
메피스토펠레스: 황금의 신 맘몬이 향연을 위해
궁전을 휘황찬란하게 불 밝힌 것이 아닐까요?
이런 것을 보다니, 선생의 행운이오.
엄청난 손님들이 몰려들 성싶소.
파우스트: 회오리바람이 질주하는 것을 보게나!
목덜미를 거세게 후려치는구먼!
메피스토펠레스: 바위의 단단한 부분을 꼭 잡으시오.
잘못하다가는 깊은 협곡 바닥으로 곤두박질치겠소.
안개까지 합세해서 가뜩이나 어두운 밤이 더욱 칠흑같이 어두워졌소.
이런, 숲 속에서 우지끈 부러지는 소리가 들리는구려!
부엉이들이 놀라 푸드덕 날아가고,
영원히 푸른 궁전의
기둥들이 부서지는 소리가 들리오.
자, 들어 보시오, 우지직 부러지는 나뭇가지들!
우르릉 굉음을 울리는 줄기들!
바자작 입을 벌리는 뿌리들!
모든 것이 끔찍하게 뒤엉켜 쓰러지며
우지끈 요란한 소리를 내고 있소.
부서진 조각들이 널려 있는 협곡을
바람이 요란하게 가르며 울부짖소.
저 높이 허공을 울리는 목소리들이 들리오?
멀리에서, 가까이에서?
그렇소, 온 산을 따라
미친 듯한 마법의 소리가 울려 퍼지고 있소!
마녀들의 합창: 마녀들이 브로켄을 향해 가네.
그루터기는 노란색, 새싹은 초록색이라네.
저기 많은 이들이 모여 있는 가운데,
우리안이 높이 상석에 오르네.
돌부리 나무뿌리 너머 거침없이 나아가네.
마녀가 방○를 뀌고, 염소는 냄새를 풍기네.

돔 앙투안 조제프 페르네티
『신화 신비학』
「연금술에서 제1물질의 이름들」(1758)

유황을 소금에 넣으면 소금을 붉게 만들면서 소금이 모양을 띠게 만드는 작용을 한다. 소금을 유황에 넣으면 유황을 녹이면서 부패시킨다. 유황과 소금을 똑같은 비율로 결합시키면 찐득찐득한 황산염액이 되는데, 이것이 모든 자연과 기술의 기본 물질인 〈제1 물질*prima materia*〉이다.
아래는 신비 철학자들이 그들의 물질을 일컬어 왔던 이름들이다. 그 대다수를 여기에서 소개하는 이유는 — 모리에누스와 라이문두스 룰루스가 말한 바대로 — 이 기술의 전체적인 비법은 바로 이 다양한 이름들을 이해하는 데 있기 때문이다. 더러 그리스어에서 나온 이름도 있고, 더러는 히브리어에서, 또 더러는 아랍어에서 나온 이름도 있지만, 대부분은 라틴어나 프랑스어에서 온 것이다.

아브세미르, 강철, 식초, 독한 식초, 철학자의 식초, 타는 물, 질소 물, 오줌 물, 혼돈의 물, 기술의 물, 스틱스의 물, 샘물, 피의 물, 탈크의 물, 생명의 물, 잎의 물, 무거운 물, 육중한 물, 제1의 물, 정화의 물, 건조한 물, 단순한 물, 별 같은 물, 점성 물, 아담, 아다르네트, 아드로프, 아프로프, 어린 양, 아그레스타, 아이비테스트, 알라르타르, 구리의 알바르, 나무, 철학 나무, 달 나무, 금속 나무, 태양 나무, 알비라, 알보라크, 알카에스트, 알카리트, 알코필, 알렘브로트, 알쿠팔, 알루메, 알마그로, 알로키네스, 알로에암, 알루델, 알루시, 알제르나드, 알존, 아말그라, 아미자데, 아나크론, 아나스론과 아나트론, 아나수엘, 자웅동체, 영혼, 원소들의 영혼, 세계의 영혼, 토성의 영혼, 안티몬, 토성 부분들의 안티몬, 안티바르, 불의 물, 독수리, 철학자의 독수리, 나는 독수리, 아레마로스, 응고된 수은, 은, 수은, 아르기리온, 공기, 아르네트 또는 자르니크, 비소, 아스마르세크, 아스티마, 아티마드, 아브카포르트, 맹금, 만능약, 아조트, 아주르, 목욕탕, 왕의 목욕탕, 태양의 목욕탕, 디아나의 목욕탕, 증기 목욕탕, 이중 냄비 물의 목욕탕, 선(善), 확산성 선, 흰색, 검정의 흰색, 붕사, 보르테자 또는 본자, 청동, 불탄 청동, 불연성 청동, 검은 청동, 버터, 카드뮴, 카두케우스, 레닛 우유, 아르메니아 암캐, 카인, 석회, 생석회, 캉바르, 카메레트, 화덕, 낙타, 들판, 암(癌), 개, 코라신 개, 카오스, 카스파, 카스파카이아, 재, 주석재, 융합된 재, 불연성 재, 검은 재, 켄누스, 카이, 카이아, 세스, 체세프, 체세프 하이, 모든 금속의 열쇠, 노동의 열쇠, 키부르, 킬로, 천국, 철학자의 천국, 가운데 천국, 공작 꼬리, 콜코타르, 콜레라, 황금 아교, 동반자, 콩파르, 혼합물, 구성물, 방부제, 함유물, 내용, 왕관, 백색 물체, 혼잡 물체, 상반 물체, 얼룩진 물체, 불완전 물체, 부적합 물체, 섞인 물체, 흑색 물체, 코르수플레, 갈까마귀, 고통받는 것, 비참한 것, 수정, 가혹한 시련, 태양의 심장, 토성의 심장, 데브, 데하브, 데이아, 벗겨진 것, 데르벨, 디아베스테스, 12월, 평균 장치, 버터의 달콤함, 용, 바빌론의 용, 높이 나는 용, 솟구치는 용, 두에네크, 에베메세트, 에베미크, 원소, 영약, 엘사론, 배아(胚芽), 헤르마프로디테, 보아 구렁이의 배설물, 금속인 것, 여름, 하얀 에텔리아, 에우디카, 유프라테스, 이브, 파다, 매, 파보니우스, 하소된 침전물, 분해된 침전물, 여성, 매춘부, 불새, 효모, 승화된 효모, 철, 쓸개즙, 불에서 태어난 축복받은 아들, 나일 강의 아들, 태양과 달의 아들, 토성의 막내아들, 피모, 최고의 청동, 태양의 꽃, 가래(痰), 원천, 왕의 원천, 형상, 인간의 형상, 형제, 뱀 형제, 프리다누스, 열매, 태양 나무의 열매, 하얀 연기, 노란 연기, 붉은 연기, 불, 불물, 인공 불, 폭죽, 자연을 거스르는 불, 부식성의 불과 비부식성의 불, 등불, 재의 불, 모래 불, 비자연적인 불, 액체 불, 자연적인 불, 축축한 불, 가베르탱, 가브리키우스, 가브리우스, 수탉, 얼음, 달걀 노른자, 요르단, 일광, 유미스, 하얀 고무, 붉은 고무, 황금 고무, 고프리스, 그라누사이, 구르, 하게랄자르나드, 헤브리트, 레르나의 히드라, 큰불, 무한(無限), 무미건조, 겨울, 하얀 본체, 붓꽃, 쥐드에노페, 카르네크, 켄첼, 카브리크, 킨나, 마른 호수 바닥, 끓는 호수, 독수리의 눈물, 라톤, 젖, 처녀의 젖, 목재, 황금 목재, 리그눔 비타이(생명의 목재), 사자, 붉은 사자, 녹색 사자, 야채술, 식물성 잿물, 리타르기리우스, 빛, 납의 빛, 루시페르, 달, 잎 무성한 달, 늑대, 어머니, 모든 금속의 어머니, 황금의 어머니,

「카발라: 예술과 자연의 거울」 삽화,
「연금술」 중에서
아우크스부르크, 1615

마그네시아, 하얀 마그네시아, 붉은 마그네시아, 자석, 악마, 오른손, 왼손, 마르카사이트, 납 마르카사이트, 바다, 대리석, 화성, 마르테에카, 마르테크, 남성, 커피 주전자 덩어리, 재료, 재료 중의 소재, 모든 형상들의 재료, 달의 물질, 아침, 파우헤 메달, 3층약, 원기의 약, 멜랑콜리, 메르쿠리우스, 동물의 월경, 광물의 월경, 채소의 월경, 한낮, 소우주, 꿀, 광산, 금광, 내각, 치수, 음자디르, 죽음, 쓰라린 죽음, 모자쿠미아, 자연, 안개, 적, 검정보다 더 검은 검정, 네우시스, 물고기 눈, 서쪽, 기름, 화성의 기름, 불연성 기름, 붉은 기름, 올리브, 올루스, 그림자, 태양 그림자, 동쪽, 황금, 동쪽의 황금, 부리 황금, 산홋빛 황금, 고무 황금, 에테우스 황금, 잎 무성한 황금, 로마 황금, 오피먼트, 아버지, 모든 사물의 유일한 아버지, 양, 사람 머리카락, 위험, 파이손, 돌, 동물성 돌, 타는 돌, 돌이 아닌 돌, 책의 지면들 속에서 알려진 돌, 철학자의 돌, 인도의 돌, 인드라데멘의 돌, 금속 돌, 광물질 돌, 붉은 돌, 별 같은 돌, 식물성 돌, 납, 연백 안료, 철학자의 납, 닭, 가루, 잿가루 추출물, 감옥, 봄철, 창녀, 헤르모게네스 병아리, 점, 죽음의 순결, 다섯 번째 자연, 다섯 번째 원소, 라케엔, 모든 금속의 뿌리, 달빛살, 햇살, 황금 가지, 란데리크, 드문 것, 왕, 레콘, 레헤손, 레지던스, 리수스, 작은 참새, 가시밭의 장미, 아귀, 붉은 것, 루비, 이슬, 5월의 이슬, 모래, 초석, 불도마뱀, 함수, 바다 함수, 소금물, 알랑브로크 소금, 알칼리 소금, 알미사디르 소금, 오줌 소금, 순례자의 소금, 소금 중의 소금, 현자의 소금, 달의 소금, 녹은 소금, 태양의 소금, 버섯의 타액, 달의 타액, 불연성 타액, 귀중한 타액, 피, 용의 피, 사자의 피, 불도마뱀의 피, 정령의 피, 인간의 피, 비누, 철인들의 비누, 토성, 견갑골, 석류의 단물, 세블레인드, 세데나, 학교의 비밀, 씨앗, 꼬리, 무덤, 저녁, 세리콘, 세리네크, 뱀, 날개 달린 뱀, 자기 꼬리를 먹는 뱀[우로보로스], 카드모스 뱀, 날개 없는 뱀, 하인, 달아난 하인, 붉은 하인, 세트, 돌들의 군주, 스메라타, 철학자의 소다수, 태양, 일식, 태양의 육지, 집합 용액, 휘발성 용액, 누이, 뱀의 누이, 큰누이, 창, 검(劍), 철학자의 정액, 금속성 정액, 수은 정자, 모든 사물의 정자, 원래 그대로의 정신, 조리된 정신, 명쾌함의 정신, 구성된 정신, 꿰뚫는 정신, 보편적 정신, 광휘, 바다의 광휘, 태양의 광휘, 시체의 먼지, 신부, 달이 뱉은 침, 늪, 봉인된 별, 낙타의 위장, 수블리피아투스, 태양이 흘린 땀, 탈크, 타무아이, 타르타르, 타르타르 또는 인페르노, 테마이쿰, 땅거미, 테리아카, 테라, 테라 아다미, 지구의 찰흙, 저주받은 흙, 무덤의 토양, 잎 무성한 토양, 진이 많은 토양, 풍부한 토양, 부패한 흙, 찌꺼기 흙, 붉은 흙, 처녀 흙, 세 번째의 것, 갈까마귀의 머리, 죽은 까마귀의 머리, 테보스, 타브리티스, 텔리마, 테타 또는 티트, 티온, 티마스, 은둔자의 팅크제, 금속 팅크제, 횃불, 황소, 박편들, 헤르메스의 새, 습기, 타는 습기, 하얀 습기, 마음들의 근본적인 습식 연합, 기름기, 인간, 알, 철학자의 알, 어린이의 오줌, 증기, 항아리, 철학자의 단지, 봉인된 단지, 지쳐 빠진 노파, 노년, 독, 염색하는 독, 아이키네이데스의 독, 죽음의 독, 비너스, 바람, 베르데그리스, 금속 막대기, 처녀, 황산염, 로마 황산염, 붉은 황산염, 유리, 현자의 포도밭, 백포도주, 적포도주, 북살무사, 참견쟁이 여자, 정력, 별들의 미덕, 광물성 미덕, 비술의 초대, 생명, 여우, 불피, 크시트, 이하리트, 일, 자플, 사프란, 자하브, 자이바크, 산들바람, 지바크, 아연, 지응, 지바, 유황 암브로시아, 금속 유황, 유황의 본성, 불연성 유황, 붉은 유황, 자네트 유황, 조이콘, 주메크, 주멜라줄리.

진정한 철학자들을 알아보려면 그들이 가르치기 위해 사용하는 금속을 보면 된다. 수은을 만들기 위해 하나 이상의 물질 — 다시 말해 다양한 성질을 지닌 물질 — 을 사용하는 철학자들은 잘못된 방법을 쓰는 것이다. 비록 어디에서나 발견되고 모든 것에서 발견되기는 하지만 세상에는 오직 하나의 물질만이 존재한다. [……]

테오필 고티에
『알베르투스』 (1833)

110

박쥐와 올빼미들, 흰꼬리수리와 대머리독수리들, 수리부엉이와 타는 듯한 암갈색 눈을 가진 야행성 새들, 아직까지 알려지지 않은 온갖 종류의 괴물들, 굽은 부리를 가진 흡혈귀들, 송장 먹는 귀신들, 애벌레들, 하르피아이들, 뱀파이어들, 늑대 인간들, 불손한 요괴들, 매머드와 레비아단들, 악어와 보아뱀들이 땅을 뒤덮으며 허공을 새카맣게 만들며 모여들어 으르렁거리고 그르렁대고, 쉿쉿거리고, 웃고 떠들고, 우글거리고 번뜩거리고, 날고, 기고, 펄쩍 뛰었다. 그보다 덜 날렵한 것이 숨 가쁜 빗자루들의 속도인데, 뼈마디 굵은 손가락으로 고삐를 잡아당기면서 늙은 마녀가 소리쳤다. 「바로 이곳이다.」

111

하나의 불꽃, 강력한 주먹질처럼 날아오는 파란 빛이 그곳을 비추고 있었다. 숲속 깊은 곳에 있는 널찍한 장소였다. 긴 가운을 걸친 마법사들과 벌거벗은 채 염소에 올라탄 마녀들이 세계의 네 구석에서 네 개의 대로를 따라 한꺼번에 도착했다. 과학의 비술을 연구하는 자들, 모든 땅의 파우스트들, 온갖 의식을 행하는 마법사들, 검은 얼굴의 집시들, 붉은 머리의 랍비들, 히브리 신비 철학자들, 점쟁이들, 잉크처럼 검고 천식 환자처럼 혈떡이는 신비주의자들, 그 모든 이들 가운데 회합 장소에 나오지 않은 이가 한 명도 없었다.

112

해부실마다 보관된 해골들, 박제된 동물들, 괴물들, 아직 영혼의 목욕물을 뚝뚝 흘리고 있는 푸르죽죽한 태아들, 켜켜이 쌓인 민달팽이 무더기 위의 불구자들과 도망자들, 교수형을 당해 찡그린 얼굴에 혀를 내민 남자들, 참수형을 당해 목에는 붉은 선이 선명하고 한 손은 흔들거리는 머리 위에 얹혀 있는 창백한 얼굴들, 세상에서 죽음을 당한 모든 생물들(무시무시하게 피 칠갑을 한 군중들), 양손이 없이 검은 베일의 수의를 입고 있는 존속 살해범들, 지옥 불의 겉옷을 입고 무리지은 이교도들, 시퍼렇게 멍든 채 부러진 수레를 탄 비참한 사람들, 물에 빠져 죽어 살결이 대리석 같은 사람들 — 그 무엇보다 무시무시한 광경이었!

에밀 졸라
『무레 신부의 과오』, 제2권, 제7장 (1875)

포플러와 버드나무가 빽빽한 숲 깊은 곳에 동굴 하나가 입을 벌리고 있다. 돌들 사이로 작은 물방울이 똑똑 떨어지는 시냇가 분지 위에 울퉁불퉁한 바윗돌들이 무너져 생겨난 작은 동굴이었다. 이 동굴은 식물들의 맹공격을 받고 있었기 때문에 밖에서는 전혀 보이지 않았다. 동굴 아래쪽으로는, 겹겹이 줄지어 선 접시꽃들이 빨강, 노랑, 연자주, 흰색을 띤 색색의 꽃들로 격자 시렁을 만들어 입구 전체를 막아 버린 듯했고, 그 앞에서는 접시꽃들 줄기들을 가려 버린 거대한 녹갈색의 쐐기풀들이 물집을 일으키는 독소를 소리 없이 뿜어내고 있었다. 그 위로는 몇 번의 반동을 주며 공중으로 뛰어오른 막강한 덩굴 식물들이 우글거리고 있었다. 향기로운 꽃들로 별을 피워 낸 재스민, 섬세한 레이스 같은 잎을 지닌 등나무, 토니를 달고서 광택제를 칠한 금속을 닮은 무성한 담쟁이덩굴, 연한 산홋빛 잔가지가 풍성한 여린 인동덩굴, 흰색 털이 수북한 팔을 뻗고 있는 호색적인 클래머티스 같은 덩굴 식물들이었다. 그 덩굴들 사이에는 그것들과 똑같지만 아직은 더 호리호리한 덩굴들이 그것들을 친친 감고 더 촘촘히 연결시키면서, 전체 덩굴로들 하나의 향기로운 직물을 짜고 있었다. 녹색의 맨살을 드러낸 한련들은 불그스레한 황금색으로 활짝 벌린 입을 보여 주었고, 채찍만큼 질긴 덩굴콩들은 반짝이는 불똥들로 여기저기서 불을 피우고 있었다. 삼색메꽃은 심장처럼 생긴 이파리들을 활짝 펴서, 수천 개의 작은 종을 흔들며 섬세한 색깔들의 소리 없는 연주를 울리고 있었다. 나비 떼가 내려앉은 듯 황갈색, 장미색 날개들을 접은 스위트피는 첫 번째 산들바람에 더욱 멀리서 태어날 준비를 하고 있었다. 이 모든 것이 한바탕 꽃의 소나기를 맞고서 야생의 부스스함 속에서 길을 잃은 채, 오도 가도 못 하는 잎들의 풍요로움이었고, 어찌 보면 열정의 경련으로 뒤로 넘어져서, 흐르는 듯 장대한 머리 타래를 향수의 웅덩이 속에 퍼뜨리고 있는 여자 거인의 머리를 연상시켰다.

「난 저 어두컴컴한 속으로 들어가는 걸 무서워한 적이 한 번도 없어요.」 알빈이 세르주에게 속삭였다. [……] 그들은 꽃의 들판을 내키는 대로 이리저리 돌아다녔다. 그들의 발길이 사랑스러운 난쟁이 식물들의 융단을 밟으면, 아까는 그들 걸음의 언저리를 깔끔하게 에워쌌던 난쟁이 식물들은 이제 아무렇게나 두텁게 드러눕곤 했다. 그들은 차례로, 부드러운 장미 끈끈이대나물의 점박이 무늬 실크 사이로, 깃털 보송보송한 패랭이꽃의 술 달린 공단 사이로, 그리고 애수 어린 작은 눈들이 박힌 물망초의 파란 벨벳 사이로 발목까지 빠지며 지나갔다. 계속해서 그들은 커다란 목서초 사이를 뚫고 지나가야 했는데, 목서초는 향수 욕조처럼 그들의 무릎까지 올라왔다. 이어서 그들은 너무나 여려 보여 다칠까 봐 두려운 제비꽃들이 핀 넓은 꽃밭을 건드리지 않을 생각으로 은방울꽃이 가득 핀 쪽으로 발길을 돌렸다. 그러나 그들은 곧 사방이 제비꽃으로 둘러싸인 자신들을 발견했고, 그래서 조심조심 부드러운 발길로 그 신선한 향기 위를 밟으며 봄의 숨결 자체를 들이마셨다. 제비꽃 밭 너머로는 로벨리아 군락이 연자줏빛 보석을 박아 넣은 녹색 모직물처럼 펼쳐져 있었다. 글로불라리아의 엷게 그늘진 별들, 네모필라의 파란 잔들, 비누풀의 노란 십자가들, 스위트로켓의 흰색 자주색 십자가들이 화려한 태피스트리를 조각조각 짜 넣으면서, 그 젊은 남녀가 지치지 않고 함께 첫 번째 산책을 하는 기쁨을 누리도록 계속해서 앞으로 뻗어 가는 호사스럽고 눈부신 한 장의 직물을 만들고 있었다. 그러나 제비꽃은 자꾸만 다시 나타나곤 했다. 그들 주변 사방에 펼쳐진 그야말로 제비꽃의 바다는 그들의 발밑으로 세상에서 가장 달콤한 향기를 떨구었고, 그들이 지나간 발자국 안에서는 잎에 가려진 작은 꽃들이 가벼운 숨결을 피워 올렸다.

알빈과 세르주는 길을 잃고 말았다. 키가 큰 수많은 식물들이 그들을 둘러싸고 무성한 산울타리를 이루면서 그들이 기쁘게 걸어온 좁은 오솔길을 에워싸고 있었다. 이 오솔길은 굽었다가 돌곤 하면서 빽빽한 숲 사이로 미로처럼 뚫려 있었다. 오솔길에는 하늘색 꽃무더기를 달고 있는 불로화가 있었고, 부드러운 사향을 풍기는 선갈퀴아재비, 밝은 주홍색 얼룩이 묻은 목이 뻔뻔스러운 미뮬루스, 산들바람을 위해 꽃의 실패들을 던져 올리는 선홍색과 보라색의 거만한 협죽초, 머리카락처럼 가느다란 잔가지를 달고 있는 붉은 아마, 흰색, 자주색, 장미색의 짧고 엷은 빛살을 사방에 던지는 황금 보름달 같은 국화가 피어 있었다. 젊은 남녀는 그들의 앞에 놓인 모든 장애물을 넘어서면서, 계속해서 신록의 벽들 사이를 헤쳐 나갔다. 오른쪽에는 가냘픈 백선(白蘚), 눈처럼 하얀 꽃들을 치렁치렁 드리운 센트란투스, 작은 꽃잔들마다 이슬방울을 반짝이는 흰꽃말이가 벌떡 일어서 있었다. 왼쪽으로는 가지각색의 매발톱꽃들이 길게 줄지어 있었다. 하얀 것, 엷은 담홍색을 띤 것이 많았고, 일부는 짙은 보라색을 띠고 있었고, 상복을 입은 듯 거의 검은 것도 있었다. 검은 매발톱꽃들은 상장(喪章)처럼 주름이 잡힌 채, 갈라진 높은 줄기에서 축 늘어져 있었다. 이어서 그들이 계속 앞으로 걸어가자 주변 산울타리는 또 다른 모습을 보여 주었다. 입을 쩍 벌리고 있는 황갈색 금어초의 깔쭉깔쭉한 잎들 사이로 커다란 비연초들이 꽃대를 내밀고 있는가 하면, 스키잔서스는 빈약한 잎과 팔랑거리는 꽃들을 세우고 있었고, 그 꽃은 연노랑 바탕에 부드러운 진홍색이 흩뿌려진 나비 날개와 비슷했다. 초롱꽃의 파란 초롱들은 공중에서 흔들거리고 있었는데, 황금색 줄기가 뾰족탑처럼 생긴 키 큰 아스포델보다 더 높이서 흔들리는 초롱도 있었다. 한쪽 구석에는 레이스 드레스를 입고서 초록바다색 공단 양산을 펼쳐든 귀부인을 연상케 하는 커다란 회향이 피어 있었다. 그러더니 길이 갑자기 막혀 있었다. 더 이상 앞으로 간다는 것은 불가능했다. 거대한 꽃무리, 식물의 엄청난 다발이 한 발짝도 내딛지 못하게 가로막고 있었다. 아래쪽에는 아칸서스 무리들이 마치 무슨 받침대처럼 단을 이루고 있었고, 그 한가운데서는 주홍색 뱀무와 꽃잎이 뻣뻣한 로단테, 그리고 마치 어느 야만족들의 훈장 표시처럼 흰색의 커다란 십자가 새겨진 클라키아가 솟아올라 있었다. 그 위쪽에도 역시, 장미색 비스카리아와 노란 렙토시폰, 흰색 콜린시아, 그리고 먼지 낀 듯한 녹색 꽃이 그 주변의 불타는 색들과는 대조를 이루는 라구루스가 피어 있었다. 이 모든 식물들 위로 우뚝 선 주홍색 폭스글로브와 가녀린 기둥에서 솟아난 파란색 루핀은 선홍빛과 하늘빛으로 화려하게 빛나는 일종의 오리엔탈풍 원형 지붕을 이루고 있었다. 그리고 맨 꼭대기에서는 거대한 아주까리의 불그스레한 잎들이 먼지색 구리로 된 가파른 둥근 지붕처럼 그 위를 뒤덮고 있었다. [……]

그들은 다른 분지들도 모두 돌아보았다. 바로 옆 분지에 솟아오른 수많은 아마란스는, 피 흘리는 커다란 애벌레와 너무도 닮아서 알빈이 항상 만지기 꺼리는 괴물 같은 벼슬을 키우고 있었다. 또 다른 분지는 온갖 색의 발삼나무들이, 여기는 밀짚 색깔, 저기는 복숭아색, 또 여기는 발그레한 흰색의, 저기는 아마 같은 회색빛으로 가득 들어서 있었고 꼬투리들은 작게 딱딱 소리를 내며 갈라지고 있었다. 그리고 폐허가 된 어느 분수의

16. 일관성 있는 과잉

한가운데에는 화려한 카네이션 군락이 번성하고 있었다. 흰색 카네이션들이 이끼 덮인 분수 가장자리 위로 늘어져 있었고, 여기저기 뻗어 간 카네이션들은 대리석 틈새로 밝은 꽃들을 내밀고 있었다. 그런가 하면 한때 물줄기를 뿜어냈던 사자의 입에서는 거대한 선홍색 정향이 무성하게 솟아나 있어서 그 노쇠한 야수는 이제 피를 뿜어내는 것처럼 보였다. 그 근처에, 그 장식용 분수에서 중요한 부분이던 호수가 있었다. 백조들이 노닐었던 호수 표면은 이제 라일락 덤불이 무성했고, 그 아래, 그늘로 인해 섬세한 색조들이 가려진 비단향꽃무와 버베나, 원추리가 향기 속에 파묻혀 졸고 있었다.

「그래도 아직 꽃들의 절반도 안 보았는걸요.」 알빈이 자랑스레 말했다. 「저쪽에 가면 옥수수 밭의 자고처럼 내 몸을 완전히 묻어 버릴 만큼 커다란 것들이 있어요.」

막시밀리안 렌츠
「튤립」, 1914,
빈, 개인 소장

그들은 그쪽으로 갔다. 그들은 아주 널찍한 계단을 경쾌하게 내려갔다. 계단에서 굴러 떨어진 항아리에서는 아직도 붓꽃의 보라색 불꽃이 나풀거리고 있었다. 계단 아래쪽까지 흘러내리는 카네이션은 마치 급물 같았다. 계단 양쪽에는 엉겅퀴들이 늘어서 있었는데, 청동 촛대처럼 솟아오르거나, 뒤틀리고 굽어서 새의 머리 같은 모양을 만든 채, 저마다 중국식 향로의 환상적인 우아한 자태를 뽐내고 있었다. 부러진 난간 사이에는 군데군데 곰팡이가 핀 밝은 녹색 머리채 같은 세둠 다발이 축 늘어져 있었다. 이어서 계단 발치에서 또 다른 화단이 펼쳐져 있었는데, 오크나무처럼 무성한 회양목들이 군데군데 서 있었다. 한때 공 모양, 피라미드 모양, 팔각기둥 모양으로 공들여 가지 치고 다듬어 주었을 회양목들은 이제 구속받지 않는 흐트러짐의 자유를 한껏 즐기면서, 틈새 사이사이로 파란 하늘 조각들을 보여 주는 더부룩한 초록의 덩어리가 되어 가고 있었다.

알빈은 세르주를 이끌고 그 화원의 묘지인 듯한 곳으로 곧장 걸음을 옮겼다. 그곳에는 체꽃이 조의를 표하고 있었고 양귀비의 행렬은 죽음의 향기를 뿜으면서, 열에 달뜬 광휘를 내는 무거운 꽃송이를 펼친 채 줄지어 뻗어 있었다. 슬픈 아네모네들은 무슨 전염병에 감염되기라도 한 것처럼 창백하니 축 늘어져 힘없이 무리지어 있었다. 독말풀 덤불은 자줏빛 뿔들을 펼치고 있었고, 그 뿔에서는 생명이 시들해진 곤충들이 치명적인 독물을 빨고 있었다. 숨 막힐 듯한 잎에 파묻힌 천수국의 별모양 꽃들은 괴로워 몸부림치면서 벌써부터 부패의 냄새를 풍기고 있었다. 묘지에 있는 우울한 꽃들은 그뿐이 아니었다. 다육질에 녹슨 색조를 띤 라눙쿨루스, 질식시키는 향을 내뿜고서 자신의 향기로 인해 죽어 가는 히아신스와 월하향도 있었다. 그러나 무엇보다 시네라리아가 가장 돋보였는데, 보라색과 흰색의 반(半) 상복을 입고서 촘촘히 무리지어 있었다. 이 우울한 장소의 한가운데에는 팔이 절단된 큐피드가 그의 어린 나체를 뒤덮은 이끼들 밑에서 미소를 지으며 아직도 서 있었지만, 한때 활을 들고 있었던 그의 팔은 아래쪽 쐐기풀들 사이에 팽개쳐져 있었다.

이어서 알빈과 세르주는 그들의 허리까지 무성하게 자란 모란 숲 사이를 지나갔다. 그들이 지나가자 흰색 모란꽃들이 조각조각 떨어지면서, 번개 칠 때 쏟아지는 소나기의 굵은 빗방울처럼 손에 닿으면 신선하게 느껴지는 눈꽃의 비를 흩날렸다. 그리고 붉은 모란꽃들은 성마른 사람의 표정으로 싱긋 웃으면서 그들을 불안하게 만들었다. 이어서 그들은 후크시아 벌판을 지나갔다. 빽빽하고 무성한 덤불을 이룬 후크시아는 수없이 많은 종을 울려 그들을 즐겁게 해주었다. 다음에는 자줏빛 꼬리풀의 벌판을, 온통 불 같은 색조의 화로처럼 벌겋게 타오르는 제라늄 들판을 지나갔는데, 바람이 계속해서 새로운 열기를 부쳐 주는 것만 같았다. 그리고 그들은 갈대처럼 키 큰 글라디올러스의 밀림을 통과해야 했는데, 그 밀림은 타오르는 햇불처럼 찬란하게, 환한 대낮에 빛나는 꽃의 이삭을 던져 주었다. 그들은 해바라기 숲에서도 길을 잃었다. 알빈의 손목만큼 줄기가 두꺼운 해바라기의 숲은 아기 침대로 써도 될 만큼 크고 거친 잎들로 인해 컴컴했고, 수많은 해처럼 빛나는 별들로 가득한 거대한 얼굴들이 가득한 곳이었다. 그런 다음 그들은 또 다른 숲으로 들어갔다. 그 숲에는 철쭉꽃들이 얼마나 흐드러지게 피어 있었는지, 가지와 잎들은 완전히 감추어지고, 눈길이 미치는 한 멀리까지 거대한 꽃다발, 부드러운 꽃받침들의 덩어리들 외에는 아무것도 보이지 않았다.

「어서 가요. 아직도 끝나지 않았다고요.」 알빈이 소리쳤다. 「계속 가요.」

그러나 세르주는 걸음을 멈추었다. 그들은 이제 낡고 황폐해진 주랑 한가운데 들어와 있었다. 그들이 큰앵초와 빙카 사이에 눕자 몇몇 기둥들이 아늑한 자리를 만들어 주었다. 더 멀리, 아직도 똑바로 서 있는 기둥들 사이로 다른 꽃들이 무성히 자라고 있었다. 색칠된 도자기처럼 화려한 줄무늬를 자랑하는 튤립 꽃밭, 선홍색과 황금색 점무늬가 찍힌 주머니꽃 꽃밭, 커다란 데이지 같은 백일초 꽃밭, 얇고 부드러운 아마포 같은 꽃잎 사이로 발그레한 살색이 빛나는 피튜니아 꽃밭이 계속 펼쳐졌다. 그리고 그들이 알아볼 수 없는 또 다른 꽃 벌판이 잎들의 녹색으로 완화된 잡색의 화려함을 빛내면서 태양 아래 융단처럼 뻗어 있었다.

「이 모든 꽃들을 다 본다는 건 도저히 불가능하겠어요.」 세르주가 미소를 띠고 손을 흔들며 말했다. 「여기, 이 온갖 향기 속에 앉아 있어도 좋을 것 같은데요.」

근처에는 넓은 헬리오트로프 꽃밭이 있었고, 그 꽃의 바닐라 같은 은은한 향기가 벨벳처럼 부드럽게 공기 중으로 퍼졌다. 그들은 그 꽃밭에서 솟아오른 당당한 백합 무리의 한가운데, 쓰러진 기둥에 걸터앉았다. 한 시간 넘게 계속 걸어온 그들이었다. 장미부터 백합까지 온갖 꽃들 사이를 헤매어 다닌 그들이었다. 달콤한 인동덩굴, 사향 냄새를 풍기는 제비꽃, 키스의 따뜻한 향기를 뿜어내는 버베나, 관능적 열정으로 헐떡이는 월하향의 향기로운 유혹 속에서 연인들의 산책을 하고 난 그들에게 이곳은 평온하고 조용한 안식처가 되어 주었다. 키 크고 가녀린 줄기를 가진 백합들이 하얀 정자처럼 그들을 둥글게 에워싸고 솟아서, 가냘픈 암술의 황금색만으로 빛을 내면서, 눈처럼 하얀 꽃받침으로 그들을 가려 주었다. 그리고 그곳에서 그들은 약혼하고서 순결의 탑 안에 들어간 아이들처럼 휴식을 취했다. 난공불락의 상아탑, 그 안에서 그들의 모든 사랑은 아직 완벽하게 순결했다.

로트레아몽 백작
『말도로르의 노래』 (1846~1870)

사람은 잠잘 때에만 꿈을 꾼다. 세상에는 꿈, 삶의 무(無), 세속의 가도, 전치사 어쩌면, 흐트러진 삼각대의 그것들 같은 단어들이 있는데, 그 단어들은 부패가 지닌 것 같은 무기력의 차고 끈적한 이 시를 당신 영혼 속에 불어넣어 왔다. 단어에서 관념으로 건너가는 것은 한 걸음이다. 동요, 불안, 타락, 죽음, 물리적 질서나 도덕적 질서에 대한 예외들, 부정의 정신, 야비함, 의지에 의해 떠받들어지는 환각, 고뇌, 파괴, 광기, 눈물, 만족을 모르는 탐욕, 예속, 깊이 생각하는 상상력, 소설, 예상치 못했던 일들, 죽은 환영의 시체를 주시하는 신비스러운 독수리의 화학적 특성, 시기가 일러 실패로 끝난 경험, 벼룩 같은 껍질을 지닌 불분명함, 자존심에 대한 끔찍한 집착, 깊은 무감각의 주입, 추도 연설, 질시, 배반, 폭정, 불경스러움, 짜증, 쓰라림, 공격적인 장광설, 정신 착란, 울화, 이성적인 공포, 독자들은 오히려 느끼지 못할 이상한 불안, 찌푸린 얼굴, 신경증, 억지로 최후의 논리를 짜내는 잔인한 수단, 과장, 성실성의 결여, 성가심, 상투적인 말, 어둠침침함, 음침함, 살인보다 더 못한 출산, 열정, 순회 법정 소설가들의 파벌, 비극, 송가, 멜로드라마, 영원히 제시된 극단들, 다친 데 없이 야유 받고 무대에서 퇴장당한 이성, 젖은 닭의 냄새, 무뎌진 미각, 개구리, 문어, 상어, 사막의 모래 폭풍, 천리안을 가진 모든 것, 사팔뜨기, 야행성, 마취제, 몽유병자, 점액, 말하는 물개, 모호함, 폐병, 경련, 최음제, 빈혈, 외눈, 남녀추니, 사생아, 알비노, 남색, 수족관 현상과 수염 난 여자, 과묵한 낙담에 취한 시간, 환상, 얼얼함, 괴물, 혼란스럽게 만드는 삼단논법, 대변, 아이처럼 생각없는 모든 것, 황량함, 지능적인 맨처닐 나무, 향기 나는 매독, 동백나무 같은 허벅지, 무가치의 비탈을 굴러 내려와 기쁨에 찬 소리로 스스로를 경멸하는 작가의 죄책감, 후회, 위선, 감지되지 않는 분쇄기 속에서 당신을 갈아 버리는 흐릿한 전망, 성스러운 경구 위에 내뱉은 냉정한 침 덩어리, 교묘하게 파고드는 해충의 간지럼, 크롬웰과 모팽 양과 아들 뒤마 같은 사람들의 바보 같은 서문, 노쇠함, 무기력, 신성 모독, 질식, 발작, 격분─그 이름을 대는 것으로도 얼굴이 붉어지는 이 더러운 납골당 앞에서, 우리를 불쾌하게 만들고 너무도 오만하게 우리를 굴복시키는 것들에 반발할 때가 마침내 왔다. 당신은 끊임없이 당신의 정신에서 쫓겨나 이기심과 자존심이 조잡한 기술로 만든 그림자의 덫에 걸려들고 있다.

궁극의 리스트

궁극의 리스트

클로드 클로스키
Marabout
(1996)

Marabout, bout de ficelle, selle de cheval, cheval de course, course à pied, pied à terre, Terre de Feu, feu follet, lait de chèvre, chèvrefeuille, feuilleton, tonton Jules, Jules César, z'haricot, Ricoré, Rémuzat, musarder, désinvolte, volte-face, facétie, cigarette, arrété, théorie, rideaux verts, vers l'avant, avant-garde, garde-manger, géomètre, mettre au clou, clouer le bec, bec à l'oie, lois pénales, Nal Délice, Lisses de France, France Loisirs, zirconite, Nintendo, Daumesnil, Nilgiri, richissime, symétrie, trilogie, Giraudy, Digitsoft, Soft and Co, Cogistel, Téléfleurs, Fleurs du mal, mal acquis, quiproquo, Conesco, Coppola, la bonne cause, cause toujours, jour de fête, fête des mères, mercantile, antilope, l'opéra, rabatjoie, joyeuses Pâques, pack de bière, bière anglaise, glaise en sac, sac à main, main dans le sac, saccharose, rose fluo, Fluogum, gomina, minaret, raie au beurre, beurre d'anchois, choix des armes, arme à gauche, gauche caviar, caviardé, Art Déco, codéine,
in situ, tu l'as dit, dix mille balles, balle perdué, du bidon, Dombrowski, Ski Open, peine de mort, Morrison, Sonatec, Technofi, fiche tricot, Caumartin, Martin Jean, Jean Gabin, bengali, Lipari, Paris-Turf, Turf-Infos, faux jeton, tomber pile, pile Wonder, wonderfull, full contact, tact exquis, Kit et Kat, catogan, gant de crin, craint la pluie, pluie des mois, moitié prix, pris en faute, faute de quoi, quoi au juste? Juste Prix, prise de sang, sans payer, payez-vous, Vougécourt, court-métrage, tragédie, édifice, fils de pute, Puttelange, Langeron, Ronsenac, Nacqueville, Villetaneuse, Neusanir, Niradeth, dettes
de jeu, jeu de prince, Prince de Galles, galibot, beau discours, course de fond, fond la caisse, qu'est-ce qu'il pleut, pleut des cordes, corde au cou, coup de pot, pauvre petit, petit joint, joint de culasse, Las Vegas, gaspacho, chopping board, bored to death, death duty, duty-free, fruit séché, Chez Omar, Mario Bross, brosse à cheveux, cheveux en brosse, brosse de peintre, peintre abstrait, très profond, font la paire, perce-oreille, Rayon Vert, Vert en Ville, Ville-sur-Saulx, sauter le pas, paprika, case en moins, moins de seize ans, enkysté, Stephen King, King Kali, Ali Khan, canular, larme à l'oeil, l'oeil crevé, Velázquez, kézako? cosinus, Nussenbaum, baume au coeur, coeur fidèle, Fidèlio, Liora Fleurs, fleur de l'âge, l'âge idiot, Dioptigel, Gel Première, première fois, foie de morue, rue au pain, pince de crabe, crabotage, Agence A, Apollo, Logasoft, Softelec, Electro, trop petit, petit trot, tropical, calotin, teint ambré, bréviligne, Ligne Roset, Rosenthal, talons plats, plat pays, Pays-Bas, Banespa, spadassin, Saint-Vincent, sans répit, pisser le sang, sans façon, sont partout, Touring-club, Club 17, 7 sur 7, 707, cent sept ans, en vitesse, test sanguin, gain de cause, cause perdue.

300면: 외젠 들라크루아
「꽃다발」, 1848~1849,
뉴욕, 메트로폴리탄 미술관

301면: 「트렌섬홀 정원 트렐리스 창」,
E. 에드비노 브루크의 「잉글랜드 정원」 중에서, 1857,
파리, 장식 예술 도서관

토머스 핀천
『중력의 무지개』
(1973)

ETO 전체에 걸쳐 이와 같은 작은 칸막이 방들이 있는 게 분명하다. 때 묻고 긁힌 자국이 난 크림색 섬유판 벽만 세 개 둘러져 있을 뿐 방마다 아예 천장이 없다. 탠티비는 이 방을 미국인 동료인 타이런 슬로스롭 중위와 같이 쓴다. 두 사람의 책상은 직각으로 놓여 있어서, 90도 정도 끽끽 소리를 내며 돌지 않고서는 눈을 마주칠 일이 없다. 탠티비의 책상은 깔끔했고 슬로스롭의 책상은 지독히 지저분했다. 1942년 이후로 책상의 원래 나무 상판이 드러나도록 청소한 적이 없었다. 갖가지 것들이 아무렇게나 떨어져 겹겹이 층을 이루고 있었는데, 그 밑으로 바닥까지 착실하게 관료주의적 귀두각이 뿌려진 토대가 놓여 있었고, 붉은색과 갈색으로 꼬부라져 나뒹구는 수없이 많은 작은 고무지우개 똥들, 연필 깎은 부스러기들, 말라붙은 차와 커피 자국들, 설탕과 하우스홀드 우유의 흔적, 수많은 담뱃재, 타이프라이터 리본에서 떨어져 날아온 아주 고운 입자의 검은 잔해들, 썩어가는 풀, 부러지고 으깨져 가루가 되어 버린 아스피린 등이 그것들이었다. 그 다음에 나오는 것은 어지럽게 흩어진 클립, 지포 라이터의 부싯돌, 고무줄, 스테이플러 알, 담배꽁초와 구겨진 담뱃갑, 헝클어진 성냥, 핀, 펜의 심, 구하기 힘든 연자주색부터 촌스러운 암갈색을 비롯해 온갖 색깔의 색연필 토막, 나무로 된 커피 스푼, 슬로스롭의 어머니 낼린이 그 먼 메사추세츠에서 보내온 타이어사의 슬리퍼리 엘름 목 정제, 테이프 쪼가리, 끈 쪼가리, 분필 쪼가리…… 그 밑으로는 까맣게 잊어버린 메모들, 담황색의 텅 빈 배급 통장, 전화번호, 답장하지 못한 편지, 너덜너덜 해진 카본지 종잇장, 「자니 도보이는 아일랜드에서 장미를 발견했네」를 포함한 열두 곡의 노래를 두고 끼적거렸던 우쿨렐레 코드들(탠티비는 이렇게 말한다, 「그는 약간 빠르게 편곡한 곡들을 갖고 있어요. 그는 미국의 조지 폼비라고나 할까요, 뭐 그런 걸 상상할 수 있다면 말예요.」) 다 써서 비어 있는 크레믈 헤어 토닉 병, 서로 다른 직소 퍼즐에서 떨어져 나와, 제각기 와이마라너 종의 호박색 왼쪽 눈, 어느 실내복의 녹색 벨벳 주름, 멀리 떠 있는 구름의 검은 회색 감도는 푸른색 결, 무슨 폭발의 (어쩌면 석양의) 오렌지색 후광, 플라잉 포트리스 폭격기 외피의 리벳들, 뾰족이 입을 내민 핀업 걸의 발그레한 안쪽 허벅지…… 등의 부분을 보여 주는 여러 퍼즐 조각들, G-2에서 나온 낡은 『주간 정보 요약』 몇 권, 망가져서 나사처럼 빙빙 감긴 우쿨렐레 줄 하나, 여러 가지 색종이와 고무풀로 만든 종이별이 든 상자, 손전등 부속, 슬로스롭이 이따금 그 안쪽에서 황동색으로 흐릿하게 비친 자기 얼굴을 뜯어 보곤 하는 너겟 구두약 깡통 뚜껑, 홀 뒤쪽 ACHTUNG 도서관에서 가져온 여러 권의 참고서—기술 독일어 사전 한 권, 비행 장교들의 『특별 안내서』나 『도시 평면』 한 권—그리고 누군가 슬쩍해 갔거나 버리지 않았다면, 슬로스롭이 애독하는 『뉴스 오브 더 월드』 한 권도 어딘가에 굴러다니곤 한다.

궁극의 리스트

로자 클랭(앙드레 로기)
「보나르의 팔레트」, 1930,
파리, 조르주 퐁피두 센터 국립 현대 미술관

조르주 페렉
『파리의 몇몇 장소에 관한 묘사 시도』
「생쉴피스 광장, 제1일」

날짜: 1974년 10월 18일
시간: 오전 10시 30분
장소: 생쉴피스 바-타바(담게 가게를 겸한 바—옮긴이)
날씨: 선선하고 건조함. 회색 하늘. 드문드문 햇빛.
엄연히 보이는 것 몇 가지에 대한 목록 초고
— 알파벳 몇 글자, 단어 몇 개: KLM(행인이 들고 있는 봉투 위의 글자), 〈Parking〉을 나타내는 대문자 P; 〈호텔 레카미에〉, 〈생라파엘〉, 〈대책 없는 저축〉(1), 〈택시 정거장 앞쪽〉(2), 〈비외콜롱비에 가〉, 〈생쉴피스 광장 분수 식당〉, 〈P ELF〉, 〈생쉴피스 공원〉
— 인습적인 기호 몇 가지: 주차장 건물의 P자 밑으로, 하나는 약간 아래쪽을 가리키고, 또 하나는 위쪽 보나파르트 가(뤽상부르 쪽)를 가리키는 화살표 두 개, 〈출입 금지〉 푯말이 적어도 네 개(다섯 번째는 카페의 거울 속에 반사된 것).
— 숫자들 몇 개: 86(86번 버스의 정면, 오른쪽 위에는 그 종점의 이름: 생제르맹데프레), 1(비외콜롱비에 가 1번지에 붙은 명판), 6(여기가 파리 6구임을 가리키는, 이 광장의 명판).
— 잠깐 지나가는 구호 몇 가지: 〈버스 안에서 파리를 봅니다〉
— 흙 조금: 자갈과 모래 무더기
— 돌 몇 개: 보도 가장자리를 따라서, 분수 주변, 교회 주변, 몇몇 주택 주변에⋯⋯
— 아스팔트 약간
— 나무 몇 그루(더러 노랗게 변한 잎들이 달린)
— 제법 크게 나타난 하늘 조각(내 시야의 6분의 1쯤)
— 비둘기 한 떼, 교회와 분수 사이 광장 한가운데 통행을 구분하는 표시 부분에 갑자기 내려앉음
— 자동차 몇 대(나중에 다시 적을 것)
— 사람 몇 명
— 닥스훈트 종 몇 마리
— 빵 약간(바게트)
— 장바구니 밖으로 삐져나온 샐러드용 채소 약간(프리제인가?)
버스 노선:
96번 몽파르나스행
84번 포르트드샹페레행
70번 독퇴르에이앙 광장의 l'O.R.T.F.4 본사(Office de Radiodiffusion Télévision Française, 국립 라디오 텔레비전 본사)행
86번 생제르맹데프레행
〈초록색 타원형 용기에 담긴 진짜 로크포르 치즈인지 확인하세요.〉
분수에서는 물이 뿜어 나오지 않는다.
비둘기 몇 마리가 분수의 물웅덩이 중 한 웅덩이의 가장자리에 앉아 있다.
통행을 구분하는 중앙에는 몇 개의 벤치, 앞뒤로 좌석이 두 개 달리고 등받이 하나를 같이 사용하게 만든 벤치가 있다. 내가 있는 곳에서 벤치 여섯 개가 보인다. 네 개는 비어 있다. 여섯 번째 벤치에 부랑자 세 명이 통상적인 몸짓을 하고 있다(병에 든 약간 붉은 것을 그대로 들이마신다).
63번 포르트들라뮈에트행
86번 생제르맹데프레행
〈청소란 결국 더럽히지 않는 것, 그 말이 더 맞겠죠〉
독일제 버스 한 대
브링스 현금 운송 차량 한 대
87번 샹드마르스행
84번 포르트드샹페레행
색깔들:
빨간색(피아트 한 대, 드레스 한 벌, 생라파엘, 〈입장 금지〉 푯말)
파란색 가방 하나
녹색 구두
녹색 비옷 하나
파란색 택시 한 대
파란색 2-HP 모터바이크 한 대
70번 독퇴르에이앙 광장의 l'O.R.T.F.4 본사행
녹색 시트로앵 메아리 한 대
86번 생제르맹데프레행
다논: 요구르트와 디저트들
〈초록색 타원형 용기에 담긴 진짜 로크포르 치즈인지 확인하세요.〉
대부분의 사람들이 적어도 한 손은 뭔가 하고 있다: 그들은 가방, 여행용 손가방, 장바구니, 지팡이 등을 하나씩 들고 있고, 다른 한 손에는 개줄, 아이의 손을 잡고 있다.
트럭 한 대가 금속 통에 든 맥주를 배달하고

있다〈칸터브라우, 맥주 장인 칸터의 맥주〉
86번 생제르맹데프레행
63번 포르트들라뮈에트행
〈시티라마〉 2층 버스 한 대
파란색 메르체데스 트럭 한 대
프랭탕 브뤼멜이라고 쓰인 갈색 트럭 한 대
84번 포르트드샹페레행
87번 샹드마르스행
70번 독퇴르에이앙 광장의 l'O.R.T.F.4 본사행
96번 몽파르나스행
〈다르티 레알 Darty Réal〉
63번 포르트들라뮈에트행
〈출장 요리 전문가 카지미르. 운반 회사 샤르팡티에.〉
〈베르트 프랑스 유한 책임 회사〉
〈르고프 맥주 디스펜서〉
96번 몽파르나스행
운전 교습 학교의 차 한 대가 비외콜롱비에가에서 나와,
84번 모퉁이를 돌아 보나파르트 가로 들어간다(뤽상부르 쪽).
〈이삿짐 운송 회사 발롱〉
〈이삿짐 운송 회사 페르낭 카라스코사〉
도매로 파는 감자들
한 일본인이 투어 버스에서 내 사진을 찍고 있는 것 같다.
한 노인이 반쯤 남은 바게트를 들고 있고, 한 여자가 작은
피라미드처럼 생긴 디저트 상자를 들고 있다.
86번 생망데행(그것은 보나파르트 가로 들어가지 않고
대신에 비외콜롱비에 가로 내려간다)
63번 포르트들라뮈에트행
87번 샹드마르스행
70번 독퇴르에이앙 광장의 l'O.R.T.F.4 본사행
비외콜롱비에 가에서 나와, 84번 모퉁이를 돌아
보나파르트 가로(뤽상부르 쪽으로)
버스 한 대, 비어 있다.
또 다른 버스 위의 더 많은 일본인들
86번 생제르맹데프레행
〈브라운, 예술품 같은 제품.〉
고요한 순간(피로인가?)
잠깐 멈춤.

조르주 페렉
「나는 기억한다」
(1978)

나는 기억한다, 9에 더해 9로 나눌 수 있는 모든 수를(때로 나는 그걸 확인하면서 오후 내내 보내곤 한다……).

나는 기억한다, 접어 올린 커프스가 없는 바지를 보기 드물었던 시절을.

나는 기억한다, 프로피리오 루비로사를(트루히요의 사위던가?).

나는 기억한다, 〈카랑다슈 Caran d'Ache〉가 〈연필〉에 해당하는 러시아어(Karandach였나?)의 프랑스식 음차임을.

나는 기억한다, 콩트레스카르프 광장에 있던 두 카바레 르 슈발 도르(〈황금 말〉)와 르 슈발 베르(〈녹색 말〉)를.

나는 기억한다, 보브 아잠과 그의 오케스트라가 연주한 Chérie je t'aime, chérie je t'adore (무스타파 Moustapha라는 제목으로도 알려진 「자기야 사랑해, 자기야 좋아해」)를.

나는 기억한다, 제리 루이스와 딘 마틴이 주연한 「선원이여 조심하라 Sailor Beware !」라는 영화를.

나는 기억한다, 그 모든 십자 파이프 없이 세 개 주택의 전기, 가스, 수도를 새로 설치하려고 애쓰던 시간들 — 고등학교 3학년 때일 것이다 — 을(당신이 2차원 공간에 머무는 한 해결책은 없다; 그것은 쾨니히스베르크의 다리나 카드패의 색깔처럼, 위상 기하학에서 가장 기본적인 예 가운데 하나다).

나는 기억한다:
    어떻게 말할 것인가, 〈6 더하기 4는 열하나 font tonze〉인가,
    아니면 〈6 더하기 4는 여라나 font honze〉인가?
그리고:
    앙리 4세의 백마는 무슨 색인가?

나는 기억한다, 『이방인』의 주인공 이름이 앙투안 (?) 뫼르소라는 것을: 그 이름을 기억하는 이가 아무도 없다는 것은 많은 사람들이 지적해 왔다.

나는 기억한다, 박람회 장터의 솜사탕을.

나는 기억한다, 〈베제〉 상표의 립스틱을, 〈키스를 부르는 립스틱.〉

나는 기억한다, 아주 세게 때리면 반으로 쪼개져 버릴 테라코타 대리석과 마노 대리석, 그리고 때로 안에 작은 공기 방울들이 들어 있는 커다란 유리 대리석을.

나는 기억한다, 전륜구동 강Gang을.

나는 기억한다, 피그스 만을.

나는 기억한다, 스리 스투지Three Stooges와 버드 애벗과 루 코스텔로를; 그리고 보브 호프, 도로시 래무어, 빙 크로스비를; 그리고 레드 스켈턴을.

나는 기억한다, 시드니 베쳇이 〈밤은 마녀 *La nuit est une sorcière*〉라는 제목의 오페라 — 아니 발레였나? — 를 썼다는 것을.

장 뒤뷔페
「아파트」, 1946,
뉴욕, 메트로폴리탄 미술관

나는 기억한다, 조그만 걸쇠가 달린 에르메스 가방을.

나는 기억한다, 「리더스 다이제스트」의 〈어휘력 늘이기〉 게임 칼럼을.

나는 기억한다, 〈뷔르마Burma〉 브랜드의 보석을(그런데 〈뮈라Murat〉라는 보석 상표도 있지 않나?).

나는 기억한다:
월요일 아침에
황제와 그 아내와 어린 왕자가
우리 집에 찾아왔네
나한테 인사하려고
마침 내가 나간 때여서
어린 왕자가 말했네:
이왕 이렇게 됐으니까
우리 화요일에 다시 와요.
등등.

나는 기억한다:
왜 프랑스 북부의 소녀들은 조숙하지요?
왜냐면 콘체르토 G 마이너 때문이지.

나는 기억한다, 선생님이
〈Nabuchadnazar, 이건 두 음절로 쓴다!〉라고 말하자
학생들이 이렇게 대답하던 것을, 〈이건: 이, 하고 건.〉

나는 기억한다, 〈내 볼때기 속의 내 소나무 바구니.〉

[……]

나는 기억한다, 이반 라비비네 오슈조프와 야마모토 카카포테, 해리 커버를.

나는 기억한다, 장-폴 사르트르가 『프랑스 수아르』지에 〈사탕수수밭 위를 지나는 허리케인Ouragan sur le sucre〉이라는 제목으로 쿠바에 관한 기사 시리즈를 썼다는 걸.

나는 기억한다, 부르빌을.
나는 기억한다, 부르빌이 〈알코올, 안 돼, 썩은 물, 좋아!〉라는 말을 계속해서 되풀이하면서, 그의 가짜 강의의 매 단락마다 그 곡조로 끝냈던 그의 한 단편을.
나는 기억한다, 영화 「그다지 멍청하지 않은Pas si bête」, 그리고 위송 부인의 「장미나무」를.

나는 기억한다, 바쿠바Wakouwa의 〈놀라운 개〉 장난감을.

나는 기억한다, 조르주 레이그라고 불리던 대잠 소형 구축함이 있었다는 걸.

나는 기억한다, *caput*에서 파생한 수많은 단어들을 배울 때 얼마나 행복했는지를: *capitaine, capot, chef, chete, caboche, capitale, Capitole, chapitre, caporal*……

16. 일관성 있는 과잉

피터 블레이크
「튈르리 공원」, 2004

롤랑 바르트
『롤랑 바르트가 쓴 롤랑 바르트』
「내가 좋아하는 것, 내가 좋아하지 않는 것」
(1975)

〈내가 좋아하는 것〉: 샐러드, 계피, 치즈, 피망, 아몬드 파이, 베어서 말린 건초 냄새(〈코〉가 그러한 향수를 만들어 내면 좋은데), 장미, 작약, 라벤더, 샴페인, 정치적으로 가벼운 입장, 글렌 굴드Glenn Gould, 지나치게 차가운 맥주, 납작한 베개, 구운 빵, 하바나 시가, 헨델, 적당한 산책, 배, 백도 혹은 포도밭에서 재배된 복숭아, 버찌, 색깔들, 손목시계, 만년필, 펜, 앙트르메[로스트와 디저트 사이에 먹는 음식], 정제하지 않은 소금, 리얼리즘 소설, 피아노, 커피, 폴록Pollock, 톰블리Twombly, 낭만주의 음악 전부, 사르트르, 브레히트, 베른Verne, 푸리에, 에이젠슈타인, 열차, 메독 포도주, 부지Bouzy[샹파뉴 지방의 포도주], 잔돈을 가지고 있는 것, 부바르와 페퀴셰, 샌들을 신고 남서부 지방의 소로(小路)를 저녁 시간에 거니는 것, L. 의사의 집에서 바라본 아두르Adour 강의 만곡부(彎曲部), 막스 브라더스Marx Brothers, 살라망카에서 아침 7시에 출발할 때 먹는 세라노 등.
〈내가 좋아하지 않는 것〉: 하얀 스피츠, 판탈롱을 입은 여자, 제라늄, 딸기, 클라브생, 미로Miro, 동어 반복, 애니메이션 영화, 아르투르 루빈스타인Arthur Rubinstein, 빌라, 오후, 사티Satie, 바르토크Bartok, 비발디, 전화 걸기, 어린이 합창단, 쇼팽의 협주곡, 부르고뉴 지방의 브랑슬[매우 활달한 원을 그리며 추는 댄스의 일종], 르네상스 시대의 댄스리*danceries*[오래된 댄스용 음악], 오르간, M.A. 샤르팡티에Charpentier, 그의 트럼펫과 팀파니들, 정치와 성의 결합, 부부 싸움 장면, 주도권, 충실성, 자발성, 알지 못하는 사람들과 보내는 저녁 시간 등.
〈내가 좋아하는 동시에 좋아하지 않는 것〉: 그런 것은 누구에게나 하등 중요한 것이 아니다. 그것은 명백히 무의미하다. 하지만 이 모든 것이 〈나의 육체는 당신의 육체와 동일하지 않다〉는 것을 말하려 한다. 그런 이유로 인해 기호와 혐오의 이러한 무정부적 거품, 방심한 듯한 무늬 모양 속에, 공모 또는 노여움을 불러일으키는 육체적 수수께끼의 형상이 서서히 그려진다. 여기서 육체의 협박이 시작된다. 즉 타인으로 하여금 나에 대해 〈자유스럽게〉 참을 것을 요구하고, 그가 공유하지 않은 여러 가지의 즐김 혹은 거부 앞에서 침묵하고 정중하기를 강요한다.
(한 마리의 파리가 나를 성가시게 만들어 내가 그것을 죽인다. 사람은 성가시게 만드는 상대방을 죽인다. 만일 내가 그 파리를 죽이지 않았다면 그것은 〈순전히 자유주의 때문〉이었을 것이다. 나는 살인자가 되지 않기 위하여 자유주의적이다.)

알프레트 되블린
『베를린 알렉산더 광장』
「사람도 가축과 다를 바 없으니까, 가축들이 죽는 것처럼 사람도 역시 죽는다」
(1929)

베를린의 도살장. 타어 가 건너편 엘데나어 가 사이의 시내 동북방, 란츠베르크 가로수길 건너편에 코테니우스 가에 이르기까지 순환선을 따라 도살장 겸 가축 사육장 건물들과 홀, 가축 막사들이 잇달아 이어져 있다. 그 부지 면적은 47.88헥타르, 즉 187.50모르겐, 란츠베르크 가로수 길의 뒤안 건물들을 별도로 하고서도, 27,083,492마르크라는 돈이 투자되었다. 그 비율은 가축 사육장에 7,682,844마르크, 도살장을 위해서 19,410,648마르크가 소비된 것이다.

가축 사육장과 도살장, 거기에다 고기 전문 대시장은 불가분의 경영 체제를 형성하고 있다. 이것들을 경영하는 기관은 가축 사육장 및 도살장을 위한 대리 위원회인데, 이 위원회의 구성 위원은 시참사 회원이 2명, 지방 구청 관리가 1명, 시의회 의원이 11명, 거기에다가 시민 대표가 3명이다. 이 기업의 종업원은 공무원이 258명인데, 이들은 수의사, 검사원, 스탬프 계원, 수의사 조수, 검사 보조원, 사무원 및 노동자들로 구성되어 있다. 1900년 10월 4일의 설치 규약은 일반 통칙, 가축 수의 조절, 도살의 공급으로 되어 있다. 수수료는 시장 수수료, 대기차 수수료, 도살 수수료, 돼지 시장에서의 사료통 운반을 위한 수수료이다.

엘데나어 가를 따라서, 지저분한 회색 담벽이 쭉 뻗어 있다. 그리고 그 위에는 철조망이 쳐져 있다. 담 위로 뻗은 나무들은 잎들이 모두 져 가지만 앙상하다. 겨울이다, 나무들은 이미 수액을 뿌리로 내려보내고 봄을 기다리고 있다. 백정을 태운 마차가 질주하고 있다, 노란색과 빨간색의 차륜, 맨 앞에 경쾌한 발걸음으로 달리고 있는 말. 그 마차 뒤를 여윈 말 한 마리가 따라가고 있다, 보도에서 누군가가 그의 등 뒤에서 에밀을 부르고 있다, 여윈 말의 값을 흥정하고 있는 것이다. 50마르크와 우리 여덟 명에게 한턱내는 조건으로 어때, 말은 뒤로 돌아서더니 몸을 한번 부르르 떨며 나무를 할퀸다, 마부는 그 말을 겨우 도로 돌려세운다, 50마르크와 한턱내는 거야, 오토, 그것이 싫으면 떠날 테다. 아래쪽 사나이가 말을 한 대 철썩 때린다. 좋다, 그렇게 하자.

관리 센터가 있는 노란 건물, 전몰 병사들을 기리는 방첨탑. 좌우로 기다란 유리 지붕으로 되어 있는 홀, 그것은 가축용 막사와 대기소이다. 그 밖으로 검정 게시판이 있다―베를린 등록 협회 소속 대도살장 협동조합 소유. 인가를 받은 자에 한해서 이 게시판에 공고할 수 있음, 전무 취체역.

기다란 홀에는 여러 개의 문이 있다, 가축들을 몰아넣기 위한 입구이다, 거기에는 26, 27, 28이라는 번호판이 붙어 있다. 소 막사, 돼지 막사, 도살될 가축들을 위한 죽음의 법정이다. 획 하고 공중에서 내려치는 도끼, 너는 나로부터 살아서 도망칠 수 없다. 바로 그 옆에는 평화스런 통로가 이어져 있다, 시트라스만 가, 리비히 가, 프로스카우어 유원지, 그 유원지 안에 몇 사람이 산책을 한다. 그들은 서로 협동하면서 살고 있다, 가령 누군가가 병이 들어 목이 아프다 하면 금세 의사가 달려온다. 반대편에는 약 15킬로미터 길이의 순환선 선로가 뻗어 있다. 여러 지방에서 가축들이 이 선로를 달리는 기차에 실려 온다, 양, 돼지, 소 등의 종자 견본이 동프로이센이나 포메른, 브란덴부르크, 서프로이센 등지에서 송달되어 온다. 가축 하역장에는 음매음매, 메헤헤헤 메헤헤헤 교성곡이 충천한다. 돼지들은 꿀꿀거리며 땅 위를 주둥이로 허비고 다닌다. 땅이 어디로 통해 있는가 돼지들은 알 까닭이 없다, 가축 상인들이 장대로 돼지들을 몰며 뒤쫓고 있다. 가축 막사로 몰려 들어간 돼지들은 거기서 털썩 드러누워 버린다, 히끔한 배때기를 드러내 놓고, 서로 몸을 기대며, 금시 드르렁거리며 잠들어 버린다. 돼지들은 긴 시간을 몰려다닌 데다, 기차에서 계속해서 흔들려서 지쳐 있었다, 지금은 몸 밑에서 일어나는 진동이 없다, 다만 마룻바닥의 돌이 찰 뿐이다, 그들은 자다가도 눈을 뜨고는 서로 몸을 비벼 대며 의지한다. 비비고 들어와서는 밀려 나가기도 하며 겹겹으로 쌓인 채 누워 있다. 그때 두 놈의 돼지가 다투기 시작한다, 마룻바닥에 다툴 만한 약간의 여유가 있었던 것이다, 두 놈의 돼지는 머리통을 서로 비벼 대며 밀어젖힌다, 그리고 서로 상대방 목이나 귀를 물어뜯는다, 그러면서 빙빙 원을 그리며 뛰어다닌다. 꿀꿀대며 덤비다가는, 움직이지 않은 채 서로 꽉 물고 늘어지기도 한다. 그러다가 그중 한 놈이 겁이 나서 다른 돼지들을 밟고 위로 기어 올라가면, 또 한 놈은 그 뒤를 쫓아 함께 기어 올라가서 물어뜯는다, 밑에 깔려 있던 다른 돼지들이 놀라 꿀꿀대며 움직이고, 소란을 피우자, 위에 있던 두 놈은 털썩 밑으로 나가떨어지지만 또 일어나 서로 상대방을 찾는다.
아마포 윗도리를 입고 있는 사나이가 혼자서 통로를 어슬렁어슬렁 걸어오고 있다. 칸막이를 한 막사 문이 열린다, 그는 장대를 들고 돼지 무리 속으로 들어간다, 문은 열어 두었다, 돼지들은 서로 밀고 밀리면서 밖으로 몰려가며 꿀꿀 소란을 피운다. 난장판을 이루면서 돼지들은 통로를 벗어난다, 안마당을 지나, 홀 안을 하얀 배때기를 드러내며 쫓기어 간다. 살이 찐 묘한 모양의 발, 돌돌 감겨 우습게 생긴 꼬리, 등에는 초록색이나 빨간 선이 뿐어 있다. 이것을 가리켜 빛이라 한단다, 귀여운 새끼 돼지야, 이것이 땅이라는 것이다, 한번 냄새를 맡아 보렴, 코로 허우적거려 보렴, 앞으로 잠깐 동안은 그렇게 할 수 있는 여유가 있으니까. 아니, 그렇지 않다, 너희들이 옳다, 시간을 재며 일한다는 것은 좋은 일이 아니다, 그러니 마음 놓고 냄새를 맡고, 허우적거려라. 너희들은 도살당할 테니까, 자, 여기야, 도살장을 보렴, 이것은 돼지 도살장이란다. 낡은 건물도 있지만, 너희들이 들어갈 곳은 새 건물이다. 빨간 벽돌로 지은 밝은 광선이 담뿍 비치는 곳이란다, 밖에서 보면 자물쇠 공장같이 보이기도 하지, 아니면 작업장이나, 사무실이나, 또는 조립실로 보이기도 하고. 나는 다른 데를 들러 보고 가겠다. 새끼 돼지야, 왜냐하면 나는 인간이니까, 나는 이 문을 지나갈 테다. 나중에 건물 안에서 다시 보자.
문을 확 밀어젖힌다, 문은 충격을 받아 안에서 밖으로 왔다 갔다 흔들린다. 푸우, 이 수증기! 무슨 증기가 이렇게 서려 있다. 꼭 목욕탕 안처럼 김 속에 들어서 있구만. 그렇다면 돼지들도 러시아, 로마풍의 목욕탕에 들어간단 말인가.
누가 걸어가는 소리가 나는데, 어딘지 전혀 보이지 않는다, 안경에 김이 확 서린다, 아마 맨발로 걸어다니겠지, 이런 데 있을 것 같으면 땀과 더불어 류머티즘도 깨끗이 없어지겠구나, 아무리 코냑을 마셔도 그렇게는 못하겠지, 누군가가 장화를 신고 걷는지 저벅저벅 소리가 난다. 아무것도 보이지 않는다, 김이 너무 짙게 서려 있다. 그러나 이 꽥꽥 소리, 꿀꿀 소리, 목에서 글그렁거리는 신음 소리, 장화에서 저벅거리는 소리, 남자들의 고함 소리, 물건이 떨어지는 소리, 뚜껑을 닫는 소리. 아마 이 어수선한 속 어딘가에 돼지들이 있겠지, 저 옆문으로 해서 들어온 돼지들이 있을 것이다. 자욱이 서려 있는 하얀 증기. 틀림없이 저 안에 돼지들이 있을 것이다, 그중 몇 마리는 벌써 공중에 매달린 채 죽었을 것이다, 머리는 잘려 달아났을 테고, 이들은 사람들이 먹을 수 있을 만큼 충분히 자랐을 것이다, 한 남자가 호스를 들고 저 안에 서서 하얀 돼지 몸통에 물을 뿌리고 있다. 돼지들은 머리를 아래로 철봉에 달랑달랑 매달려 있다, 몸통이 아래로 쭉 내리뻗어 있는데, 앞발이 묶여 철봉에 매달려 있다, 죽어 버린 돼지들이라 어떻게 움직이지도 못한다, 뛸 수도 없다. 잘린 발이 아래 선반 위에 내팽개쳐져 있다. 두 사나이가 무엇인가를 들고 김 속에서 나타난다, 철봉에는 내장을 도려낸 짐승들이 매달려 있다. 두 사나이는 그 철봉을 치켜들어 이동 코일에 연결한다. 거기엔 이미 여러 마리의 동료들이 매달려 흔들린다, 멍하니 지루한 듯 바닥 타일을 내려다보면서.
김이 뭉게뭉게 서린 홀 안에 들어간다. 물에 젖은 바닥의 돌포석에는 고랑이 있는데 그 안에는 피가 가득 괴 있다. 위쪽으로 연결된 철봉에는 내장을 도려낸 하얀 동물들의 대열, 저 안에서는 도살실이 있음에 틀림없다, 거기서는 철썩 소리, 덜커덩거리는 소리, 꿀꿀 울어 대는 소리, 콸콸 소리, 퍽퍽 소리, 김이 뭉게뭉게 피어오르는 가마솥, 통, 김은 거기서 내뿜어져 나온다. 인부들은 끓어오르는 열탕 속에 도살된 짐승들을 매단 채 집어넣어 삶는다, 삶아져 하얗게 되면, 그것들을 다시 꺼내어, 한 인부가 칼로 껍질을 벗겨 낸다, 그러면 짐승은 더욱 하얗게 되고, 매끈해진다. 그리고 살도 훨씬 부드럽고 하얘진다, 돼지들은, 마치 체력을 완전히 소모할 정도로 목욕을 하고 난 뒤처럼 기진맥진한 듯, 또는 성공적으로 수술을 끝낸 후처럼, 또는 마사지를 하고 난 후처럼 나른한 듯, 선반이나, 나무판 위에 열지어 누워 있다, 그들은 휴식에 취하여, 새로운 하얀 셔츠를 둘러쓴 채 꼼짝 않는다. 모두 옆으로 드러누운 자세이다, 몇 마리는 두 줄이 나란한 젖꼭지들이 드러나 보인다. 돼지 젖은 얼마나 클까, 이것들은 틀림없이 다산계의 짐승들이다. 그런데 여기 누워 있는 돼지들은 모두 목에, 목줄 한복판에, 하나의 빨간 칼자국을 갖고 있다, 그것들은 보기에 퍽 흉측스럽다.
또 찰싹 소리가 난다, 뒤쪽 문이 열리자, 김이 쑥 빠져 나간다, 새로운 돼지 무리들이 들어오고 있다, 몰려서 들어오는구나, 나는 앞쪽 미닫이문을 지나왔다, 우스꽝스런 천하태평의 짐승들, 묘하게 생긴 다리, 휘어 감긴 묘한 꼬리, 여러 가지 빛깔을 띤 줄 등. 이것들은 새로 들어온 칸막이 방에서도 꿀꿀거리고 허비고 다닌다. 여기도 낡은 칸막이 방과 마찬가지로 싸늘하다, 그리고 바닥은 왠지 몰라도 빨갛고 미끌미끌한 것들이 묻어 있다.

돼지들은 긴 코를 이것들에 대고 킁킁거리고 있다. 블론드 머리를 납작이 붙인 창백한 얼굴을 한 젊은이가 시가를 입에 물고 있다. 자, 잘 보렴, 저 사람이 너희들을 상대하는 마지막 사람이란다! 그렇지만 그 사람을 나쁘게 생각하면 안 돼, 그는 그저 자기가 맡은바 임무를 다하고 있을 뿐이니까. 그는 너희들을 규제하는 관리 사무직을 맡고 있단다. 그가 몸에 걸친 것이라곤 장화, 바지, 셔츠, 그리고 바지 멜빵뿐이다, 장화는 무릎 위까지 덮고 있구나. 이것이 그의 제복이다. 그는 입에 물었던 시가를 벽에 붙인 자그마한 장 위에 놓고는, 방구석에 놓인 기다란 도끼를 든다. 그것은 그의 직무의 존엄, 너희들보다 우월한 그의 신분의 상징이다. 마치 형무소의 깡통 표지처럼 말이다. 아마 그는 그것을 곧 너희들 눈앞에 내보일 것이다. 그것은 기다란 나무 막대기인데, 그것을 이 젊은이가 아무것도 모르고 돌아다니면서 바닥을 허비대고, 꿀꿀거리는 돼지들을 겨누고서 어깨 높이로 치켜들 것이다. 젊은이는 시선을 내리뜨고 주위를 돌아다니면서 무엇인가를 열심히 찾는다, 그에게 지금 문제가 되는 것은, 어떤 인물, x대 y라는 관계에 있어서의 어떤 인물의 조사 절차이다. — 야앗! 그의 발 아래쪽으로 한 마리가 달려 왔다. 야앗! 또 한 마리. 그 사나이는 민첩했다, 그는 자기 신분을 밝힌 것이다. 도끼가 휙 소리를 내며 내리쳐지고, 떼 뭉쳐 소란을 피우는 돼지 무리 중의 한 놈의 머리 위에 도끼가 박힌다, 또 한 마리의 머리에도 역시. 순식간의 일이다. 마룻바닥에서는 벼락을 맞은 놈이 사지를 후들후들 떤다. 몸부림을 친다. 발을 뻗은 꼴이란, 머리는 어떻게 하고 있는가. 돼지가 그렇게 하고 있는 것이 아니라, 다리가 제멋대로 저렇게 하고 있는 것이다. 두 남자가 벌써 가마솥이 있는 방에서 이쪽을 바라본다, 벌써 일은 얼마만큼 진행되었던 것이다, 그들은 도살실 문고리를 풀고, 뻗은 짐승을 꺼내 간다, 기다란 장두칼을 철봉에다 문질러서, 무릎을 꿇고, 돼지 목에다 푹 찌른다, 기다랗게

잉글랜드 학파
「푸줏간」, 19세기,
개인 소장

목을 딴다, 목에 기다란 절개가 생긴다, 짐승의 절개된 자리는 봉지처럼 크게 입이 벌어진다, 깊이 패어 절개된 자리, 짐승의 몸이 파닥파닥 경련한다, 몸부림친다, 사지가 달달 떨린다, 의식은 없다, 지금의 상태는 아직 의식을 잃고 있는 정도이다, 곧 그 이상으로 될 것이다, 비명, 드디어 목의 동맥이 절단된다. 돼지는 완전히 의식 불명, 우리들은 형이상학의 세계에, 신학의 세계에 들어간다, 알겠니, 우리는 이 이상 더 땅을 밟을 수 없다, 우리는 벌써 구름 위를 거닌다. 널찍한 대야가 바싹 대어진다, 검붉은 뜨거운 피가 대야 속으로 쏟아진다, 콸콸 쏟아진다, 대야 속에서 거품을 일구며 소용돌이친다, 빨리 움직여라, 체내에서 피가 응고된다, 핏덩어리가 뭉쳐져서 절개된 자리를 메울 것이다. 지금도 계속 피가 체내에서 쏟아진다, 그러나 여전히 응고되려 한다. 마치, 수술대에 누운 어린아이가 어머니의 말은 전혀 듣지 않으면서도 여전히 엄마, 엄마 하고 외치는 것 같다. 그러나 그 아이는 에테르의 마스크 아래서 곧 숨이 넘어가면서 계속해서 부른다. 그 이상 부를 수가 없게 될 때까지, 엄마, 엄마 하고. 찍, 찍. 혈관을 우로, 혈관을 좌로. 빨리 움직여라. 자, 꿈틀거리는 것이 멎었구나. 이젠 조금도 움직이지 않는구나. 이것으로 생리학과 신학은 끝장이다, 지금부터는 물리학이 시작된다.

무릎을 꿇고 있던 사나이가 일어선다. 무릎이 저린 것이다. 돼지는 삶아져 내장이 꺼내지고 조각조각 썰린다. 이 작업은 계속 진행된다. 얼굴이 번지르르한 주임이 파이프를 한 손에 쥐고 김 속을 왔다 갔다 하면서, 뻥 뚫린 뱃속을 가끔 들여다본다. 흔들리는 문 옆에 광고가 붙어 있다―제일 가축 발송계 주최, 댄스 파티, 장소 프리드리히스타인 회관, 케름바하 악대 출연. 그 외에도 또 광고, 권투 시합, 국도변 110번지, 게르마니아 홀, 입장료 1마르크 50페니히에서 10마르크까지, 타이틀 매치 4게임.

가축 시장의 가축 수―소 1,399마리, 송아지 2,700마리, 양 4,600마리, 돼지 18,864마리, 시중 상황―소 상품은 순조로이 판매되나, 그 외 것은 보합 상태임, 송아지 판매는 순조로움, 양은 보합 상태, 돼지는 처음엔 호경기였으나 그 후론 내리막길임, 지방이 많은 것은 값이 나가지 않음.

가축 통로에 바람이 분다, 비가 내린다. 소가 음매 하고 울어 댄다, 울어 대는 뿔이 달린 짐승들을 사나이들이 몰아댄다. 짐승들은 거역한다, 움직이지 않는가 하면, 엉뚱한 방향으로 달려간다. 몰이꾼들이 장대를 들고 소 주위를 뛰어다닌다, 거기다가 불도그 한 마리가 소들 한복판에서 암소 한 마리에게 덤벼든다. 암소는 이리저리 도망친다. 불도그가 그 뒤를 쫓아간다, 개는 끈질기게 몇 번이고 소한테 덤벼든다.

한 마리의 커다란 하얀 암소가 도살장으로 몰려 들어간다. 여기서는 떼 몰려 소란을 피우는 돼지 무리를 몰아넣는 막사와는 다르다. 증기도 서리지 않고 칸막이도 없다, 큼직하고 튼튼하게 생긴 짐승, 소가 한 마리 한 마리씩 몰이꾼에 끌려 입구로부터 들어온다. 피로 범벅이 된 홀이 그 앞에 널찍하게 전개된다. 거기에는 반 토막, 네 토막으로 잘라진 쇠고기가 매달려 있다. 토막토막 잘라진 뼈다귀가 나뒹굴고 있다. 커다란 황소는 널찍한 이마가 있다. 황소는 장대로 몰려 이곳까지 쫓겨 와 이윽고 도살자 앞에 선다. 도살자는 도끼의 평평한 옆면으로 바로 서도록 소 뒷다리를 가볍게 친다. 이번에는 소몰이꾼이 아래쪽에서 소의 목을 움켜쥔다. 짐승은 선 채 풀이 죽어 있다. 마치 모든 것을 다 체념한 것처럼, 또는 일체의 것을 다 알아 버린 것처럼, 이렇게 된 이상 이것이 자기의 운명이며, 이 상황에서 도저히 빠져나갈 수 없다는 것을 받아들이려는 것처럼. 또는 이 소는 가축 몰이꾼의 행동도 자기에 대한 애무로까지 생각하고 있는지도 모른다, 왜냐하면 아주 얌전히 하고 있기 때문이다. 소는 끌어당기는 소몰이꾼의 팔에 그대로 순종하여 끌려가면서 고개를 비스듬히 기울이고 입을 위쪽으로 딱 벌리고 있다. 그런데 그 사람 뒤로 다가와 서는 자가 있다, 쇠망치를 든 도살인이다. 뒤돌아보면 안 된다. 두 손으로 움켜쥔 건장한 사나이의 쇠망치가 소 등 뒤에서 하늘로 치솟더니, 소 머리 위로 날아와 쾅 내리친다. 건장한 사나이의 근육의 힘이 쐐기가 되어 소의 목덜미를 친다. 그 순간, 또 쇠망치가 미처 빠지기도 전에 짐승의 사지가 파닥 튀어 오르더니, 그 무거운 몸집의 모든 것이 날아가 버린 듯, 이윽고 발이 달려 있지도 않은 것처럼, 그 무거운 몸통 전체가 허무하게 쾅 하고 마룻바닥에 떨어진다. 뻣뻣하게 굳어 버린 발을 꺾은 채 한 순간 그대로 있다가 금시 거꾸러져 버린다. 그 좌우를 처형인이 돌아다니면서, 자비스런 마취의 타격을 머리, 이마, 관자놀이에 다시 가한다. 잠들어라, 이젠 다시 눈을 뜨지 않아도 괜찮다. 그 옆에 서 있던 사나이가 입에서 시가를 떼어 놓더니, 우람한 소리를 지르며, 장두칼을 빼어 든다, 그것은 단검만 한 길이다. 그는 이미

다리의 경련도 없어져 버린 짐승의 머리 뒤쪽에서 무릎을 꿇고 앉는다. 소는 아직 꿈틀꿈틀 가느다랗게 경련을 한다, 아직 하반신을 뒤흔들고 있다. 도살자는 마룻바닥 근처를 살핀다. 아직 칼로 찌를 수가 없다. 그는 피를 받을 대야를 빨리 가지고 오라고 고함을 친다. 피는 아직 체내를 잔잔하게 돌고 있다, 건장한 심장의 고동과는 전혀 관계치 않고. 척추는 부서져 버렸지만, 피는 여전히 잔잔히 혈관 속을 흐르고 있다, 폐는 호흡을 가속하고, 장도 여전히 꿈틀거린다. 이제 칼이 박힐 것이다, 그러면 피가 튀어 오를 것이다, 벌써부터 그 광경이 상상된다, 푹 하고 튀어 오를 피, 왁 소리를 내며 튀어 나올 검붉은 피, 아름다운 피, 환희에 찬 피. 이윽고 떠들썩한 축제 같은 소란이 홀에서 사라지고, 손님들이 춤을 추면서 밖으로 나간다, 소란, 이리하여 즐거운 목장이, 훈훈한 가축 막사가, 구수한 냄새를 풍기는 사료가, 모두 다 사라져 날아가 버리고, 남은 것이라곤 공허한 구멍, 암흑, 이리하여 새로운 세계상이 나타난다. 와, 갑자기 한 신사가 나타난다, 이 홀을 사들인 사나이이다. 거리를 헤쳐 나가기, 상승하는 경기, 이 사나이가 아마 뚫을 것 같다. 커다란 접시를 가지고와 이쪽으로 밀어젖힌다, 듬직한 짐승은 뒷다리를 높이 들린다. 칼이 목 기관 옆을 날카롭게 들어간다, 그러고서 칼끝은 주의 깊게 혈관을 찾는다, 목에 있는 혈관은 두꺼운 표피가 있어서 혈관을 튼튼하게 보호하고 있다. 그때 혈관이 터졌다, 그리고 또 하나의 혈관도, 대홍수, 김이 무럭무럭 나는 뜨거운 꺼먼 액체, 피가 칼과 도살자의 팔에 검붉게 튀어 밴다, 환성을 지르는 피, 뜨거운 피, 손님들이 도착한다, 변신의 행위이다, 너희들의 피는 태양에서 나온 것, 태양이 너희 체내에 깃들어 있던 것이다, 이제 그것이 다시 모습을 나타낸다. 짐승은 큰 한숨을 쉰다, 마치 절망으로 질식하는 숨소리 같다. 무서울 정도의 자극, 목이 글그렁거리는 소리, 끌끌거리는 소리. 그렇군, 구재(構材) 전체가 무너지는 소리를 낸다, 옆 배가 엄청나게 부어오르자, 한 남자가 짐승을 도와준다. 돌이 막 떨어지려 할 때는, 그것을 한 번 밀어내기만 하면 된다. 그 사나이는 짐승의 몸 위로 뛰어올라, 두 발을 딛고 서서, 내장 쪽 위에서 발을 구르고, 위 아래로 몸을 흔들면서, 피를 빨리 뽑아내려 한다, 체내의 피를 모두 뽑아 없앨 작정이다. 그러자 목에서 드릉드릉 소리가 한층 심해진다, 그것은 극도로 길어진 단말마의 허덕임이다, 뒷발을 마치 저항이나 하는 듯이 가볍게 꿈틀거린다. 앞발이 가볍게 맞장구를 친다. 생명의 헐떡임이 사라지고, 숨이 끊어진다. 하반신이 묵직하니 돋다 축 늘어진다. 이게 땅이다, 중력이다, 남자는 위에서 뛰어내린다. 아래쪽에 있던 남자는 벌써 목 가죽을 원 상태로 꾸며 놓는다. [……]

움베르토 에코
『장미의 이름』
(1980)

살바토레는 세상을 여행하며 구걸과 좀도둑질, 아픈 척 속임수를 쓰기도 하고 영주의 하인으로 일을 했다가 다시 숲이나 길로 향하며 생활을 했다고 했다.

그의 이야기를 들으면서, 당시 유럽 전역에서 흔히 볼 수 있던 부랑자 패거리와 그런 패거리의 일원이 되어 있는 그의 모습을 상상하기는 어렵지 않았다. 당시 유럽의 부랑자 무리는 그 구성원들이 복잡하기가 그지없었다. 가짜 수도사, 야바위꾼, 협잡꾼, 사기꾼, 떠돌이, 남루 걸객, 문둥이나 절름발이, 혹세무민을 일삼는 기술사(奇術士), 행려병자, 이교의 나라에서 상처만 안고 도망쳐 나온 떠돌이 유대인, 정신 이상자, 박해에 쫓기는 망명자, 한쪽 귀를 잘린 전과자, 남색꾼....... 그뿐만이 아니었다. 여기에 행상 장인, 직공, 땜장이, 의자 수리공, 칼갈이, 바구니 장수, 석공, 태형 맞고 나온 각설이, 쇠 벼리는 사람, 불한당, 상습 도박꾼, 극렬 분자, 뚜쟁이, 주정뱅이, 변절자, 장물아비, 치기배, 성직 매매자, 허술한 사람을 등쳐먹고 사는 파렴치한, 가짜 술장수, 교황청 봉인 위조범, 교회 문전에서 구걸하는 가짜 사지마비 환자, 수도원에서 도망 나온 땡중, 방랑 시인, 면죄부 장수, 가짜 선지자, 점쟁이, 요술사, 무당, 가짜 탁발승, 각양각색의 우상 숭배자, 사기와 폭력으로 처녀만 전문으로 욕보이는 치한, 수종·간질·치질·통풍·열창, 게다가 광적인 조울증까지 고친다고 풍을 치는 약장수까지...... 없는 게 없었다. 악성 궤양 환자인 척하느라고 온몸에다 회를 칠한 자, 구제 불능의 폐병 환자 행세를 하느라고 입에다 핏빛 물감을 찍어 바르고 다니는 자, 사지가 멀쩡하면서도 목발을 짚고 휘청거리며, 다리가 부어서 가래톳이라도 서고 상처에 딱지가 앉은 양 노란 물감을 칠한 채 칼로 제 대가리에 상처를 낸 다음 교회로 들어가는 자도 있었다. 이런 자가 쓰러지듯이 교회 마당으로 들어가 게거품을 뿜고 눈을 까뒤집거나 코에 미리 넣어 둔 딸기즙이나 붉은 물감을 질질 쏟으면서 자반뒤집기를 해댈 양이면, 적선을 권면하던 신부의 설교를 기억하는 신도들은 앞을 다투어 돈이나 먹을 것을 내어 오고는 했다. 「주린 자에게 먹을 것을 주고 집 없는 자를 그대들 거처에 재우는 일이 바로 그리스도를 찾고 그리스도께 잠자리를 보아 드리는 일이며, 그리스도께 옷을 드리는 일인데, 이는 물이 불을 끄듯이 선행이 우리 죄악을 씻음임이라……」

사부님과 헤어지고 나서 세월이 한참 흐른 뒤에도 나는 다뉴브 강변에서 악마들처럼 무리를 짓고 무리의 이름까지 태연히 내건 이런 부랑자를 수없이 보아 왔다. 이런 자들은 지금도 더러 눈에 띈다.

평범한 대중들 사이에 끼어 있는 이런 무리는 흡사 길 위로 진창이 흘러 내려온 형국이었다. 이런 부랑자의 무리에는 설상가상으로 믿음이 단단한 사제, 새로운 희생자를 찾는 데 혈안이 되어 있는 이교도, 선동의 전문가들이 가세하는 법이다. 교황 요한이 수도사들 중에서도 탁발하는 수도사들을 가장 통렬하게 비난하고 나선 것도 바로 이 때문이었다. 교황은 청빈을 설교하는 수도사들과, 그 청빈을 실천하는 평신도들이 이루는 큰 줄기의 운동을 몹시 두려워했다. 그래서 교황은, 물감으로 그린 깃발을 흔들고, 청빈을 설교하고, 돈을 우려내면서 호기심이 강한 평신도들을 자극한다고 그들을 매도했다. 성직 매매를 일삼는 부패한 교황이 청빈을 설교하는 탁발 수도사 무리를 버림받은 자들의 무리, 날강도의 무리라고 매도하는 것은 옳은 일이었을까? 그러나 당시, 이탈리아 반도 여행을 조금 했던 나로서는 더 이상 그 질문에 대해 확실한 대답을 할 수가 없었다. 당시에 나는 토스카나 지방의 알토파시오 수도사들 이야기를 들은 적이 있다. 그들은 설교를 통하여, 신도들에게 파문의 위협을 가하되 구속(救贖)을 약속하고, 재물을 바치기만 하면 강도 살인죄, 형제 살인죄, 심지어는 위증의 죄까지도 사면받는 것이 가능하다고 주장했다. 뿐만 아니라 그들은 자기네들이 세운 빈민 구휼원에서는 하루에도 백여 차례씩 미사를 집전하고 헌금을 받는데, 이 헌금으로 2백 명의 가난한 처녀들에게 결혼 지참금을 마련해 주었노라고 선전하고는 했다. 파올로 조포 수도사의 이야기도 들은 바 있다. 라치오 지방의 리에티 숲에 은거하던 은수사(隱修士)였던 파올로 조포 수도사는 성령을 통하여 직접 계시를 받았는데 이 계시에 따르면 육욕은 죄가 되지 않는다고 주장했다. 그는 자기 교파에 입문하는 여신도들을 자매라고 부르면서, 옷을 벗기고 맨살에 채찍질을 가한 뒤, 십자가 꼴을 만들어 바닥에 다섯 번 무릎을 꿇고 절하게 했다.

플랑드르 학파
「장님들」, 1643,
바젤, 미술관

움베르토 에코
『바우돌리노』
(2000)

그들은 앞으로 가다가 처음에는 멀리서 들려오는 소음 같은 소리를 들었다. 그 소리는 탁탁 하는 소리로 변하더니 점점 더 분명하고 뚜렷한 소리로 변했다. 마치 누군가가 엄청난 양의 자갈과 바위들을 높은 곳에서 쏟아 붓는 소리 같기도 했고 산사태가 나서 흙과 돌들이 밑으로 흘러내리면서 계곡에 그 소리가 울려 퍼지는 것 같기도 했다. 잠시 후 그들은 안개 같기도 하고 연무 같기도 한 흙먼지를 발견했다. 그런데 태양 광선을 흐릿하게 만드는 거대한 수분 덩어리인 안개와는 달리 이것은 무수한 빛들을 반사했다. 마치 공중에 떠도는 광물 입자들에 햇빛이 부딪혀 부서지는 것 같았다.
그 순간 라비 솔로몬이 제일 먼저 알아차렸다.
「삼바티온이야.」 그가 소리쳤다. 「그러니까 목적지에 거의 다 온 거야.」
그것은 정말 돌의 강이었다. 옆 사람의 말도 제대로 알아들을 수 없을 정도의 굉음이 울려 퍼지는 강가에 도착했을 때 그들은 그 사실을 알게 되었다. 돌들과 흙이 장엄하게 쉼 없이 흐르고 있었다. 흐르는 물속에서는 제멋대로 생긴 거대한 바위들, 고르지 않고 칼날처럼 날카롭고 비석같이 넓은 돌판들이 굴러갔고, 그리고 그것들 사이로는 자갈, 화석, 나무 우듬지, 바위 조각들이 보였다.
그것들은 마치 광풍에 떠밀리기라도 하듯 거의 같은 속도로 흘러가면서, 석회암 돌판 조각들은 서로 겹쳐서 굴러가기도 했고, 미끄러지면서 커다란 단층이 형성되기도 하여 자갈 흐름에 부딪칠 때마다 힘이 약해졌다. 반면 바위와 바위 사이에서 구르는 동안 강물에 깎인 것처럼 동글동글해진 조약돌들은 높이 튀어 올랐다가 메마른 소리를 내며 다시 떨어졌고 그 조약돌들이 다른 돌들과 충돌하면서 만들어 냈던 같은 소용돌이에 휘말렸다. 광물 덩어리가 층층이 쌓인 한가운데와 위쪽으로 모래바람과 석회 바람이 불었고 화산 자갈 구름, 경석(輕石) 거품, 모르타르 개울이 만들어졌다.
여기저기로 날리던 돌 조각들과 싸라기 같은 석탄들이 강둑 위로 다시 떨어졌다. 그래서 종종 여행자들은 돌에 맞아 얼굴이 긁히지 않도록 얼굴을 가려야만 했다. [……]
하상이 좁아지고 강이 서서히 급류로 변하다가 개울이 되어 가는 것을 보면서 엿새 동안 말을 타고 달렸지만 수원지에는 도착하지 못했다. 사흘째 되던 날부터 벌써 높디높은 산들로 이루어진 험준한 산맥이 나타나기 시작했는데, 닷새째 되는 날 무렵에는 마침내 그 높은 산들이 여행자들의 시야에서 하늘을 앗아가 버렸다. 산들이 우뚝 솟아 있어서 여행자들은 마치 자꾸만 좁아지고 출구도 없는 참호 속에 갇힌 것 같았다. 이제 높은 산에서는 희뿌연 빛을 내는 구름들만이 보였는데, 그 구름들이 산의 최고봉들을 집어삼키고 있었다.
여기서, 두 산 사이에 난 거의 상처 같은 가느다란 틈에서 삼바티온이 시작되고 있는 게 보였다. 사암이 끓어오르고 응회암이 콸콸 쏟아지고 진흙이 뚝뚝 떨어지고, 바위들이 툭탁거리고, 덩어리 부식토들이 떼구루루 소리를 내고 흙덩이들이 넘쳐흐르고 점토 비가 차츰차츰 더 진해져 끝없이 넓은 모래 바다로의 여행을 시작했다. [……]
그렇게 5일 낮과 한낮처럼 무더운 5일 밤을 보내고 나자 그때까지 계속 들려오던 강의 굉음이 변해 가고 있다는 것을 깨달을 수 있었다. 강은 최고 속도로 흐르고 있었다. 그 흐름 속에 진짜 강물처럼 급류가 나타났다. 급류는 현무암들을 지푸라기처럼 끌고 갔다. 꼭 멀리서 들리는 천둥 같은 소리가 들려왔다……. 그러더니 점점 더 격렬하게 흐르던 삼바티온이 수많은 작은 강들로 나누어지기 시작했다. 그 강들은 손가락들이 진흙 덩어리 속으로 들어가듯 경사진 산속으로 스며들어 갔다. 가끔 파도가 동굴 속으로 들어가기도 했고, 통행을 할 수 있을 것 같은, 일종의 바위 길에서 요란한 소리를 내며 밖으로 나와서 거세게 계곡으로 흘러들어 가기도 했다. 터번 같은 자갈들이 강가에 와 부딪혀서 아무도 지나갈 수 없게 되었기 때문에 그들은 어쩔 수 없이 멀리 돌아가야 했는데, 그렇게 돌아가서 고원 위에 도착했을 때 삼바티온이 ― 그들의 눈 밑에서 ― 지옥의 협곡으로 사라져 버리는 것을 발견했다.
그것은 폭포들이었는데, 원형 극장처럼 만들어진 10여 개의 암벽 처마 끝에서 떨어져 내려 거대한 최후의 소용돌이 속으로 들어갔다. 그 속에서는 화강암이 끊임없이 솟아올랐고, 역청이 용솟음쳤으며, 명반석들이 파도처럼 일렁거렸고, 점판암들이 끓듯이 솟구쳤고, 웅황(雄黃)이 물가로 튀어나와 부서졌다. 그리고 소용돌이가 하늘을 향해 분출하는 물질들 위에서, 그러나 탑처럼 높은 곳에서 내려다보는 사람의 눈으로 볼 때는 낮은 곳에서, 햇빛이 거대한 무지개를 만들어 그 광물질

방울들 위에다 걸쳐 놓는 형상이었다. 모든 물체가 자신의 성질과는 다른 눈부신 빛들을 반사했기 때문에 그 무지개는 대개 비 온 뒤 하늘에 뜨는 것보다 훨씬 더 다양한 색깔이 되었다. 비 온 뒤 나타나는 무지개들과는 달리 영원히 사라지지 않고 빛날 운명인 것 같았다.
그 무지개는 적철광과 진사에서 나오는 붉은 빛, 강철같이 반짝거리는 먹물빛, 웅황의 입자들이 움직이면서 빚어내는 노란색에서 선명한 오렌지색에 이르는 빛, 남동석(藍銅石)의 하늘색, 석회질만 남은 조개 껍질의 하얀색, 공작석의 초록빛, 갈수록 희미해지는 산화납의 빛 바랜 색, 계관석 결정들의 번쩍거리는 빛, 짙은 초록색 흙덩이가 크리스콜라 가루로 되면서 빛이 바래졌다가 명암이 다른 남색과 보라색으로 옮겨 가는 변덕, 위금(僞金)이 떨치는 위용, 불타는 백연에서 나오는 자줏빛, 산다락 수지가 타는 불꽃, 은이 든 점토의 다채로움, 설화 석고의 투명함으로 이루어졌다.
거기서 울리는 천둥 같은 소리 때문에 인간의 목소리를 알아들을 수 없었다. 여행자들도 말을 하고 싶은 생각이 들지 않았다. 그들은 삼바티온의 최후를 지켜보았다. 삼바티온은 대지 속으로 사라져야 하기 때문에 성을 내고 있었다. 그것은 자신의 무기력을 있는 대로 다 표현하기 위해 자기 돌들에게 으르렁거리면서 주위에 있는 것들을 모두 끌고 가려고 애를 썼다.

이브 탕기
「호(弧)의 증식」, 1954,
뉴욕, 현대 미술관

17. 혼돈스러운 열거

이제 혼돈스러운 열거로 들어가자. 여기서 우리는 완전히 이질적인 것들을 도입하는 즐거움을 느끼게 된다. 앞에서 보았듯이, 초기의 예들은 라블레에서 나타나지만, 더 오랜 선례들도 찾을 수 있다. 그런 예 가운데 하나가 **키프리아누스의 만찬**Coena Cypriani이라는 제목의 〈수사들의 농담*jocus monacorum*〉인데, 성서 속의 많은 등장인물들이 어느 만찬 도중에 전혀 말도 안 되는 사건을 벌인다. 그 텍스트가 서기 3세기에 살았던 진짜 성 키프리아누스의 것인지, 또는 몇 세기 후에 쓰였을 가능성이 더 높은지를 따지는 것은 아무 의미가 없다. 그리고 그 작품에 기억술 보조 기능이 있어서 어린 수사들이 성서 에피소드를 외우는 데 도움을 주었는지, 아니면 순전히 재미를 위한 것인지 우리는 아는 바가 없다(일부에서는 게임이나 패러디라고 생각한다). 중요한 건 등장인물들이 어떤 식으로든 성서 내용과 자신을 연결시키는 무언가를 하기 때문에, 동시대 독자들에게는 그 사건들의 연쇄가 불합리하게 여겨지지 않았던 게 분명하다는 사실이다. 그러나 오늘날 그것을 읽는 독자들에게는 그 목록이 유쾌하도록 혼돈스럽게 다가오고, 영화 「헬자포핀Hellzapoppin」을 연상시킨다(사실 그것이 영감을 주지 않았다고 누가 말할 수 있겠는가).

혼돈스러운 열거는 초현실주의자들의 불안한 목록들을 예고하는데, 그 중요한 예가 **랭보**의 「취한 배 Le Bateau Ivre」이다. 사실 랭보와 관련해서는 〈결합성*conjunctive*〉 열거와 〈분리성*disjunctive*〉 열거의 구분을 재론할 가치가 있다.[1] 결합성 열거는 우리 책에서 수많은 예가 제시되는 그런 열거로, 서로 다른 것들이라 해도 같은 사람이 본다거나 같은 맥락으로 여겨지는 한, 전체에 일관성을 주는 것들을 그러모은 것이다. 반면에 분리성 열거는 그것들이 전혀 다른 인상들의 연속임을 의식하고는 있지만 굳이 어떤 통일성을 부여하려고 애쓰지 않는 사람의

한나 회흐
「독일 바이마르 배불뚝이 문화의 마지막 시기를
다다 부엌칼로 자르자」, 1919,
베를린, 베를린 국립 미술관, 민족관

정신 분열증, 산산이 부스러짐 같은 것을 표현한다. 이런 의미에서, 이 책의 15장 끝의 참고 문헌에 언급한 에세이를 쓴 슈피처는 바로 이와 같은 분리성 열거에서 영감을 얻어 혼돈스러운 열거의 개념을 끌어냈다고 할 수 있다. 실제로 슈피처는 혼돈스러운 열거의 예로써 랭보의 『일뤼미나시옹-*Illuminations*』 가운데 다음 시구를 인용했다.

숲에 한 마리의 새가 있다. 그 노래가 당신을 멈추게 하고 당신 얼굴을 붉어지게 한다.
울리지 않는 큰 시계가 있다.
흰 동물들의 둥우리가 있는 늪지가 있다.
하강하는 대성당과 상승하는 호수가 있다.
잡목림 속에 버려진 한 대의 작은 마차가 있다. 혹은 리본으로 장식되어 오솔길을 달려 내려오는 한 대의 작은 마차가.
의상을 입은 작은 배우들의 일행이 있어, 숲의 가장자리를 지나가는 가로에 보인다.
마지막으로 허기와 갈증을 느낄 때 당신을 뒤쫓아 오는 누군가가 있다.[2]

문학은 선택의 당혹감을 안겨 준다. 우리가 목록들의 무한한 목록을 만드는 우를 범하지 않으려면 라틴 아메리카 문학에서 나타난 수많은 혼돈스러운 목록 중 **파블로 네루다**의 한 구절을 이 책에 싣는 정도로 그쳐야 할 것이다.[3] 아울러 **자크 프레베르**를 언급하지 않을 수 없고, **칼비노**의 한 대목도 인용해야 한다. 칼비노는 공상 소설 『우주 만화』에서 운석 파편들에 의해 마구잡이식으로 형성되는 지각을 상상한 대목과 관련해, 자신의 목록을 〈불합리한 잡탕〉으로 곧잘 규정하면서 이렇게 말한다. 〈지독히도 어울리지 않는 이 사물들 사이에, 내가 짐작해야 할 불가사의한 성격의 관계가 있다고 상상하는 것이 재미있었다.〉

널리 사랑받는 콜 포터Cole Porter의 노래 「당신이 최고예요You are the top」에서 그가 말하는 속성들을 서로 연결시키는 그 불가사의한 관계를 첫눈에 상상하기는 쉽지 않다. 〈당신이 최고예요!/당신은 콜로세움./당신이 최고예요!/당신은 루브르 박물관./당신은 슈트라우스 교향곡의 한 멜로디./당신은 벤델 보닛,/셰익스피어의 소네트./당신은 미키 마우스./당신은 나일 강./당신은 피사의 사탑, ……〉

「머리빗, 머리핀, 그리고 여러 화장 도구들」
폼페이, 1세기,
나폴리, 국립 고고학 박물관

포터의 이 노래와 자기 여인에게 바치는 **브르통**의 찬가, 또 **발레스트리니** Nanni Balestrini의 마드무아젤 리슈몽에 대한 찬미를 나란히 비교해 보면 흥미롭다. 그 비교는 기의에 근거한 목록과 기표에 근거한 목록의 대조를 우리에게 보여 준다. 확실히 발레스트리니의 시에서 가장 중요한 것은 두운(頭韻)이다. 심지어 그는 이탈리아어가 아닌 형용사들을 만들어 내면서까지 두운을 창조한다. 반면에 포터와 브르통의 경우는 둘 다 정확한 이미지를 환기시키려는 의도가 있는데, 브르통의 것은 대체로 초현실적이고 포터의 것은 좀 더 접근이 쉬운 〈음악적〉 스타일이다.

그 밖에도, 사용된 열거 대부분이 의심할 여지없이 일관성을 보이지만, 혼돈스러운 열거를 구사한 여러 거장의 대열에 낄 자격이 충분한 (그리고 항상 혼돈스러운 열거의 예로 인용되는) 작가 두 명이 있다. 이 책에 실린 **가다**Carlo Emilio Gaddad와 **아르바시노**Alberto Arbasino의 인용문을 보자. 가다는 카베나기 집안의 가구들과 케플레로 가(街)의 화재 도중 생긴 일들을 열거한다. 독자들은 전자에 대해선 그 집이 정말 혼돈스러운 상태라고 생각할 것이며, 후자에 대해선 화재로 인해 정말 혼돈스러운 상태가 빚어졌다고 말할 것이다. 그러나 이것은 은유의 문제일 수 있다. 왜냐하면 그 집에는 원래 있던 모든 가구들이 빠짐없이, 십중팔구는 그 자리에 있을 것이며, 케플레로 가의 화재 도중 일어난 일련의 사건들도 정확한 시간적 순서를 따르기 때문이다. 또한 아르바시노는 아마 현실의 장소, 인물, 사건(몇몇 로마 성직자들이 그 저택을 방문한 사건)을 시간 순서에 따라 묘사하고 있을 것이다. 그러나 이 두 경우에서 독자들을 덮치는 것은 어느 하나 놓치지 않는 탐욕스러운 작가의 시선 때문에 유발되는 현기증인데, 그 시선은 일종의 언어적 폭식증을 통해 원래는 없었던 혼돈을 만들어 낸다. 한마디로 이 두 작가(아르바시노는 항상 가다를 모델로 삼았다)에게서 우리가 목격하는 것은 질서의 〈혼돈화〉이다.

심보르스카가 「생일」에서 엮어 낸 목록도 이와 비슷하다. 그것들은 모두 실제로 이 세계에 존재하는 것이지만 그 목록은 우리 삶을 에워싸고 있는 놀라운 혼돈을 찬양하기 위해 만들어진 것이다.

우리는 이번 장의 마지막을 부조리의 목록(자신에게 간결함의 사치를 허용할 수 있을 정도로 부조리한)에서 가장 중요한 예를 소개하며 끝맺으려 한다. 이른바 〈자비로운 지식의 거룩한 시장〉이라고 불리는 중국 백과사전에 나오는 동물 목록이 그것이다. 보르헤스가 만들고 미셸 푸코가 『사물의 질서』에서 인용한 이 목록에서는 동물들을 아래와 같이 분류한다. (a) 황제에게 속한 동물 (b) 방부 처리된 동물 (c) 훈련된 동물 (d) 젖먹이 돼지 (e) 인어 (f) 전설상의 동물 (g) 길 잃은 개

17. 혼돈스러운 열거

로버트 라우션버그
「무제」, 1964,
개인 소장

궁극의 리스트

자코모 발라
「발코니 위를 달리는 소녀」, 1912,
밀라노, 현대 미술관

(h) 이 분류에 포함되는 동물 (i) 미친 듯이 몸을 떠는 동물 (j) 무수히 많은 동물 (k) 가느다란 낙타털 붓으로 그려진 동물 (l) 기타 동물 (m) 방금 꽃병을 깬 동물 (n) 멀리서 보면 파리를 닮은 동물.[4]

일관성 있는 과잉의 목록과 혼돈스러운 열거 두 가지를 생각할 때, 고대의 목록들과 비교해서 뭔가 다른 일이 벌어졌음을 우리는 깨닫게 된다. 앞에서 보았듯이 호메로스가 목록에 의지했던 이유는 언어와 혀, 입이 부족했기 때문이었으며, 형언할 수 없다는 표현 자체는 오랜 세월 동안 목록의 시학을 지배해 왔다. 그러나 조이스나 보르헤스가 끌어낸 목록을 보면, 그들이 목록을 만든 이유는 말로 어떻게 표현해야 할지 몰라서가 아니었다. 그들은 과잉에 대한 애정에서, 오만함에서, 단어에 대한 욕심, 그리고 복수(複數)와 무한(無限)에 관한 즐거운(그리고 드물게는 강박적인) 과학을 향한 욕심에서 사물을 말하고 싶었던 것이다. 목록은 이제 세계를 개편하는 한 방법이 되면서, 거리가 먼 사물들 사이에서 새로운 관계를 끌어내기 위해, 그리고 어쨌거나 상식으로 받아들인 것들에 의구심을 던지기 위해 속성들을 축적하라는 테사우로의 권유를 실천하다시피 한다. 이렇게 해서 혼돈의 목록은 형태를 붕괴시키는 하나의 방식이 된다. 미래주의, 큐비즘, 다다이즘, 초현실주의, 신사실주의가 제각기 다른 방식으로 추진했던 것이 바로 형태의 붕괴였다.

[1] Detlev W. Schumann "Enumerative Style and Its Significance in Whitman, Rilke, Werfel" in *Modern Language Quarterly*, June 1942 참조.

[2] 아르튀르 랭보, 『랭보 시선』, 이준오 옮김(책세상, 2001), pp. 189~190 — 옮긴이주.

[3] Neruda에 관해서는 A. Alonso, *Poésia y estilo de Pablo Neruda* (Buenos Aires: 1940)(quoted in Spitzer, p. 23) 중의 "Disjecta membra y objectos heterogéneos"라는 제목의 장에서 "enumeraciones desarticulatas"에 관한 부분 참조.

[4] "John Wilkins' Analytical Language", translater Eliot Weinberger; included in "Selected Nonfictions: Jorge Luis Borges", ed. Eliot Weinberger(London: Penguin Books, 1999). 원래 "El idioma analítico de John Wilkins", *La Nación*, 8 February 1942에 실렸으나 *Otras inquisiciones*에 다시 실려 출간되었다.

궁극의 리스트

키프리아누스의 만찬
(5~6세기)

요엘이라는 이름의 어떤 왕이 동쪽, 갈릴리의 가나에서
결혼식을 올리고, 결혼식 축하연에 많은 이들을 초대했네.
솔로몬이 식탁을 준비했고
모두가 둥글게 모여 있었네.
그리하여, 먼저 온 이들이 착석했는데,
아담은 정면 가운데에, 이브는 나뭇잎 위에,
카인은 쟁기 위에, 아벨은 우유 통 위에,
노아는 방주에,
야벳은 벽돌 위에,
아브라함은 나무 아래,
이삭은 제단 위에,
야곱은 돌을 깔고 앉고,
롯은 문 근처에,
모세는 바위 위에,
엘리야는 가죽 위에,
다니엘은 판관 의자에, 토비트는 침대에,
요셉은 곡식 더미 위에,
베냐민은 자루를 깔고 앉고,
다비드는 흙 둔덕 위에,
요한은 땅바닥에,
파라오는 모래 위에,
라자로는 식탁 위에,
예수는 우물가에, 즈가리야는 무화과나무 위에,
마태오는 등받이 없는 의자에, 리브가는 항아리 위에,
라압은 뱃밥 위에, 룻은 보릿짚 위에,
데클라는 창턱에,
수산나는 정원에,
압살롬은 나뭇가지 사이에,
유다는 돈주머니를 깔고 앉고,
베드로는 책상 앞에,
야고보는 그물 위에,
삼손은 기둥 꼭대기에,
엘리야는 안장 위에,
라헬은 자기 짐을 깔고 앉고
바울은 기다리며 서 있었고,
에사오가 중얼거리는 동안
야곱은 투덜거렸는데,
그가 똥 한가운데 앉은 유일한 자였기 때문이다.

베로네세(파올로 칼리아리)
「가나의 혼례」, 1563,
파리, 루브르 박물관

17. 혼돈스러운 열거

아르튀르 랭보
「취한 배」(1871)

[⋯⋯]
난 알고 있다네, 섬광으로 찢어지는 하늘들, 물기둥들,
격랑들 그리고 해류들을, 난 알고 있다네, 저녁녘,
비둘기의 무리처럼 비약(飛躍)하는 새벽,
또 난 가끔 보았다네, 인간이 본다고 믿었던 것을!

난 보았네, 신비로운 공포 점점이 박힌 나지막한 해,
머나먼 고대 연극의 배우들 모양의
기다란 보랏빛 응결체들을 비추는 태양을
저 멀리 출렁이는 수면을 굴리는 물결들을!

난 꿈꾸었네, 현란스레 눈 덮인 푸른 밤,
서서히 바다 위로 복받쳐 오르는 애무인 양
놀라운 수액들의 순환
그리고 노릇파릇 깨어나 노래하는 인광들을!

내 여러 날 쫓아다녔지. 히스테릭한 암소 떼처럼
넘실넘실 암소들을 덮치는 큰 파도들.
성모 마리아의 빛나는 발이라도
숨 가쁘게 헐떡이는 대양을 억누르진 못했을 거야!

짐작하다시피 난 부딪쳤네, 엄청난 플로리다 주와,
꽃무리 속에 인간의 피부를 한 표범들 눈초리가 엉켜
　있었고
수레바퀴 테처럼 탱탱한 무지개들,
수평선 아래 바다의 청록색 양 떼들과 어우러지고 있었지.

난 보았네, 어마어마한 늪들이 통발처럼 삭아 가는 것을,
거기엔 골풀들 안에서 거대한 바다 괴물이 통째로 썩어
　가고!
바다의 고요 한가운데서 부서지는 물의 붕괴,
그리고 심연을 향해 카르릉거리는 원방의 물결들을!

빙하들, 은빛 태양들, 진주모빛 물결들, 잉걸불처럼 바알간
　하늘들!
갈색 물굽이 복판에 꼴사나운 좌초물들,
거기엔 빈대들이 할퀴어 버린 거대한 뱀들
시커먼 냄새 풍기며 비틀린 나무들처럼 쓰러져 가고

아이들에게 보여 주고 싶었으리, 푸른 물결의 그 만새기들,
그 황금색 물고기들 노래하는 물고기들을,
꽃모양 물거품들이 항상 나의 출범을 어르고
형언할 수 없는 바람들은 시시각각 날개치듯 날 스쳤네.

이따금 극지와 지대들에 지친 순교자처럼
바다는 흐느낌으로 내 몸을 부드러이 흔들어 대며
노란 통풍창 뚫린 그늘의 꽃들을 내게로 올려 보내고
난 거기 쪼그리고 있었네, 무릎 꿇고 거의 넋 잃은 채.

섬처럼 내 뱃전 위로 달라붙은 하소연을 뿌리치고,
금빛 눈을 빈정거리는 새들의 똥 무더기를 가르며
나는 떠내려갔네, 어렴풋이 날 스쳐간 혼백들
다시금 뒷전으로 잠잠히 가라앉더라!

해서 난, 길 잃은 배 되어 머리카락에 휘감기듯
폭풍에 말려 새도 없는 창공으로 내던져졌지.
모니토르 군함들도 한스 조합의 범선들도
물에 취한 내 몸뚱아리 건지지 못했을 나:

자유로이 보랏빛 안개를 타고, 피어올라
불그스름한 하늘을 돌파할 나, 벽을 돌파하듯
훌륭한 시인들에 바치는 별미의 과일 잼처럼,
태양의 지의(地衣)들이며 창공의 넝마들을 걸친 나,

반달 전구들 점점이 박혀, 미쳐 날뛰는 판자처럼
검은 해마들 호송받으며 달음질치는 나,
군데군데 타오르는 구덩이 난 군청색 하늘을
7월들이 몽둥이 삿대질로 무너뜨릴 때:

50리 밖에서, 발정하는 베헤못과 어마어마한 말스트롬
　돌풍이
우는 소리를 느끼며 전율하는 나,
푸르른 부동으로 영구히 실을 잣는 자, 나는
고대 흉벽들이 늘어선 유럽을 애석해하노라!

막스 에른스트
「흰나비들을 좇는 서른세 명의 소녀들」, 1958,
마드리드, 티센-보르네미서 미술관

파블로 네루다
「페데리코 가르시아 로르카 송가」
(1936)

[······]
내가 시청 건물들을 검댕으로 채우고
흐느껴 울면서, 시계들을 부숴 버릴 수 있다면,
그럼 알게 되겠지, 너의 집으로
갈라진 입술을 한 여름이 올 때를
임종에 참석하는 옷을 입은 군중이 올 때를,
슬픈 영광의 지역들이 올 때를,
죽은 쟁기들과 양귀비들이 올 때를,
묘지 인부와 기수들이 올 때를,
행성들과 피 묻은 지도들이 올 때를,
재투성이 말똥가리들이 올 때를,
커다란 칼에 찔린 처녀들을 끌고
가면을 쓴 사람들이 올 때를,
뿌리들, 덩굴들, 병원들,
샘들, 개미들이 올 때를,
거미들 사이에서 경기병이 외롭게 죽어 가던
침대와 함께 밤이 올 때를,
증오와 가시의 장미가 찾아올 때를,
누런 함선 한 척이 찾아올 때를,
바람 부는 날이 아이를 데리고 찾아올 때를,
나와 함께 올리베리오, 노라,
비센테 알레익산드레, 델리아,
마루카, 말바 마리나, 마리아 루이사 이 라르코,
라 루비아, 라파엘 우가르테,
코타포스, 라파엘 알베르티,
카를로스, 베베, 마누엘 알톨라기레,
몰리나리,
로살레스, 콘차 멘데스,
그리고 내가 잊어버린 나머지 이들과 올 그때를.

오라, 너희에게 왕관을 씌워 주마, 건강한 젊음과
나비들의 젊음이여, 영원히 자유로운
검은 섬광만큼 순수한 젊음이여.
그리고 우리끼리 얘기지만,
이제 저 바위 사이에 남은 자 아무도 없으니,
남자 대 남자로 간단히 말해 보세,
이슬을 위한 게 아니라면 시는 대체 무엇을 위한 것인가?

[······]

페데리코,
너는 보고 있지, 세계를, 거리들을,
식초를,
이별과 돌들과 철로밖에는
아무것도 없는 곳을 향하여
연기가 그 단호한 바퀴들을 들어 올릴 때의
기차역에서의 작별 인사를.

어디를 가든 질문하는 사람들이
아주 많다네.
피투성이가 된 장님이 있고,
성난 사람이 있고,
낙담한 사람이 있고,
그리고 가련한 사람들, 가시나무들,
부러움을 등에 진 노상강도들이 있다네.

인생이 그런 거지, 페데리코, 이게 선물이네
우울하고 사내다운 사내의 우정,
내 우정이 너에게 줄 수 있는 것이라네,
너는 이미 스스로 많은 것들을 알고 있고,
앞으로 다른 것들도 천천히 알아가겠지.

살바도르 달리
「스페인」, 1938,
로테르담, 보이만스 반 뵈닝겐 미술관

궁극의 리스트

자크 프레베르
「파리-프랑스 우두머리들의 만찬에 대한 묘사」
(1946)

경건하게 그치들이……
푸짐하게 그치들이……
삼색을 휘날리는 그치들이
창시하는 그치들이
굳게 믿는 그치들이
굳게 믿는다고 굳게 믿는 그치들이
까옥까옥 그치들이
깃털이 달린 그치들이
잠식하는 그치들이
옷소매를 휘날리는 그치들이
거대 전함처럼 들이대는 그치들이
대문자로 말하는 그치들이
광이 날 때까지 솔질을 하는 그치들이
배가 나온 그치들이
눈을 내리까는 그치들이
닭고기를 썰 줄 아는 그치들이
머리의 내부가 대머리인 그치들이
사냥개들을 축복하는 그치들이
발로 환대하는 그치들이
전사자들은 일어서라 하는 그치들이
……구에 꽂아 칼 하는 그치들이
어린이들에게 대포를 안기는 그치들이
대포에 어린이들을 안기는 그치들이
떠다니면서도 가라앉지 않는 그치들이
피레아스를 인간으로 착각하지 않는 그치들이
저희들의 거대한 날개 때문에 나는 데 방해를 받는 것은
　아닌 그치들이
꿈속에서 중국의 만리장성 위에 깨진 병 유리 조각을 심는
　그치들이
양을 잡아먹을 때 늑대의 가면을 쓰는 그치들이
새것들을 절취하면서도 감히 굽지는 않는 그치들이
키는 4,110미터 몽블랑의 높이고 300미터 에펠 탑의
　높이인데 가슴둘레는 25센티미터이면서 그걸 자랑하는
　그치들이

제임스 앙소르
「가면에 둘러싸인 화가의 초상」, 1899,
고마키, 메나르 미술관

프랑스로 마멀레이드를 만드는 그치들이
달리고 날고 우리의 원수를 갚아 주는 그치들이, 그치들
모두와 다른 많은 치들이 의기양양 엘리제에 들어가며
자갈을 밟아 소리를 냈네, 그치들이 모두 서로 떠밀며
부랴부랴 당도했네, (우두)머리들의 거창한 만찬이
있었기에, 저마다 제가 원하는 대로 머리 노릇을 하였기에.
한 녀석은 도기 파이프의 머리, 다른 녀석은 영국 해군
사령관의 머리, 악취 나는 대갈빡 머리, 갈리페의 머리들,
머리가 병든 짐승의 머리들, 오귀스트 콩트의 머리들, 루제
드 릴의 머리들, 성녀 테레사의 머리들, 치즈 상판대기의
머리들, 보병의 머리들, 영주 나으리의 머리들, 유제품
판매업자의 머리들을 가진 녀석들이 있었지.
어떤 녀석들은 세상을 웃기려고, 어깨 위에 송아지의
매혹적인 얼굴을 얹고 있었으니, 갈매기가 바위 구멍에
앉아 있듯 귓구멍에 푸른 잔풀이 돋아 있는 그 얼굴들은
하도 아름답고 하도 슬퍼서 아무도 그 얼굴들을 주목하지
않았지.
죽은 여자의 머리를 지닌 어머니가 솔레유랑의 머리
노릇을 하는 가문의 친구인 늙은 외교관에게 고아의
머리를 지닌 제 딸을 보여 주었지.
그것은 진정으로 진진하게 매혹적이고 그리도 확실한
취향을 띠었기에 으리으리한 콜럼버스 달걀 머리의
대통령이 도착했을 때는 광란의 잔치판이었다.
[……]

태양은 세상 만인을 위해 빛나네, 감옥에서는 빛나지 않네,
광산에서 일하는 사람들을 위해서는 빛나지 않네,
생선 비늘을 벗기는 사람들
상한 고기를 먹은 사람들
머리핀을 만드는 사람들
다른 사람들이 가득 찼을 때 마실 빈 병을 숨을 불어넣어
　만드는 사람들
자기 칼로 빵을 자르는 사람들 공장에서 휴가를 보내는
　사람들 무슨 말을 해야 할지 모르는 사람들
암소의 젖을 짜면서 우유를 마시지 않는 사람들 치과에서
　마취 주사를 맞지 않는 사람들 지하철에서 제 폐를 뱉어
　내는 사람들
다른 사람들이 대기 속에서 모든 것이 최상의 상태로
　돌아간다고 쓰게 될 만년필을 지하실에서 만드는 사람들
말을 하기에는 너무 할 말이 많은 사람들 품팔이를 하는
　사람들

품 팔 데도 없는 사람들 품 팔 데를 찾는 사람들
찾지 못한 사람들
말 떼에 물을 먹이는 사람들 죽어 가는 개를 바라보는
   사람들
하루 치의 빵이 한 주일의 빵이나 다름없는 사람들
겨울에 교회에서 몸을 녹이는 사람들 수위가 햇볕을
   쬐라고 밖으로 내보내는 사람들 웅크리는 사람들
살기 위해 먹길 바라는 사람들 바퀴 아래서 여행하는
   사람들 흘러가는 센 강을 바라보는 사람들
고용되는, 해고당하는, 연장 근무하는, 삭감되는,
   관리받는, 수색당하는, 녹초가 된 사람들
지문이 채취되는 사람들
우연히 열외로 불려 나와 총살당한 사람들 아치 앞에 줄
   세워진 사람들 세계 어디에도 자리 잡을 수 없는 사람들
바다를 한 번도 본 적이 없는 사람들
아마인유를 다루기에 아마인유 냄새가 나는 사람들
   수돗물이 없는 사람들 청회색에 몸을 바친 사람들
절대적으로 가소로운 급료를 털어 눈 위에 소금을 뿌리는
   사람들
다른 사람들보다 더 빨리 늙어 가는 사람들
허리를 굽혀 핀을 줍지 않은 사람들 월요일과 화요일,
   그리고 수요일, 그리고 목요일, 그리고 금요일, 그리고
   토요일과 일요일 오후가 오는 것을 보기 때문에 일요일
   오후에 권태로 죽어 가는 사람들을 위해서는.

자크 프레베르
「행렬」(1949)

황금 노인이 상복을 입은 손목시계와 더불어
막노동 여왕이 영국 인부와 더불어
그리고 평화의 노동자들이 바다의 수호자들과 더불어
웃음거리 경기병이 목숨을 건 칠면조와 더불어
카페식 뱀이 안경 풍차 방앗간과 더불어
줄타기 사냥꾼들이 머리 곡예사들과 더불어
해포석 원수(元帥)가 퇴역 파이프와 더불어
검은 정장을 입은 갓난애가 배내옷 입은 신사와 더불어
교수대 작곡가가 음악에서 죽을 녀석과 더불어
고해 줍는 사람이 담배꽁초 지도 신부와 더불어
콜리니 갈음질장이가 가위 제독과 더불어
벵골의 수녀가 생뱅상드폴의 호랑이와 더불어
도자기 교수가 철학 수선공과 더불어
원탁의 통제관이 파리 가스 회사 기사들과 더불어
세인트헬레나의 오리가 오렌지를 곁들인 나폴레옹과
   더불어
사모트라케 관리인이 묘지 승리와 더불어
식구 많은 가족의 예인선이 난바다의 아버지와 더불어
전립선 회원이 프랑스 아카데미 비대와 더불어
무임소 살찐 말이 서커스의 대주교와 더불어
나무 십자가를 든 운전기사가 버스의 소년 가수와 더불어
무서운 수술의가 치과 아이와 더불어
굴 교단장이 예수회 까는 사람과 더불어

자크 프레베르
「탈곡기」 (1946)

탈곡기가 도착했다
탈곡기가 다시 떠났다

그는 북을 쳤다
그들은 양탄자를 두들겼다
그들은 속옷을 비틀었다
그들은 그것을 매달았다
그들은 그것을 다림질했다
그들은 크림을 휘저어 크렘 랑베르세를 만든다
그들은 자기네들의 아이들도 조금 때렸다
그들은 종을 울렸다
그들은 돼지의 목을 뱄다
그들은 커피를 갈았다
그들은 장작을 쪼갰다
그들은 달걀을 깨뜨렸다
그들은 송아지 고기와 완두콩을 볶았다
그들은 오믈렛에 럼주 불을 둘렀다
그들은 칠면조 고기를 썰었다
그들은 닭 모가지를 비틀었다
그들은 토끼 껍질을 벗겼다

그들은 술통의 배에 구멍을 뚫었다
그들은 제 비애를 포도주에 빠뜨렸다
그들은 문과 여자들의 엉덩이를 철썩거렸다
그들은 서로 손으로 갈겼다
그들은 서로 발길질을 했다
그들은 식탁을 습격했다
그들은 식탁보를 잡아챘다
그들은 연가를 내질렀다
그들은 웃음으로 질식하고 숨이 막히고 자지러졌다
그들은 차게 식힌 물병을 깨뜨렸다
그들은 크렘 랑베르세를 뒤엎었다
그들은 처녀들을 낚아챘다
그들은 그녀들을 도랑에 쓰러뜨리고 강간했다
그들은 흙을 씹었다
그들은 지역 전체를 수색했다
그들은 발로 찼다
발로 차고 주먹으로 때렸다
그들은 비명을 지르고 고함을 질렀다 그들은 노래 불렀다
그들은 춤을 추었다
그들은 헛간을 둘러싸고 춤을 추었고 헛간에는 밀이
    처박혀 있었다
밀은 처박히고 가루가 되고 기진맥진하고 패배하고
    얻어터지고

339면: 「유성우」
카미유 플라마리옹의 『세계의 종말』에 실린 일러스트레이션,
파리, 1894

궁극의 리스트

이탈로 칼비노
「운석들」(1968)

최근 제시된 이론에 따르면, 원래 지구는 아주 작고 차가운 덩어리였는데 나중에 운석과 운석 먼지들을 끌어당겨 커졌을 것이라고 한다.

처음에 우리는 깨끗함을 유지할 수 있으리라고 착각했습니다 — 늙은 크푸우프크는 이야기했다. 지구는 아주 작았으며, 매일매일 청소를 하고 먼지를 털어 낼 수 있었으니까요. 물론 상당한 양의 물건들이 쏟아져 내렸지요. 지구는 회전하는 동안 공간 속에 떠다니는 온갖 먼지와 쓰레기들을 끌어당기는 일만 했다고 말할 수 있을 정도입니다. 지금은 완전히 달라졌지요. 대기가 있으니까요. 여러분들은 하늘을 바라보면서, 오 정말로 청명하구나, 오 정말로 순수하구나, 하고 말하지요. 그러나 지구가 그 운석 구름들 사이에 갇혀 빠져나오지 못하고 있을 때, 우리의 머리 위로 떠다니던 것들을 여러분이 보았어야 합니다. 그것은 나프탈렌처럼 새하얀 먼지였는데, 조그마한 입자들로 쏟아져 쌓이거나, 때로는 마치 하늘에서 산산조각이 난 유리 전등 파편들이 쏟아져 내리듯이 수정체의 좀 더 커다란 조각들이 떨어졌습니다. 또한 그 가운데에는 좀 더 커다란 조약돌이나, 다른 행성들의 깨진 조각, 수도꼭지, 과일 부스러기, 이오니아식 기둥의 머리 장식, 날짜가 옛날에 지난 「헤럴드 트리뷴」과 「파에세 세라」 신문 등이 섞여 있기도 했습니다. 잘 아시다시피, 우주는 생성되었다 해체되었다 하지만, 언제나 떠다니는 동일한 질료로 이루어진 모양입니다. 지구는 조그마하고 또한 빠르기도 했으므로(지금보다 훨씬 빨리 회전했으니까요) 많은 물건들을 피할 수도 있었습니다. 어떤 물체는 우주의 심연에서, 새처럼 날아서 — 그런데 나중에 보면 양말 한 짝인 경우도 있었지요 — 또는 배처럼 흔들거리면서 — 한번은 그랜드 피아노도 있었지요 — 바로 코앞에까지 다가왔지만, 아무 일도 없이 우리를 스치지도 않은 채, 자신의 궤도를 따라가는 것을 보기도 했지요. 그리고 그것들은 아마도 영원히, 우리 등 뒤의 공허한 어둠 속으로 사라져 버리곤 했습니다. [……]
여러 생각들이 스쳐 지나가는 순간이었지요. 그러나 그런 순간은 오래 지속되지 않았습니다. 아침이면 우리는 일찍 일어났습니다. 우리가 잠든 잠시 동안에 이미 지구는 온통 쓰레기들로 뒤덮였답니다.
「빨리, 크푸우프크, 머뭇거릴 시간이 없어요!」
크사는 손에 빗자루를 들면서 말했지요. 그러면 나는 자그마하고 헐벗은 평원 위로 희미한 여명이 비치는 동안, 여느 때처럼 한 바퀴 돌기 위해 떠났습니다. 가는 동안 나는 여기저기 흩어진 조각들과 쓰레기 더미를 발견했답니다. 햇살이 비치면 우리 행성의 반짝거리는 바닥을 뒤덮은 불투명한 먼지 층을 볼 수 있었지요. 나는 비질을 하면서 모든 것을 뒤에 끌고 다니던 쓰레기통이나 자루 안에 쓸어 넣었습니다. 그러기 전에 나는 걸음을 멈추고 밤사이에 쏟아져 내린 이상한 물건들, 가령 소머리 장식, 선인장, 마차 바퀴, 금덩어리, 시네라마 영사기 등을 살펴보곤 했지요. 나는 그것들을 손으로 만지고 쓰다듬어 보았으며, 선인장 가시에 찔린 손가락을 빨기도 했습니다. 나는 그토록 동떨어진 그런 물건들 사이에 어떤 신비로운 관계가 있을 것이라고 상상하고, 그 관계를 추측해 보기를 즐겼답니다. [……] 간혹 나는 내가 담당하는 반구에서 물건들을 곧바로 치우지 못할 때도 있었답니다. 특히 무거운 물건은 나중에 손수레로 모으려고 한쪽 구석에 쌓아 두기도 했지요. 그래서 때로는 카펫, 모래더미, 코라노 판(版) 책, 석유 구덩이, 조각난 쓰레기 같은 잡동사니들이 모여 커다란 무더기 또는 덩어리를 이루기도 했습니다. 물론 크사는 내가 말하는 방식에 찬성하지 않았을 것입니다. 그렇지만 나는, 사실대로 말하자면, 지평선 위에 그런 잡동사니의 탑들이 그림자를 늘어뜨린 모습을 바라보면서 일종의 즐거움을 느끼곤 했답니다. 때로는 물건들의 무더기를 며칠 동안이나 그대로 방치할 때도 있었지요(이제는 크사가 매일매일 전체를 돌아볼 수 없을 정도로 지구가 점점 더 커지기 시작했습니다). 그리고 아침마다 어떤 새로운 물건들이 다른 물건들 위에 쏟아져 내렸는지 살펴보는 일이 나의 즐거움이자 놀라움이 되었습니다. [……]
그렇게 하여 지구는 조금씩 조금씩 지금 여러분들이 알고 있는 형태를 갖추게 되었지요. 운석 조각들의 비는 아직도 쏟아지고 있으며, 그림에다 새로 구체적인 부분을 덧붙이고, 창문, 커튼 전화선들의 그물을 보태고, 빈 공간에다 아주 잘 어울리는 조각들을 채우자 교통 신호등, 오벨리스크 기둥, 담배 가게, 부속 예배당, 치과 의사의 스튜디오, 사자를 물어뜯는 사냥꾼 모습이 그려진 『도메니카 델 코리에레』 잡지의 표지 그림이 나타났습니다. 그리고 예를 들면 나비 날개의

17. 혼돈스러운 열거

채색에서처럼, 언제나 쓸모없는 부분들이 약간 지나치게 많이 덧붙여지거나, 또는 카슈미르 분쟁과 같이 어딘가 어울리지 않는 요소들이 가미되기도 했답니다. 또한 나는 언제나, 가령 시의 끊어진 부분을 채워 줄 네비우스의 시구들이나, 또는 염색체들에서 데옥시리보 핵산DNA의 변환 법칙이 담긴 공식과 같이, 앞으로 다가올 무엇인가가 아직도 결여되어 있다는 느낌이 들었습니다. 그것들이 채워졌을 때 그림은 완벽해질 것이고, 나는 치밀하고 정확한 세계를 마주하게 될 것이며, 또한 크사와 후아를 동시에 다시 갖게 될 것입니다.

폴 델보
「아크로폴리스」, 1966,
파리, 조르주 퐁피두 센터 국립 현대 미술관

앙드레 브르통
「자유 결합」(1931)

내 사랑 그녀의 머리칼은 숲의 불
그녀의 생각은 번개를 달고
그녀의 허리는 모래시계
호랑이 아가리 속의 수달 같은 내 사랑아
그녀의 입은 가장 높은 광도를 지닌 항성들의 꽃다발
그녀의 이(齒牙)는 하얀 흙에 새겨진 하얀 생쥐의 발자국
그녀의 혀는 호박처럼 또 유리처럼 매끄러워라
내 사랑 그녀의 혀는 칼 맞은 제물
그녀의 혀는 눈을 깜박이는 인형
그녀의 혀는 환상적인 돌이어라
속눈썹은 한 올 한 올 어린 아이가 손으로 쓰다듬고
두 눈썹은 제비 둥지의 테두리라네
내 사랑 그녀의 이마는 온실 지붕의 슬레이트
그리고 안개 낀 창유리
내 사랑 그녀의 어깨는 샴페인이고
얼음장 덮인 분수의 돌고래 머리들이지
내 사랑 그녀의 손목은 성냥개비처럼 가늘고
그녀의 손가락은 기회이자 하트의 에이스
그녀의 손가락은 베어 낸 건초라네
대리석 같은 내 사랑 그녀의 겨드랑이는 너도밤나무 열매
한여름 밤 같고
쥐똥나무 울타리 같고 에인절피시의 둥지 같아라
그녀의 팔은 바다의 거품이자 강의 수문
밀과 맷돌의 혼합이어라
내 사랑 그녀의 다리는 불꽃놀이
태엽처럼 체념한 듯 움직이지
내 사랑 그녀의 종아리는 딱총나무 심 같고
내 사랑 그녀의 발은 머리글자들이고
열쇠고리이자 물 마시는 참새 같지

내 사랑 그녀의 목은 곱게 빻은 보리
내 사랑 그녀의 목구멍은 황금 계곡 같고
급류 치는 바로 그 침대 속의 랑데부라네
한밤 같은 그녀의 가슴
내 사랑 그녀의 가슴은 바다 밑 두더지 두둑
루비의 도가니
이슬 반짝이는 장미의 유령이어라
내 사랑 그녀의 배는 날마다의 부채를 활짝 편다네
그 거대한 갈고리 발톱들을
그녀의 등은 새의 수직 비행이고
그녀의 등은 수은이고
그녀의 등은 빛이어라
그녀의 목덜미는 으깨진 돌이자 축축한 분필
방금 우리가 마신 자리에서 벌어진 유리잔의 추락
내 사랑 그녀의 엉덩이는 나룻배
그녀의 엉덩이는 샹들리에이자 깃털
하얀 공작 깃털의 줄기이니
흔들릴 때는 감지할 수 없어라
내 사랑 그녀의 엉덩이 밑은 사암 같고
백조의 등 같고 석면 같고
봄날 같다네
내 사랑 그녀의 성기는 글라디올러스
사금 광산이자 오리너구리
바닷말이자 오래 묵은 사탕
거울이라네
내 사랑 그녀의 눈은 눈물 가득하고
보라색 갑옷 같고 자침 같고
사바나 같은 눈을 가진 내 사랑
내 사랑 그녀의 눈은 감옥에서 마시는 물 같고
내 사랑 그녀의 눈은 언제나 도끼에 찍히는 나무 같아라
물과 같고 공기와 대지와 불과 같은 눈을 가진 내 사랑

나니 발레스트리니*
Oh come è bella
la signorina Richmond (1974~1977)

oh come è bavella la
bastardella barella bardella
barbatella bandinella bandella
come è bancarella la signorina Richmond

oh come è balsamella la
bagattella bacinella azzimella
asserella asparella ascella
come è arsella la signorina Richmond

oh come è arganella la
arcella antanella animella
anella ancella anatrella
come è alberella la signorina Richmond

oh come è albarella la
albanella agugella agucella
agnella affezioncella adulazioncella
come è acmella la signorina Richmond

oh come è acetosella la
acetella abluzioncella zittella
zitella vorticella vitella
come è villanella la signorina Richmond

oh come è verzella la
vergella varicella valpolicella
vaccherella vaccarella ugnella
come è tunicella la signorina Richmond

oh come è trivella la
tinella tremarella tortorella
tordella tonacella tirella
come è timonella la signorina Richmond

oh come è tavella la
tattamella tarantella tagliatella

tabella storiella stella
come è stampella la signorina Richmond

oh come è spronella la
spintarella spinella speronella
sorella sirighella silvestrella
come è serenella la signorina Richmond

oh come è sentinella la
selvastrella sella scodella
scivolarella sciacquabudella scarsella
come è scandella la signorina Richmond

oh come è sbadigliarella la
sbadigliella sassella sardella
sanguinella salvastrella sagginella
come è saettella la signorina Richmond

oh come è rotella la
romanella rocchella rivoltella
risella reticella renella
come è reggisella la signorina Richmond

oh come è raperella la
ranella raganella raffaella
quella quadrella putrella
come è pulzella la signorina Richmond

oh come è pulcinella la
pulcella prunella provvisioncella
procella presella predella
come è pozioncella la signorina Richmond

oh come è possessioncella la
portella portapadella porcella
pimpinella piastrella piantella
come è pianella la signorina Richmond

oh come è pettinella la
pennella pedivella pecorella
pavoncella patella passerella
come è passatella la signorina Richmond

oh come è pasquella la
particella paretella parcella

---

* 나니 발레스트리니의 시는 작가가 만든 단어가 반복되는 이탈리아어 시로, 우리말 해석이 무의미해 원문을 그대로 게재하기로 했다.

paratella pappardella panzanella
come è palella la signorina Richmond

oh come è pagella la
padella ombrella olivella
offella novella nocella
come è nigella la signorina Richmond

oh come è nepitella la
nella navicella muriella
mozzarella mortella mortadella
come è modella la signorina Richmond

oh come è mizibella la
milzadella mignella mezzanella
mattonella mascella martinella
come è marachella la signorina Richmond

oh come è mantella la
manovella mannella manganella
mammella maestrella madamigella
come è lupinella la signorina Richmond

oh come è lumachella la
livella limoncella lamella
isabella gratella granella
come è grancella la signorina Richmond

oh come è gradella la
gonnella glabella giumella
girella ginocchiella ginestrella
come è gherminella la signorina Richmond

oh come è gazzella la
garganella gancherella gamella
galtella gallinella gabbanella
come è fustella la signorina Richmond

oh come è fusella la
frittella frassinella forosella
formella forcella fontanella

come è flanella la signorina Richmond

oh come è fiscella la
femminella favella faldella
falcinella ella ederella
come è drappella la signorina Richmond

oh come è donzella la
della damigella cruscherella
coratella coramella coppella
come è copertella la signorina Richmond

oh come è consorella la
comunella columella coltella
colonnella coccinella cittadella
come è ciaramella la signorina Richmond

oh come è ciambella la
chiarella chetichella cervella
ceramella cennamella cella
come è cedronella la signorina Richmond

oh come è catinella la
catenella casella castella
carbonella caravella caramella
come è cappella la signorina Richmond

oh come è capitella la
capannella canzonella catinella
cantarella cannella campanella
come è camerella la signorina Richmond

oh come è calabresella la
cacchiatella cacarella cabanella
buttasella burella budella
come è bucherella la signorina Richmond

oh come è brighella la
bretella brescianella bracciatella
boncerella bilancella biella
come è bella la signorina Richmond

벤저민 월터 스피어스
「철갑, 판화, 회화, 담뱃대, 자기(모두 금이 간), 낡고 흔들리는 탁자와 등받이가 부러진 의자」, 1882,
개인 소장

카를로 에밀리오 가다
「카베나기 가문의 집」
『아달지사』(1944)

[……] 순식간에 그들은 집 전체를 뒤집어 놓았다. 등받이 없는 의자들, 베개들, 간이 탁자들, 침대들을. 거실의 온갖 자질구레한 물건들, 난장판이 되어 버린 휴게실, 주둥이가 짓밟히고 발톱이 휘어진 채(그들은 들어오자마자 그 발톱을 가지고 윤이 나는 곳마다 긁어 버렸다) 내팽개쳐진 북극곰, 작은 탁자와 소파, 루치아노의 흔들 목마, 나선형의 기둥 꼭대기서 항상 흔들거리고 있던 증조부 카베나기의 석고 흉상. 사탕 과자 주머니, 라리Lari, 암사자들, 할아버지의 시계들, 술에 담긴 체리가 든 단지들, 말린 밤이 가득한 유리 오줌 병들, 할머니 베르타뇨니가 레이스로 뜬 쿠션, 둥글게 말아 놓은 카펫들과 침대 밑에서 쏟아져 나와 사실상 군단을 이룬 슬리퍼들, 가정의 치매와 신중함을 보여 주는 거의 모든 성분들과 부속물들을.

카를로 에밀리오 가다
「케플러 가의 화재」
『현명한 결합』(1963)

케플러 14번가의 화재에 관해서 온갖 터무니없는 이야기들이 떠돌고 있었다. 그러나 사실을 말하자면, 제아무리 필리포 톰마소 마리네티 각하라 할지라도 그 3분이라는 시간 동안 그 울부짖는 쥐의 둥지에서 그 화재처럼 빠른 속도로 한꺼번에 일어났던 모든 일을 종합하지는 못할 것이다. 그 불은 곧바로, 8월 중순의 열기 속에서 반쯤 벌거벗고 있던 모든 여자 세입자들을, 한 배에서 난 수많은 아이들과 함께, 그 건물에 밀어닥친 갑작스런 공포와 악취로부터 분출해 냈다. 다음에는 몇몇 남자들을, 그다음에는 보통 교회에 갈 때 입곤 하는 엄숙한 검은 옷 대신 흰색 레이스 속옷을 입은 수많은 가난뱅이 여인들 — 저마다 모두 다리가 안 좋은 것 같았고, 빼빼 마른 몸에 창백하고 빗질도 하지 않은 — 을 토해 냈다. 이어서 역시나 약간 처량한 몰골을 한 수많은 남자들을, 이어서 이탈리아계 미국 시인 로툰노 아나카르시를 토해 냈고, 그다음에는 가리발디와 함께 이탈리아 통일 운동에서 싸운 적이 있지만 이미 죽음의 문턱에 가 있는

345

궁극의 리스트

6층의 퇴역 군인을 간호하는 하녀를, 다음에는 어린 소녀와 앵무새 한 마리를 데리고 있는 아킬레스를, 이어서 자기는 속옷을 입은 채, 카르피오니 부인을 부축하고 있는 발로시 집의 아이를 토해 냈다 — 아니, 내가 틀렸다. 그 아이가 데리고 나온 여인은 발디파시 부인이었는데, 얼마나 날카롭게 비명을 질러 대고 있었는지, 그 소리를 들은 사람은 혹시 그녀의 꽁지에 악마가 붙어서 깃털을 죄다 뽑고 있나 보다고 생각했을 것이다. 그리고 마지막으로, 끝없는 외침과 비명, 눈물, 실없는 소리, 고통스런 커다란 통곡 속에서, 그리고 창밖으로 던져진 모든 소중한 것들과 꾸러미들이 떨어져 땅을 때리며 쿵, 털썩 소리를 내는 와중에, 소방차들과 두 대의 트럭이 전속력으로 도착해서 흰색 제복을 입은 경관 수십 명을 벌써부터 내리는 소리와, 녹십자 구급차가 서는 소리가 들렸다. 그러더니 마침내 4층 오른쪽에 있는 두 개의 창문에서, 잠시 후에는 5층에서도, 불이 저도 어쩔 수 없다는 듯 그 무시무시한 불꽃 — 그렇게 간절히 기다렸던! — 을 풀어 주자 뱀의 뒤틀린 붉은 혀 같은 불이 갑작스레 뿜어지듯 나오더니, 무슨 지옥의 고기구이에서 나온 것처럼 시커멓고 짙은, 몽글몽글한 검은 연기 기둥들을 여기저기 획획 던지며 휘젓는가 하면, 깊은 구덩이에서 시커먼 검댕을 묻히고 불길하게 번뜩이며 일어선 독사처럼 훅훅 제 몸을 부풀리면서 똬리를 틀곤 했다. 그리고 불타는 나비들, 아니 얇은 종이인지 그게 아니라면 천 조각인지, 또는 불에 그을린 인조 가죽인지 몰라도, 불타는 나비처럼 보이는 것들이 재로 온통 더럽혀진 하늘 여기저기를 너울너울 날아다니면서, 흐트러진 옷 매무새를 하고 더러는 맨발로, 포장되지 않은 흙길 바닥에 서 있는 여인들의 공포를 더했다. 슬리퍼를 신고 있는 몇몇 여인들은 수많은 자식들의 비명과 울음소리 왁자한 가운데 말 오줌과 개똥이 여기저기 흩뿌려진 곳으로 주저 없이 들어섰다. 그들은 벌써부터 자신들의 머리와, 약하게 파마했던 머리카락이 그 무시무시한 횃불에 휩싸인 것처럼 느끼고 있었다.

[……]

나중에 모두 똑같은 말만 되풀이했다. 「불이 세상에서 제일 무서운 거야.」 그건 사실이다. 그 숭고한 소방관들의 이타적인 희생의 와중에서, 그 모든 혼란의 와중에서, 오줌 얼룩이 묻고 탈색된 녹색 — 이번에 진짜 섬뜩한 붉은색의 위협을 받기는 했지만 — 의 오토만을 타고 흐르는 수많은 물의 급류 속에서, 그리고 고르곤촐라 치즈가 100그램은 보관되어 있었겠지만, 독사가 자기 몸으로 친친 감은 먹이를 맛보듯, 불이 날름거리는 그 혓바닥으로 줄줄 녹아내린 그 치즈를 벌써 핥아먹어 버렸을 찬장과 벽장 위로 쏟아지는 급류 속에서는 불이 제일 무섭다. 부풀어 흠뻑 젖은 대마 소재의 소방 호스와, 작렬하는 8월 하늘 아래 흰 기둥과 구름 속으로 기다란 투창처럼 꿰뚫을 듯 뻗어 간 놋쇠 분사구에서 바늘 같은 물살이 터져라 쏟아질 때, 반쯤 그을린 똥딴지들이 아래쪽 보도 위로 떨어져 산산조각 — 파파팍! — 날 때도 그렇고, 원래 그것들을 붙들어 매었던 브래킷이 시뻘겋게 달아오르자 녹아서 분리된 전화선들이 저녁 하늘 속에서 펄럭거릴 때, 검게 타버린 카드보드지에 그려진 반도 지도들이 하늘을 향해 시커멓게 이륙하고, 그을린 덮개들과 연기 나는 벽지들이 몽골피에식 열기구가 되어 날아오르고, 그 아래 소방관들의 발 사이와 소방 사다리 뒤로 벤드와 코일과 호스들이 뒷발로 일어서서 북적거리는 거리 곳곳으로 포물선의 개울을 게워 내고, 산산조각 난 창유리의 뾰족뾰족한 파편들이 물과 진흙의 늪 속에 가라앉고, 당근 모양 똥이 가득한 법랑 입힌 철제 요강은 창문 밖으로 던져져 — 심지어는 지금도! — 구조 대원들의 긴 장화 위로, 또 기술자들과 경찰관들과, 대원들을 지휘하는 소방 대장의 다리 보호대 위로 엎질러질 때도 불이 제일 무섭다. 그리고 이 재앙의 세탁기 속에서 물보라와 파편들이 난무하는 가운데 거울 조각이며, 성 빈첸초 데 리구오리의 복을 주는 성상화 조각 따위를 주으려고 뛰어다니는 여인들의 낡은 나막신이 〈따각따각〉, 〈따각따각〉, 〈따가닥따가닥〉 하고 끊임없이 불손한 소리를 울려 댈 때는 불이 제일 무섭다.

「렌 근처 병원의 화재에 뛰어든 소방관들」,
「프티 주르날」지에 실린 삽화, 1906

알베르토 아르바시노
「몬시뇨리의 오찬 모임」,
『이탈리아 형제들』 (1963)

초기에 나는 점심 식사에 초대받은 적이 없었다—커피 마시자는 것이 전부였다. 그러나 페르디난도가 그 전날 밤 안토니오에게 전화해, 나를 같이 데려오라고 했다. 그래서 오후 1시 15분 정각에 우리는 팔라초 오프란디니에 모습을 드러냈다. 작은 중정은 무화과나무와 양치류, 목련, 낙원야자, 키 작은 등대풀로 무성했고, 거대한 기념비적 조각상들의 팔과 손, 손가락들은 덩굴 식물로 뒤덮인 시원한 승강기와, 화려한 상감 세공으로 묘사된 폭포들로 향한 길을 가리키고 있었다. 승강기 이용료는 매우 비쌌는데—25리라였다—그 안에는 금박의 중국풍 장식으로 뒤덮인 기도대가 있었다. 승강기는 끝에서 두 번째 층에 멈추더니, 다시 꼭대기 층으로 올라갔고, 이어서 다락실 바로 위 차양이 쳐진 지붕 테라스까지 올라갔다. 한쪽이 트인 주랑의 아치창으로는 흰색 꽃을 피운 무성한 협죽도 한 그루와 작은 탑 한 쌍이 보였는데, 그 탑들 꼭대기에 금색 수탉이 얹혀 있는 모양이 모스크바의 탑들을 떠올리게 했다. 층계참에는 천막 덮개와 벤치들이 놓여 있었고, 천들은 모두 똑같이 나선무늬와 조가비 무늬, 아칸서스 화환이 둘러진 말굽 무늬가 들어간 에메랄드 녹색 문직으로 만들어져 있었다. 붉은색 래커를 칠한 문에는 반짝반짝 윤이 나는 거대한 사자 머리 두 개가 제각기 코에 고리를 끼우고 쫑긋 세운 두 귀 사이에 시턴을 얹고 있었다.

실내는 「선셋 대로」를 그대로 옮겨 놓고 있었다. 바닥에 깔린 얼룩말 무늬 펠트, 시에나 대성당과 똑같은 흑백 줄무늬 벽지에 약간의 금색과 흰색 줄무늬 벽지, 보트만큼 커다란 길고 하얀 의자에, 어마어마한 금박 전등갓도 똑같았다. 우리는 박제된 스태퍼드셔들, 18세기 이발사들이 쓰던 대야들, 놋쇠로 된 나폴레옹 시대의 탕파(湯婆)들이 가득한 진열장을 지나갔다. 상판이 노란 대리석으로 된 오래된 콘솔—그 표면은 〈손가락 네 개 두께〉였다!—위에는 검은 대리석의 커다란 대포알 두 개 사이에 붉은 대리석 오벨리스크들이 빽빽하게 정렬되어 있었다. 낮은 조명이 비치는 진열 상자 속에 오팔과 맞비침 세공품들이 수집되어 있었고, 유리에 그려진 카탈루냐와 시칠리아식 봉헌도들은 마치 성소 안에서와 같이 서로 나란히 걸려 있었다.

윌리엄 모리스의 진품 태피스트리들이 대어진 신고딕식 벽감에는 파란 유리 꽃병 속으로 하얀 수염 같은 뿌리들을 늘어뜨린 채 계절을 잊어버린 수선화와 튤립들로

17. 혼돈스러운 열거

채워져 있었다. 진주층으로 외피를 감싼 무어 양식 탁자들에는 『타임』지와 『뉴요커』지, 그리고 뜻밖에도 『옐로북』 몇 부가 차곡차곡 쌓여 있었다. 수달 가죽과 양가죽을 흉내 낸 나일론 소재로 만들어 가장자리에 술을 단 바보 같은 커다란 쿠션들은 여기저기 널려 있었다. 심지어 한 구석은 14세기 두젠토 장식물들로 가득 채워져 있었다. 쇠를 두두려 만든 근위병 배지들, 사르데냐 사람들과 성 마디나의 이야기에 나오는 장면들로 장식된 프로방스식 궤, 그리고 커다랗고 붉은 산호 액자 속에서 황금 잎을 배경으로 은비를 맞추는 성 마리넬라의 그림 한 점 — 그녀의 양쪽에 그려진 두 명의 기부자를 보고 페르디난드는 각각 알키비아데스와 탈레랑을 꼭 닮았다고 말했다.

유리 벽 뒤에는 인상적인 온실이 있었는데, 마치 연극 무대의 양쪽 날개 부분처럼 식당을 에워싸고 있었다. 온실에 있는 거대한 다육 식물과 선인장들은 마치 정원사의 주의 깊은 시선을 피했다가 그를 삼켜 버린 미친 일본의 덤불처럼 보였다. 「다양한 종과 속들이 있어요 — 스플렌덴스, 풀겐스, 포텐스, 파티엔스, 임파티엔스, 돌로로사, 라크리모사, 베르고그노사, 셈페르 피델리스, 파르불라 — 그리고 풀케리마 위에는 브렛 부인의 인도산 앵무새가 앉아 있군요.」 자갈 바닥 위에는 부서진 원주들과 조각난 박공의 파편들이 흩어져 있었다. 「마지막 비문은 1828년 찰스턴과 폭스트롯 사이에 벌어진 대 전투를 기념하는 것입니다.」 푸르스름한 그늘 속에서 그것들은 모두 도자기로 만들어진 것처럼 보였다. 작은 다람쥐들이 하얀 생쥐들과 놀고 있었다. 세 번째 거실 — 전에 서머싯 추기경의 예배당이었던 — 뒤에는 밝은 색깔의 비에트리 타일들이 박힌 커다란 벽난로가 있었다. 벽난로 앞에는 큼직한 바늘땀 패턴의 덮개가 씌워진 거대한 빅토리아 시대 셰익스피어식 소파가 놓여 있었다. 그 위에는 밝은 파놀렌치 펠트로 만들어진 1.5미터 높이의 토포 지조 전신상이 입에 파이프를 물고 서 있었다.

「요즘은 반비텔리 캔버스 천을 구할 수 없으니 안타깝죠.」

(실제로 벽 하나는 반쯤 맨살을 드러내고 있었다.) 그 집의 주인인 체르마트 신부와 클로스터스 신부가 앞으로 나섰다. 둘 다 미소 짓는 얼굴로 둘 다 애프터셰이브 로션의 기분 좋은 향기를 풍기고 있었으며, 둘 다 백금색 머리를 짧게 깎고 있었고, 둘 다 성직자복 아래 넓은 어깨가 두드러져 보였고 완벽하게 하얀 목깃을 달고 있었다. 체르마트 신부는 페르디난드의 친구인데, 그가 나이가 많은 게 틀림없다. 왜냐하면 그의 성직자복 단추와 커프스 주변에 덧대인 자주색 천은 성직 생활을 착실히 시작했음을 말해 주기 때문이다. 줄리오와 페르디난도는 벌써 그 자리에 와 있는데, 어젯밤에 무슨 3차원 입체 공포 영화 — 〈진짜 그뤼네발트〉— 를 보러 갔다가 받은 붉은색과 녹색의 플라스틱 안경을 쓰고 있는 것이, 흡사 작은 두 마귀처럼 보인다. 그들은 우리를 이끌고 테라스로 나갔다. 테라스에는 멋진 풍경이 펼쳐졌다. 옥타비아의 포르티코와 유대교 예배당 위로 마르켈루스 극장, 마테이 궁전, 티베르 섬이 보였고 그 위로는 카피톨리노 언덕이 내다보인다. 모두가 아페롤 색깔의 칵테일을 손에 들고 앉은 자리에서 우리가 소개된다. 우선 산타체칠리아 추기경에게, 이어서 역시 미국인인 이지투르 예하에게 소개되고, 마지막으로 약간 몸집이 크고, 치아가 매우 하얗고 엄니처럼 생긴 젊고 우호적인 친구에게 소개되는데, 그는 안식일 휴가차 이곳에 온 에페소스와 페르가몬의 주교의 보좌 주교인 아작시오 출신의 폴디페촐리 신부이다. 추기경은 한마디도 하지 않고서, 증기 기관차에서 곧장 튀어나온 것처럼 보이는 기다란 의자에 비스듬히 누워 있을 뿐이다. 적어도 아흔 살은 된 것이 분명하다. 우리 모두가 칵테일 안주용 견과류를 집어 먹고 있는데, 체르마트 신부가 백일초, 장미, 금어초, 미나리아재비 등을 일부러 혼돈스럽고 어울리지 않게 가득 심은 화분 하나를 우리에게 보여 준다. 「무슨 시골 교구의 작은 정원 같죠. 어느 신도는 세이지를 가져오고 또 어느 신도는 천수국을 가져오는 그런 곳 말입니다.」

「케베스Cebes와 헷갈릴 일은 없지요!」

링컨 셀리그먼
「추기경들」, 2005,
개인 소장

궁극의 리스트

비스와바 심보르스카
「생일」(1972)

온 세상이 사방에서 한꺼번에 부스럭대고 있어요.
해바라기, 배따라기, 호루라기, 지푸라기,
찌르레기, 해오라기, 가시고기, 실오라기,
이것들을 어떻게 가지런히 정렬시키고, 어디다 넣어 둘까요?
배추, 고추, 상추, 부추, 후추, 대추, 어느 곳에 다
   보관할까요?
개구리, 가오리, 메아리, 미나리.
휴우, 감사합니다, 너무 많아 죽을 지경이네요.
오소리, 잠자리, 개나리, 도토리,
돗자리, 고사리, 송사리, 너구리를 넣어 둘 항아리는
   어디에 있나요?
노루와 머루, 가루와 벼루를 담을 자루는 어디에 있나요?
기러기, 물고기, 산딸기, 갈매기, 뻐꾸기는 어떤 보자기로
   싸놓을까요?
하늬바람, 산들바람, 돌개바람, 높새바람은 어디쯤 담아
   둘까요?
얼룩빼기 황소와 얼룩말은 어디로 데려갈까요?
이런 이산화물(二酸化物)들은 값지고, 진귀한 법.
아, 게다가 다시마와 고구마도 있군요!
이것들은 모두 밤하늘의 별처럼 그 값이
   어마어마하겠지요.
감사합니다. 하지만 과연 내가 이걸 받을 자격이 있는지는
솔직히 잘 모르겠네요.
이 모든 노력과 수고가 나 한 사람을 위한 것이라니
   과분하기 그지없네요.
이것들을 다 만끽하기엔 인생은 너무도 짧은걸요.
나는 여기에 그저 잠시 동안 머물다 갈 뿐입니다. 아주 짧은
   찰나의 시간 동안.
멀리 있는 것은 미처 보지 못하고, 가까이 있는 것은
   혼동하기 일쑤랍니다.
이 촉박한 여행길에서 나는 사물이 가진 허무의 본질을
   제대로 파악하기도 전에
그만 길가의 조그만 팬지꽃들을 깜빡 잊고, 놓쳐 버리고
   말았습니다.
[……]

지노 세베리니
「발 타바랭 무도장의 역동적인 그림 문자」, 1912,
뉴욕, 현대 미술관

18.   매스 미디어 목록

목 록의 시학은 대중문화의 많은 측면에도 스며들었지만, 그 의도는 아방가르드 예술의 그것과는 달랐다. 화려한 극장 공연인 「지그필드 폴리스Ziegfield follies」에서 타조 깃털로 장식한 여자들이 계단을 내려오는 장면, 뮤지컬 「수영하는 미녀Bathing Beauty」의 유명한 수중 발레 장면, 또는 뮤지컬 영화 「풋라이트 퍼레이드Footlight Parade」 속 많은 여자들의 행진 장면, 뮤지컬 「로베르타Roberta」에서 줄지어 지나가는 모델들, 또는 유명 디자이너들의 현대식 패션쇼 등과 같은 시각적 목록들을 떠올리기만 하면 된다.

여기서 뇌쇄적인 인물들의 행렬은 블록버스터에 대한 욕구를 충족시키는 데 필요한 요소, 즉 풍부함의 느낌을 제공하기 위한 것에 불과하다. 그래서 매혹적인 이미지를 하나가 아닌 엄청난 수로 보여 주고, 무한하게 비축된 관능적 매력의 광맥을 사용자에게 제공하는 것이다. 그것은 보석들의 폭포로 스스로를 치장했던 옛 군주들이나, 입장료로 일정액을 내고 나면 어마어마한 뷔페에서 마음껏 먹을 수 있는 특정 미국 식당에서 하는 것과 마찬가지다. 이런 목록의 기법은 세계의 어떤 질서에 의구심을 던지기 위해 만들어진 것이 아니라, 반대로 누구나 누릴 수 있는 풍요와 소비의 우주가 질서 있는 사회의 유일한 모델임을 누누이 강조하기 위한 것이다.

다양한 미의 목록을 제공하는 일은 매스 미디어를 탄생시킨 사회의 특징과 모종의 관계가 있다. 그것은 마르크스가 『자본론』 앞부분에서 했던 말을 떠올리게 한다. 〈자본주의적 생산 양식이 지배하는 사회에서 부는 엄청난 상품들의 축적으로 그 스스로를 드러낸다.〉 이와 같은 광범위한 축적은 다양하고 상징적인 장소에서 나타나는데, 그 하나가 가게 진열창이다. 전시된 물건들이 지나치게 많은 경우가 가끔 있지만, 진열창은 그 물건들이 우리가 그 가게 안에서 찾게 될 것들 가운데 하나의 예에 불과하다는 것을 효율적으로 전달한다. 두 번째 장소가 박람회다.

「풋라이트 퍼레이드」
감독 로이드 베이컨, 1933

궁극의 리스트

박람회는 다종다양한 물건들을 어느 박물관보다 많이 선보이는 장소로, 박람회라는 명칭 자체를 통해 그 전시회는 일부에 불과하며 거기에 귀속된 물건들의 수가 무한하다는 것을 체계적으로 선언한다. 세 번째 장소는 발터 베냐민이 찬양했던 〈갤러리〉로 대표된다. 19세기의 한 파리 안내서는 갤러리를 〈대리석 벽 속에 끼워 넣어져 유리로 덮인 복도〉로 정의한다. 그곳에는 〈가장 품위 있는 가게들〉이 늘어서 있기 때문에 〈이런 부류의 갤러리 하나가 하나의 도시이며, 사실상 하나의 초소형 세계이다.〉 그리고 마지막으로 백화점이 있다. 졸라가 『부인들의 행복 Au Bonheur de dames』에서 격찬했던 백화점은 그 자체가 진정한 하나의 목록이다.

반면에 레오 슈피처는 발자크가 그 시대 파리 최초의 백화점을 묘사하면서 사용한 열거와 관련해, 이미 〈바자 정신 bazaar spirit〉을 이야기한 바 있다. 아래는 슈피처가 말한 발자크의 「스케치와 환상 Croquis et fantaisies」 중의 일부이다. 〈그것은 이상한 집, 한 편의 파노라마, 진정한 인상학의 갤러리이자 온갖 인물과 부, 견해의 시장이었다. 매혹적인 여인들, 교양 있는 여인들, 순진한 여인들, 독실한 여인들, 벼락 부자 여인들, 교태 부리는 여인들, 작가들, 배우들, 웅변가들, 산문 작가들, 시인들, 치안 판사들, 변호사들, 외교관들, 학자들, 주식 중개인들, 갈리아주의자들, 교황 지상권주의자들, 공화주의자들, 왕정주의자들, 교황 절대주의자들, 보나파르트파, 차티스트, 오를레앙공파, 무정부주의자들, 쓸데없이 세태를 걱정하는 자들, 단편소설 작가들, 연재소설 작가들, 팸플릿 작가들, 정치 평론가들, 저널리스트들, 미술가들, 그들 모두가 여기 나란히 모여서, 서로를 헐뜯고 서로를 비방한다…….〉

매스 미디어의 목록들은 과거의 분더카메른과 보물 창고들을 대신하기도 한다. 그 한 예가 미국에 특히 많이 퍼져 있는 놀라운 것들의 박물관일 것이다. 다양한 종류의 〈리플리의 믿거나 말거나〉 박물관 같은 경우는 보르네오에서 가져온 쪼그라든 사람 머리, 전체가 성냥개비로만 만들어진 바이올린, 머리가 둘 달린 송아지, 1842년에 발견된 인어, 19세기 프랑스의 비데로 만들어진 기타, 특이한 묘비들의 컬렉션, 〈뉘른베르크의 처녀〉와 비슷하게 생긴 고문 기구, 쇠사슬을 두르고 살았던 한 고행자의 조각상, 두 개의 홍채를 가진 중국인 등등을 전시한다. 이 놀라운 것들의 조합에 일관성을 부여하는 것은 그 유물들 가운데 어느 것도 〈진짜〉가 아니라는 사실이다. 실제로 완전히 똑같은 리플리 박물관이 몇 개나 있다. 그런가 하면 전 미국

「지그필드 폴리스: 무대 위의 지그필드 아가씨들」
브로드웨이 쇼, 1921년경~1931,
아이언 마운틴, 펜실베이니아, 베트만 컬렉션

「파리의 미국인」,
감독 빈센트 미넬리, 1951

18. 매스 미디어 목록

앤디 워홀
「캠벨 수프 통조림」, 1962,
뉴욕, 현대 미술관

궁극의 리스트

레몽 드파르동,
「뉴욕, USA」, 2006

18. 매스 미디어 목록

돈 재컷
Garbo's, 2001
뉴욕, 루이스 K. 마이절 갤러리

대통령 린든 존슨에게 바친 박물관도 있다. 이 박물관은 그의 정치 인생에 관한 모든 기록, 50만 점의 사진, 그의 학창 시절 기념품, 신혼여행 사진, 방문객들에게 끊임없이 영사해 보여 주는 대통령 부부의 해외여행 기록 필름들, 그의 딸 루시와 린다가 입었던 웨딩드레스를 보여 주는 밀랍 인형, 백악관 내 대통령 집무실을 실물 크기 그대로 재현한 방, 발레리나 마리아 톨치프가 신었던 빨간 구두 한 켤레, 피아니스트 밴 클라이번이 직접 사인한 악보, 캐럴 채닝이 「안녕 돌리 Hello Dolly!」에서 썼던 깃털 장식 모자(이것들은 모두 해당 예술가들이 백악관에서 공연했다는 사실을 증언해 주는 기념품들이다), 여러 국가의 대표 사절들이 가져온 선물들, 깃털 달린 인디언 머리 장식물, 성냥개비로 제작한 초상화, 카우보이모자 모양으로 된 기념 패널, 미국 국기가 수놓인 식탁용 그릇 깔개, 태국 왕이 선물한 칼, 우주 비행사들이 달에서 가져온 월석 등을 보관한 붉은 상자가 4만 개나 된다고 자랑한다.

마지막으로 우리는 모든 목록들의 어머니를 만나게 된다. 끝없이 진화하고 있기 때문에 정의상 무한한 그것은 바로 월드 와이드 웹이다. 그것은 정연하게 가지를 뻗어 가는 나무가 아니라 거미집이자 미궁이며, 온갖 현기증 중에서 가장 신비적이면서도 거의 완전히 사실적인 현기증을 우리에게 선사하고, 우리가 부유하고 전능하다고 느끼게 만드는 정보들의 카탈로그를 실제로 제공해 준다. 단 하나의 문제가 있다면 거기에서는 더 이상 사실과 오류가 구분되지 않기 때문에, 그 요소들 가운데 어느 것이 실제 세계의 데이터를 가리키는지, 그리고 어느 것이 그렇지 않은지를 우리가 모른다는 것이다.

일리야 카바코프
「자기 아파트에서 우주로 날아간 남자」,
「열 명의 인물들」 시리즈 중에서, 1985,
파리, 조르주 퐁피두 센터 국립 현대 미술관

19. 현기증 나는 목록

서사와 철학은 한편으로, 어떤 목록을 작성하려는 시도 없이도 목록의 현기증을 환기시켜 왔다. 그럴 때는 그저 무한한 목록을 담을 〈그릇〉을, 또는 요소들의 무한한 목록을 〈생산〉하기 위한 장치를 생각했을 뿐이다.

그에 대한 문학적인 모델이 보르헤스의 바벨의 도서관이다. 이 도서관에는 주기적으로 무제한 확장되는 방들에 무한한 양의 책이 있다. 또한 토마스 파벨Thomas Pavel은 저서 『허구적 세계들Fictional Worlds』에서 보르헤스의 그 착상에서 영감을 끌어내고는 우리에게 매혹적인 생각의 실험을 해보라고 권유한다. 한 권의 마그눔 오푸스Magnum Opus, 즉 대작을 쓰거나 읽을 수 있는 전지적 존재가 있다고 가정해 보자. 그 책에는 현실 세계에 관해선 말할 것도 없고, 있을 수 있는 모든 대체 세계에 관한 사실이 모두 써 있다. 다양한 언어로 우주를 이야기하는 것이 가능하기 때문에, 그리고 각각의 언어는 우주를 다른 방식으로 정의하기 때문에, 당연히 〈마그눔 오푸스들의 최대 컬렉션〉이 존재한다. 또한 천사가 특정 개인에 관해 날마다 쓴 〈하루의 책〉들이 있어, 심판의 날에는 가족들, 동료들, 민족들의 삶을 평가할 다른 수많은 컬렉션과 함께 〈하루의 책〉 컬렉션을 제출해야 한다.

그러나 〈하루의 책〉을 쓰는 천사는 반드시 사실인 진술만 확보하지는 않는다. 천사는 그 진술들을 서로 연관시키고 평가하고, 그것들을 쌓아 하나의 체계를 만들기 때문이다. 그리고 심판의 날에는 개인과 집단마다 수호천사가 있기 때문에, 수호천사들은 각각의 개인과 집단을 위해서, 똑같은 진술이라도 다르게 연결되고, 또 일부 마그눔 오푸스들의 진술과는 다르게 비교될 또 다른 천문학적인 〈하루의 책〉 시리즈를 다시 쓸 것이다.

무한한 대체 세계는 무한한 마그눔 오푸스 각 권의 부분이므로, 천사들은 무한한

하인리히 요한 포겔러
「바쿠」(선동판), 1927,
베를린, 베를린 국립 미술관, 민족관

궁극의 리스트

〈하루의 책〉들을 쓰면서 한 세계에서는 참이고 다른 세계에서는 거짓인 진술들을 섞어 놓을 것이다. 만약 더러 서투른 천사들이 있어서, 어느 한 마그눔 오푸스에서 상호 모순적이라고 기록한 진술들을 섞어 놓았다고 가정하면, 결국에는 일련의 요약집, 잡록집, 잡록 단편 요약집이 등장하게 될 것이다. 이 책들에는 출처가 서로 다른 책의 부분들이 마구 혼합되어 있을 것이며, 이쯤 되면 어느 책이 진실이고 어느 책이 허구인지, 어느 책이 원전인지 판단하기가 매우 힘들 것이다.

우리는 천문학적으로 무한한 책들을 갖게 되겠지만, 그 책들은 저마다 서로 다른 세계에 양다리를 걸친 꼴이 되고, 일부에서 진실이라 여겨 왔던 이야기들을 일부에서는 허구라고 여길 것이다.

호아킨 토레스-가르시아
「뉴욕 거리 풍경」, 1920,
뉴헤이븐, 예일 대학교 미술관

마리아 엘레나 비에이라 다 실바
「도서관」, 1949,
파리, 조르주 퐁피두 센터 국립 현대 미술관

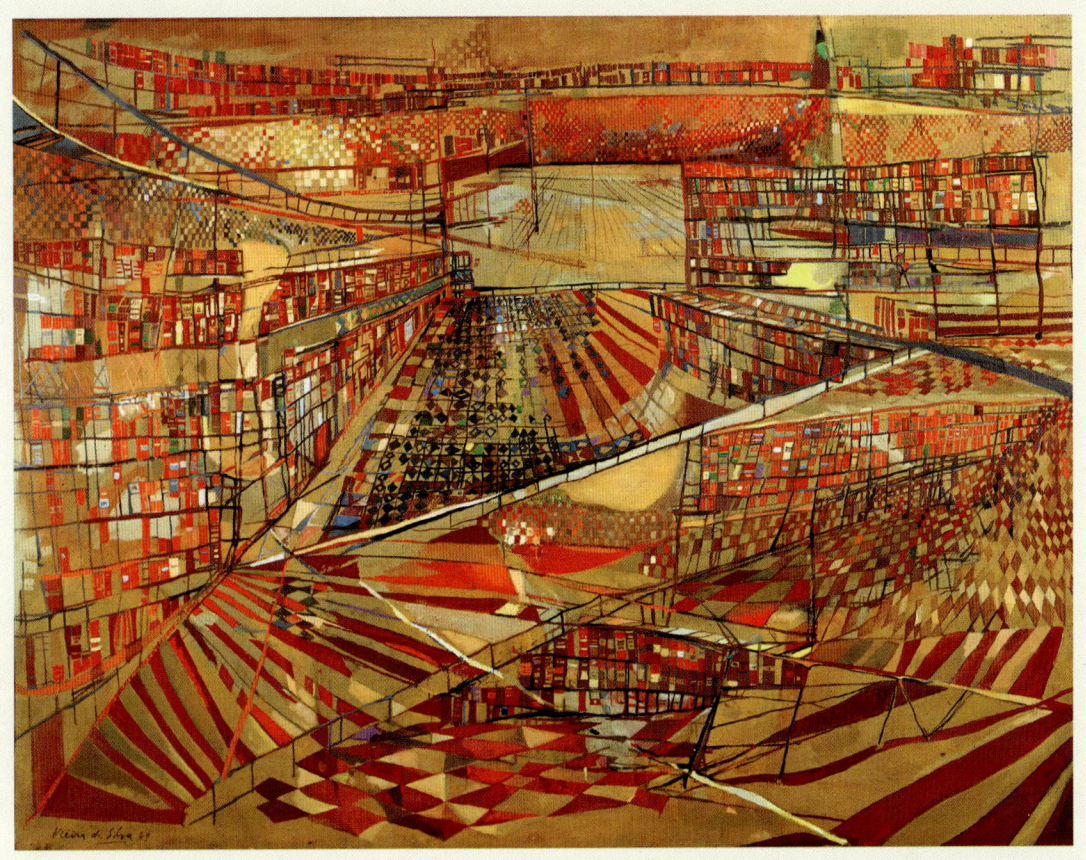

파벨이 이런 것을 쓴 이유는 우리가 이미 이런 부류의 우주 속에서 살고 있음을 이해시키기 위해서다. 다른 점이 있다면 그 책들을 쓰는 이가 대천사들이 아니라 호메로스부터 보르헤스까지를 포함한 우리라는 사실이다. 그리고 파벨은 자신이 이야기하는 이 전설이, 우리가 〈진실〉이라 흔히 받아들이는 진술들의 우주와 관련해 우리 상황을 아주 훌륭하게 묘사한 초상임을 주장한다. 따라서 우리가 허구와 실제 사이의 모호한 경계를 감지할 때 느끼는 오싹한 〈전율*frisson*〉은 천사들이 쓴 책을 마주했을 때 우리를 사로잡는 전율과 같을 뿐 아니라, 현실 세계를 믿을 만하게 재현한 책들을 마주했을 때의 전율과도 같다.

보르헤스의 도서관이 갖는 특성 중 하나가 25개의 철자법 기호로 가능한 조합을 모두 담은 책들을 진열해 두고 있다는 것이다. 그래서 우리는 그 도서관이 예상하지 못한 기호들의 조합을 일체 상상할 수 없다. 이것은 히브리 신비 철학자들의 오랜 꿈이었다. 일군의 유한한 글자들로 무한의 조합을 만드는 것만이 언젠가 우리가 신의 비밀스러운 이름을 공식화하기를 바랄 수 있는 유일한 방법이기 때문이다.

궁극의 리스트

1622년 파울 굴딘Paul Guldin은 『사물의 조합에 관한 산술적 문제Problema arithmeticum de rerum combinationibus』에서 당시 사용되던 알파벳 스물세 자를 가지고 만들 수 있는 단어가 얼마나 되는지 계산해 보았다. 알파벳 두 개로 두 자 단어를, 세 개로 세 자 단어를, 그런 식으로 스물세 자 단어까지 계속 만들어 나가되, 다만 반복되는 단어는 세지 않았다. 그렇게 만들 수 있는 단어의 수는 7만×10억×10억 개를 넘었다. 만약 1천 페이지짜리 공책의 한 페이지에 100줄씩, 한 줄에 60자씩 그 모든 단어들을 써넣는다면 그런 공책이 2억 5,700만×10억 개가 필요할 것이다. 그리고 그 공책들을 도서관에 넣는다고 해보자. 한쪽 면이 432피트인 입방체 구조로 되어 있어 각각 3,200만 권의 책을 보관할 수 있는 도서관이 있다면 그런 도서관이 8,052,122,350개가 필요할 것이다. 그렇지만 그 많은 건물이 들어갈 만한 땅이 대체 어디 있단 말인가? 지구 전체 중 이용할 수 있는 표면적을 계산해 본다면, 우리가 세울 수 있는 도서관은 겨우 7,575,213,799개뿐이다!

조합에 대해 똑같은 열정을 지녔던 마랭 메르센은 『우주의 조화Harmonie universelle』(1636)에서 프랑스어, 그리스어, 히브리어, 아랍어, 중국어, 그리고 알 수 있는 그 밖의 모든 언어로 〈발음할 수 있는〉 단어들은 물론이고, 만들 수 있는 음악, 즉 노래의 수까지 계산해 보았다. 메르센은 만들 수 있는 모든 〈멜로디〉를 음표로 그리기 위해서는 설사 전지 한 장에 22개의 음으로 구성된 멜로디 720곡을 써넣고, 전지 묶음인 연(蓮: 한 연은 전지 500매 내외 ― 옮긴이)을 눌러 두께가 1인치도 안 되게 만든다고 해도, 땅에서 하늘까지의 높이보다 더 많은 종이가 필요하다는 것을 보여 준다. 왜냐하면 22개의 음표로 만들어 낼 수 있는 멜로디는 12,000×10억×10억 곡이 넘는데, 이 곡의 수를 한 연에 들어갈 수 있는 곡의 수인 362,880으로 나누어도 여전히 16자릿수의 수가 나오는 반면, 지구 중심에서 항성까지의 거리를 인치로 나누면 14자릿수밖에 되지 않기 때문이다. 만약 우리가 하루에 1천 곡씩, 이 모든 멜로디를 적으려면 거의 230억 년이 걸릴 것이다.

라이프니츠는 짤막한 텍스트인 『인간 교리의 지평Horizon de la doctrine humaine』에서 스물네 자의 유한한 알파벳을 사용해 만들어 낼 수 있는 진술의 수가 얼마나 될지 궁금해 했다. 그 내용이 참이건 거짓이건, 심지어 존재하지 않는 문장이건 상관없었다. 서른한 자나 되는 긴 단어(라이프니츠는 그리스어와 라틴어에서 그런 예를 발견했다)를 만들 수 있음을 고려하면, 알파벳을 가지고 만들 수 있는 서른한 자의 단어는 24^{32}개다. 그렇다면 하나의 문장이 얼마나 길어질 수 있을까? 책 한 권만큼 긴 문장을 상상하는 것이 가능하다면, 그 내용이 참이건 거짓이건 사람이 평생(100년을 산다고 했을 때) 읽을 수 있는 문장은 (각각 1천 자가

19. 현기증 나는 목록

살바도르 달리
「2야드 떨어진 곳에서는 중국인으로 분장한 세 명의 레닌이 보이고
6야드 떨어지면 로열호랑이로 보이는 추상화 50점」, 1962,
피게레스, 갈라-살바도르 달리 재단

궁극의 리스트

알리기에로 보에티
「무제」, 1987,
카셀, 무제움란트샤프트 헤센 카셀, 신관

들어 있는 페이지를 날마다 100페이지 읽는다고 할 때) 3,650,000,000자로 구성된다. 그리고 만약 이 사람이 천 년을 산다면 〈사람이 발언할 수 있는 가장 긴 문장, 또는 사람이 읽을 수 있는 가장 큰 책에는 3,650,000,000,000자가 들어가며, 참이건 거짓이건 글자로 나타낼 수 있는 문장, 다시 말해 발음 가능성의 유무, 의미의 유무를 떠나서 읽을 수 있는 모든 문장의 수는 $24^{365,000,000,001} - 24/23$〔자〕가 될 것이다.〉

이런 공상 속에서 수학은 거의 형이상학과 다름없다. 그러나 기본적으로, 현대 문학은 이런 조합의 가능성을 받아들이고, 그것을 이용해 실제의 목록을 작성하려고, 또는 독자더러 그렇게 하게끔 유도하려고 애써 왔다. 레몽 크노Raymond Queneau가 쓴 책 『100조(兆) 편의 시 Cent mille milliards de poèmes』(Paris: Gallimard, 1961)가 그런 경우이다. 이 책은 각 페이지들이 시의 행을 따라 가로 띠처럼 잘려 있기 때문에, 우리는 그 띠지들을 넘기면서 소네트 한 편을 이루는 14행을 여러 가지 다른 방식으로 조합해, 100조 편의 시를 만들 수 있다. 크노는 이렇게 만들어질 수 있는 텍스트가 10^{14}개(그러므로 유한수이다)임을 지적하지만, 우리가 하루 24시간 꼬박 읽어 간다고 해도 조합된 그 텍스트를 전부 다 읽으려면 2억 년이 걸릴 것이다.

20. 실용적 목록과 시적 목록의 교환

목록의 탐욕스러움으로 인해 우리는 종종 실용적 목록을 마치 시적 목록처럼 해석하곤 한다. 그리고 실제로도, 실용적 목록과 시적 목록을 구분해 주는 것은 고작해야 그 목록을 계획하는 우리의 의도인 경우가 많다.

시적 목록을 실용적 목록처럼 읽는다는 것이 불가능한 일은 아니다. 보르헤스의 동물 목록을 생각해 보자. 라틴 아메리카 문학 시험에서 그 목록은 보르헤스의 텍스트를 정확히 인용하기 위해 외워야 하는 (실용적인) 동물 목록일 것이다. 마찬가지로, 실용적 목록을 시적 목록인 것처럼 읽는 일도 가능하다. 많은 사람들에게 다음의 단어들(바치갈루포, 발라린, 마로소, 그레차르, 마르텔리, 리가몬티, 카스틸리아노, 멘티, 로이크, 가베토, 마촐라, 오솔라)은 이름들을 마구 섞어 놓은 것으로 들리겠지만, 또 다른 사람들에게는 그것이 1949년 비극적인 비행기 충돌 사고로 목숨을 잃은 토리노 축구팀 선수들의 (실용적인) 목록으로 다가올 것이다. 그러나 향수에 젖은 많은 팬에게 그것은 시적인 목록이 되었고, 감정을 담아 읊조리는 일종의 주문과 같다.

다음의 두 목록이 어쩌면 보르헤스의 동물 목록과 매우 흡사할 거라는 지적이 있었다.[1] 첫째 목록은 카운터, 금속이나 목재로 된 단단한 것, 박자의 반복 패턴을 나타내는 음악 부호, 방해하는 행위, 1제곱센티미터당 100만 다인에 해당하는 기압 단위, 강 속에 잠긴 (또는 일부가 잠긴) 등성이, 법률 관련 직업, 줄무늬, 단단한 물체의 토막 등을 포함한다. 두 번째 목록은 같은 종류의 사람이나 사물이 조밀하게 모인 무리, 밧줄(또는 끈)을 다른 밧줄이나 다른 사물에 고리지어 묶어서 만든 조임새, 엇결이 생겨 단단한 나무의 부분, 뒤틀리고 팽팽히 부푼 어떤 것, 항해에 쓰이는 길이 단위, 실 속의 부드러운 덩어리 또는 불룩한 것, 북극에서 번식하는 도요새, 원을 3차원 유클리드 공간 안에 끼워 넣는 것 등을 포함한다.

카를 슈피츠베크
「책벌레」(세부), 1850,
개인 소장

자크 루이 다비드
「황제 나폴레옹 1세의 대관식과 황후 조세핀의 대관식」, 1808,
파리, 루브르 박물관

궁극의 리스트

사전을 참조하면, 우리는 첫 번째 집합이 단어 *bar*가 뜻할 수 있는 의미 대부분을 포괄하고 있으며 두 번째 집합은 단어 *knot*가 뜻할 수 있는 의미 대부분을 가리키고 있음을 알게 된다.

식당 메뉴는 실용적인 목록이다. 그러나 요리와 관련된 책에서 가장 유명한 식당들의 다양한 메뉴 목록이 나온다면, 그것은 이미 시적 가치를 지닐 것이다. 같은 식으로, 누군가는 몇 페이지에 걸쳐 수많은 요리가 가득한 중국 식당의 메뉴를 (주문할 목적이 있어서가 아니라 미학적 이유로) 읽으면서 이국 요리에 관한 공상을 할 수도 있다.

베로네세가 「가나의 혼례」를 그리면서 그 행사에 참석한 사람들의 초상을 일일이 그리려고 의도했을 가능성은 적지만(그 사람들에 대한 정보가 전혀 없었다고 가정했을 때), 다비드가 나폴레옹 1세의 대관식을 그릴 때는, 그가 보기에 대관식에 참석했다고 믿어지는 사람들을 모두 그림 속에 포함시킨 것이 확실하다. 그렇다고 해서 그 유한한 사람들의 수가 (그리고 그들 모두를 헤아리는 어려움이), 불완전할 수 있는 그 다수성(多數性)에 대해 우리가 느끼게 될 어떤 현기증 같은 것을 감소시키지는 않는다.

실용적인 목록을 시적 목록으로 읽는, 혹은 그 역의 가능성은 문학에서도 일어난다. 위고가 『93년』에서 묘사한 국민 공회의 어마어마한 초상을 보자. 그는 혁명이 갖는 (관념적이고 도덕적인 의미의) 거대한 차원을, 혁명기 의회라는 물리적 부분들을 통해서 재현하고자 했다. 몇 페이지에 걸쳐 줄기차게 이어지는 이름들이 실용적 목록의 기능을 갖는다고 생각할 수도 있을 것이다. 그렇지만 그 목록이 만들어 내는 불완전함의 효과, 즉 간추린 몇 백 명의 이름만으로, 마치 운명의 해에 프랑스를 휩쓸고 있었던 거대한 물결을 재현한 듯한 그 작품의 효과를 이해하지 못할 독자는 한 명도 없을 것이다.

그러나 실용적 목록과 시적 목록 교환에서 가장 설득력 있는 예는 프랑스 국립 도서관이나 워싱턴의 의회 도서관 같은 거대한 도서관의 카탈로그이다. 그것들의 목적은 확실히 실용적이지만 그 모든 책 제목을 읽고자 하고, 그것들을 무슨 호칭 기도처럼 중얼거리고자 하는 애서가라면 자신이 처한 상황이 호메로스가 전사들을 마주했을 때의 그 상황과 똑같음을 발견할 것이다. 어쨌거나 그런 상황은, **디오게네스 라에르티오스**(『테오프라스토스 전기』, 42~50)가 끌어낸 테오프라스토스의 저작

펠릭스 발로통
「서재」, 1885~1925,
생제르맹앙레, 모리스 드니 박물관: 르 프리외레(소수도원)

「소 플리니우스의 상상 초상화」, 1684~1692,
크렘스뮌스터, 베네딕트회 수도원 도서관

카탈로그를 읽을 때 일어난다. 여기서 (그 대부분이 사라진) 책들의 제목은 우리에게 하나의 목록이라기보다 주문(呪文)처럼 다가온다. **라블레**가 생빅토르 수도원에 보관된 장서 카탈로그를 지어 낼 때 생각했던 것도 아마 바로 이런 식의 끝없는 목록이었을 것이다. 명백하게 실용적인 라블레의 목록은 그럼에도 시적이다. 왜냐하면 그 책들은 존재하지 않기 때문이고, 우리에게 동물적 야만의 무한성을 느끼게 해주는 것이 기이한 책 제목들인지 아니면 그 목록의 크기인지 명확하지 않기 때문이다.

책 목록에 대한 취향은 **세르반테스**부터 **위스망스**, **칼비노**에 이르기까지 많은 작가들을 매혹시켜 왔다. 더욱이 애서가들이 고서점의 카탈로그(확실히 실용적 목록으로 만들어진)를 무릉도원이나 욕망의 땅에 대한 황홀한 묘사처럼 읽는다는 사실도 잘 알려져 있다. 쥘 베른의 독자들이 고요한 심해 탐험이나 무시무시한 바다 괴물과의 조우에서 즐거움을 얻듯이, 그들은 책 목록에서 즐거움을 얻는다.

고서 애호가인 마리오 프라츠 Mario Praz는 1931년 문학 박람회 서적 시장의 카탈로그 15를 위해 쓴 텍스트에서, 애서가들이 고서점의 카탈로그를 읽을 때 느끼는 즐거움은 보통 사람들이 스릴러물을 읽으면서 느끼는 즐거움과 똑같다고 지적했다. 그는 〈그 어떤 독서도 흥미로운 카탈로그의 그것만큼 신속하고 감동적인 효과를 자아내지 않는다고 확신하게 될 것이다〉고 했다. 그러나 그는 이 문장 뒤에 바로, 심지어 재미없는 카탈로그들도 똑같이 흥미롭게 읽힐 수 있음을 우리에게 깨우쳐 준다.

1 Claudio Paolucci, 필자와의 직접적인 의견 교환.

디오게네스 라에르티오스 (180~240)
『고대 그리스 철학자의 생활과 의견 및 저작 목록』
「테오프라스토스」편, 제13권

분석론 전서 세 권, 분석론 후서 일곱 권, 삼단 논법 분석 한 권, 분석론 개요 한 권, 사물을 기본 원리로 해석하기 위한 화제들 책 두 권, 토론에 관한 사색적인 문제 검토 한 권, 감각에 관한 책 한 권, 아낙사고라스에게 바친 책 한 권, 아낙사고라스의 학설에 관한 책 한 권, 아낙시메네스의 학설에 관한 책 한 권, 아르켈라오스의 학설에 관한 책 한 권, 소금과 초석, 백반에 관한 책 한 권, 석화(石化)에 관한 책 두 권, 보이지 않는 선에 관한 책 한 권, 청각에 관한 책 두 권, 단어에 관한 책 한 권, 덕목들의 차이점에 관한 책 한 권, 왕권에 관한 책 한 권, 왕의 교육에 관한 책 한 권, 전기 세 권, 노년에 관한 책 한 권, 데모크리토스의 우주론에 관한 책 한 권, 기상학에 관한 책 한 권, 상 또는 환영에 관한 책 한 권, 체액과 안색, 살에 관한 책 한 권, 세계의 묘사에 관한 책 한 권, 인간에 관한 책 한 권, 디오게네스의 어록집 한 권, 정의(定義)에 관한 책 한 권, 사랑에 관한 논문 한 편, 사랑에 관한 또 다른 논문 한 편, 행복론 책 한 권, 종에 관한 책 두 권, 간질에 관한 책 한 권, 열의에 관한 책 한 권, 엠페도클레스에 관한 책 한 권, 에피케이레메스를 다룬 책 열여덟 권, 반대에 관한 책 세 권, 자발적 행위에 관한 책 한 권, 플라톤의 국가론 요약본 두 권, 비슷한 동물들의 목소리 차이에 관한 책 한 권, 갑작스런 출현에 관한 책 한 권, 물거나 쏘는 동물에 관한 책 한 권, 질투한다고 알려진 동물에 관한 책 한 권, 건조한 땅에서 사는 동물에 관한 책 한 권, 색을 바꾸는 동물에 관한 책 한 권, 구멍에 사는 동물에 관한 책 한 권, 일반적인 동물에 관한 책 일곱 권, 아리스토텔레스의 정의에 따른 쾌락론 한 권, 명제론 일흔네 권, 더위와 추위에 관한 논문 한 편, 현기증과 어지럼증, 갑작스런 침침함에 관한 소논문 한 편, 땀에 관한 책 한 권, 긍정과 부정에 관한 책 한 권, 칼리스테네스 또는 애도에 관한 소논문 한 편, 노동에 관한 책 한 권, 운동에 관한 책 세 권, 돌에 관한 책 한 권, 선페스트에 관한 책 한 권, 졸도에 관한 책 한 권, 메가라 철학자들에 관한 책 한 권, 우울에 관한 책 한 권, 광산에 관한 책 두 권, 꿀에 관한 책 한 권, 메트로도로스의 학설을 다룬 책 한 권, 기상학을 논한 철학자들에 관한 책 두 권, 술 취함에 관한 책 한 권, 법에 관해 알파벳 순서로 정리한 책 스물네 권, 법 요약본 열 권, 정의에 관한 책 한 권, 냄새에 관한 책 한 권, 포도주와 기름에 관한 책 한 권, 기본 명제에 관한 책 열여덟 권, 입법자에 관한 책 세 권, 정치 논문에 관한 책 여섯 권, 정치범이 생기는 사건에 관한 네 권의 참고 자료를 곁들인 정치범 논문 한 편, 최고의 헌법에 관한 책 한 권, 문제 수집에 관한 책 다섯 권, 속담에 관한 책 한 권, 응결과 용해에 관한 책 한 권, 불에 관한 책 두 권, 혼령에 관한 책 한 권, 마비에 관한 책 한 권, 질식에 관한 책 한 권, 지성의 일탈에 관한 책 한 권, 열정에 관한 책 한 권, 부호에 관한 책 한 권, 소피즘에 관한 책 두 권, 삼단 논법의 해법에 관한 책 한 권, 화제에 관한 책 두 권, 처벌에 관한 책 두 권, 머리카락에 관한 책 한 권, 폭군에 관한 책 한 권, 물에 관한 책 세 권, 수면과 꿈에 관한 책 한 권, 우정에 관한 책 세 권, 관대함에 관한 책 두 권, 자연에 관한 책 세 권, 자연 철학의 물음에 관한 책 열여덟 권, 자연 철학 개요 두 권, 다시 자연 철학에 관한 책 여덟 권, 자연 철학자들에게 부치는 논문 한 편, 식물사에 관한 책 두 권, 식물의 원인에 관한 책 여덟 권, 체액에 관한 책 다섯 권, 잘못된 쾌락에 관한 책 한 권, 영혼 관련 명제를 조사한 책 한 권, 서투르게 인용된 증거에 관한 책 한 권, 단순한 의심에 관한 책 한 권, 화성학에 관한 책 한 권, 덕에 관한 책 한 권, 기회 또는 모순이라는 제목의 책 한 권, 부정(否定)에 관한 책 한 권, 견해에 관한 책 한 권, 우스꽝스러운 것에 관한 책 한 권, 야회라는 제목의 책 두 권, 분류에 관한 책 두 권, 차이에 관한 책 한 권, 부당한 행위에 관한 책 한 권, 비방에 관한 책 한 권, 칭찬에 관한 책 한 권, 노련함에 관한 책 한 권, 서간문 세 권, 자가 생산 동물에 관한 책 한 권, 선택에 관한 책 한 권, 신에 대한 찬양이라는 제목의 책 한 권, 축제에 관한 책 한 권, 행운에 관한 책 한 권, 생략 삼단 논법에 관한 책 한 권, 발명에 관한 책 한 권, 도덕 학교에 관한 책 한 권, 도덕적 특성에 관한 책 한 권, 소동에 관한 논문 한 편, 역사서 한 권, 삼단 논법 판단에 관한 책 한 권, 아첨에 관한 책 한 권, 바다에 관한 책 한 권, 왕권과 관련해 카산드로스에게 바치는 에세이 한 편, 희극론 한 권, 운석에 관한 책 한 권, 양식에 관한 책 한 권, 어록집이라는 제목의 책 한 권, 용액론 한 권, 음악에 관한 책 세 권, 운율론 한 권, 메가클레스 한 권, 법률에 관한 책 한 권, 위법에 관한 책 한 권, 크세노크라테스의 어록과 학설집 한 권, 대화에 관한 책 한 권, 맹세에 관한 책 한 권, 웅변적 교훈집 한 권, 부에 관한 책 한 권, 시에 관한 책 한 권, 정치, 윤리, 신체, 욕정의 문제를 모은 책 한 권, 속담집 한 권, 보편적 문제 모음집 한

20. 실용적 목록과 시적 목록의 교환

권, 자연 철학의 문제에 관한 책 한 권, 예(例)에 관한 책 한 권, 제안과 설명에 관한 책 한 권, 시에 관한 논문 두 편, 현자에 관한 책 한 권, 상담에 관한 책 한 권, 파격에 관한 책 한 권, 수사적 기술에 관한 책 한 권, 웅변술의 예순한 가지 수사법 모음집 한 권, 위선에 관한 책 한 권, 아리스토텔레스 또는 테오프라스토스의 주해집 여섯 권, 자연 철학에 관한 견해들 열여섯 권, 자연 철학에 관한 견해들 요약 한 권, 감사에 관한 책 한 권, 도덕적 특성들이라는 제목의 책 한 권, 진실과 거짓에 관한 책 한 권, 신성한 사물의 역사 여섯 권, 신에 관한 책 세 권, 기하학의 역사 네 권, 동물에 관한 아리스토텔레스의 저작 요약 한 권, 생략 삼단 논법의 연속에 관한 책 두 권, 명제론에 관한 책 세 권, 왕권론 두 권, 원인론 한 권, 데모크리토스에 관한 책 한 권, 비방에 관한 책 한 권, 세대에 관한 책 한 권.

장크트갈렌 수도원 도서관, 1761,
장크트갈렌, 베네딕트회 대수도원

프랑수아 라블레
『가르강튀아와 팡타그뤼엘』
2권 7장
「팡타그뤼엘이 어떻게 파리로 갔는가, 그리고 생빅토르 도서관의 훌륭한 장서에 관해서」
(1564)

[……]
그리고 그는 특히 생빅토르 도서관에서 찾은 몇몇 책들 때문에 그곳이 대단히 훌륭하다고 생각했는데, 그 목록은 다음과 같다.

구원의 막대,
법률의 앞주머니,
교회법의 실내화,
악덕의 석류,
신학의 실꾸러미,
튀르뤼팽이 쓴 설교자들의 깃털 먼지떨이,
용자(勇者)들의 코끼리 불알,
주교들의 사리풀,
오르벨리스의 주석이 첨부된 마르모트레의 비비와 원숭이,
화류계 여성들의 옷차림에 대한 파리 대학의 시행령,
해산 중인 푸아시의 수녀에게 나타난 성녀 제르트뤼드,
오르투이누스 선생 저, 모임에서 정직하게 방귀 뀌는 법,
고행을 행하는 겨자 장수,
가죽 각반, 일명 인내의 장화,
기예의 소굴,
도미니크파의 실베스트르 드 프리에리오 저, 수프의 사용법과 정직한 음주법,
법정에서 기만당한 자,
공증인들의 속임수,
결혼의 보따리,
명상의 도가니,
법률의 객설,
포도주의 자극,
치즈의 박차,
교사들의 때 벗기는 솔,
타르타레 저, 대변 배설법,
로마의 축제 행렬,
브리코 저, 수프의 다양성,
규율의 밑바닥,
겸손의 신발,
건전한 배를 가진 배불뚝이,
고결함의 냄비,
고해사들의 장애,
사제들의 과자,
바바르드리 관구의 뤼뱅 신부님 저, 비계 식사법, 3권,
대리석 박사 파스키노 저, 교회가 금지한 교황절 기간에 아티초크를 곁들인 염소 고기를 먹는 법,
사기단이 공연한 등장인물 여섯이 나오는 신비극,
성스러운 십자가의 제조,
로마 순례자들의 안경,
마요리스 저, 순대 제조법,
고위 성직자들의 풍적(風笛),
베다 저, 내장 요리의 탁월함,
현물 대납 제도 개혁에 대한 변호사들의 청원,
소송 대리인들의 소동,
주석을 첨부한, 비계를 넣은 완두콩,
면죄부의 잡다한 이점,
쌍방 법률에 정통한 필로 라클로니에 박사 저, 아쿠르시오 주석의 어리석음에 대한 처방, 명백하고 확실한 재론,
자유 사수 바뇰레의 전술,
갱도병 테보가 등장하는 병법론,
숫말과 암말의 박피법과 효용성, 저자 우리의 스승 케베퀴 선생,
하급 성직자들의 소박한 음식,
우리의 스승 로스톡의 암노새 다리 Rostocostojambedanesse 저, 보리옹 선생의 각주가 첨부된, 식사 후 겨자의 용법, 14권,
성직 재판관들이 제공하는 선물,
콘스탄츠 공의회에서 10주 동안 논의된 미묘한 문제, 허공 속에서 포효하는 키메라가 2차적 의도를 먹을 수 있는가?
변호사들의 탐욕,
스코투스의 실수,
추기경들의 박쥐 날개 모양의 관(冠),
알베리쿠스 드 로사타 선생 저, 박차 제거법, 11 곱하기 10장,
상동, 두발의 군사적 점령, 3권,
앙투안 드 레브의 브라질 상륙,
마르포리우스, 학사 겸 로마 장학생 저, 추기경들의 암노새들을 세척하고 염색하는 방법,
교황의 암노새는 기분 내키는 때만 먹는다고 주장한

20. 실용적 목록과 시적 목록의 교환

자들을 반박한 상기인의 변론,
우리의 스승 몽상가 선생이 제공한 〈실비우스 트리크비유〉라는 서두로 시작되는 예언,
부다랭 주교 저, 젖 짜기의 효용성, 9일 기도 9회와 3년간 한시적인 교황의 윤허가 부여됨,
숫처녀들의 교태,
과부들의 껍질 까진 엉덩이,
수도사들의 두건,
셀레스틴회 사제들의 형식적인 기도,
탁발 수도회의 통행세 징수,
천민들의 이 부딪치는 소리,
신학자들의 함정,
문예 학사들의 나팔 구멍,
첫 삭발례를 받은 오컴의 문하생들,
프리프소스 선생 저, 교회법에 따른 기도 시간에 관한 자세한 연구, 40권,
작자 불명의 동업자 조합의 전복,
대식가들의 공동(空洞),
이니고 형제가 장엄하게 찬송한 에스파냐인들의 악취,
빈민들의 구충제,
이탈리아식 소송 사건의 융통성, 저자 프륄페르 선생,
레몽 륄, 군주들의 오락,
저자 이단 심판관 야콥 호히슈트라텐 선생, 위선의 보지,
쇼쿠이용 저, 현재와 미래의 신학 박사들에 관한 음주론,
매우 우아한 책, 8권,
레기스 편저, 교황의 교서 집필 담당자, 필경사, 서기, 서신 집필 담당자, 문서 보관 담당자와 비서관들,
통풍 환자와 매독 환자들을 위한 항구적 연감,
에크 선생 저, 화덕 소제법,
상인들의 끈,
수도원 생활의 안락함,
편협한 신자들의 잡탕 요리,
장난꾸러기 요괴 이야기,
낭비벽이 있는 자들의 빈곤,
종교 재판소 판사들의 어리석은 속임수,
재무관들의 삼 부스러기,
궤변론자들의 농담,
성가신 자들의 양면적 의미에 관한 토론 *Antipericatametanaparbeugedamphicribrationes merdicantium*,
엉터리 시인들의 달팽이,
연금술사들의 실험,
세라티스 형제 저, 연보 모금하는 성직자들의 주사위 놀이,
종교의 속박,
종치기의 막대,
노년의 팔걸이,
귀족의 입마개,
원숭이의 주기도문,
신앙심의 사슬,
사계 재일(四季齋日)의 냄비,
정치적 인생의 법모,
은자들의 파리채,
고해 신부들의 두건,
방탕한 수도사들의 유희,
루르도 저, 멋쟁이들의 생활과 정직성에 관해서,
뤼폴드 선생 저, 소르본 신학자들의 박사모에 대한 윤리적 해석,
여행자들의 잡동사니,
술꾼 주교들의 물약,
로이힐린의 반대파 쾰른 박사들의 소동,
귀부인들의 방울종,
똥싸개들의 밑이 뚫린 반바지,
피에드비유 형제 저, 정구 경기 조수들의 회전,
진정한 용기의 군화,
장난꾸러기 요정과 꼬마 악마들의 가장 무도회,
제르송 저, 교회의 교황 폐위권
작위와 학위 소지자들의 썰매,
요한 디트브로디우스 저, 파문의 가혹함, 표제가 없는 책,
귄골푸스 저, 남녀 악마 소환법,
영속적 기도의 잡탕 요리,
이단자들의 무어식 춤,
가에탕의 목발, [……]

「도핀 광장에 있는 어느 주택에서의 카드 제작」, 1680년경, 파리, 카르나발레 박물관

미겔 데 세르반테스
『돈키호테』 6장
「신부와 이발사가 우리의 똑똑한
시골 귀족의 서재에게 행한
어마어마하고도 즐거운 종교 재판 이야기」 (1615)

기사가 아직 잠들어 있을 즈음, 신부는 조카딸에게 그 불행의 근원인 책들이 있는 방 열쇠를 달라고 했다. 조카딸은 기뻐서 열쇠를 내주었다. 가정부까지 덩달아 모두 들어가 보니 아주 훌륭하고 커다란 책만 해도 백 권이 넘었고 작은 책들도 꽤 있었다.
가정부는 책들을 보자마자 방에서 급히 나가더니 성수 한 그릇과 물뿌리개를 가지고 돌아와서 말했다.
「신부님, 이걸 받아 방에 뿌리세요. 이 책들 속에 들어 있는 요술쟁이가 한 놈이라도 나타나서, 자기를 세상 밖으로 몰아내려 한다고 화가 나서 우리한테 요술을 부리면 큰일이에요.」
신부는 소박한 가정부의 말을 듣고 웃었다. 그는 이발사더러 혹시 불에 태우지 않아도 될 만한 책이 있을지도 모르므로, 무슨 책인지 확인해 보려고 하니 한 권씩 넘겨 달라고 청했다.
조카딸이 말했다.
「아뇨, 한 권이라도 용서할 필요 없어요. 이 책들 전부가 다 그런 짓을 할 수 있죠. 모조리 다 저 창문을 통해 마당으로 내던져 쌓아둔 뒤 불을 지르는 것이 좋겠어요. 그렇지 않으면 뒤뜰로 가져가서 모닥불을 피우든지요. 뒤뜰에서 태우면 연기가 나도 귀찮지 않을 것 같아요.」
가정부도 맞장구를 쳤다. 둘 다 그 애꿎은 책들을 완전히 없애려고 난리였다. 그러나 신부는 먼저 책 제목을 읽지 않고는 그렇게 할 수 없다고 했다. 니콜라스 씨가 처음으로 집어 준 책은 『아마디스 데 가울라』 4권이었다.
신부가 말했다.
「이것은 이상하네요. 이 책이 스페인에서 출판된 최초의 기사 소설이고, 다른 책은 모두 이 책에서 연유했다고 말하지 않습니까? 그런 악독한 이단을 최초로 언급한 책인 만큼 조금의 용서도 베풀 필요 없이 화형을 시켜야 할 것입니다.」
이발사도 한마디 거들었다.
「아닙니다. 제가 듣기로는 이 책이 이런 유의 책들 중에서는 가장 잘 쓴 책이라고 합니다. 그러니 그 공적이 다른 어떤 책보다 월등한 만큼 용서해 줘야 합니다.」

「옳은 지적입니다. 그럼 이 책은 당분간 살려주도록 합시다. 그 옆의 책을 보여 주시죠.」
「이건 아마디스 데 가울라의 적자(嫡子)『에스플란디스의 공훈』입니다.」
「진실로 아비의 덕이 아들을 도울 수는 없는 법입니다. 가정부 아주머니, 그 책을 받으시오. 창문을 열어 그것을 마당으로 내던지세요. 그것을 우리가 불쏘시개로 삼도록 하죠.」
가정부는 기쁘게 그 말을 따랐다. 그 훌륭한 에스플란디스는 마당으로 던져져 무시무시한 불더미에 들어갈 차례를 기다리게 되었다.
신부가 이발사에게 재촉했다.
「자, 계속 진행합시다.」
「그 다음은 〈그리스의 아마디스〉라 말하는 책인데, 제가 보기엔 이쪽에 있는 모든 책들이 아마디스 계통입니다.」
「그럼 모두 마당으로 내던지세요. 핀티키네스트라 여왕, 다리넬 목자, 목가(牧歌), 그 작가의 이해할 수 없는 글, 이러한 것을 태워 없애며 기쁨을 느끼지 못한다면, 차라리 날 낳아 준 아버지가 편력 기사의 형상을 하고 다닌다고 하고 태워 버리고 싶을 것입니다.」
「저도 똑같은 생각입니다.」
조카딸이 덧붙였다.
「저도 동의해요.」
가정부도 덩달아서 부추겼다.
「그럼 그 책들을 가지고 마당으로 갑시다.」
그들이 가정부에게 안겨준 책이 너무 많아 계단을 내려가기 힘들어지자, 그녀는 책을 창문으로 내던졌다.
신부가 이발사에게 또 물었다.
「그 커다란 것은 뭡니까?」
「『라우라의 돈 올리반테』입니다.」
「그 책을 쓴 사람이 『화원』이란 책도 썼지요. 하지만 둘 중에서 어떤 것이 더 진짜 같은지는 모르겠습니다. 좀 더 확실히 말하자면 어느 것이 덜 형편없는지 모르겠다는 말이지요. 단지 그 불손한 거짓말의 대가로 마당으로 내던져질 만하다는 것뿐입니다.」
「다음은 『히르카니아의 플로리스마르테』입니다.」
「아니, 플로리스마르테 도련님이 여기 계셨구먼. 그의 출생이 아무리 기이하고, 그 모험이 아무리 기괴하다 해도 마당에서 즉각 처형을 받아야 마땅하지. 그 문장이 말할 수 없을 만큼 거칠고 무미건조하니 그 이상 대접할 수가 없지. 가정부 아주머니, 빨리 그 책하고 그 앞의 것을 마당으로

20. 실용적 목록과 시적 목록의 교환

귀스타브 도레
미겔 데 세르반테스의 「돈키호테」를 위한 삽화,
파리, 1863

386면: 베네데토와 줄리아노 다 마이아노 형제 (공방)
「페데리코 다 몬테펠트로 공작의 작은 사무실: 반쯤 열린 캐비닛 속의 책 사이에 모래시계와 촛대가 보이는 서재 내부를 묘사한 상감 목세공」, 15세기,
우르비노, 팔라초두칼레

궁극의 리스트

386

내가세요.」
「빨리 주세요.」
가정부는 너무 기뻐서 그가 하라는 대로 했다.
이발사가 계속해서 신부에게 책들을 건넸다.
「여기 『플라티르 기사』가 있습니다.」
「오래된 책이네요. 용서해 줄 만한 데가 도무지 아무 데도 없어요. 주저할 것 없이 같이 가져다 버리죠.」
그리곤 그 책을 던졌다. 이번에는 다른 책을 펴보았다. 『십자가의 기사』였다.
「이 책의 거룩한 이름을 생각해서 혹시 작가의 무지함을 용서해 줄 수도 있겠지만, 〈십자가 뒤에 악마가 숨어 있다〉고 하지 않습니까? 불태워 버립시다.」
이발사가 다른 책을 집어들고 말했다.
「이것은 『기사도의 귀감』인데요.」
「제가 잘 아는 책이죠. 거기 보면 몬탈반의 레이날도와 그 일당들이 등장하는데, 카쿠스보다도 더 흉측한 도둑놈들이죠. 그리고 프랑스의 열두 용사와 믿을 만한 역사가인 튀르팽도 나오죠. 그렇지만 그놈들이 유명한 마테오 보이아르도에게 그 지저분한 이야기를 제공해 주었고, 또 기독교인이며 시인인 루도비코 아리오스토는 보이아르도한테서 그 이야기를 빌려다가 썼으니 결국 그놈들의 죗값이 크겠죠. 그것 하나만으로 영원한 추방, 즉 화형에 처하는 것이 옳다고 주장합니다. 아리오스토가 제 나라 언어로 하지 않고, 다른 나라 언어로 이야기한 것이 여기 있다면 조금도 봐주지 않겠지만, 자기 나라 언어로 하면 더욱 소중히 받들어 주겠습니다.」
「제가 이탈리아어로 쓰인 것을 가지고 있습니다. 그러나 읽을 수가 있어야죠.」
「선생이 읽을 줄 안다고 해도 소용없습니다. 그 선장님이 아리오스토를 스페인으로 데려다가 카스티야 주 사람으로 바꾸지만 않았어도 용서해 줄 수 있었는데, 그 사람이 그 작품 본래의 가치를 다 없애 버렸죠. 시를 외국어로 번역할 때 의당 그러한 일이 생기죠. 아무리 정성을 들이고 재주가 많아도 번역이 원작만큼 훌륭해질 수는 없는 것이지요. 그래서 이 책과 그 밖의 프랑스에 관한 책은 물 없는 웅덩이에 처넣었다가 좀 더 생각한 뒤에 어떻게 처분할지 판단하기로 하죠. 하지만 이 부근 어디에 숨어 있을 『베르나르도 데 카르피오』와 『론세스바예스』는 예외입니다. 그것들은 곧장 내 손에서 가정부에게 전해져 지체 없이 불에 던져져야 합니다.」
이발사는 신부가 아주 훌륭한 가톨릭 신자이며 진리를 사랑하는 사람이라 세상에 무엇을 준다고 해도 거짓말을 안 할 것이라 믿고, 그분이 하는 모든 언행은 다 옳고 지당한 것으로 여겨 동의했다. 또 다른 책을 들어 보니 그것은 『팔메린 데 올리바』였고, 그 옆에는 『팔메린 데 잉갈라테라』란 책이 있었다.
그 책을 보자 신부가 소리쳤다.
「그 올리바라는 것은 갈기갈기 찢어서 재 하나 남지 않게 태워 버리세요. 그러나 그 잉갈라테라의 팔메린인지 하는 것은 희귀한 책이니 상자를 만들어 보관하기로 합시다. 알렉산드로스 대왕도 다리우스 왕에게서 약탈한 물건 중에 상자를 발견해서 호메로스의 작품을 보관했다고 하지 않습니까? 보시는 것과 같이 이 책은 두 가지 면에서 존중할 만합니다. 첫 번째는 책 자체가 아주 좋은 것이고, 두 번째는 포르투갈의 현명한 임금님이 지은 것이기 때문입니다. 미라과르다 성에서 벌어지는 온갖 모험을 모두 잘 꾸며 냈고, 문장도 세련되고 분명하여 박진감과 이해심을 가지고 인물들의 성격을 구현했습니다. 그러니 선생의 판단으로 좋게 평한다면 이 책과 『아마디스 데 가울라』는 화형에서 구제해 주고 나머지는 더 심판할 것 없이 당장 없애 버립시다.」
「그렇게는 안 되겠습니다. 이 책도 유명한 『돈벨리아니스』인데요?」
「그것하고 그 제2, 3, 4편은 모두 시무룩한 담즙이 많아 대황 뿌리의 물로 닦아 내야겠습니다. 성(城)에 대한 부분과 그보다 좀 심한 거짓의 이야기들도 모두 없애 버려야겠고, 그러니 무죄라 항변할 시간적 여유는 주고, 바꿀 용의가 있다고 확신이 들면 자비나 정의를 베풀도록 하죠. 그동안은 이 책들을 선생의 집에 가져다 두시죠. 하지만 아무한테도 읽혀서는 안 됩니다.」
「예, 그러겠습니다.」
신부는 기사담을 더 읽기가 싫어서인지 가정부더러 큰 책들을 모두 마당으로 던지라고 했다. 그의 명령이 귀머거리에게 내린 것이 아니라서 그런지 세상에서 가장 폭이 넓고 좋은 옷감을 짜는 것보다도 그 책들을 불태워 버리고 싶은 마음이 간절했던 가정부는 여덟 권을 한 번에 창밖으로 내던져 버렸다. 다시 그만큼을 내던지려 했을 때, 그중 한 권이 이발사의 발밑에 떨어졌다. 그가 무슨 책인가 궁금해서 보니 『유명한 백기사 티란테의 이야기』였다.
신부가 크게 소리쳤다.
「뭐라고요? 『백기사 티란테』가 여기에 있다고요? 이리 주세요. 그 책이야말로 흥미와 즐거움의 보고입니다. 이 책에는 용감한 기사인 몬탈반의 돈키리엘레이손, 그 동생 몬탈반의 토마스, 기사 폰세카, 용맹스런 티란테가 커다란 사냥개와 싸운 이야기, 플라세르데미비다 아가씨의 재치 있는 말솜씨, 미망인 레포사다의 연애와 모략, 시종인 히폴리토와 연애하는 여왕 등이 다 나오지요. 정말로 그 문장만 보더라도 이 세상 최고의 책입니다. 이 책에는 기사들이 먹고 자고 자리에서 죽고, 죽기 전에 유언을 하는 등 그 밖에 다른 책엔 한마디도 나오지 않는 내용이 다 들어 있습니다. 그 점에 있어서는 저자를 칭찬할 만합니다. 평생 동안 노예선에 갇혀서 고생할 만한 엉터리 이야기들을 집어넣은 것이 사실이지만, 일부러 알고 그런 것은 아니니 봐주는 게 어떨지요. 가져다 읽어 보세요. 제가 한 말이 모두 정말일 테니.」

「그러죠. 그런데 이 나머지 책들은 어떻게 하죠?」

「그것들은 기사담이 아니고 시집일지도 몰라요.」

그렇게 말하곤 그중 한 권을 보니 호르헤 데 몬테 마요르의 『디아나』였다. 그래서 그 나머지도 그런 책이려니 생각하고 말했다.

「이 책들을 다른 것들과 함께 태울 필요는 없습니다. 기사담처럼 나쁜 짓은 안 할 테니까요 그저 흥밋거리로 읽을 책이니까 아무런 해가 없을 겁니다.」

하지만 조카딸이 소리쳤다.

「아이구, 신부님. 그것들도 같이 불태워 버려야 해요. 아저씨가 기사병에서 다 나은 다음에 또 그 책들을 읽고 양치기가 되어서 노래를 부르고 피리를 불면서 산과 들을 돌아다닐지도 몰라요. 더구나 시인이 되면 어떻게 해요? 그 병은 한번 걸리면 고칠 수도 없다는데.」

「이 아가씨의 말이 옳습니다. 이후 우리 친구의 방해물과 위협물이 될 물건은 치워 버리는 것이 좋지요. 하지만 그것을 다 태울 것 없이 요술쟁이 여자 펠리시아와 요술 걸린 물 이야기가 나오는 부분과 장편 시의 대부분만 떼어 버리면 되겠어요. 하지만 그런 산문과 이런 종류의 책의 시초라는 명예만은 남겨 두라고 하죠.」

이발사가 계속해서 재판을 진행했다.

「그 다음은 『디아나』, 살라망카 사람이 지은 제2부란 것인데요. 여기 힐폴로가 지은 이름이 같은 책이 또 있습니다.」

「살라망카가 지은 책은 마당에 내버린 책들과 함께 놓으시고, 힐폴로의 책은 아폴로 신 자신이 쓴 것처럼 보존하도록 합시다. 계속하시죠. 빨리 해야겠습니다. 시간이 지체되는데요.」

「이건 사르디니아 시인 안토니오 데 로프라소가 지은 『사랑의 행운』전 10권입니다.」

「제가 받은 신부 안수를 걸어 맹세컨대, 아폴로가 아폴로 노릇을 하고, 시신(詩神)이 시신 노릇을 한 이래, 이 책처럼 우습고 익살맞은 책은 없었습니다. 이런 종류의 책으로 세상에 나온 것 중에는 가장 잘되고 독특한 것입니다. 이 책을 읽지 못한 사람은 정말 재미있는 책은 못 읽은 셈이죠. 이리 주세요. 피렌체 사지의 신부복을 선물로 받은 것보다 이 책을 구한 것이 더 기쁩니다.」

그는 대단히 기뻐하며 그 책을 따로 놓았다.

이발사는 계속했다.

「그다음은 『이베리아의 양치기』, 『에나레스의 요정』, 『질투심의 정체』……」

「더 생각할 것 없이 가정부의 팔에 넘겨 주죠. 그 이유는 묻지 마시고요. 이렇게 하다간 끝이 안 날 것입니다.」

「그다음은 『필리다의 양치기』입니다.」

「아, 그 사람은 양치기가 아니라 아주 재치 있는 궁정 사람입니다. 귀중한 보석처럼 보관해 주시죠.」

「이 큼직한 책은 『만시전집(萬詩全集)』입니다.」

「시가 덜 들어 있다면 좀 더 좋았을 것을. 좋은 것 사이에 끼어 있는 엉터리들을 말끔히 뽑아 버려야 합니다. 그것도 보관해 두죠. 그 저자는 제 친구고 또 그 사람은 더 웅장하고 뛰어난 작품도 썼으니 봐주기로 합시다.」

「이건 포레스 말도나도의 노래책인데요.」

「그 책의 저자도 역시 저하고 절친한 사이입니다. 그 친구가 직접 시를 읊는 것을 들은 사람은 누구나 그의 시를 경탄하죠. 목소리가 너무 고와서 시를 읊을 땐 매혹되는 것 같아요. 그 친구 전원시도 많이 썼는데 그리 대단치는 않지요. 따로 남겨 놓은 것하고 같이 놔두시죠. 그런데 그 옆의 책은 뭡니까?」

「미겔 데 세르반테스의 『갈라테아』입니다.」

「그 세르반테스란 작가는 나하고 오래전부터 사귄 친구인데, 그 친구는 시보다는 불행에 더 익숙한 사람입니다. 그 친구가 지은 책은 기발한 생각들이 약간 들어 있기는 하지만, 시작만 해놓고 결론이 없단 말이죠. 혹시 고칠 곳을 고치면 지금은 안 되지만 장차 우리의 총애를 받을 수 있을 것입니다. 그동안 선생의 방에 놓아두세요.」

「예, 알겠습니다. 자, 이번엔 한꺼번에 세 권입니다. 돈 알론소 데 에르시야의 『아라우카나』, 코르도바의 재판관 후안 루포의 『아우스트리아다』, 그리고 발렌시아의 시인

크리스토발 데 비루에스의 『몬세르라트』입니다.」
「그 세 권의 책은 스페인어로 쓴 최고의 영웅시입니다.
이탈리아의 가장 유명한 작품들과도 비견할 수 있겠죠.
스페인이 소유하고 있는 가장 값진 시의 보물이니 보존해
두시죠.」
신부는 피곤해서 책을 더 이상 볼 수가 없었다. 그래서
나머지는 내용도 안 보고 태워 버리자고 했으니, 이발사는
벌써 『안젤리카의 눈물』을 펴들고 있었다.
신부가 책 제목을 듣고 말했다.
「내가 그런 책을 불 지르라고 내주었다면 나 자신도 눈물을
흘렸을 것입니다. 그 저자는 스페인뿐만 아니라 온
세계에서 가장 유명한 시인입니다. 그중에서도
오비디우스의 이야기들을 번역한 것이 가장 훌륭했죠.」

조리스 카를 위스망스
『거꾸로』
3장 (1884)

흉측한 혼란들이 지축을 뒤흔들던 무시무시한 시기인
5세기 후반이 도래하였다. 야만족들은 갈리아 지방을
약탈하였다. 마비 상태에 빠져서 서고트족에게 유린당한
로마 제국은 자신의 생명이 차갑게 식어 감을 느끼고
있었고, 동서 로마 제국의 변방들이 피바다 속에
허우적거리며 하루가 다르게 쇠약해져 가는 것을 목도하고
있었다.
전반적인 붕괴가 진행되고 황제들이 연속적으로
암살당하는 와중에, 유럽의 한 끝에서 반대쪽 끝까지
흘러넘치는 소란한 살육의 와중에, 소름끼치는 함성이
비명들을 억누르고 음성들을 뒤덮으며 울려 퍼졌다. 쥐
가죽 모자를 쓰고, 조랑말에 올라앉은 끔찍한 수천 명의
사람들, 엄청나게 큰 머리통에, 납작한 코, 흉터들과
칼자국들로 깊이 파인 턱, 수염이 없는 누런 얼굴을 한
타르타르족이 전속력으로 말을 달려 다뉴브 강가로
몰려들었고, 로마 제국의 말기 영토를 먼지의 소용돌이로
뒤덮어 버렸다.
모든 것이 말발굽들이 일으키는 먼지와 화재로 솟구치는
연기 속으로 사라졌다. 어둠이 깔리고 넋이 빠진 백성들은
천둥 치듯 굉음을 내며 무시무시한 소용돌이가 지나가는
소리를 들으며 몸을 떨었다. 훈족의 무리는 유럽을
휩쓸고는 갈리아 지방으로 몰려들었으나, 카탈라우눔
평원에서 아이티우스가 엄청난 공격으로 그들을
완파함으로써 궤멸되고 말았다. 피가 넘쳐흐르는 평원은
자줏빛 바다처럼 허연 거품이 일었고, 이십만 구의 시신이
길을 막아 산사태처럼 밀려드는 무리의 기세를 꺾었다.
방향을 바꾼 야만족의 물결은 벼락처럼 폭발하면서
이탈리아로 쏟아져 내렸고, 절멸된 도시들은 짚더미처럼
불타올랐다.
서로마 제국은 충격으로 무너져 내렸다. 어리석고 추잡한
짓거리를 하며 연명하던 빈사 상태의 목숨은 끊어지고
말았다. 게다가 세상의 종말이 임박한 것처럼 보였다.
훈족의 왕 아틸라가 미처 파괴하지 못한 도시들에서는
기근과 페스트로 수많은 사람들이 목숨을 잃었다. 라틴어
역시 세계의 폐허 더미에 묻혀 무너져 내릴 것 같았다.
세월이 흘렀다. 야만족의 언어들은 정비되기 시작하였고,
자신들의 모암(母巖)에서 벗어나 진정한 언어들을 형성할

조짐을 보이고 있었다. 궤멸의 와중에 수도회들에 의해 목숨을 부지한 라틴어는 수도원과 소교구들에서만 옹색하게 보존되고 있었다. 여기저기서 몇몇 시인들이 굼뜨고도 생기 없는 빛을 발하고 있었다. 아프리카인인 드라콘티우스는 자신의 『헥사메론』으로, 클로디우스 마메르는 전례시(典禮詩)로 빛을 발하였다. 그리고 비엔느의 아비투스 역시 이러한 시인들에 속했다. 그 후 전기 작가들이 그들의 뒤를 이었다. 통찰력 있고 존경받는 외교관이자 청렴하고 근면한 성직자였던 성 에피판의 이적들을 이야기한 에노디우스와 고통과 공포로 미칠 지경에 처하여 눈물에 젖은 백성들에게 자비의 천사처럼 출현한 저 겸허한 수도자, 신비주의적인 은둔 수도자인 생 세브랭의 탁월한 생애를 서술하였던 외지프 등이 그들이었다. 이외에도 금욕에 관한 소논문을 준비하였던 제보당의 베라니우스, 교회 법령집을 편찬하였던 오렐리안과 페레올루스 같은 작가들, 그리고 지금은 유실된 훈족의 역사로 유명한 아그드의 로테리우스 같은 역사가들이 있었다.

뒤이은 세기들의 작품들은 데 제생트의 서가에서 띄엄띄엄 이어졌다. 6세기는 그래도 포르튀나로 대표되고 있었다. 푸아티에의 대주교였던 이 시인의 송가들과 『왕의 깃발』은 라틴어의 오래된 시체 안에서 다듬어지고 가톨릭교회의 향료들로 양념이 배어 있어서 이따금 그를 매료시키곤 하였다. 6세기는 또한 보에티우스, 투르의 그레구아르, 조르낭데스로 대표되고 있었다. 그리고 7세기와 8세기에는 프레데게르나 폴 디아크르 같은 연대기 작가들의 후기 라틴 문학, 그가 이따금씩 들춰 보는 방고르의 교송 성가집에 담긴 콤길 성인을 기려 노래된 알파벳순의 단조로운 율격의 송가를 제외하면, 문학은 고행 수도승 요나가 쓴 『콜룸방 성인전』, 베드 수도원장이 쓰고 린디스파른의 무명 수도사가 곡을 붙인 『퀴트베르 복자 성인전』 등 거의 전적으로 성인전으로 국한되어 있었다. 따라서 데 제생트는 가끔 따분할 때면 이들 전기 작가의 작품을 펼쳐 놓고, 리귀제 주교구 소속의 데펜소리우스가 기술한 루스티퀼라 성녀의 전기와 푸아티에 출신의 수녀였던 겸손하고도 순수한 보도니비아가 기술한 라드공드 성녀의 전기에서 발췌한 구절들을 다시 읽는 것으로 만족하였다.
하지만 앵글로색슨 지역에서 나온 특이한 라틴 문학 작품들은 한결 그의 구미를 돋우었다. 그것들은 심포시우스의 후예들인 아드헬름, 타트윈, 유세브가 쓴 일련의 수수께끼들이다. 특히 보니파스 성인이 쓴 것은 각 시행의 첫 글자들을 모으면 그 해답을 찾을 수 있는 아크로스티슈 기법의 구절들로 이루어져 있었다.
이 두 세기가 끝남과 더불어 그의 관심도 줄어들었다. 알퀸이나 에긴하르트 같은 카롤링거 왕조기의 라틴 학자들의 묵직한 몸집이 별로 달갑지 않았던 그는 9세기 언어의 표본으로서 갈 성인, 프레퀼프, 레지농에 대한 저자 미상의 연대기들이나 아보 르 쿠르베가 엮은 파리 포위에 관한 시, 그리고 다산을 상징하는 호박을 찬양하는 별도의 장이 있어 그를 몹시 기쁘게 했던 베네딕트회 수도사 발라프리드 스트라보의 교훈시 정도로 만족하고 있었다. 경건왕 루이의 무훈을 노래하는 에르몰드 드 누아르의 시는 거의 암울할 정도의 엄격한 문체에 수도원의 성수로 담금질된 단단한 금속에 감정의 보풀들이 여기저기 붙어 있는 라틴어로 쓰인 것으로, 정형적인 12음절 기법으로 된 시였다. 마세르 플로리두스의 작품인 『비리부스 헤르바룸』도 그의 소장품에 포함되어 있다. 마세르의 시는 특히 시적인 요리법과 특정한 풀과 꽃들에 부여된 대단히 기이한 약효들로 인해 데 제셍트를 아주 즐겁게 했다. 예를 들어 쥐방울꽃은 쇠고기와 섞어서 임신한 여인의 하복부에 붙일 경우 즉시 사내아이를 낳게 해주고, 서양지치는 차로 달여 식당에 놔두면 동석자들의 기분을 유쾌하게 만들며, 모란의 뿌리를 갈아 만든 약은 간질을 완전히 고칠 수 있고, 회향풀을 여인의 가슴에 올려놓으면 소변이 맑아지고 생리통을 줄여 준다는 것이었다.
몇몇 분류할 수 없는 특별한 책들, 예를 들어 현대 혹은 연대 미상의 강신술, 의학, 식물학 서적들 그리고 희귀한 기독교 시들을 담고 있는 미뉴의 교부학 총서 중 외짝이 된 몇 권, 베른스도르프의 군소 라틴 시인 선집을 제외하면, 또한 뫼리우스의 저작, 포르베르의 고전 야화 선집, 그리고 그가 이따금씩 먼지를 털고 들춰 보는 고해성사 사제용의 간통론과 부사제 집무서들을 제외하면, 그의 라틴 문학 장서는 10세기의 시작에 이르러 멈추어 버렸다.
실상 이와 함께 기독교 언어가 지닌 진기함, 복합적인 순수함 역시 스러지고 말았다. 철학자들과 고전 해석자들의 너절한 잡동사니 글과 중세의 무의미한 논쟁이 군림하게 될 것이었다. 연대기와 역사서들의 숯 더미, 기록집의 주괴(鑄塊)들이 첩첩이 쌓여 갈 것이었다. 그리고 경건한 잡탕 안에 고대 로마에서 물려받은 시적인 유산들을 섞어 넣었던 수도승들에게서 볼 수 있는 말을 더듬거리는 우아함, 때로는 맛깔진 서투름은 이제 완전히 사라지고 말았다. 정제된 즙을 지닌 동사들, 훈향의 냄새를 풍기는 명사들, 고트족의 보물들에 나타난 야만적이고도 매력적인 취향으로 금덩이에서 거칠게 다듬어 낸 기이한 형용사들로 구성된 제조법은 파괴되어 버렸다. 데 제셍트가 애지중지하는 오래된 판본들은 거기에서 멈췄다. 그리고 단번에 수세기를 건너뛰어 중간 시대는 생략하고 직접 19세기 프랑스어에 도달한 책들이 서가에 차곡차곡 쌓여 있었다.

장-샤를 카쟁
「X 박사의 서재 내부」, 19세기,
아라스, 미술관

이탈로 칼비노
『만약 어느 겨울밤에 한 여행자가』
제1장 (1979)

그런 다음에 당신은 한 신문에서, 7년 동안 작품을 내놓지 않았던 이탈로 칼비노가 새 책 『만약 어느 겨울밤에 한 여행자가』를 냈다는 것을 보았다. 당신은 서점에 가서 그 책을 샀다. 잘 한 일이다.

당신은 서점 진열창 안에서 당신이 찾던 제목이 붙은 표지를 곧바로 알아보았다. 서점으로 들어선 당신은 그 시각적 단서를 따라가면서 아직 읽지 않은 책들의 두꺼운 방벽을 지나가야 했다. 그 책들은 탁자와 서가에서 눈을 부릅뜨고서 당신에게 겁을 주려 했다. 그러나 당신은 읽을 필요가 없는 책들, 독서가 아닌 다른 목적으로 만들어진 책들, 글로 쓰이기 전에 읽은 책의 범주에 속하기 때문에 펼쳐 보지 않아도 이미 읽은 책들이 몇 에이커 면적에 포진하고 있는 그곳에서 절대 겁을 먹어선 안 된다는 것을 알고 있다. 그렇게 당신은 성벽의 외곽 띠를 지나가지만, 그다음에는 만약 한 번 이상 산다면 읽었을 것이 분명하지만 불행히도 살 날이 한정되어 있어 안 읽은 책들의 보병 부대로부터 공격을 받는다. 당신은 재빠른 동작으로 그 책들을 우회한 뒤, 읽을 생각이지만 먼저 읽어야 할 다른 책들이 있어서 안 읽은 책들, 지금은 너무 비싸서 재고품이 될 때까지 기다릴 책들, 역시 너무 비싸서 페이퍼백이 나올 때까지 기다릴 책들, 다른 누군가에게 빌려 보면 되는 책들, 모두가 읽었기 때문에 마치 당신도 읽은 것 같은 책들의 밀집 대형 속으로 진입한다. 이런 공격을 용케 피하면서, 요새의 탑들 아래 도착하면 또 다른 군대가 버티고 있다.

몇 년째 읽겠다고 계획만 하던 책들,
몇 년째 찾았지만 실패했던 책들,
현재 당신이 작업하고 있는 어떤 것을 다룬 책들,
갖고 싶은 마음이 있어서 여차하면 당신 손에 들어올 책들,
이번 여름에 읽을 생각으로 제쳐 놓을 수 있는 책들,
당신 책꽂이의 다른 책들과 함께 봐야 할 책들,
갑작스럽고 설명할 수 없는 호기심으로 당신을 채워 줄,
쉽게 정당화할 수 없는 책들.

이제 당신은 포진하고 있던 수많은 군대를 처리해, 그래도 매우 많기는 하지만 유한한 수를 가지고 셀 만한 대열로 만들 수 있게 되었다. 그러나 이 상대적인 안도감을 은밀히 뒤흔들면서, 읽은 지 오래되어 이제 다시 읽어야 할 때가 된 책들, 항상 읽은 척했기 때문에 이제야말로 차분히 앉아 진짜로 읽어야 하는 책들이 매복하고 있다.

당신은 갈지자로 돌진하며 그들을 교란시키고는 작가나 주제가 끌리는 새로 나온 책들의 성채 안으로 곧장 뛰어든다. 심지어 이 성채 안에 와서도 당신은 수비군의 대열을 비집고서, 작가나 주제가 새롭지 않은 새 책들(당신에게 또는 일반적으로), 작가나 주제가 완전히 알려지지 않은 새 책들(적어도 당신에게는)로 분류하고, 새로운 것과 새롭지 않은 것에 대한 욕망과 필요를 근거로 (새로운 것 안에서 새롭지 않은 것을 찾고 새롭지 않은 것 안에서 새로운 것을 찾아서) 그것들이 갖는 매력을 규정한다.

이 모든 것이 뜻하는 것은 한마디로, 당신이 서점 안에 진열된 그 많은 책의 제목을 곁눈질로 재빨리 훑고 난 후, 막 신문에 소개된 『만약 어느 겨울밤에 한 여행자가』가 쌓인 책 더미를 향해 가서 한 부를 집어 들었고, 그 책을 소유할 권리를 확실히 하기 위해 계산원에게 가져갔다는 말이다.

20. 실용적 목록과 시적 목록의 교환

보브 레스코
「글쓰기」, 1999,
개인 소장

21. 비표준적 목록

보르헤스의 동물 목록을 주의 깊게 다시 읽어 보자. 그러면 이렇게 될 것이다. 〈황제에게 속한 동물, 방부 처리된 동물, 훈련된 동물, 젖먹이 돼지, 인어, 전설상의 동물, 길 잃은 개, 이 분류에 포함되는 동물, 미친 듯이 몸을 떠는 동물, 무수히 많은 동물, 가느다란 낙타털 붓으로 그려진 동물, 기타 동물, 방금 꽃병을 깬 동물, 멀리서 보면 파리를 닮은 동물.〉 푸코는 보르헤스가 그 열거 속에 퍼뜨린 기괴함의 근거는 바로 〈그런 집합을 가능하게 하는 공통 기반이 그 스스로를 파괴한다는 사실에 있다〉고 지적한다. 〈현실성이 없는 것은 목록에 열거된 사물들의 근접성이 아니라, 그 근접성이 가능하게 되는 현장 자체이다.〉¹ 사실상 이 목록은 집합론의 합리적인 기준을 일체 부정하고 있는데, 황제에게 속하면서 꽃병을 깨뜨린 인어들, 전설상의 길 잃은 개들, 젖먹이 돼지들이 수없이 많이 존재할 수 있기 때문이다. 그리고 무엇보다도, 〈기타 동물〉을 나머지 원소들의 자리인 맨 끝이 아니라, 목록 자체의 원소들 〈사이에〉 집어넣는 것이 도대체 무슨 의미가 있는지 이해할 수 없기 때문이다. 문제는 이것만이 아니다. 이 목록을 정말로 심상치 않게 만드는 것은 이 목록이 분류하는 원소들 속에 이미 분류된 것들까지 포함한다는 사실이다.

결국 여기서 순진한 독자들은 어리둥절해서 당황할 것이다. 집합 논리에 익숙한 독자들은 한때 젊은 러셀에게 이의 제기를 받고서 깜짝 놀랐던 프레게가 느꼈을 그 현기증을 인정하게 될 것이다. 한 집합이 자기 자신을 원소로 갖지 않을 때 그 집합이 표준적이라고 가정해 보자. 모든 고양이들의 집합은 고양이가 아니라 하나의 개념이다. 그 상황을 그림 1과 같이 나타낸다면, 대문자 G(고양이는 이탈리아어로 *gatto*이다 — 옮긴이)는 개별적인 모든 g, 즉 존재하는 실제 고양이들, 또는 존재하지 않았던 고양이들이나 앞으로 존재할 고양이들을 죄다 모은 고양이에 대한

클라우디오 파르미자니
「기억의 상승」, 1977,
브레시아, 캄피아니 컬렉션

개념이다. 그렇지만 그 자신을 원소로 갖는 집합들(이른바 비표준 집합)도 있다. 예를 들어 모든 개념들의 집합은 하나의 개념이며 모든 무한 집합들의 집합은 하나의 무한 집합이다. 그러므로 X가 집합이고 x가 그 원소라면 우리는 이 상황을 그림 2처럼 나타내야 할 것이다.

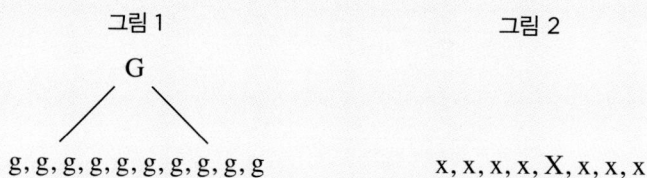

모든 표준 집합들의 집합을 생각해 보자. 만약 그 집합이 표준 집합이고 그림 1처럼 나타난다면, 그것은 불완전한 집합일 것이다. 왜냐하면 그것은 그 자신을 분류하지 않기 때문이다. 만약 그것이 비표준 집합이고 그림 2처럼 나타난다면, 그것은 비논리적인 집합일 것이다. 왜냐하면 모든 표준 집합 사이에 비표준 집합을 끼워 넣으면서 역시 역설이 빚어지기 때문이다.

보르헤스가 한 일은 이 역설을 가지고 장난친 것에 불과했다. 동물 목록은 표준 집합이고 따라서 그것은 그 자신을 포함해서는 안 된다. 그러나 보르헤스의 목록에서는 바로 그런 일이 벌어진다. 만약 그와는 반대로, 동물 목록이 비표준 집합이라면, 그 목록은 모순일 것이다. 동물들 사이에 동물이 아닌 어떤 것이 들어가 있기 때문이다.

목록의 시학은 보르헤스의 분류와 함께 이단의 극치에 다다르며, 이미 구성되어 있던 일체의 논리적 질서를 모독한다. 그리고 그것은 아폴리네르의 「아름다운 빨강머리 여인 La jolie rousse」에 담긴 기도와 도전을 떠올리게 한다.

질서 그 자체인 신의 입모양대로
만들어진 입을 가진 그대들이여
질서의 극치였던 사람들과
우리를 비교할 때는 너그러워지기를
우리는 어디를 가나 모험을 추구하니

살바도르 달리
「밀알들로 폭격 맞은 머리(카다케스 마을 위의 입자 머리)」, 1954, 개인 소장

우리는 그대들의 적이 아니라오
우리는 그대들에게 광대하고 이상한 영토를 주고 싶소
자신을 꺾을 자에게 활짝 핀 비밀이 스스로를 내주는 그곳을
아울러 새로운 불과 한 번도 보지 못한 색깔들과
실체의 주입을 요구하는
무게 없는 수많은 허깨비들도 함께

[……]

무한함과 미래의 전선에서 언제나 투쟁하는
우리를 불쌍히 여기시오
우리의 오류와 우리의 죄를 불쌍히 여기시오

[……]

내가 그대들에게 감히 못 한 말이 많다오
그대들이 내게 못하게 한 말이 많다오
나를 불쌍히 여기시오

1 Michel Foucault, "*Preface*", in *The Order of Things* (London: Routledge), 2001.

부록

인용 저자와 출전 찾아보기   401
예술가 찾아보기   402
인용문 참고 문헌   405
도판 저작권   406
옮긴이의 말   407

인용 저자와 출전 찾아보기

가다, 카를로 에밀리오 345
고티에, 테오필 295
괴테, 요한 볼프강 폰 291
그리멜스하우젠, 한스 폰 288
네루다, 파블로 332
다리오, 루벤 223
단테 알리기에리 55
되블린, 알프레트 311
디오게네스 라에르티오스 378
디킨스, 찰스 88
라블레, 프랑수아 256, 259, 262, 265, 268, 270, 380
랭보, 아르튀르 331
로스탕, 에드몽 228
로트레아몽 백작 299
마로, 클레망 226
마르보두스, 렌의 주교 162
마리노, 잠바티스타 71
「마태오의 복음서」 123
만, 토마스 76
매스터스, 에드거 리 148
몬탈레, 에우제니오 147
밀턴, 존 143
바르트, 롤랑 310
발레스트리니, 나니 343
버턴, 로버트 226
베르길리우스 54
베이컨, 프랜시스 210
보르헤스, 호르헤 루이스 110
브르통, 앙드레 342
비용, 프랑수아 147
「빈 황실 보물관의 물품 가운데 일부」 189
상드라르, 블레즈 97
세르반테스, 미겔 데 384
세비야의 성 이시도루스 158
셰익스피어, 윌리엄 70, 222
시도니우스 아폴리나리스 88
심보르스카, 비스와바 151, 351
「아가」 222
아르바시노, 알베르토 348
아리스토텔레스 157
아리오스토, 루도비코 68
아우소니우스, 데키무스 마그누스 55
에제키엘 86
에코, 움베르토 316, 318
엘뤼아르, 폴 150
와일드, 오스카 197
위고, 빅토르 104, 271
위스망스, 조리스 카를 193, 389
조이스, 제임스 109
졸라, 에밀 295
쥐스킨트, 파트리크 79
『카르미나 부라나』 140
칼비노, 이탈로 93, 338, 392
『콩크 교회』 178
클로스키, 클로드 302
「키프리아누스의 만찬」 328
키플링, 러디어드 276
트웨인, 마크 75
페렉, 조르주 305, 306
페르네티, 돔 앙투안 조제프 293
포, 에드거 앨런 89
프레베르, 자크 335~337
프루스트, 마르셀 92
펀천, 토머스 303
헤시오도스 19
호메로스 27
「호칭 기도」 123
휘트먼, 월트 98

예술가 찾아보기

개블릭, 수지
「향성(向性) #12」 252

게룽, 마티아스
「파리스의 심판과 트로이아 전쟁」 24~25

고야, 프란시스코 데
「마녀들의 집회」 227

구투소, 레나토
「부치리아 시장」을 위한 습작 78~79

귀스타브 도레
「수성(水星)의 천사들: 단테와 함께 수성으로 올라간 베아트리체」 60
「반란 천사들의 추락」 63
「돈키호테」 385

그랑빌(장 이냐스 이시도르 제라르)
「두 바보의 사랑」 286

기를란다요, 도메니코
「성모 마리아의 탄생」 224~225

다니엘레 다 볼테라(다니엘레 리차렐리)
「시나이 산의 모세」 145

다비드, 자크 루이
「테니스 코트의 서약」 272
「황제 나폴레옹 1세의 대관식과 황후 조세핀의 대관식」 372~373

달리, 살바도르
「탈리아의 팔라디오 회랑」 127
「사람을 닮은 캐비닛」 282
「스페인」 333
「2야드 떨어진 곳에서는 중국인으로 분장한 세 명의 레닌이 보이고 6야드 떨어지면 로열호랑이로 보이는 추상화 50점」 367

「밀알들로 폭격 맞은 머리(카다케스 마을 위의 입자 머리)」 397

담브로조, 마테오
성배 184

대드, 리처드
「벌목 요정의 멋진 솜씨」 244

델보, 폴
「아크로폴리스」 340~341

뒤러, 알브레히트
「만 명의 그리스도인의 순교」 41

뒤뷔페, 장
「아파트」 307

뒤피, 라울
「생타드레스 만」 93

드파르동, 레몽
「뉴욕, USA」 358

들라크루아, 외젠
「꽃다발」 300

디언, 마크와 로버트 윌리엄스
「테아트룸 문디: 아르마리움」 211

라르질리에르, 니콜라 드
「손 습작」 216

라우션버그, 로버트
「무제」 325

레스코, 보브
「글쓰기」 393

레아르도, 조반니
「세계 지도」 96

레오나르도 다빈치
「모나리자」(라 조콘다) 38

렌츠, 막시밀리안
「튤립」 297

렘프스, 도메니코
「호기심의 캐비닛」 208~209

로베르, 위베르
「1789년경 루브르 왕궁의 그랑 갈레리 풍경」 164

로스, 요한 멜히오르
「카를 백작의 동물원」 100~101

롱기, 피에트로(또는 그의 화풍으로 그린)
「카사 나니에서의 연회」 132

루벤스, 페테르 파울
「반란 천사들의 추락」 142

루소, 테오도르
「퐁텐블로의 숲」 105

리나스, 샤를 드
「메로빙거 왕조 시대 금세공, 성 엘리기우스의 작품들」 182~183

리피, 필리포
「성모의 대관식」 51

마그리트, 르네
「골콘다(겨울비)」 278

마이아노, 베네데토와 줄리아노 다, 형제(공방)
「페데리코 다 몬테펠트로 공작의 작은 사무실」 386

메이텐스, 마르틴 반(학파)
「요제프 2세와의 결혼식에 즈음한 파르마의 이사벨라 도착」 138~139

멤링, 한스
「그리스도의 수난」 84~85

멤베르거, 카스파어
「노아의 방주에 들어가는 동물들」 159

모로, 귀스타브
「사칭자들」 192
「주피터와 세멜레」 198

바사노, 자코포
「노아의 방주에 오르는 동물들」 158

발둥 그린, 한스
「마녀들의 집회」 290

발라, 자코모
「발코니 위를 달리는 소녀」 326

발라디에르, 루이지
성배 184

발로통, 펠릭스
「서재」 375

베로네세(파올로 칼리아리)
「가나의 혼례」 328~329

베크만, 막스
「여인들의 목욕」 229

베허, 요한 요아힘
「알려진 물질의 분류」 232

벨리니, 조반니와 젠틸레
「알렉산드리아에서 설교하는 성 마르코」 266~267

보스, 히에로니무스
「쾌락의 동산」 36

보에티, 알리기에로
「무제」 368

볼탕스키, 크리스티앙
「C.B. 기록 보관소 1965~1988」 114~115

브룅, 알렉상드르
「1880년경 루브르의 카레 살롱 방문」 165

브뤼헐, 얀, 대(大)와 페테르 파울 루벤스
「청각의 알레고리」 76

브뤼헐, 얀, 대(大)
「지하 세계의 아이네이스와 시빌라」 52~53
「불의 알레고리」 154
「공기의 알레고리」 246~247

브뤼헐, 피터르, 소(小)
「연극 공연이 벌어지는 시장」 141
「농부의 결혼식」 256

브르통, 앙드레
「찢어진 스타킹」 215

브리스, 헤르만 데
「에셰나우 수트라 〈One and Many〉」 285

블레이크, 피터
「튈르리 공원」 309

비에네, 마르탱 기욤
「정의의 손(성 디오니시우스의 손)」 175

비에이라 다 실바, 마리아 엘레나
「도서관」 365

비탈리, 잔카를로
「담비의 〈꼬리〉」 228

빈첸티노, 안드레아(안드레아 미키엘리)
「레판토 해전」 34~35

사베리, 룰란드
「낙원」 58~59

사베리, 야코프 2세
「방주로 들어가는 동물들」 153

사비니오, 알베르토
「약속의 도시」 70

세라피니, 루이지
『코덱스 세라피니아누스』 가운데 소형 세밀화 230

세바, 알베르투스
「뱀과 도마뱀들」 269

세베리니, 지노
「발 타바랭 무도장의 역동적인 그림문자」 350~351

세블레크, 로낭-짐
「불확실한 휴게소」 240

셀리그먼, 링컨
「추기경들」 348

슈피츠베크, 카를
「책벌레」 370

스니데르스, 프란스(화파)
「어물전」 43

스타인버그, 솔
『뉴요커』 1969년 10월 18일 자 표지 255

스포에리, 다니엘
「헝가리식 식사」 280~281

스피어스, 벤저민 월터
「철갑, 판화, 회화, 담뱃대, 자기(모두 금이 간), 낡고 흔들리는 탁자와 등받이가 부러진 의자」 345

시뇨렐리, 루카
「저주받은 자들」 136

아르망(아르망 페르난데스)
「베르나르 브네의 쓰레기통」 172

아에르천, 피터르
「바니타스(정물)」 44

아르침볼도, 주세페
「봄」 130

알트도르퍼, 알브레히트
「이수스 전투(알렉산드로스 전투)」 16

앙소르, 제임스
「가면에 둘러싸인 화가의 초상」 334

에른스트, 막스
「침묵의 눈」 69
「흰나비들을 좇는 서른세 명의 소녀들」 330

엘벤, 페트루스 헨리쿠스 테오도루스 테타르 반
「이탈리아의 주요 기념물들을 상상한 풍경」 94~95

우샤코프, 시몬, 구리 니키틴과 제자들
「제7차 보편공의회」 124

워홀, 앤디
「캠벨 수프 통조림」 356~357

위베를링거, 오스발트
「바젤 대성당의 성 아기들 중 한 명의 발 모양 유골함」 176

위트레흐트, 아드리안 반
「가금 사육장의 새들」 251

재컷, 돈
Garbo's 359

치우를리오니스, 미칼로유스 K.
「소나타 No. 6 알레그로」 108

카르파초, 비토레
「아라라트 산에서의 순교자 만 명의 십자가형과 영광」 40

카바코프, 일리야
「자기 아파트에서 우주로 날아간 남자」 361

카쟁, 장-샤를
「X 박사의 서재 내부」 390

칼로, 자크
「성 안토니우스의 유혹」 289

캄피, 빈첸초
「과일이 있는 정물」 43

캥시, 앙투안 카트르메르 드
「아킬레우스의 방패」 13

커리어, 너새니얼
「노아의 방주」 160

케셀, 얀 반
「아시아」 83

코넬, 조지프
「무제(약국)」 171

코레조(안토니오 알레그리)
「성모의 승천」 48

쿠쟁, 장, 소(小)
「최후의 심판」 46

쿼트, 월터
「전생의 평온함」 277

크라나흐, 루카스
「유아 대학살」 135

크롬, 윌리엄 헨리
「멀리 세인트폴 대성당이 보이는 런던 풍경」 90~91

클랭, 로자(앙드레 로기)
「보나르의 팔레트」 304

클레르크, 헨드리크 데
「펠레우스와 테티스의 결혼식(신들의 잔치)」 20

클림트, 구스타프
「아델레 블로흐 바우어의 초상 I」 199

키리코, 조르조 데
「메피스토펠레스와 우주」 80

탕기, 이브
「호(弧)의 증식」 319

테니르스, 다비드, 소(小)
「자신의 갤러리에 있는 레오폴트 빌헬름 대공」 166~167

테브냉, 샤를
「바스티유 습격」 107

테스타르, 로비네
『간단한 의학책』 삽화 235

토레스-가르시아, 호아킨
「뉴욕 거리 풍경」 364

트루블로, 에티엔 레오폴
「겨울에 보이는 은하수의 일부」 14

틴토레토(자코포 로부스티)
「성모 승천」(낙원) 64~65

파르미자니, 클라우디오
「기억의 상승」 394

판니니, 조반니 파올로
「고대 로마 풍경 화랑」 39

팔리시, 베르나르(학파)
「팔리시풍 접시」 248

팔마 일 조바네(자코포 네그레티)
「콘스탄티노플 함락」 42

페리콜리, 툴리오
「로빈슨과 도구들」 66

페어베케 가문
「그로테스크한 결혼 피로연」 258~259

포겔러, 하인리히 요한
「바쿠」(선동판) 362

프랑켄, 프란스 2세
「예술과 호기심의 수집품」 206

피너, 핀컨트 라우런츠 판 데
「왕관과 1649년 참수당한 영국 왕 찰스 1세의 초상이 있는 바니타스」 45

하벌, 존
「독신남의 서랍」 74~75

하위쉼, 얀 판
「벽감에 놓인 화병」 73

하인츠(힌츠), 요한 케오르크
「수집가의 캐비닛」 179

허스트, 데미언
「천사의 해부와 심연」 168

헤켈, 에른스트
「해초」 219

회흐, 한나
「독일 바이마르 배불뚝이 문화의 마지막 시기를 다다 부엌칼로 자르자」 320

인용문
참고 문헌

단테 알리기에리, 『신곡』, 김운찬 옮김(열린책들, 세계문학판, 2009), pp. 258~259
러디어드 키플링, 『(If) 키플링 시선집』, 서강목 선역(도서출판 하늘땅, 1990), pp. 17~18
롤랑 바르트, 『롤랑 바르트가 쓴 롤랑 바르트』, 이상빈 옮김(강, 1997) pp. 166~168
마르셀 프루스트, 『잃어버린 시간을 찾아서 2 - 스완네 집 쪽으로 2』, 김창석 옮김(국일미디어, 2000), pp. 295~296
마크 트웨인, 『톰 소여의 모험』, 현준만 옮김(미래사, 2002), pp. 26~27
미겔 데 세르반테스, 『돈키호테』, 박철 옮김(시공사, 2005), pp. 81~90
베르길리우스, 『아이네이스』, 천병희 옮김(숲, 2004), pp. 251~253
비스와바 심보르스카, 『끝과 시작』, 최성은 옮김(문학과 지성사, 2007), pp. 199~200, 307~308
아르튀르 랭보, 『랭보 시선』, 이준오 옮김(책세상, 2001), pp. 97~100, 189~190
알프레트 되블린, 『베를린 알렉산더 광장』, 장남준 옮김(삼성출판사, 1982), pp. 140~158
에드거 앨런 포, 『포우 단편 베스트 걸작선』, 박현석 옮김(동해출판, 2006), pp. 115~116, 118~120
에드몽 로스탕, 『시라노』, 이상해 옮김(열린책들, 세계문학판, 2009), pp. 41~43
오스카 와일드, 『도리언 그레이의 초상/걸리버 여행기』, 조운제, 정병조 옮김(삼성출판사, 세계문학 전집, 1991), pp. 153~155
요한 볼프강 폰 괴테, 『파우스트』, 김인순 옮김(열린책들, 세계문학판, 2009), pp. 154~157
움베르토 에코, 『장미의 이름(상)』, 이윤기 옮김 (열린책들, 세계문학판, 2009), pp. 254~256
움베르토 에코, 『바우돌리노(하)』, 이현경 옮김(열린책들, 2009), pp. 560~561, 562, 563~565
윌리엄 셰익스피어, 『리처드 2세』, 이덕수 옮김(형설출판사, 2003), pp. 118~119
이탈로 칼비노, 『보이지 않는 도시들』, 이현경 옮김(민음사, 2009), pp. 172~176
이탈로 칼비노, 『우주 만화』, 김운찬 옮김(열린책들, 세계문학판, 2009), pp. 81~82, 84~86, 90, 148
제임스 조이스, 『율리시스』, 김종건 옮김(범우사, 2002), pp. 182~184
제임스 조이스, 『피네간의 경야·시·에피파니』, 김종건 옮김(범우사, 2002), pp. 119~121
조리스 카를 위스망스, 『거꾸로』, 유진현 옮김(문학과 지성사, 2007), pp. 74~78, 79~87
존 밀턴, 『실낙원』, 이창배 옮김(범우사, 2008), pp. 30~37
토마스 만, 『파우스트 박사』, 김해생 옮김(필맥, 2007), pp. 65~68
파트리크 쥐스킨트, 『향수』, 강명순 옮김(열린책들, 세계문학판, 2009), pp. 9~10
폴 엘뤼아르, 『이곳에 살기 위하여』, 오생근 옮김(민음사, 1995), pp. 36~46
프랑수아 라블레, 『가르강튀아/팡타그뤼엘』, 유석호 옮김(문학과 지성사, 2006), pp. 77~82, 110~119, 142~145, 250~253, 307~315, 373~379
프랑수아 라블레, 『팡타그뤼엘 제3서』, 유석호 옮김(한길사, 2006), pp. 162~165
프랜시스 베이컨, 『새로운 아틀란티스』, 김종갑 옮김(에코리브르, 2009), pp. 72, 79~86
헤시오도스, 『신통기』, 천병희 옮김(한길사, 2004), pp. 33~57
호르헤 루이스 보르헤스, 『보르헤스 전집 2, 알렙』, 황병하 옮김(민음사, 2003), pp. 228~233
호메로스, 『일리아스』, 천병희 옮김(숲, 2007), pp. 69~76

사진 저작권

© 2009 The Saul Steinberg Foundation
© ADAGP © Collection Centre Pompidou, Dist. RMN/Droits réservés Réunion des Musées Nationaux/distr. Alinari; © ADAGP © Collection Centre Pompidou, Dist. RMN/Jacqueline Hyde Réunion des Musées Nationaux/distr. Alinari; © ADAGP © Photo CNAC/MNAM, Dist. RMN/Philippe Migeat Réunion des Musées Nationaux/distr. Alinari
© Alexandre Brun © RMN/Gérard Blot - Réunion des Musées Nationaux/distr. Alinari
Archives Charmet/The Bridgeman Art Library
© Artothek/Archivi Alinari, Firenze
© Barry Lewis/CORBIS
© British Library Board. All Rights Reserved/The Bridgeman Art Library
© Colección Gasca/AISA/Archivi Alinari, Firenze
© DACS/The Bridgeman Art Library
© De Agostini Editore Picture Library/G. Dagli Orti
© Dominique Bollinger © ADAGP © Collection Centre Pompidou, Dist. RMN/Philippe Migeat Réunion des Musées Nationaux/distr. Alinari
© GettyImages: Smari; Cary Wolinsky; Peter Macdiarmid; Uriel Sinai
© Mark Dion & Robert Williams 2001/Photo Roger Lee
© MuCEM, Dist RMN/Virginie Louis/Anne Maigret Réunion des Musées Nationaux/distr. Alinari
© Musée du Louvre/C. Décamps
© NTPL/Geoffrey Frosh
© Photoservice Electa/Leemage
© Pietro Cenini/Marka
© Raymond Depardon/MAGNUMPHOTO/Contrasto, Milano
© RMN/Agence Bulloz Réunion des Musées Nationaux/distr. Alinari;© RMN/Christian Jean-Réunion des Musées Nationaux/distr.Alinari;© RMN/Daniel Arnaudet-Réunion des Musées Nationaux/distr. Alinari; © RMN/Droits réservés-Réunion des Musées Nationaux/distr. Alinari; © RMN/Franck Raux-Réunion des Musées Nationaux/distr. Alinari; © RMN/Gérard Blot-Réunion des Musées Nationaux/distr. Alinari; © RMN/Hervé Lewandowski-Réunion des Musées Nationaux/distr. Alinari; © RMN (Institut de France)/Gérard Blot Réunion des Musées Nationaux/distr. Alinari; © RMN/Jean Schormans-Réunion des Musées Nationaux/distr. Alinari; © RMN/Jean-Gilles Berizzi-Réunion des Musées Nationaux/distr. Alinari; © RMN/Martine Beck-Coppola-Réunion des Musées Nationaux/distr. Alinari; © RMN/Peter Willi-Réunion des Musées Nationaux/distr. Alinari; © RMN/René-Gabriel Ojéda-Réunion des Musées Nationaux/distr. Alinari ;
© RMN/Thierry Ollivier-Réunion des Musées Nationaux/distr. Alinari
© Scala Group, Firenze: BI, ADAGP, Paris/Scala, Firenze; Digital Image, The Museum of Modern Art, New York/Scala, Firenze; Foto Scala, Firenze; Foto Scala, Firenze/Fotografica Foglia - su concessione Ministero Beni e Attività Culturali; Foto Scala, Firenze - su concessione Ministero Beni e Attività Culturali; Foto Austrian Archive/Scala, Firenze; Foto Scala, Firenze/BPK, Bildagentur fuer Kunst, Kultur und Geschichte, Berlin; White Images/Scala, Firenze; Foto Smithsonian American Art Museum/Art Resource/Scala, Firenze; image copyright The Metropolitan Museum of Art/Art Resource/Scala, Firenze; Yale University Art Gallery/Art Resource, NY/Scala, Firenze
© SPL/Grazia Neri
© Tate, London, 2009
© The Metropolitan Museum of Art, New York
© The Museum of Modern Art, New York
© Tommaso Bonaventura/Contrasto, Milano
© Yale University Art Gallery
Alinari/The Bridgeman Art Library
Ancient Art and Architecture Collection Ltd./The Bridgeman Art Library
Ann Ronan Picture Library/HIP/Top Foto/Archivi Alinari, Firenze
Archivi Alinari, Firenze
Archivi Alinari Per concessione del Ministero per i Beni e le Attività Culturali
Archives Charmet/The Bridgeman Art Library
Archivio Seat/Archivi Alinari, Firenze
Bibliothèque des Arts Decoratifs, Paris, France/The Bridgeman Art Library/Archivi Alinari, Firenze
Bibliothèque Municipale de Reims, Reims
Bibliothèque Nationale de France (BnF), Paris
Erich Lessing/Contrasto, Milano
G. Dagli Orti/De Agostini Picture Library concesso in licenza ad Alinari
Galleria d'Arte Moderna (GAM), Archivio Fotografico del Comune di Genova
Giraudon/The Bridgeman Art Library
Kunstmuseum, Basel, Switzerland/Giraudon/The Bridgeman Art Library/Archivi Alinari, Firenze
Lauros/Giraudon/The Bridgeman Art Library/Archivi Alinari, Firenze
Musée des BeauxArts, Arras, France/Giraudon/The Bridgeman Art Library/Archivi Alinari, Firenze
Museo Ettore Guatelli/Foto Mauro Davoli
Museum Boymans van Beuningen, Rotterdam, The Netherlands/© DACS/The Bridgeman Art Library/Archivi Alinari, Firenze
Neue Galerie, Kassel, Germany/© DACS/© Museumslandschaft Hessen Kassel Ute Brunzel/The Bridgeman Art Library/Archivi Alinari, Firenze
Peter Willi/The Bridgeman Art Library
Private Collection/The Bridgeman Art Library; Private Collection/Alinari/The Bridgeman Art Library; Private Collection/Photo©Christie's Images/The Bridgeman Art Library; Private Collection/©Crane Kalman, London/The Bridgeman Art Library; Private Collection/Photo©Rafael Valls Gallery, London, UK/ The Bridgeman Art Library
RogerViollet/Archivi Alinari, Firenze
The Granger Collection/Top Foto/Archivi Alinari, Firenze
TopFoto/Fortean/Archivi Alinari, Firenze
Tullio Pericoli, Milano

옮긴이의 말

『미의 역사』와 『추의 역사』로 이미지와 텍스트가 새로운 차원으로 상호 작용하는 책을 우리에게 선사했던 에코가 이번에는 『궁극의 리스트』를 펴냈다. 이 책은 또한 루브르 박물관의 전시회 〈Vertige de la liste〉와 발맞추어 출판한 것이기도 하다. 에코는 루브르 박물관의 객원 큐레이터로 일하면서 목록을 주제로 한 전시회, 음악회, 컨퍼런스, 낭독회 등의 통합 프로그램을 조직하고 감독했다. 이 책은 특히 문학과 미술에서 나타난 목록의 예들에 초점을 맞추고 있다.

목록.
달력, 시간표, 일정표, 쇼핑 목록, 위시 리스트, 메모, 서지 목록, 각종 카탈로그, 전화번호부, 식당 메뉴판⋯⋯. 컴퓨터 바탕화면 아이콘, 휴대 전화 속의 모든 것들, 인터넷 홈페이지와 블로그, 아니 인터넷 자체⋯⋯. 목록 작성은 우리가 생활해 나가는 하나의 방법이다. 생활이 복잡해지고 사물이 많아질수록 정리와 분류를 위한 목록은 필수적이다. 어쩌면 목록은 우리 생활을 지배하고 있다고 해도 지나친 말이 아닐 것이다. 열렬한 목록 애호가임을 자처하는 에코는 목록이 문화의 기원이라고 생각한다. 인간은 카탈로그, 사전, 박물관 컬렉션 같은 사물의 형태를 띤 목록을 통해서 이해할 수 없는 것들을 이해하려고 시도한다고, 에코는 말한다.

이 책에서는 고대 그리스 시대부터 현대까지, 서양 문학과 예술 속에 나타난 여러 가지 목록들과 열거의 예를 살펴보면서 목록의 개념이 시대에 따라 어떻게 변해 왔는지를 추적한다. 또한 목록의 미학이 수집물, 백과사전, 박물관 등을 통해 문화적으로 어떻게 표출되었는지 생각해 보고, 이와 함께 회화 속에 나타난 시각적 목록들을 보여 준다. 이런 시각적 목록을 제시하면서 에코는 그동안 그림의 프레임 안에 갇혀 있던 우리의 시각을 넓혀 프레임의 물리적 한계 너머에 있는 형태, 어쩌면 그 너머에서도 계속될 〈기타 등등〉을 상상하도록 권유한다.

그런데 에코의 이번 책에서는 『미의 역사』와 『추의 역사』에 비교해 인용된 문학 텍스트가 길다. 독자들이 읽기에는 지루할 수도 있고, 특별한 의미가 따로 없어 보이는 단어들의 나열을 보면서 때론 숨이 막히고 현기증이 날 것이다. 시각적 목록으로 선택한 그림들은 대부분 복잡해 보인다. 돋보기를 들고서 요모조모 뜯어보는 재미를 즐길 여유가 없다면, 대체로 미적 쾌감보다는 어지럼증을 느끼게 되는 복잡한 이미지들이며, 그래서 압도당하는 느낌, 때로는 그로 인한 무력감을 안겨줄 것이다. 그러나 우리가 느끼게 될 이런 것이 바로 에코가 생각하는 〈목록의 효과〉일 것이다. 목록에는 유한한 존재로서 무한을 꿈꾸며, 우주의 모든 것을 포괄하려는 인간의 욕구가 담겨 있다. 한계를 느끼면서도 그것을 우회하려고 〈형언할 수 없음〉과 〈기타 등등〉을 사용하면서까지 목록을 만드는 것은 혼돈을 통제하고, 우리의 우주를 제어하기 위한 행위이다. 아울러 기나긴 열거와 넘치는 과잉의 효과를 사용하면서 어지럼증을 유발하는 것은 바로 유한한 존재인 우리가 〈무한성〉을 맛볼 수 있는 방법일 것이다. 그러나 지나치게 길다 싶은 인용 텍스트에 비해 에코의 에세이는 너무 짧고, 느닷없이 아쉽게 끝나는 느낌이 많다. 우리에게 친숙한 마이클 더다 역시 이 책에 대해 호평하면서도 이 점에 대해서만큼은 독자를 〈감질나게 한다〉고 불평한다. 그러나 우리는 이 책의 마지막 장에 인용된 시구처럼 〈감히 못 한 말이 많다〉는 사실에 대해 〈너그러워〉져야 한다. 어차피 목록은 무한하기에, 에코가 서문에 밝혔던 것처럼 결국 〈이 책은 기타 등등으로 끝날 수밖에〉 없으니까.

이 책의 번역에는 영어판 *The Infinity of Lists*(New York: Rizzoli, 2009)를 사용했다. 인용 부분의 텍스트는 여러 전문가 선생님들의 번역으로 기존에 출판된 많은 번역서들을 참고했으며, 출전은 참고 문헌에 소개했다. 다만 라블레의 뱀 이름 목록은 유석호 선생님의 번역이 아니라(번역서에는 알파벳순 그대로 원어로 실려 있다), 역주를 참고하여 옮긴이가 영어판 텍스트에 페어 맞추기식으로 만들어 본 것이다. 혹시라도 누가 될까 봐 밝혀 둔다. 한편, *The Infinity of Lists*에는 클로스키, 프레베르, 발레스트리니 등에서 보듯이, 알파벳이나 음절 같은 언어적 특성 위주로 쓰인 시들은 원작에 담긴 〈목록 같은〉 느낌을 살리기 위해, 번역 없이 프랑스어 텍스트 그대로 실려 있다. 어쩌면 이 부분은 번역하기보다는 원어 텍스트 그대로 두는 게 나을지 모른다. 그러나 영어 사용자가 보는 프랑스어 텍스트의 느낌과 우리가 보는 그것의 느낌은 도저히 비교할 수 없을 것이다. 그래서 독자들의 이해를 돕기 위해서 힘들어도 굳이 번역하는 쪽을 택했는데, 이 부분의 번역은 황현산 선생님께서 특별히 수고해 주셨다. 다만 작가 자신이 만든 단어들이 가득한 발레스트리니의 실험적인 텍스트는 번역이 불가능할뿐더러 무의미하다는 전문가 선생님들의 의견을 따라 원 텍스트를 실었다. 능력 있고 열정적인 편집자들과 작업하게 된 건 고마운 일이다. 준비 기간이 넉넉하지 않았음에도 옮긴이에게 최대의 시간을 허락해 주고 여러 모로 지원해 준 열린책들 여러분께 감사드린다.

에코는 루브르 행사와 관련해 가졌던 한 인터뷰에서 외딴섬에 가져갈 책 하나를 고르라면 전화번호부, 즉 하나의 〈목록〉을 가져가겠다고 했다. 거기 실린 수많은 이름들을 가지고 무한한 조합의, 무궁무진한 이야기와 인물들을 만들어 낼 수 있기 때문이라고 한다. 외딴섬이나 전화번호부가 아니어도, 아니 그러기에 더더욱 무한하게 그가 만들어 낼 이야기들. 그 가운데 기록된 일부에 지나지 않는 에코의 저작 〈목록〉에 또 무엇이 추가될지 벌써부터 궁금하다.

오숙은